HEYNE BÜCHER
SACHBUCH

Zum Autor

Ruth Rahmeyer, geboren 1927 in Braunschweig, studierte in ihrer Geburtsstadt Deutsch, Geschichte und Musik. Sie war lange Zeit freiberuflich als Lektorin tätig und veröffentlichte mehrere Zeitschriftenbeiträge. Durch ihre Studien über Persönlichkeiten des 18./19. Jahrhunderts stieß sie auf Tagebücher und einige bisher unveröffentlichte Quellen, die sie zu dieser Biographie anregten.

Ruth Rahmeyer

OTTILIE VON GOETHE

Das Leben einer ungewöhnlichen Frau

WILHELM HEYNE VERLAG
MÜNCHEN

HEYNE SACHBUCH
19/359

3. Auflage

Wilhelm Heyne Verlag GmbH & Co. KG, München
Printed in Germany 1997
Umschlagillustration: Archiv für Kunst und Geschichte, Berlin
Umschlaggestaltung: Atelier Adolf Bachmann, Reischach
Satz: Layout & Grafik 1000, München
Druck und Bindung: Presse-Druck Augsburg

ISBN 3-453-06080-6

Inhalt

Erster Teil

Gebet
Vater, der du alles hast,
Gib mir Liebe!
Spende andern Ruhm und Gold,
Spende andern Ehrensold,
Gieß auf andrer hellen Wegen
Aus den allervollsten Segen!
Vater, der du alles hast,
Gib mir Liebe!

Ottilie von Goethe, 1828

1832

Ottilie von Goethe nahm Abschied vom Schwiegervater. Seit zwei Stunden hatte diesen das Bewußtsein verlassen. Nun, halbzwölf Uhr mittags, am 22. März, »drückte sich der Sterbende bequem in die linke Ecke des Lehnstuhls, und es währte lange, ehe den Umstehenden einleuchten wollte, daß Goethe ihnen entrissen sei. So machte ein ungemein sanfter Tod das Glücksmaß eines reich begabten Daseins voll.«

Mit diesen einfühlsamen Worten schloß Hausarzt und Hofmedicus Dr. Vogel seinen offiziellen Bericht anläßlich des Todes von Johann Wolfgang von Goethe.

Aus Ottilies Gesicht wich die Anspannung.

Sie stürzte aus dem Zimmer, einer Freundin entgegen, der sie um den Hals fiel. »Und das nennen die Leute leicht sterben!« Nur die letzten zwei Stunden hätte man so umschreiben dürfen. Den seit Tagen schweißnassen, zuweilen von Fieber und Todesangst geschüttelten Körper, das Schreien und Stöhnen des von heftigen Brustschmerzen erbarmungslos Gequälten, der das Bett floh, in dem er keine Ruhe mehr fand, und es dem übernächtigten Diener anbot, schließlich der Anblick des geschwächten Greises, den das Leben fast lautlos verließ – Ottilies Gedächtnis nahm unverwischbar diese Bilder in sich auf und reihte sie zu denen aus fünfzehn Jahren gemeinsamen Wohnens unter einem Dach im Haus am Frauenplan. In diesen Stunden verlor sie den Vater sui generis, reichte doch die Erinnerung an den leiblichen nur bis an ihr sechstes Lebensjahr.

Ottilie von Goethe ist seit fünfzehn Monaten Witwe und hat drei Kinder. Der vierzehnjährige Walther und der zwölfjährige Wolf warten im Nebenzimmer, damit die Mutter noch einmal mit ihnen vor den verstorbenen Großvater trete, den man inzwischen in sein Bett gelegt hat. Bänglich und bekümmert ist ihnen zumute. Der »Apapa«, wie sie ihn nannten, war ihnen ein zärtlich geliebter und liebender Spielkamerad, geduldiger Lehrer und Freund gewesen, sein Arbeitszimmer nebenan ihre Spiel- und Wohnstube. Die kleine vierjährige Alma war mit dem Kindermädchen oben in der Mansarde geblieben, betrübt und erschreckt von der beklemmenden Stimmung im Haus.

Ottilies Gefaßtheit bewunderte man allerseits, die liebevolle Fürsorge, die sie dem alten Herrn gewidmet hatte, ständig bemüht, seiner Schaffenskraft eine wohltemperierte Atmosphäre zu erhalten. In den letzten Monaten war sie kaum aus dem Haus gekommen und hatte auch nur selten Zeit gehabt, in ihrer Mansarde Gäste zu empfangen. Goethe selbst, von einem gefährlichen Blutsturz nach der Nachricht vom Tode seines Sohnes zwei Jahre zuvor genesen, hatte seine Stimme in den Chor der Lobeshymnen gemischt, die Ottilies freundliche, gleichbleibend liebenswürdige, sorgende Präsenz nicht genug preisen konnten, wenn sie auch sonst ihrem Lebensstil mit Vorbehalt begegneten. Er fand die schönsten Worte der Anerkennung gegenüber Sulpiz Boisserée: »Wenn ich sage, daß Tochter und Enkel sich so betragen, daß man sich über ihre Fügsamkeit, Zucht und Anmut, über alles unabsichtliche Zuvorkommen und harmonische Übereinssein nicht genug freuen kann, so ist noch nicht alles gesagt.« Der Intimfreund Zelter bekam gar zu lesen: »Bei dieser Gelegenheit will ich nicht verfehlen zu sagen, daß Sie und die Kinder sich allerliebst benehmen, wovon viel zu melden wäre, aber nicht zu melden ist, weil das Zarte sich nicht in Worten ausspricht.«

Goethes Tod in Weimar am 22. März 1832 –
am Sterbelager Ottilie von Goethe.
Farbdruck nach einem Gemälde von Fritz Fleischer, um 1900.

Goethes Lebenswerk hatte dieser Stimmungslage bedurft, um vollendet werden zu können. Die noch nicht beendete Gesamtausgabe seiner Werke – *Dichtung und Wahrheit*, wie *Faust II* fehlte noch die letzte Abrundung – hatte ihn schlaflose Nächte gekostet. Ottilie war ihm unverzichtbar geworden, und diese fand neben aller Anstrengung doch auch eine tiefe Befriedigung darin, ihm unentbehrlich zu sein.

Abends hatte er aus dem Manuskript von *Faust II* gelesen,[1] Charaktere und Motive mit ihr diskutiert, um ihre Meinung gefragt und sich korrigiert, vom Gespräch angeregt. Bis tief in die Nacht hinein hatte sie ihm zuweilen aus Plutarch oder Memoiren Ludwigs XVIII. vorgelesen, und es war vorgekommen, daß sie nachts ihre Mansarde, bis zur Ohnmacht erschöpft, erreichte.

Jetzt, angesichts des Verstorbenen, loben ihre Freunde nicht nur ihre Umsicht und Einfühlungsgabe. In die Bewunderung ihrer Haltung fließt auch ein Unterton staunenden Anerkennens der physischen Leistung, die sie sich abverlangt. Sie ist von zarter, kleiner Gestalt, und ihr Körper quält sich mit einer recht anfälligen Konstitution. Kopf- und Gesichtsschmerzen, besonders heftig seit einem schweren Sturz vom Pferde einige Jahre zuvor, und ein allgemeines Unwohlsein sind schon fast an der Tagesordnung. Neuralgien scheinen sich zu lebensbegleitender Beeinträchtigung ihrer Verfügbarkeit entwickeln zu wollen. Ihr ganzes Wesen, Denken und Tun gleicht ohnehin mehr dem Schwirrflug eines Kolibris, dessen unstetes Huschen die Umwelt irritiert. Sie müsse Schuhe aus Quecksilber haben, hatte vor einem Jahr ein guter Freund und Mitarbeiter des Schwiegervaters gemeint, weil er sie dreimal an einem Tag nicht angetroffen habe. »Was ist mit Ihnen? Was treiben Sie? Wie steht´s mit Ihren ewigen Kopfschmerzen? Ich muß ja wirklich glauben, 200 Meilen lägen zwischen uns . . . Adieu, gnädige Frau; mögen Sie stets so gesund sein, um von morgens bis abends spazierengehen zu können, und möge ich das Glück haben, Sie endlich auch einmal zwischendurch daheim zu treffen.« Die leichte Ironie durfte sich Frédéric Soret, Prinzenerzieher und Naturwissenschaftler, im Hause Goethe vielfach des Tages aus- und eingehend, erlauben.

Man konnte annehmen, dieses »Persönchen«, wie Goethe sie mit verhaltenem Respekt genannt hatte, irrlichtere durch Raum und Zeit, ohne Weg und Ziel noch irgendwelche Prinzipien. Weit gefehlt. Sie erlaubte sich lediglich, andere zu haben als gemeinhin üblich.

In ihr steckte eine Unruhe, ein Feuer, in dessen Nähe zu kommen, nicht geraten war.

Als beim unverhofften Tod ihres Mannes, August von Goethe, zwei Jahre vor dem des Schwiegervaters, ihre engste Freundin Adele Schopenhauer mit einem gut gemeinten Kondolenzbrief zu dicht an die Glut gekommen war, verbrannte sie sich sozusagen heftig die Finger. Adele hatte gemeint, der Freundin sagen zu müssen, wie sehr doch ganz Deutschland nun auf sie blicke, als der Garantin für Goethes Wohlergehen und Arbeitskraft. Welch großartige Chance sei es doch für sie, sich dadurch rechtfertigen zu können gegenüber denen, die ihr eine zu unkonventionelle Lebensweise vorhielten. Außerdem befreie sie der Tod ihres Mannes aus einer schlechten Ehe und müsse eigentlich den Wunsch in ihr erzeugen, nie wieder zu heiraten, für immer frei bleiben zu wollen.

Es gehörte jedoch zu Ottilies unumstößlichen Prinzipien, niemals im Leben nie zu sagen, und so belehrte sie Adele in ungewohnt scharfem Ton: »Du wähnst, mein jetziges Benehmen könnte auslöschen, was man an meinem vergangenen Leben getadelt hat; doch ich frage dich: Was hat es damit zu tun? Was hat mein Betragen gegen den Vater damit für eine Verbindung? Nicht mein Benehmen gegen den Vater konnte man tadeln, denn es war untadelhaft – ich kann also nichts darin ändern, und die Vergangenheit und die Gegenwart bleiben sich darin vollkommen gleich. Du sagst: Deutschland sieht auf mich – liebe Adele, Deutschland sieht auf Goethe – und ich pflege meinen Vater und nicht Goethe ... Du willst, ich soll nun daran denken, daß ich frei bin mit dem Wunsch, frei zu bleiben; Du möchtest, daß nicht ein Gedanke mich zu Sterling und Des Voeux trüge [ihre Liebhaber] und überhaupt ich mich überredete, es wäre eine Unmöglichkeit, daß ich je wieder heiraten könnte – Du möchtest mich eine heroische Rolle spielen lassen, und ich will mich nicht täuschen, will mir nichts einbilden, will keinem Glück ohne Notwendigkeit entsagen.«

Ottilie kann nicht Gefühle heucheln, die sie nicht hat. Sie haßt Phrasen, konventionelles Lügen – und das Bevormundetwerden. Niemand muß sie an ihre Pflichten erinnern. Jede erfüllt sie gern und dann um so leichter, wenn sie der Aufopferung verwandt sind. Dafür kann sie auch vorübergehend auf Wünsche und Rechte verzichten.

Ihrem Manne zu gehorchen, wie geltendes Recht es befahl, war ihr stets zuwider gewesen und nur widerwillig geschehen. Des alten Goethe Patriarchat blieb jedoch im ganzen Hause unangefochten, ihm fügte sich auch Ottilie. Sie lebte in einer Gesellschaft, in der die Rechte des Mannes über sämtliche Familienmitglieder, Dienstboten und Gesinde ein schützendes Dach bilden sollten. Wenn jemand unter diesem Dach keine Luft mehr bekam, so mußte er die Schuld bei sich suchen. Aber Ottilie konnte es nicht ertragen, wie ein unmündiges Kind betrachtet oder gar in ihr wichtig erscheinenden Fragen übergangen zu werden.

Nach dem Tode ihres Mannes, 1830, mußten ihren Kindern die Vormünder bestellt werden. Erstmals und offen rückte sie ihr

»Mutterrecht« vor den testamentarisch festgelegten Wunsch ihres Mannes und gegen geltendes Recht. Franz Ernst von Waldungen, Freund August von Goethes, und der Hofadvokat Karl Büttner, die vorgeschlagen waren, fanden die Zustimmung des alten Goethe und die des Kanzlers von Müller, als des Vertreters der Regierung – keineswegs aber die Ottilies. Sie erhob Einspruch, der sich weniger gegen die Personen richtete als gegen das Prinzip selbst, einer verwitweten Mutter nicht das alleinige Recht über ihre Kinder zu geben. Ihr Einspruch verzögerte das Verfahren, denn Ottilie erklärte sich erst nach vielen Wochen, kurz vor Ablauf der Frist, einverstanden und bereitete dem Kanzler hinreichend Ärger. In ihrer Erklärung behielt sie sich in Angelegenheiten ihrer Kinder ein Mitspracherecht vor. Das hatte den Charakter einer Absichtserklärung und war ernst zu nehmen. Kanzler Müller sollte sich noch erinnern.

Wenig später fühlte sie sich erneut übergangen, als der Nachlaß ihres verstorbenen Mannes zu regeln war. Vorwiegend handelte es sich um 5 000 Reichstaler Schulden, die August von Goethe hinterlassen hatte, übrigens keineswegs ohne ihre Mitschuld. Ideales und reales Rechtsempfinden, Ottilie fand es offenbar in der Ordnung, die bittere Pille der Schuldenübernahme schlucken zu müssen. Der erste Erbteilungsplan sah diese Regelung vor und hatte das Einverständnis Ottilies wie der Vormünder. Die Regierung jedoch hielt ihn wohl für unrealistisch und Ottilie nicht zumutbar. Mit Goethes vollem Einverständnis, aber ohne sie vorher zu fragen, änderte man die Vorlage zu ihren Gunsten.[2] Das bedeutete, daß Goethe, übrigens ohne jeden Einwand, bereit war, für die Schulden seines Sohnes aufzukommen. Eigentlich hätte sich die solcher Art entlastete Schwiegertochter glücklich schätzen müssen und die Hilfe des zweiundachtzigjährigen Schwiegervaters annehmen dürfen. Ottilie, besessen von dem zur fixen Idee werdenden Mißtrauen, man lasse sie wieder einmal nicht über ihre eigensten Angelegenheiten entscheiden, ließ das Unglaubliche geschehen: Sie erhob am 17. Mai 1831 schriftlich Einspruch und bewirkte die erneute Änderung der Nachlaßaufteilung, wonach ihr nunmehr die Übernahme von Augusts Schulden zugesprochen wurde. Inzwischen konnten jedoch Forderungen aus dem Vorjahre mit Augusts Besoldung verrechnet werden, und die Schulden seines

Ottilie von Pogwisch.
Kreidezeichnung von Heinrich Müller.

Sohnes aus der Italienreise hatte Goethe im 1. Quartal 1831 selbst quittiert. Vermutlich fiel nun auf Ottilie nur noch eine Teilsumme, die sich aus ihrem ehelichen Hausstande mit August von Goethe rekrutierte. Ihre eigenen Einnahmen, ein mäßiges Wittum aus Goethes Hand und eine noch erheblich mäßigere Summe aus der Witwenkasse für Beamte des Großherzogtums, konnten mit Sicherheit dieser Restforderung auch dann nicht gerecht werden, wenn man hätte voraussetzen können, daß Ottilie mit Geld habe umzugehen gelernt. Was aber diesen heiklen Punkt ihres Lebens betraf, so befand sie sich bis an ihr Lebensende im Zustande realer Unmündigkeit. Ottilie fehlte jede Beziehung zum Geld. Sollten nicht Mutter oder Großmutter ausgeholfen haben, so müßte diese ebenso ehrenvolle wie unnötige Schuldenübernahme den Grundstock zu ihrer eigenen finanziellen Dauermisere gelegt haben.

Die Reizschwelle goethescher Empfindsamkeit lag sehr niedrig, von Hypochondrie latent unterstützt. So mag es nicht verwundern, daß der alte Herr zwei Tage nach Ottilies Einspruch von Unwohlsein und physischer Schwäche befallen wurde, die ihn eine gute Woche lang außer Gefecht setzten und zeitweilig auch zur Bettruhe zwangen. In seiner Gegenwart durfte nicht von seinem Sohn gesprochen werden, und es war nicht ein Wort zwischen ihm und der Schwiegertochter gefallen, das sich direkt oder indirekt auf August bezogen, keines, das die Nachlaßaufteilung berührt hätte. Ottilie kannte die übergroße Sensibilität Goethes und seine Neigung zu psychosomatischen Reaktionen auf tiefgehende Erschütterungen. Sie hielt sich an die Order, von der sie wußte, daß ihr Schutzwallfunktion zukam.

Beider Zusammenleben im gleichen Haushalt und unter den erschwerenden Bedingungen, die sich aus Goethes Alter, körperlicher Schwäche wie aus seinen Lebensgewohnheiten ergaben, glich einem Gang über hauchdünnes Eis, dessen Brüchigkeit nur selten sichtbar wurde. Von der selber reizbaren Ottilie verlangte die Situation ein Übermaß an Einfühlung und Selbstverleugnung, wenn das Kommunikationsgeflecht zwischen ihr und dem Schwiegervater nicht zerreißen sollte. An die Oberfläche kamen solche Spannungen zuweilen aus dem Briefverkehr Ottilies oder durch Äußerungen gegenüber ihrer Mutter, die sich in Briefen an Dritte lesen ließen wie im Januar 1832, als Henriette an Adele Schopenhauer schrieb. Da war die Rede von nervösen Gesichtsschmerzen und Schnupfen, die Ottilie quälten, und von einem kalten Haus bei gleichzeitig 20 Grad Wärme in Goethes Arbeitszimmer, von seinen Holzzuteilungen und sonstigen Sparmaßnahmen. Wenn Freundinnen bestätigten, daß es Ottilie offenbar »am Notwendigsten« fehle, so konnte dabei nicht das Essen gemeint sein. Noch heute lesen sich die Speisefolgen der von Goethe selbst mit der Köchin abgesprochenen Hauptmahlzeiten jenes Jahres recht angenehm und sahen mehrere Gänge vor. Allerdings wiederholte sich die Mittagsmahlzeit auf dem Abendtisch, und die Köchin hatte strengste Anweisung, sparsam und wirtschaftlich die Tafel zu beschicken. Ottilie neigte zu Übertreibungen und Weimar zu Klatsch. Daraus wurden dann schnell Horrorberichte, wenn man berücksichtigt, daß Ottilie sich obendrein das Leben durch »nervliche Reizbarkeit« unnötig schwer machte, wie man von ihrer Mutter Henriette erfahren kann: Sie ärgere sich über alles im Hause und lasse es dennoch über sich ergehen, sei dabei vergrämt und verbittert. Die Mutter muß zugeben, daß es sie schmerzt, die Tochter so kraftlos zu wissen. Gern würde sie helfen. Wenn sie nur reich wäre, so müßte Ottilie auf mehrere Monate fort, »fort von hier, was sie überhaupt schon immer wünscht, da ihr jeder Winkel im Goetheschen Hause zuwider.«

Fünfzehn Jahre eines problemreichen, von wenig Glück und keiner Zufriedenheit geprägten Lebens in einer nur auseinanderstrebenden Ehe und mit der gesundheitlichen Labilität wie Alteregozentrik des Hausherrn täglich konfrontiert, hatten ihre Spuren in Ottilie hinterlassen. Was Trost und Abwechslung bedeutet hatte, der Glanz eines repräsentativen Hauses voll internationaler Gastlichkeit, war nun nach Goethes Tod vollends dahin. Ottilie erschien alles grau, verwohnt, renovierungsbedürftig, unwohnlich, kalt und beängstigend leer.

In Weimar gingen die Lichter aus.

Noch am späten Abend des Beisetzungstages fuhr Ottilie mit den Kindern nach Jena zur befreundeten Familie Frommann und der Freundin Alwina. Weg, nur weg aus Weimar, wenigstens für einige Tage.

Die Testamentseröffnung des Schwiegervaters zeigte dann, wie sehr er sich bemüht hatte, die Ernte aus weimarischem Acker auch in weimarischen Scheuern zu lassen. Die Enkel waren zu Universalerben eingesetzt, deren Rechte bis zur Volljährigkeit die Vormünder wahrnehmen sollten. Das Barvermögen, noch 58 000 Reichstaler betreffend[3], war damit sofort unantastbar. Bibliothekssekretär Kräuter sollte ein Inventarverzeichnis aller Kunst- und Wertgegenstände, der Sammlung und der Bibliothek erstellen. Nichts davon sollte einzeln verkauft werden. Wohnhaus und Gärten, auch die parkartige Anlage an der Ilm mit Gartenhaus sollten bis zur Volljährigkeit der Enkel diesen beiden gehören und unveräußerlich bleiben. Die weiteren Paragraphen verpflichteten die Enkel, für ihre Mutter zu sorgen, wozu Goethe mit der Aussetzung eines Wittums den Grundstock testamentarisch gelegt hatte: »Meine geliebte Schwiegertochter Ottilie, geborene von Pogwisch, soll außer freier Wohnung und Gartengenuß jährlich 500 Thaler sächsisch an Wittum aus meinem Nachlaß erhalten.« Weitere 500 Reichstaler würde Ottilie in vierteljährlichen Raten als Alimentation und Erziehungsgeld für jedes der drei Enkel erhalten. Sollten Kleidung, Gesundheit, Studium und ähnliche Veranlassungen einen höheren Bedarf erzeugen, so blieb es in das Ermessen der Vormünder und der Obervormundschaft – Kanzler Müller für die Regierung – gelegt, Zuschüsse aus dem Vermögen zu bewilligen. Nach der Volljährigkeit mußte jedes der drei Enkelkinder den dritten Teil seiner Alimente, 166 Taler sächsisch, an die Mutter zahlen, so daß Ottilie zu Wittum und Witwenpension noch 500 Reichstaler rechnen könnte. Bis dahin stünde ihr auch der Gebrauch des Hausmobiliars, Tisch- und Bettzeugs, Silbers, der Küchengeräte, des Schreinzeugs und aller Zimmer zu.

Nicht ohne Grund hatte den alten Goethe die Frage nach der Zukunft Ottilies beschäftigt. Am Tag vor der Testamentsversiegelung hatte er dem Kanzler gegenüber geäußert, eine Wiederverheiratung, das werde das »Fallgitter sein, das zwischen meiner Liebe und ihrer niederfiele«. Sollte der geschwätzige Kanzler diese Drohung nicht eilends an Ottilie weitergegeben haben? Konnte sie von dieser Testamentsbestimmung noch überrascht werden: »Würde meine Schwiegertochter sich wieder vermählen, wie ich jedoch nicht hoffe, so fallen natürlich sowohl das Wittum als der freie Gebrauch des Mobiliars weg«? Ansonsten sollten alle sie schützenden Bestimmungen weiter zu ihren Gunsten gelten, es sei denn, man habe ihr die Erziehung der Kinder entzogen.

Einmal in dem ganzen Konvolut von Paragraphen hört man das Herz des Alten schlagen, als ihm, juristisch völlig überflüssig und bedeutungslos, die Bemerkung herausrutscht – »wie ich jedoch nicht hoffe«. Hier verrät er seine innere Bewegung und Sorge. Zum letzten Male und posthum setzt er seine ganze Autorität ein, um auch Ottilies künftigen Weg zu beeinflussen. Angesichts der ihm bekannten angespannten finanziellen Lage Ottilies und ihrer Mutter, beide sind ohne Vermögen, klingen die Worte fast wie eine Erpressung, die dazu dienen soll, den Enkeln Haus und Vermögen des Großvaters zu erhalten.

Konnte er wirklich annehmen, Ottilie werde noch einmal fünfzehn Jahre allein in seinem Haus verbringen? Alma, das jüngste Enkelkind, würde als letzte den Grad der Volljährigkeit, in Weimar mit einundzwanzig Jahren, erreichen. Dann wäre Ottilie dreiundfünfzig Jahre alt. Der Gedanke, sie könne so lange auf eine Wiederheirat verzichten, erscheint einigermaßen absurd. Warum wünschte er die Erhaltung eines goldenen Käfigs mit einer flügellahmen Ottilie darin? Warum machte er sie bis in ihr sechstes Lebensjahrzehnt praktisch zu seiner eigenen Witwe? Konnte er allen Ernstes glauben, sie werde keinen Gedanken mehr an ihr eigenes Glück setzen?

Mit Geld und Geldeswert hält niemand Ottilie. Wenn das eine Hoffnung war, so blieb sie im Testament verschlossen, als wäre dieses die Büchse der Pandora.

Die Mutter gibt sich ebenfalls trügerischen Hoffnungen hin, wenn sie Ottilie vorrechnet, wie gut es ihr jetzt und später gehen werde, denn der alte Goethe habe sie doch gut ausgestattet, wie sie Freundin Adele in Unkeln am Rhein mitteilt. Von nun an verfügt Ottilie über 2 200 Reichstaler jährlich bei kostenfreier Wohnung, Nutzung der Gärten und der Möbel. In der Tat, so viel verdienen in ganz Weimar noch keine zwanzig Einwohner, kaum Kanzler Müller. Auch August von Goethe kannte solches Festeinkommen nicht. Ottilie von Goethe interessiert sich aber für Geld immer erst, wenn sie keines hat. Momentan müßte es sich schon um Summen handeln, die es ihr erlaubten, mit den Kindern und dem Erzieher nach Italien zu gehen. Während ihre Mutter sich bemüht, ihr verständlich zu machen, daß sie bei Mündigkeit ihrer Kinder am Ende 1200 Reichstaler jährlich werde ausgeben können, von denen nicht mehr für diese zu sorgen sei, erwägt und verwirft Ottilie einen Reiseplan nach dem anderen, sogar den Wohnungswechsel in eine andere Stadt für immer und hält damit Großmutter, Mutter, Schwester und die Kinder in Atem. An einem Tag will sie eine große Italienreise ansparen, am nächsten lieber sofort Weimar verlassen. Angst schnürt ihr die Kehle zu. Ihr ist nichts mehr im Hause Goethes erträglich. Nicht nur, daß sie die große Stube in seiner Etage zum Wohnen einfach zu scheußlich findet. Natürlich fehlt dem Hause nun nach Goethes Tod auch jegliches Leben. Nicht einmal Walther, Wolfgang oder Alma vermögen das zu ändern. Jeden erfaßt hier Melancholie, als habe *sein* Ein- und Ausatmen allein die Luft bewegt.

Ottilie droht an der Stille, der scheinbaren Regungslosigkeit, zu ersticken. Panik treibt sie der schwersten Krise ihres Lebens zu. Ihre täglich variierenden Reisepläne reichen vom Gartenhaus an der Ilm, wo sie Renovierungen im Stadthaus abwarten will, bis nach Neapel. Die Mutter Henriette meint, sie solle doch erstmal auf einige Monate »mit Sack und Pack« nach Dresden gehen, das immerhin in erreichbarer Entfernung liege und mehr Abwechslung biete.

Ihre Meinung ist nicht gefragt.

Der 8. Mai 1832 bringt plötzlich eine Richtung in das kraft- und hilflose Rotieren, scheint einen Weg aus der immer enger werdenden Angstspirale zu weisen: Charles Sterling hat geschrieben, der »dämonische Jüngling«, wie Goethe ihn schon 1823 bei seinem ersten Erscheinen in Weimar, wohl mit leichtem Spott, genannt hatte. Lord Byron empfahl ihn persönlich, und das öffnete die Tür am Frauenplan weit. Er war schön, ein Bild von einem Jüngling, fast Byron selbst, nur erheblich unbedarfter. Das fiel im großen Schatten Goethes, der alles kleiner machte, nicht allen auf, und Ottilie gewiß nicht, die sich in eine vermeintlich große Liebe hineinsteigerte und sich geschmeichelt fühlte, wenn der rotblonde, gut aussehende Ire mit den guten Manieren ihr den Hof machte. 1824 hatte sie ihn zuletzt heimlich in Berlin gesehen. August von Goethe hatte Sterling des Hauses verwiesen und Ottilie jeden weiteren Schriftverkehr verboten.

August von Goethe ist nun seit zwei Jahren tot, der große Vater seit sechs Wochen.

Ottilie faßt den unheilvollsten Entschluß ihres Lebens, denn an nichts glaubt sie so unverbrüchlich wie an das vermeintliche Recht des Menschen auf Glück und Liebe. Eine verhängnisvolle Prinzipienmischung aus Aufklärung und Romantik, amerikanischer und französischer Menschenrechtstheorie liegt ihr im Blute. Herkommen, Erziehung und die Gesinnungsliberalität im Haus Goethe haben dazu beigetragen. Sie rüttelt nicht an den Normen der bestehenden Gesellschaft, sie will nicht bessere Lebensbedingungen für ihr malträtiertes Geschlecht. Sie will Glück für sich selbst und glaubt nur ihrem eigenen Gewissen eine Rechenschaft schuldig zu sein. Treue schuldet sie nur sich selbst und der unendlichen Liebe, darin der »Dame Luzifer«, Caroline Schlegel-Schelling, nicht unähnlich.

Die naive Selbstverständlichkeit ihres Glücksanspruchs bei gleichzeitigem Ausschluß jeglicher Frivolität umgibt sie mit einem Mantel der Reinheit, unter dessen Schutz ihr niemand etwas anhaben kann. Ihre heitere Unbefangenheit läßt auch Freunde verstummen, die nun warnen müßten und möchten.

Charles Sterling scheint unbemittelt, sein Vater hatte als Konsul in Genua offenbar schwere geschäftliche Verluste erlitten, und eine beabsichtigte Geldheirat, von der Ottilie orientiert war, war nicht zustande gekommen. Ottilies Vermögensverhältnisse kennt er nicht, vom Tode Goethes hatte er aus der Zeitung erfahren. Wenn er nun anfragt, ob auf seiner Rückreise von Genua nach London nicht ein Wiedersehen, etwa in Frankfurt, möglich sei, so gerät er bei Mutter Henriette und ähnlich erfahrenen Damen natürlich in Verdächtigungen, die ihn nicht eben ehren. Ottilie dagegen hat den idealen Jüngling vor Augen, der noch erröten, knabenhaft fröhlich sein kann und dem – ihrer Interpretation nach – die Reinheit der Seele aus sanften blauen Augen leuchtet. Wie im Theater oft der Inhalt eines gerade überbrachten Briefes die Handlung entscheidend wendet, so wirken Sterlings im ganzen sehr höfliche und eigentlich zurückhaltende Zeilen auf Ottilie. Er kann nicht wissen, ob er ihr noch angenehm ist. »My dear Madame, ... I should be happy if the circumstance of my going to England could be the means of our meeting once more.« Überwältigend einladend klingt das nicht und läßt Ottilie noch jeden Handlungsspielraum. Sie fühlt jedoch keine Veranlassung mehr, auf das Haus Goethe allzu große Rücksicht zu nehmen, besteht es doch nur noch aus ihr und den Kindern. Die Förmlichkeit der Anfrage überhört sie und übersieht ihren Witwenstand sowie ihre drei Kinder ebenso spontan wie das Trauerjahr.

Acht Wochen nach Goethes Tod, am 9. Mai 1832, fährt Ottilie von Goethe mit der Schnellpost nach Mainz, wo sie sich mit Charles Sterling treffen will.

Der Widerstand ihrer Familie verweht mit dem Staub der Postkutsche. Ottilie hört auf niemanden mehr.

Ist das der ihr nachgesagte Mut, ihr Schicksal selbst bestimmen zu wollen, »unbeugsamer Trotz gegen Vorurteile, Überlieferung, Gewohnheit«, ein Widerstand gegen den Zeitgeist? Es handelt sich eher um »einen Eigensinn, wie man ihn selten trifft«, wie Mutter Henriette richtig erkennt, Unbelehrbarkeit, mangelndes Augenmaß für Realitäten. Ihre Mutter weiß, daß niemand Ottilie aufhalten wird, in dem sieben Jahre jüngeren armen Theologiestudenten das Glück zu suchen. Der erhebliche Altersunterschied zugunsten des Mannes stört in Weimar nicht. Er war schon für Frau von Stein eher eine Versuchung gewesen, er schmeichelte einer Rahel Varnhagen in Berlin bei doppelt soviel Jahren, und in Weimar selbst hätten sich noch einige ähnliche amouröse Koalitionen finden lassen. Von Ottilies Erscheinung, ihrem bestimmten Auftreten, der Lebhaftigkeit ihrer Bewegungen, der mehrfach gerühmten »Aristokratie« feiner, gepflegter Hände, von ihren regen blauen Augen mit zugreifendem Blick und von den unentwegt tanzenden langen Biedermeierlocken, die das aparte Gesicht umrahmen, geht die Faszination einer Persönlichkeit aus, die besonders junge Männer zunächst unmittelbar anzieht – um dann doch eine jüngere Frau zu heiraten.

Noch glaubt Ottilie sich auf ihre Wirkung verlassen zu können und wird darin auch bestätigt. Beim ersten Pferdewechsel in Gotha sitzt sie in einer Gaststube, in der zwei Fremde recht geräuschvoll kneipen. Ottilie setzt sich zu ihnen, einen »Militär und einen Wilden«, wie sie der Mutter berichtet. Beide seien ihr gegenüber nicht gleichgültig gewesen und an letzterem habe sie »eine förmliche Eroberung« gemacht. Das sei ihr aber gar nicht unangenehm gewesen, sondern gebe für »künftige Eroberungen« doch Hoffnung. »Wenn man auf einen so wilden Bären Eindruck macht, wird doch noch einmal irgendein gezähmtes Lama zu fangen sein.«

Der alte Goethe war hinter vorgehaltener Hand »Lama von Weimar«[4] genannt worden. Denkt sie daran? Lama hin, Lama her, wenigstens ist die Katze erst einmal aus dem Sack. Ottilie will es wissen und setzt alles auf eine Karte. Die Karte heißt Charles Sterling. Sie fährt denn auch sichtlich belebt, »wohl und heiter« zum Erstaunen ihres Kammermädchens, weiter, nicht ohne zuvor mit den beiden Fremdlingen die Flasche Wein geleert zu haben. Ihrem Brief versetzt sie eine abschließende Pointe von einzigartigem Charme: ». . . die Großmutter hat recht: ich brauche nur einen Verehrer, so bin ich wohl.« Ottilie atmet wieder.

Am 13. Mai erreicht sie Mainz und wartet von nun an sechs Tage lang mit jedem Schiff auf Sterlings Ankunft. Schon nach drei Tagen ist sie so verspannt, daß nahezu jeder Körperteil schmerzt, Leber und Herz dazu, und sogar ein altes Hals- und Augenübel flackert wieder auf. Sie schläft vor Erschöpfung vor und nach Tische. Am 19. abends endlich sieht sie sich am Ziel ihrer Wünsche. Noch nächsten Tages erfährt ihre Mutter die frohe Botschaft und erhält die Direktive, mit den beiden Jungen nach Frankfurt zu kommen, von dort den Dampfer nach Mainz zu nehmen und den Jagdwagen des Wirtes bis Bingen. Zwischen Bingen und Rüdesheim sollten sie die Schiffahrt auf dem Rhein genießen und dann sich nach Unkeln zu Adele Schopenhauer und deren Mutter begeben. Schon in Mainz werde sie ihre Familie in die Arme schließen. Alma wird derweilen von Tante Ulrike, Ottilies Schwester, versorgt. Etwaige Einwände oder Bedenken delikater Natur läßt Ottilie gar nicht erst aufkommen. »Weit davon entfernt zu wünschen, daß die Kinder Sterling nicht sehen sollen; ist es mir vielmehr sehr lieb. Komme, liebe Mutter und genieße mein frohes Gesicht.« Ottilies Höhenflug hält niemand mehr auf. Ulrike in Weimar bekommt zu lesen, daß sie und Sterling sich wie ein paar Kinder fühlen, »die glauben, daß ihnen die Welt gehört, und nicht wissen, daß die Sonne je untergeht . . . Er läßt mich plaudern wie ein kleines Mädchen, und so bin ich auch, denn etwas Gescheutes oder Interessantes habe ich gewiß nicht gesagt.« Trotzdem stellt sie an diesem zweiten Tag ihres Zusammenseins fest, daß sie »keine Spur von Schönheit und Jugend mehr« in seinen Zügen finden könne, er wirke älter als er sei, aber noch nie habe sie so viel Freundlichkeit, Milde und Geduld in einem Manne gesehen. Summa summarum, die Großmama, deren Ansichten so

Letztes Bildnis Goethes, Januar 1832.
Silberstiftzeichnung von Carl August Schwerdgeburth.

verschieden seien, liebe sie zu sehr, um sich nicht zu freuen, wenn sie erfahre, »daß doch einmal wieder eine Empfindung des Entzückens mein Herz erweitert . . .«

Bis Bingen bleibt die kleine Karawane noch zusammen, wie verabredet, dann trennen sich die Reiseziele der Mutter und der Tochter nach Unkeln und nach der Insel Nonnenwerth am Rhein unterhalb von Königswinter. Sterling hat nicht viel Zeit. Für wenige beschwingte Tage nur kann Ottilie unbekümmert herumalbern, zu wenig, um ein ernstes, zukunftsweisendes Wort sprechen zu können, ohne das Gesicht zu verlieren. Von Nonnenwerth aus begleitet sie ihn nach Köln, von wo sie nach Unkeln fährt und er nach Amsterdam. Vom »Krankenbett«, wie sie das melodramatisch wie immer wissen läßt, drängt sie den Englandfahrer indirekt, sich doch ihrer zu erbarmen. »Ich bin wie *ein armer Vogel*, . . . nur eine kleine Strecke entfernt er sich, weil ihn noch immer eine geheime Angst nicht verläßt, als würde er plötzlich das Land versinken sehen und wieder ohne Schutzort in dem Äthermeer flattern müssen.« Sterling überhört den angeschlagenen Kammerton in Moll geflissentlich und erzählt von den Kanälen in Amsterdam. Leider nicht nur davon. Mit Entsetzen liest sie von ihm beschriebene Szenen der »Sittenverderbnis« in den Bordellen der Welt- und Hafenstadt und muß zur Kenntnis nehmen, daß er offenbar die Versuchung aufgesucht hat. Sie fühlt sich fast diskriminiert und selbst befleckt, möchte sie doch so gern in seinem Herzen die Heilige sein, der nichts Profanes sich nähert. Sie zweifelt und ist zugleich verzweifelt, denn sie spürt, daß sie das Spiel verloren hat. Sie hat alles gegeben und nichts dafür erhalten. Eine Handlungsweise, die ihr ewig unverständlich bleibt. Mehrfach vergleicht sie sich in Seelennöten mit einem Vogel, einem Symbol für Unstetigkeit, Schutzbedürfnis und Freiheitsstreben. Bevorzugt nennt sie sich später eine Schwalbe, die ihr Nest an eine Hauswand und unter ein Dach baut. So möchte sie verstanden sein, sich anlehnen dürfen und gleichzeitig ein- und ausfliegen, wie es ihr lieb ist. Schutzverlangen und Freiheitssinn liegen fest verankert in ihrem Charakter. Sie kann notfalls auf das Behütetsein verzichten, aber niemals auf die Freiheit. Ferner empfindet sie sich stets als eine Art von Schöpfungsmaterial oder ihre Seele als eine Wüste, aus der nur ein Mann Leben zu wecken vermag. Sie begreift Männer nicht, die eine solche göttliche Chance vorüberziehen lassen. Unbewußt verzichtet sie mit diesem Anspruch an einen Mann auf eine wesentliche eigene Chance, die Formung ihres Charakters durch sich selbst, die echte Selbstbestimmung und auf die Bildung eines Lebenszieles. Sie reflektiert ihr Leben nicht durchdringend, sie lebt es, und das mit der faszinierenden Selbstverständlichkeit eines exotischen Zierstrauches, dem ein pflegekundiger Gärtner den Platz zuweist, der seine Farbenpracht uneingeschränkt zur Geltung bringt. Sie fühlt, daß Sterling dieser Gärtner wohl nicht sein will. Um Schopenhauers nicht weiter zu beengen, zieht sie noch einmal mit Mutter und Kindern in die bewirtschaftete Herberge der Insel Nonnenwerth.

Ein Brief von hier an Sterling läßt erkennen, daß er ihr schon jetzt wie ein Phantom erscheint. »Ob ich je ein Traumbild lernen werde ganz aufzugeben, weiß ich nicht; was ich aber gewiß weiß, ist, daß ich entweder ganz oder gar nicht will ...« Sie hat nicht die Absicht, ihre Vorstellungen auch nur um ein Jota in die Nähe der Realitäten zu rücken, »ich habe genau erkannt, was ich bedarf, um wahrhaft glücklich zu sein und keine Sophisterei soll mich mit etwas anderem vorlieb nehmen lassen.« Es gäbe »Glückseligkeiten«, die sie »dem Wahnsinn vor Verzweiflung« nahe brächten. Ottilie sieht Leidenschaft für Liebe an und will sie auch weiterhin erzwingen und ertrotzen. An eine Heirat denkt sie offenbar nicht mehr unbedingt, denn sie will »kein lebloses Zusammenleben und mühseliges Abspulen der Tage ... das limonadenhafte Gefühl, was den meisten dafür gilt ...«.

Sie fleht Sterling um ein Wiedersehen an und schließt ihren Brief: »Erbarme Dich!«

Vor dieser vitalen Intensität unvermutet leidenschaftlichen Begehrens scheint Charles Sterling zu erschrecken. Er zieht sich mehr und mehr zurück.

Am 18. Juni 1832 befindet sich Ottilie mit Mutter und Kindern wieder in Mainz. Sie trifft in Frankfurt ihre Schwester Ulrike mit der kleinen Alma. Die Cholera vor Erfurt ließ der Schwester die Verantwortung für das Kind zu groß erscheinen. Ottilie hatte ihrem Drängen nachgegeben, bis Frankfurt entgegenkommen zu dürfen, wo sie schon seit einigen Tagen wartet. Gemeinsam kehrt der Troß dahin zurück, von wo Ottilie möglichst für immer entfliehen wollte, nach Weimar. Auch in den renovierten und nun bewohnbaren Räumen nisten Sorgen und findet sich Ärger.

Es beginnt damit, daß vor dem Arbeitszimmer Goethes ein dickes unförmiges Vorhängeschloß der Familie den Zugang verwehrt. Kanzler von Müller versteckt sich hinter seinen Amtsvollmachten als Testamentsvollstrecker und dem Bibliothekssekretär Kräuter. In Goethes Zimmern befänden sich noch wichtige Papiere, daher habe er Kräuter gebeten abzuschließen. Das Vorhängeschloß habe dieser wohl für die kürzeste Handlungsweise gehalten. Ottilies Schlüsselgewalt und Müllers Testamentsrechte geraten auf Kollisionskurs. Natürlich hätte Ottilie vor der Abreise abschließen müssen. Ganz sicher war sie sich dieser Notwendigkeit in bezug auf testamentarisch zu sichernder Papiere nicht bewußt. Leicht hätte Kanzler Müller eine konziliantere Lösung finden und auch jetzt sich noch spontan entschuldigen können, anstatt sich erst befragen zu lassen. Vor der Beleidigung übersieht sie ihre Mitschuld, und Müller bekommt zu lesen: »Solange ich im Hause bin, kann ich allein nur als der Wächter dieses Zimmers betrachtet werden, und ich verlange nicht nur den Schlüssel, sondern auch, daß niemand ohne meine Erlaubnis es betritt, den nicht Geschäfte dahin führen ... *Der Mann,* der wie es scheint, allein wußte, daß ich die Tochter war, ist tot, und ich sehne mich herzlich aus einer Stadt, wo alle es scheinen vergessen zu haben.« Der trockene Kommentar ihrer Mutter: »Ottilie droht den Herren immer mit ihrem Wegziehen, das werden sie sich sehr gern gefallen lassen.« Kanzler Müllers Recht erweist sich als das stärkere, die Feindschaft der Familie Goethe als unerschütterlich. Eine Art »Erbfeindschaft« ist entstanden, und der Kanzler sollte sie noch zu spüren bekommen. Die Taktlosigkeit verzieh ihm niemand.

Zu den Querelen gesellen sich die Depressionen. Charles Sterling scheint das Schreiben verlernt zu haben oder ist sehr krank, und noch immer steht nicht fest, wo Ottilie mit den Kindern bleiben will, wenn nicht in Weimar. Die fehlenden Reichstaler machen sich bereits in ihrer mangelhaften, nicht mehr hoffähigen Garderobe bemerkbar; sie besucht den großherzoglichen Hof nicht mehr. Sie wird jedoch im Ort eingeladen und lädt selbst ein. Um Ottilie ist es selten still, zumal wieder einige Engländer und Franzosen durchreisen, sich meist bei ihr vorstellen und das Haus zeigen lassen.

»Dies ist eigentlich ihre Existenz und darin muß man sie nicht stören«, schreibt die tolerante, liebevolle Mutter an Freundin Adele.

Im Gegenzug einer solchen Einladung bewirtet sie am 5. Oktober zum Tee zehn Gäste und fühlt sich ganz in ihrem Element. Das wäre ohne Bedeutung, schriebe sie nicht am nächsten Tag oder Abend ihr Gedicht »Die Bettlerin von Weimar«. Keine lyrische Glanzleistung, aber geeignet, in ihrer Seele zu lesen, ein aufschlußreicher Kontext zum »tea for ten«. Ottilie sieht sich an einem Tiefpunkt der Verzweiflung und ist für »jede Minute an Zerstreuung« dankbar, denn Gedanken und Erinnerungen lassen ihr keine Ruhe.

Sie kann sich ihre Zukunft nicht vorstellen, fühlt sich zur Passivität verurteilt, während die Zeit an ihr vorbei und über sie hinweg zu gehen droht. Wieder schnürt Angst ihr die Kehle zu. Am 10. November vertraut sie ihrem Tagebuch an, daß sie am Ende ist. »Das Schlimmste von allem ist, daß ich nun alles versucht, mir meine Existenz hier erträglich zu machen, und obgleich ich täglich mehr und mehr fühle, daß ich das Leben so nicht imstande bin zu ertragen, mir doch auch keinen Lebensweg mehr ersinnen kann, wo ich wenigstens glauben könnte, Frieden zu finden. Was soll aus mir werden – hätte ich Vermögen, vielleicht hülfe es mir zu reisen, hier muß ich untergehen.«

Sechs Tage später greift sie wie eine Ertrinkende nach einem Strohhalm. Da ist noch Samuel Naylor[5], der wohl unbedeutendste aller englischen Studenten, die Weimars Pflaster betreten haben. Ein neun Jahre jüngerer, nichtssagender Mann mit so feinen englischen Manieren, daß er vor zwei Jahren meinte, seine Begeisterung für die ungewöhnliche Frau und den gefühlvollen Flirt mit dem großen Namen in einen Heiratsantrag umsetzen zu müssen. Ottilie, selbst überrascht, fühlte sich natürlich viel zu geschmeichelt, um nicht ernsthaft darauf einzugehen, gab aber zu bedenken, daß sie in ihm immer nur Charles Sterling lieben werde. Naylor zog seinen Antrag zurück. Nun liest er, leicht irritiert sicher, erneut die schnelle, steile Handschrift Ottilies. Sie bittet um vertrauliche Korrespondenz, freundschaftlichen Umgang und um seinen Besuch im Dezember. »Fürchten Sie nichts; ich bin nichts weniger als eine heiratslustige Frau – ich war zu unglücklich verheiratet, um daß

Die Bettlerin von Weimar

Ihr Herren und Damen hört mein Wort:
Die Bettlerin bin ich hier vom Ort.
Ich hab einst bessre Tage gekannt,
Sie haben mich unter den ersten genannt!
Nun bin ich ein armes Weib,
Und klage Euch mein tiefes Leid.
Nicht verlang' ich die früheren Güter zurück –
Fern bleib mir Lieb, fern sei mir Glück –
Doch wenn von Eurem frohen Mut
Ein Wörtchen ihr übrig haben tut,
So wendet es mir Armen zu –
Es bringt vielleicht das Herz zur Ruh.
Ich verlange nicht Liebe, ich verlange nicht Lob:
Schlagt nur mit Worten die Gedanken tot,
Laßt mich nimmer mit ihnen allein,
Es heißt auf der Erde in der Hölle schon sein!
Übertönt mein armes krankes Herz
Mit Spott, mit Lachen, mit frohem Scherz,
So schweigt der Schmerz mir in der Brust.
Übertäubt den Kopf mit wilder Lust!
O ihr Reichen an Gut und Mut
Wißt nicht, wie weh die Armut tut.
Erbarmt Euch meiner tiefen Not,
Schlagt mir die Erinnerung tot!
Denkt, daß Euch wie mir auf Erden
Leicht das gleiche Leid kann werden –
Und Gottes Segen belohne Euch
Für jede Minute Zerstreuung reich.

6. Oktober 1832

nicht eine jede Ehe, selbst mit Ihnen, mir nicht eine Art Schauer einflößen sollte.« Man sei ja auch vor seinem Heiratsantrag glücklich gewesen und solle dahin zurückkehren, meint sie, ». . . die Freude ist so selten auf der Erde zu finden, warum sie nicht nehmen wie sie sich bietet?« Sie verspreche ihm alles, »nur vielleicht keine Treue«.

Das Jahr neigt sich. Die dunklen Dezembertage lassen die Zukunft wie einen Abgrund erscheinen, der sich vor ihr auftut. Aus den acht Wochen nach Goethes Tod, als sie aufbrach, die Liebe zu suchen, sind nun acht Monate geworden.

Ottilie von Goethe, geborene Freiin von Pogwisch, seit kurzem sechsunddreißig Jahre alt, versteht und erträgt ihr Leben nicht mehr.

Die Familien

Der Amtmann von Tondern, Henning Pogwisch, schlug mit der Faust auf den Eichentisch und beschloß, sich den Zins der säumigen Fischer von Hörnum auf Sylt selbst zu holen, erfahren wir in der Ballade *Pidder Lüng* von Detlev von Liliencron. Dieser Kraftakt gegen stolze Friesen kostete den Ritter das Leben, zumindest bei Liliencron. In Wahrheit starb er 1482 zwar in Ungnaden ob seiner unbeherrschten Gewalttätigkeit und Rechthaberei gegenüber König Christian I. von Dänemark und des Landes flüchtig, aber wenigstens eines natürlichen Todes in Güstrow an der Elbe, wo er Zuflucht gefunden hatte bei den Großherzögen von Mecklenburg. Ein Epitaph im Dom erinnerte noch bis in unser Jahrhundert an ihn, »der wegen Gewalttätigkeiten seiner Güter in Holstein verlustig gegangen«, Henning Pogwisch auf Farve (1418–1482), den bedeutendsten Ahnherrn Ottilie von Goethes, geborener von Pogwisch.

Die Familie läßt sich bis in das frühe 13. Jahrhundert zurückverfolgen, als sie und ihre zahlreichen Stammesverwandten in Ostholstein gegen die wendischen Ureinwohner kämpften, dort siedelten und für Jahrhunderte seßhaft wurden. Die Pogwischs gehörten zu dem weitverzweigten Geschlecht der von der Wisch oder de Prato.

Der Name Pogwisch (mittelniederdeutsch: pogge = Frosch, wisch = Wiese) findet sich – nach gegenwärtigem Forschungsstand – erstmals im Kieler Stadtbuch aus den Jahren 1264–1289 unter der Nr. 747. Hier wird vermerkt, daß ein Hasso 1283 sein Haus und Erbe in der Kehdenstraße an die Kinder Marquard und Adelheid des Herrn »Thetlevi de Pokkewisk« verkauft habe. Die Familie Pogwisch – in vielfach variierender Schreibweise – muß demnach schon früher als mit diesem Datum belegbar in Kiel oder Umgebung ansässig gewesen sein wie schon ein halbes Jahrhundert früher die Reventlows, Rantzaus und andere ritterschaftliche Familien, die zusammen heute als noch 10 sogenannte *Originarii* den Kern des Schleswig-Holsteinischen Uradels bilden, seit die Geschlechter von der Wisch und Pogwisch im 19. Jahrhundert ausstarben.

Im ältesten Kieler Rentebuch (1300–1487) wurde jeweils 1322 und 1325 ein Marquard Pogwisch eingetragen. Das Urkundenbestandsverzeichnis nennt am 10. November 1318 einen Detlef Pogwisch, aber die Urkunde selbst kam abhanden, so daß die jüngste dort zu findende schon das Datum vom 25. Februar 1334 trägt und sich auf einen Wulf Pogwisch und Marquardo de Wisch bezieht. Das Archiv der Stadt Lübeck bewahrt eine Urkunde aus dem Jahre 1342, mit der ein Knappe Wulf Poggewitsch als Siegler auftritt, und eine aus dem Jahr 1348, in dem nämlicher Knappe anläßlich einer Urfehde als Bürge für einen Ritter benannt wird.

Früheren Datums sind dann wieder die Spuren der Pogwischs in der auch gedruckt vorliegenden Chronik der Ortschaft Schönkirchen, die berichtet, daß Otto Pogwisch auf Bissee bei Bothkamp (nahe Bordesholm) laut Testamentsurkunde einer Reihe von Kirchen und Klöstern etlichen Geldeswert zu hinterlassen gedachte, darunter auch der Kirche von »Sconekerken«. Das gleiche Testament von 1327 belegt die Beziehungen der Pogwischs zum Kloster Bordesholm, denn Otto vermachte dem »ordentlichen Geistlichen in Holm für den Bau einer Kirche zu Ehren der ruhmreichen Jungfrau Maria 300 Mark Lübisch, und zwar 200 Mark zum Bau der Kirche selbst und 100 Mark für die Glasfenster.« Vollauf berechtigt lobt daher die gegenwärtige Darstellung der Geschichte des Klosters: »Neben andern Adelsgeschlechtern waren es besonders die Pogwischs, die Wische und die Wulfen, die sich um die wirtschaftliche Lage des Klosters von Anfang an bis zu seiner endgültigen Aufhebung hohe Verdienste erworben haben.« Schon 1332 konnte die Gründungskapelle geweiht werden, aus der das Kloster der Augustiner-Chorherren entstand, die heutige Gemeindekirche.

Der Sohn Ottos, Wulf (Wolf I.) Pogwisch, 1328–1367, wurde »Herzog Waldemars Rat«, wie das Danmarks Adel Aarbog (DAA) festhält, und er besaß das Gut Schönkirchen. In einem Vertrag zu Gettorf 1353 tauschte er es gegen den Hof seines Schwagers Iwen Reventlow zu Bülk und gab noch 10 Mark in Gold dazu. Bülk (heute Alt-Bülk und Neu-Bülk) lag nördlich von Kiel, wenige Kilometer von Strande. Schönkirch war Lehnsgut des Grafen von Kiel gewesen, Bülk das Hochzeitsgut der mit Reventlow verheirateten Schwester Wulfs. Anscheinend entstand erst später aus dem Bülker Hof oder neben ihm eine Burg in der für Schleswig-Holstein ungewöhnlichen Anlage als vierflügelige Wasserburg, wie sie nur noch von Troisdorf bei Tondern und Farve in Ostholstein bekannt wurde, die beide vielleicht vom Ursprung an Pogwisch-Bauten waren.

Mit dem Erwerb von Knoop und Bülk überschritten die Wulfs und die Pogwischs die bisherige Siedlungsgrenze und faßten Fuß in Schleswig. Mit Bissee und ihrer Beziehung zu Bordesholm demonstrierte sich auch ihre wirtschaftliche Macht. Zeitweilig geriet das Kloster nahezu in die absolute Abhängigkeit der Pogwischs. Alle männlichen Familienmitglieder der Geschlechterfolge mußten in die Bruderschaft des Klosters aufgenommen werden und jeweils vier Mitglieder immer erst zustimmen, wenn das Kloster aus seinem Besitz etwas veräußern wollte. Schließlich führten die Pogwischs Mitte des 17. Jahrhunderts sogar einen Prozeß um das Protektorat über Bordesholm. Um 1600 hielt eine Chronik fest, daß die Pogwischs ihren Namen in die Kirchentafeln verewigt und durch einen goldenen Wolf markiert hätten. Sie wurden dargestellt als »goldene Ritter« mit dem Ordenskreuz der Johanniter, trugen goldbeschlagene Schwerter in roten Samtfutteralen, goldene Sporen mit roten Samtriemen und eine Goldkette im Wert von 100 Dukaten, wie das DAA ausführlich erzählt.

Natürlich las man für sie die Messe, sang und betete für sie und vollzog ihre Beisetzungen. Vier Pogwisch-Epitaphe (1460, 1470, 1492 und 1554), mehr oder weniger gut erhalten, sind noch heute im Kloster Bordesholm zu sehen.

Reich, fromm und wehrhaft, so zeigten sich die Pogwischs zur Glanzzeit des Rittertums, und in unbestrittener Machtstellung. Eben diese ließ sie wohl auch herrisch, hochfahrend und gewalttätig zum Schrecken zinspflichtiger Bauern und Fischer sowie der Bürger in den abhängigen, weil vielleicht gerade an sie verpfändeten Städten werden. Das DAA bestätigt ihnen »Härte und Brutalität«, in höherem Maße als im übrigen holsteinischen Adel vorkommend. Sie warteten nicht immer den Spruch der Richter ab, wenn sie um ihr vermeintliches Recht prozessierten – und das geschah oft –, sondern holten es sich eigenhändig mit Gewalt. Sie zogen ihr Schwert schnell.

Allein die Chronik des Asmus Bremer, Bürgermeister der Stadt Kiel, in der wenigstens 55mal ein Pogwisch genannt wird, erzählt über 300 Jahre hinweg abenteuerliche Geschichten über das waffenklirrende Gehabe der Pogwische.

Es war wohl nötig, sich von Zeit zu Zeit ein frommes »Salve Regina« singen und ein »Ave Maria« beten zu lassen, denn selbst ein Bischof aus den eigenen Reihen, Detlev Pogwisch, dürfte nicht ausgereicht haben, das Ansehen der so rabiaten Ritter mit dem Wolf im Wappen aufzuwerten. Das Wappen zeigte im Schild auf blauem Grund (bei den Knoops grün) einen grauen bzw. silberweißen Wolf ohne Halsband (nur gelegentlich mit rotem) und ausgestreckter roter Zunge, nach links oder rechts fortschreitend oder auch aufsteigend. Auf dem bedeckten Stechhelm fand man einen ebensolchen Wolf, aus grünem Schanzkorb herauswachsend.

Respekt verschaffte man sich zu dieser Zeit allein durch Wehrhaftigkeit, die ihnen auch niemand abstritt. In den großen Kriegszügen gegen die Dithmarscher Bauern 1404 in der Süderhamme, als 300 Ritter den Tod fanden, und in der Schlacht bei Hemmingstedt, als wiederum ein Bauernheer die Ritter schlug, konnte man in den Gefallenenlisten mehr als genug die Namen Pogwisch und v. d. Wisch lesen. Die Überlebenden hatten zu tun, ehe sie wieder zu wirtschaftlicher Macht gelangten und die Anzahl ihrer Güter, Lehen und Pfänder erneut wuchs. Im 16. Jahrhundert fand man Pogwische in Holstein, Schleswig und Dänemark, in Schweden und Finnland.

Selbst Ottilie von Goethe erfuhr noch nach drei Jahrhunderten vom Ruhm und Reichtum ihrer Vorfahren. Am 17. Januar 1859 in Venedig hielt sie in ihrem Tagebuch den Besuch der befreundeten, ebenfalls aus schleswig-holsteinischem Adel stammenden Familie Baudissin fest: »Comtesse Baudissin hatte einen Brief ihres Schwagers aus Holstein. Es war darin eine kleine Abhandlung über unsere Familie, wieder die Heldengeschichte der Frau von Pogwisch und noch manches andere, daß in einer Zeit 18 Pogwische lebten, die alle Güter oder Schlösser besaßen. Kerbe, was jetzt Baron Heinz hat, war als Stammgut genannt.« Die »Heldengeschichte der Frau von Pogwisch« war noch nicht herauszufinden. Mit »Kerbe«, im Urtext schlecht lesbar, war aller Wahrscheinlichkeit nach Farve in Ostholstein gemeint, aus welchem sich die Linie Farve der Familie ableitete und aus ihr wiederum die Preußische Linie, zu der Ottilie und Ulrike gehörten.

Die Pogwischs hatten wie die anderen großen Geschlechter Handel und Zwischenhandel mit den Erzeugnissen ihrer Güter getrieben, von Dänemark nach Holland oder nach Mecklenburg, hatten Land und Güter gekauft und verkauft, auch innerhalb der eigenen weitverzweigten Familie. Sie waren zu Reichtum gekommen. Wenn es einen ökonomischen Sinn ergab, heirateten die uradligen Geschlechter nicht nur untereinander, sondern tauschten auch zuweilen die Güter. Gehörte doch allein Weißenhaus in rund 120 Jahren zweimal den Pogwischs und zweimal den Rantzaus, bis 1729 die Freiherren von Liliencron es für einige Zeit übernahmen. Aus ihrem Geschlecht stammte der Dichter, der dem legendären Henning Pogwisch, Amtmann von Tondern, eine Ballade widmete und den »Rantzaus und Pogwischs« sogar ein Drama.

Henning Pogwisch, 1418–1482, Herr auf Farve in Ostholstein, so berühmt wie berüchtigt, wurde hier schon geboren, so daß auch seine Eltern bereits auf Farve gewohnt haben dürften. Aus dem Abstand von 500 Jahren erscheint er einem fast wie »der letzte Ritter« seines Geschlechts. Zu seiner Zeit nahmen die Hohenzollern des »Heiligen Römischen Reiches Streusandbüchse« Brandenburg in Besitz und die Habsburger die Kaiserkrone. Das Zeitalter der Fürsten löste das der Ritter ab. Schleswig-Holsteins Ritterschaft kämpfte einmütig um ihre Unabhängigkeit von der dänischen Krone, und Henning Pogwisch hatte seinen ehrenvollen Anteil daran.

Sein Stammsitz Farve konnte wohl als Symbol für den Zeitenwandel gelten – nicht mehr ganz Burg, noch nicht ganz Schloß. Farve, heute noch ein imposanter vierflügeliger Bau mit zwei einander diagonal gegenüberstehenden mächtigen Wehrtürmen und einem Innenhof wie Troisdorf und Bülk in alter Zeit, war beides zugleich, wehrhafte Burg mit Wassergraben und stattliches Schloß inmitten fruchtbaren Landes. Der Name Farve, wendischen Ursprungs, bedeutet Wiese oder Weide, und so kam ihm auch eine dritte Funktion zu, in der es bis heute überlebt hat, die eines Gutes. Die ältesten Bauteile des Herrenhauses, Keller und Ostflügel, lassen sich in Henning Pogwischs Zeiten oder die seiner Söhne zurückdatieren, der Westflügel etwa auf das Jahr 1500. Noch heute, seit 1929 im Besitz der Grafen Holck, ist Farve nach Anlage und Ausführung ein architektonisch einzig in Schleswig-Holstein zu

Schloß Farve. Stammsitz der Familie Pogwisch.

sehendes Baudenkmal, zumal Troisdorf und Bülk verschwanden. Als vor den Holcks die Reventlows 1837 Farve besaßen und renovierten, fand sich im Keller ein Tonkrug mit wertvollem Silberschmuck und über tausend Münzen aus allen Prägestätten des 10. und 11. Jahrhunderts in West- und Osteuropa. Die älteste Münze aus dem Jahre 898 kam aus Taschkent in Usbekistan, Hinweise auf rege Handelstätigkeit um diese Zeit, vielleicht vergleichbar Haithabu.

Im 17. und 18. Jahrhundert suchte man die Hofkarriere, und dieser konnte es nützlich sein, in Orléans, Bologna, Padua oder Siena studiert zu haben, auch Helmstedts Universität ließ man gelten. Sie waren gebildete, elegante Herren geworden, die Nachfahren der schlagkräftigen Ritter, und führten den Degen mit gewandter Akkuratesse, schulgerecht, so was lernte man perfekt in Italien und Frankreich.

Im 17. Jahrhundert entstand die preußische Linie des Geschlechtes Pogwisch mit Benedict, dem Urgroßvater Ottilie von Goethes und ihrer Schwester Ulrike. Zwar sollen schon im Jahrhundert vor Benedict die Pogwischs in Preußen ansässig gewesen sein, nachweisbar blieb bis jetzt nur er, Herr auf Lebbin und Memmenhof, mecklenburgischem Besitz, den er von seinem Vater geerbt hatte. Benedict, in dänischen Diensten Kapitän (Hauptmann) und in russischen Oberst, versuchte 1724 mit erheblicher Mühe und anscheinend vergeblich, das Nübbelsche Legat zugesprochen zu bekommen. Er erhob mit Hilfe seiner Schwester regelrechte Erbansprüche. Das Legat war eine testamentarische Überschreibung von Einkünften aus dem Dorf Nübbel. Es scheint, daß er im Rechtsstreit um diese Einnahmequelle aus dem Jahre 1421 kein Glück hatte. Er hinterließ aus drei Ehen acht Kinder, darunter Carl Benedict, 1721–1775 (oder 1776), den Großvater unserer Ottilie. Sie lernte jedoch den Herrn auf Groß und Klein Saalau, Garbnicken (Preußisch Eylau), Stienen, Koskeim und Perkappen nicht mehr kennen, auch nicht die Großmutter aus der väterlichen Linie.

Bei Ottilies Geburt, am 31. Oktober 1796 in Danzig, stand ihr Vater, Wilhelm Julius, als Hauptmann im Dragonerregiment von Werthern in preußischen Diensten. Ihm gehörten die Güter Schellenberg bei Gerdauen, Worlack und Wotterlack (Preußisch Eylau), Mockrau bei Marienwerder (Ostpreußen) und Goddentow bei Lauenburg. Dazu besaß er die Anwartschaft und Präbende des Klosters Kolberg, in das er sich vor fünf Jahren eingekauft hatte. Drei Jahrhunderte lagen Ruhm und Ehre der mächtigen Pogwischs in Holstein zurück. Die Nachfahren der einst streitbaren Ritter dienten inzwischen als Offiziere mittleren Ranges ihrem jeweiligen Fürsten. Ottilies unmittelbare Vorfahren lebten in Preußen, dort, wo es am preußischsten war, als Diener des Königs.

So befand sich Ottilies Vater schon vor ihrer Geburt unendliche Stunden des Tages auf dem Exerzierplatz, interessierte sich für Pferde, Landwirtschaft und Ranglisten, aber möglichst nicht für Politik. Gelegenheit sich auszuzeichnen, gab es bei weitem nicht genug. »Krieg wurde immer gewünscht«, erinnerte sich später sein Schwager an diese Jahre, »mit wem, war jedem ganz gleichgültig. Es fiel keinem ein, darüber nachzudenken, wie regiert wurde oder wie regiert werden müsse.« Ein Strukturfehler, der die Armee noch teuer zu stehen kommen sollte. Noch konnten ihre Offiziere die Nachmittage damit verbringen, Visiten auf den Gütern der Umgebung oder wie Wilhelm Julius von Pogwisch auch in den benachbarten Adelshäusern der Stadt Königsberg zu absolvieren. Im Hause des Gouverneurs, Viktor Amadeus Henckel von Donnersmarck, traf er dessen Tochter Henriette, sechzehn Jahre jünger als er. Beide empfanden ehrliche Liebe füreinander. Als unerwartet 1793 Henriettes Vater starb, zog sie mit ihrer Mutter achtzehn Monate später nach Berlin. Prinz Heinrich, Bruder des großen Preußenkönigs, hatte die Witwe seines so plötzlich verstorbenen ehemaligen Adjutanten eingeladen, ihm den Haushalt auf Schloß Rheinsberg zu führen, übernahm die Kosten eines Universitätsstudiums für Henriettes jüngeren Bruder Leo und vermittelte für die achtzehnjährige Henriette selbst eine Hofdamenstelle bei seiner von ihm getrennt lebenden Gemahlin, der Prinzessin Heinrich in Berlin. Der älteste Bruder Wilhelm, nun senior familiae, begann gerade eine steile Offizierskarriere.

Friedrich II., genannt der Große, war schon acht Jahre zuvor gestorben. Die Amtszeit seines Neffen und Nachfolgers zeichnete sich in der Geschichte durch allgemeinen Verfall der Sitten aus. Mätressenwirtschaft, Frivolität, Korruption und Verschwendung fanden eine Brutstätte am Hofe des Königs und verbreiteten sich von dort über die angesehensten Adelsfamilien. Sie waren immer nur gerade so moralisch wie der König, und das bedeutete zu der Zeit nicht mehr viel. Mutter und Tochter Henckel von Donnersmarck erwartete kein leichter Stand. Der Hof in Rheinsberg, ohne Gäste schon 120 Bedienstete aller Art beherbergend, französisiert bis in die letzte tägliche Gewohnheit, galt als aufwendig und organisatorisch schwierig. Gräfin Ottilie Henckel von Donnersmarck besaß Organisationsvermögen, eine exquisite Bildung und das Durchsetzungsvermögen, das für diesen lebhaften und etwas überdimensionierten Haushalt nötig war. Ihre Robustheit, Direktheit, ihr energisches Handeln, dazu ihre absolute Verschwiegenheit, machten sie schon bald unentbehrlich. Sie blieb bis zum Tode des Prinzen. Henriette wohnte in Berlin im Palais des Prinzen Heinrich, dem Gebäude der heutigen Humboldt-Universität. Sie vervollkommnete ihre ernsthaften Musikstudien auf dem Klavier und der Flöte, dazu ihre Sprachkenntnisse und versah den Hofdienst bei der recht geselligen Prinzessin Heinrich. Dazu kam der nahezu allabendliche Besuch bei der verwitweten Königin Elisabeth Christine von Braunschweig-Bevern, der Schwägerin des Prinzen. Er selber tauchte zuweilen bei Festlichkeiten an der Tafel auf, immer einige Verlegenheit um sich verbreitend. Auch

Henriette benötigte außergewöhnliche Verschwiegenheit in ihrer Umgebung, um in diesem Hofleben bestehen zu können. Die wenige ihr selbst gehörende Zeit benutzte sie, Neigungen und Talente zu vertiefen, vor allem im Bereich der Musik und Literatur. Ihr ernstes Wesen fiel bei aller liebenswürdigen Dienstbarkeit auf. Auch merkte man wohl, daß sie verliebt war; man kannte bereits den Hauptmann von Pogwisch.

Dieser bekam sogar eine Gelegenheit, sich als Offizier auszuzeichnen und im Tagesbefehl lobend genannt zu werden. Die dritte Teilung Polens durch Österreich, Preußen und Rußland hatte Warschau nach längerer Belagerung preußisch werden lassen. Während der Kampfhandlungen war es Pogwisch gelungen, einen polnischen General nebst Adjutanten gefangenzunehmen.

Was sich da im Osten Europas als polnische Tragödie abspielte, konnte nur möglich werden durch die Gewißheit der Großmächte, daß der Westen gerade nicht verhandlungsfähig war. Frankreich wurde von den Folgen der Revolution erschüttert. Das französische Königspaar war 1793 hingerichtet worden.

Die Namen Danton, Robespierre und Marat kannte man auch in Preußen, aber 1794 fiel der Amoklauf fanatisierter Volksmassen in sich zusammen. Das Menetekel an der Wand schien verschwunden zu sein, und Preußen hatte sich in Sonderverhandlungen mit Frankreich den Rücken abgesichert für seine Teilnahme an der dritten Teilung Polens im Jahre 1795. Frankreich blieb derweil mit sich und dem 26jährigen General Napoleon Bonaparte beschäftigt. Prinz Heinrichs Beziehungen und sein Ansehen in Polen wurden als Karte im Spiel gesetzt und gereizt, aber nicht gezogen. So ging das Hofleben in Berlin und Rheinsberg den gewohnten Gang zwischen pein-lich beachtetem Zeremoniell und geistiger Liberalität, zwischen Intrigen und Rankünen – immer ein wenig neurotisch.

Hauptmann Pogwischs kleiner Ruhm war bis Rheinsberg gedrungen, hatte ihm hier Zutritt verschafft und wohl auch der Erhebung in den Majorsrang nachgeholfen. 1796 bat er Gräfin Luise Eleonore Ottilie Maximiliane Henckel von Donnersmarck, die Mutter seiner Geliebten, in Rheinsberg um die Hand ihrer Tochter Henriette. Gräfin Henckel mochte ihn zwar nicht, aber ein Argument, ihn abzuweisen, bot sich nicht, so daß Pogwisch seinem

Pferd die Sporen gab, um seiner Henriette in Berlin das Einverständnis der Mutter mitzuteilen.

Prinz Heinrich rechnete es sich zur Ehre an, die Hochzeit auszurichten. Am 5. Februar 1796 sollte sie auf Schloß Rheinsberg drei Tage lang gefeiert werden. Tag und Stunde waren ausgemacht und rückten näher; da ließ der Bräutigam verlauten, daß er erst einige Tage später kommen könne. Wie zu erwarten, erregte die Nachricht den Unwillen des Prinzen. Kurzerhand ließ er den ältesten Bruder Henriettes in Paradeuniform sich in Rheinsberg melden und verlangte von ihm, daß er sich per pro curationem, »an Pogwischs Stelle«, mit seiner Schwester trauen lasse. Als dieser zu bedenken gab, das sei nur »bei großen Herren« üblich, wurde er beschieden, daß ihn das nichts angehe. Wilhelm Ludwig Viktor Henckel von Donnersmarck zählte es zu den Merkwürdigkeiten seines Lebens, seine Schwester geheiratet zu haben. In der Tat ließ Prinz Heinrich das gesamte vorgesehene Zeremoniell ablaufen mit Hofprediger und salbungsreicher Rede über die ehelichen Pflichten, Ringtausch, großem Festkonzert, Souper und Austeilung des Strumpfbandes im Brautgemach. Am zweiten Tag gab es ein Frühstück beim »Bräutigam«, großes Diner beim Prinzen, Oper und Souper, am dritten Tag endlich den Ball mit dem gesamten Personal von Rheinsberg, Schauspielern, Musikern und geladenen Bürgern aus der Stadt.

Prinz Heinrich blieb nicht nur ständig anwesend und amüsierte sich, er zahlte auch. Während des Balles erschien dann Pogwisch, entsprechend zornig, daß alle Zeremonien ohne ihn stattgefunden hatten. Er mußte im Wirtshause übernachten und wurde am vierten Tag der Clownerie endlich selbst getraut. Auf Befehl des Prinzen durfte niemand in Gala erscheinen, der Prinz trug provokativ seine Perücke noch in Papilotten eingerollt, die »Dauerwellenwickel« des Rokoko. Die Geringschätzung war nicht zu übersehen.

Das junge Ehepaar Pogwisch, einander zärtlich liebend zugetan, wünschte nichts sehnlicher, als sich fern vom höfischen Roulette der Eitelkeiten unabhängig sommertags auf Gut Goddentow und wintertags in Königsberg einrichten zu können. Eine Liebesheirat, wie sie zu jener Zeit selten war, führte zwei alte respektable Adelsgeschlechter zusammen.

Die Henckel von Donnersmarck konnten sich im Reichsgrafenstand nachweisen und ließen sich bis in das 14. Jahrhundert im ungarischen Zipser Lande zurückverfolgen, seit dem 17. Jahrhundert wurden sie als Reichs- und böhmische Freiherrn geführt. Unter dem Schutz des Doppeladlers gewannen die Reichsgrafen 1697 die freie Standesherrschaft über Tarnowitz und Beuthen. Henriettes Mutter hatte 1774 ihren Onkel Viktor Amadeus aus der jüngeren Linie der Henckel von Donnersmarck geheiratet. Dadurch kam das Gut Nassenheide[6] in Pommern in ihren Besitz, das im folgenden Jahrhundert noch den Enkeln Goethes eine Zuflucht bedeutete, weil es einer Cousine Ottilies gehörte. Irgendwie befand sich Nassenheide immer in einer Art Schutzzone, vom materiellen Abstieg der Familie nicht betroffen. Schon Henriettes Großvater, Obermundschenk am Hofe Friedrichs II. und einer der wenigen Träger des Schwarzen Adlerordens, hatten waghalsige Spekulationen in die finanzielle Bredouille gebracht, so daß er, 93jährig, völlig unvermögend gestorben war. Der König selbst hatte dann dem einzigen Sohn, Viktor Amadeus, zur Aufbesserung seines Budgets eine zwar nicht standesgemäße, aber reiche Kaufmannstochter ausgesucht und deren Vater noch schnell geadelt. Die Transaktion kam einem Heiratsbefehl gleich. Viktor Amadeus erreichte es aber nicht, seiner Frau höfische Umgangsformen anzuerziehen. Sie starb bereits nach vier Jahren und ließ ihm zwei Töchter zurück. Seine Tochter aus zweiter Ehe, Henriette Henckel von Donnersmarck, besaß so zu ihren beiden Brüdern noch zwei Stiefschwestern. Zur Stief- und Namensschwester Henriette von Hagen entwickelte sich ein besonders herzliches Verhältnis, das für die pekuniär schwach gewordenen Henckels ebenso bedeutend wurde wie für die Pogwischs und sich mit den Chiffren »Onkel und Tante Hagen, Schmeling, Dessau, Nassenheide« noch durch Ottilies Tagebücher und Briefe zieht und auch für die Goetheenkel eine große Rolle spielte.

Viktor Amadeus hatte sich auf dem Sterbebett von seinem ältesten Sohn Wilhelm Ludwig verabschiedet, indem er ihm die Ehre des Hauses anempfahl und dabei ohne weitere Verzierung ihm eröffnete, daß er kein Vermögen hinterlasse. Er hatte ihm die Schlüssel zu seinem Geldfach im Arbeitszimmer überreicht mit der deutlichen Aufforderung, sich ohne Umstände, ehe seine Mutter es täte, daraus zu bedienen, beerdigen werde man ihn schon irgendwie. Wie erwartet rief ihn dann die Mutter und teilte ihm lakonisch mit, daß sie ihm 10 Reichstaler monatlich zahlen wolle, aber nie auch nur einen Groschen seiner Schulden. Danach bezahlte sie die noch nicht beglichenen Kosten ihrer 19 Jahre zurückliegenden Hochzeit, löste den Haushalt auf und versah nun ihren Dienst in Rheinsberg.

Die eleganten Herren Henckel von Donnersmarck hatten Ehren, Orden und Schulden gesammelt, zu leben verstanden und ein großes Haus geführt. Den männlichen Mitgliedern der Familie blieb hinfort nur die Hoffnung auf Fortüne in ihrer beruflichen Karriere, die weiblichen mußten sich mit Stellungen »bei Hofe« durchschlagen.

Eben dieser Konstellation glaubte Ottilies Mutter Henriette entgangen zu sein durch ihre Heirat mit dem Major von Pogwisch, Träger eines alten Adelstitels, Domherrn von Kolberg und Herford, Besitzer einiger Güter. Dieser widmete sich nun seinen Besitzungen und seiner Familie, so gut sein Offiziersdienst das zuließ, der ja leider auch wechselnde Garnisonen mit sich brachte. War Ottilie noch im Hochzeitsjahr in Danzig geboren worden, so hatte die Schwester Ulrike zwei Jahre später schon Dessau als Geburtsort. Wilhelm Julius von Pogwisch zeigte sich als liebevoller Ehemann und Vater, der seine zwei Töchter über Gebühr verwöhnte. Besonders Ottilie hing sehr an ihm. Nicht nur Henriette bestätigte noch Jahrzehnte später, wie glücklich die wenigen Jahre ihrer Ehe waren; auch aus Briefen des Vaters, die dieser zwei Jahrzehnte später zur Hochzeit seiner ältesten Tochter ihr und ihrem Bräutigam schrieb, sprechen die große Warmherzigkeit seines Charakters, Zuneigung zu seiner Frau und seiner Tochter. Vielleicht brachte gerade diese Liebe ihn dazu, über die Verhältnisse zu leben und seine Einnahmen um jeden Preis erhöhen zu wollen? Nach sechs Jahren mußte er bekennen, mit Grundstücksspekulationen, die in seinen Kreisen fast Mode geworden waren, so große Verluste erlitten zu haben, daß er Henriette und den Kindern die einstweilige Aufgabe des gemeinsamen Wohnsitzes nahelegen mußte. Noch bestand für Henriette und ihre Töchter die Möglichkeit, die finanzielle Zerrüttung aufzuhalten und vorübergehend beim Schwager und der namensgleichen Stiefschwester auf Gut Göhren in der

Lausitz unterzuschlüpfen. Die Trennung erfolgte im gegenseitigen Einvernehmen.

Pogwisch begleitete seine Familie bis Danzig, dort nahm Henriettes älterer Bruder Wilhelm Ludwig sie in Empfang für die Reise zur Stiefschwester. Natürlich konnte eine Dame nicht allein in den Kutschen einer Posthalterei fahren oder etwa dort rasten. Sie kümmerte sich auch nicht um das Finanzgebaren ihres Mannes, selbst dann nicht, wenn sie – wie Henriette von Pogwisch – recht gut dazu imstande gewesen wäre. So war es ihr denn auch versagt, genau wie es ihrer Mutter und ihrer Großmutter versagt gewesen war, Einblick etwa in Unterlagen der Güterverwaltung oder Kontoführung zu nehmen. Das Schicksal der zwei vorangegangenen Generationen Henckel von Donnersmarck konnte ihr nicht unbekannt geblieben sein. Es mußte sie nachdenklich stimmen, nun die dritte in der Reihe der Frauen geworden zu sein, die nur dazu berechtigt waren, mit Würde das Schicksal ihrer Männer und Familien zu tragen. Die Gräfin Henckel war dabei sarkastisch, scharfzüngig und bitter geworden. Henriette von Pogwischs Glaube an die Unfehlbarkeit des Patriarchats mochte einen ersten Stoß bekommen haben, aber noch ließen sich Liebe und Hoffnung hinzufügen, wie es geschrieben steht, und die Trennung erschien fast erträglich, gelang es dem Major doch sicher, seine pekuniären Verhältnisse baldigst zu regeln.

Für die Kinder, Ottilie und Ulrike, zerbrach bereits eine Welt. Sie fühlten, daß es sich nicht um eine beliebige Reise handeln konnte. Sie verloren ein für allemal den festen Boden unter den Füßen, den Schutz des Elternhauses. Wohin das Leben sie von nun an auch trieb, überall genossen sie mehr Gast- als Heimatrecht. Was blieb, waren Unruhe und Zerfahrenheit, die aus seelischer Überforderung geboren werden. Da blieb eine Sehnsucht nach Sicherheit, die sich nie mehr erfüllen sollte. Beide Töchter reagierten fortan häufig fast pathologisch hektisch auf Außenreize, unfähig, neuen Situationen positive Perspektiven zu entnehmen und sich mit den negativen zu arrangieren. Onkel und Tante Hagen boten zunächst einmal eine Rettung. Es blieb aber Ottilies fatale Gewohnheit, immer auf einen Deus ex machina in Gestalt eines Mannes zu hoffen, der ihr Lebensschiffchen vor dem Untergang bewahren werde.

Ihre Mutter war fest entschlossen, den Verwandten so wenig wie möglich zur Last zu fallen und wieder eine Hofstelle zu finden.

Ottilie von Goethe.
Zeichnung von A. von Steinberg, 1838.

Diese bot sich schnell mit Hilfe ihrer Mutter, der Gräfin Henckel, die als Oberhofmeisterin nunmehr in Potsdam wohnte. Nach dem Tode des Prinzen Heinrich hatte sich ihr diese Stelle bei der Gattin des Erbprinzen von Mecklenburg-Schwerin geboten, einer Schwester des Zaren. Nun halfen die neuen Beziehungen Henriette von Pogwisch eine Erzieherinnenstelle bei der Prinzessin Friederike von Preußen anzunehmen, die in zweiter Ehe den Fürsten Solms-Braunfels geheiratet hatte und zwei Kinder im Alter von ein und zwei Jahren betreut wissen wollte. Henriette konnte, was ausschlaggebend gewesen sein dürfte, ihre eigenen Kinder mitbringen an den kleinen, aber aufwendigen Hof, der in Triesdorf und Ansbach residierte. Ottilie und ihre Schwester wechselten innerhalb eines Vierteljahres von der Ostseeküste über Mitteldeutschland ins preußisch-fränkische Süddeutschland. Landschaften, Lebensgewohnheiten, sprachliche Dialekte änderten sich wie die Bilder eines Theaters, interessant und beunruhigend zugleich – Vorhang auf, Vorhang zu! Keine Szene glich der anderen, und nicht nur die Kulisse änderte sich, immer neue Menschen belebten die Handlung. Der einzige feste Orientierungspunkt blieb die Mutter, der sich die Kinder in dieser fremden Umgebung eng anschlossen. Zu Ottilie als der älteren der beiden Schwestern entwickelte sich ein für damalige Zeiten ganz ungewöhnliches Vertrauensverhältnis, das sie in späteren Jahrzehnten sogar Freundinnen sein ließ. Ihre Beziehung zueinander bildete schon jetzt und für immer den Kern der Familie.

Wenn Ottilie gebraucht wurde, konnte man sich auf sie verlassen, je mehr Liebe ihr zuteil wurde. Sie beaufsichtigte zuverlässig die jüngere, damals vierjährige Schwester und sorgte dafür, daß diese bei den vielen Aktivitäten des anspruchsvollen Hofes Solms-Braunfels keinen Anlaß zu Unannehmlichkeiten gab, auch dann nicht, wenn beide ihre Mutter bei Reisen der fürstlichen Familie einmal nicht begleiten konnten.

Ottilies so gewinnende Freundlichkeit konnte sich in dieser Situation ebenso entfalten wie ihre Frühreife. Sie lernte schnell, jedoch den Verhältnissen entsprechend, weniger durch Belehrung als durch kindliche Nachahmung und eine flinke Auffassungsgabe, die ihre überdurchschnittliche Intelligenz bewies. Noch Jahrzehnte später hieß es von ihr, sie habe trotz allen Temperaments und aller Originalität zu keiner Zeit die Erziehung durch eine Oberhofmeisterin und eine Hofdame – Großmutter und Mutter waren gemeint – verleugnen können und zeige stets die geschultesten Umgangsformen. Vieles davon, wie auch die Grundbegriffe der französischen Sprache, mag sie sich schon hier am unruhigen, lebhaften Hof von Solms-Braunfels abgesehen haben.

Nach etwas über drei Jahren endete der Aufenthalt in Franken abrupt im Juni 1805. Obwohl Henriette von Pogwisch auf die Einnahmen aus ihrer Erzieherinnenstelle angewiesen war, leistete sie sich den Luxus, in grundsätzlichen erzieherischen Prinzipien anderer Meinung zu sein als die Fürstin. Henriette zog die Konsequenzen, gab ihre Stelle auf, um zunächst wieder zur Stiefschwester zurückzukehren. Die Hagens hatten inzwischen ihr Gut verkauft und wohnten in einem Stadthaus in Dessau, wo Major von Hagen bald darauf Stadtkommandant wurde. Wieder fanden Henriette und die Kinder die liebevollste Aufnahme, aber nun bemühte sich Henriette intensiv um eine Familienzusammenführung. Eine Hofdamen- oder eine andere Erzieherinnenstelle konnte sie in die Nähe ihres Mannes bringen und wieder in Preußen leben lassen.

Sie wollte zurück, sich die Ehe und den Kindern das Zuhause retten, außerdem sollte jetzt endlich beiden Mädchen eine solide Bildung und Erziehung zuteil werden. Ihren chaotischen eigenen Bildungsweg, bestehend aus einem Sammelsurium weitgestreuten Sachwissens, lateinischer und französischer Sprachkenntnisse, ohne jedes System, ummantelt von perfekten Umgangsformen, wollte sie ihren Kindern ersparen, wie auch die Mühen autodidaktischen Lernens. Doch nun bekam sie den energischen Widerstand ihrer Mutter, der Gräfin Henckel, zu spüren. Diese lebte seit einem Jahr, seit dem Tod ihrer früheren Dienstherrin als Oberhofmeisterin bei deren Schwester Maria Paulowna am Hofe des Herzogs Karl August von Weimar. Diese Stelle im Dienste der Erbprinzessin von Weimar und Großfürstin von Rußland war immerhin ihre dritte in nur zehn Jahren. Sie durfte das Hofdamenroulette getrost als Vermächtnis der Henckel von Donnersmarck betrachten. Auf Männer war sie denn auch nicht eben gut zu sprechen. Sie wünschte, daß ihre Tochter Henriette in ihre unmittelbare Nähe nach Weimar käme. Eine Hofdamenstelle bei der Herzogin Luise stünde zwar nicht sofort zur Verfügung, ließe sich aber in Aussicht nehmen.

Henriette von Pogwisch sah sich unvermittelt vor der schwersten Entscheidung ihres Lebens, als der Jahreswechsel 1805/06 nahte. Konnte sie gegen den erklärten Willen ihrer Mutter handeln und das Leben einer einfachen Offiziersfrau mit zwei Kindern in ungesicherten Verhältnissen führen? Mit Jahresbeginn fuhr sie zur Schwester ihrer Mutter, der verwitweten Landrätin Schmeling, die als Hofdame auf Schloß Ludwigslust bei Schwerin wohnte. Zu ihr besaß Henriette ein von gegenseitiger Herzlichkeit und Sympathie getragenes besseres Vertrauensverhältnis als zur eigenen Mutter, die man respektierte und fürchtete, aber nicht unbedingt liebte. Auch das Verhältnis der Brüder zur Mutter blieb stets achtungsvoll, jedoch reserviert und geradezu kühl. Ein Gespräch mit der Tante, so hoffte Henriette, konnte die Gedanken ordnen helfen. Gegen mütterliche Autorität zu handeln und zu leben, blieb unvorstellbar in einer Zeit, da Eltern die Ehen ihrer Kinder schlossen oder verhinderten. Hätte Henriette wenigstens das Argument der besseren Versorgung in der Ehe auf ihrer Seite gehabt. Dem war aber nicht so, im Gegenteil. Major von Pogwisch schien nun seine gesamten Besitzungen nicht nur verspekuliert, sondern auch verspielt zu haben. Unglückliche Spekulanten waren schon immer potentielle und schlechte Spieler. Das verstärkte die grundsätzliche Abneigung der Gräfin Henckel gegen Wilhelm Julius von Pogwisch. Ein standesgemäßes Leben würde dieser verkrachte Major seiner Frau nie mehr bieten können. Zum Mut und zur Vorstellungskraft für ein abenteuerliches, ungeregeltes Dasein mit zwei Kindern an der Seite eines Spielers, der es in vier Jahren nicht geschafft hatte, seine Verhältnisse zu sanieren, fehlte Henriette nun wohl auch das Vertrauen in seine Fähigkeiten. Das wog schwerer als die Liebe.

Der Weg nach Ludwigslust führte an Dessau vorüber, und die noch nicht zehnjährige Ottilie bedauerte sehr, daß die Mutter nicht in Dessau hatte aussteigen können, wußte sie doch zu berichten, daß Tante Hagen aufgegeben hatte, einen Strumpf zu stricken und »für jedesmal rum, was wir über unsere Aufgabe stricken, gibt uns die Tante einen Pfennig. Wir haben uns schon fünf Groschen verdient.«

Anfang April 1806 ging Henriette von Pogwisch, dreißig Jahre alt, wohin sie nicht gewollt hatte, nach Weimar, die beiden Kinder in Dessau zurücklassend. Zu der deprimierenden Erkenntnis, die so hoffnungsvoll begonnene Ehe könne gescheitert sein, kam die fast schwerer zu tragende Belastung, sich von den Kindern auf noch nicht absehbare Zeit trennen zu müssen. In Weimar konnten sie einstweilen nicht untergebracht werden. Henriette bewohnte mit besonderer Vergünstigung des Hofes die Dienstwohnung ihrer Mutter, anfangs gemeinsam mit ihr, später allein. Die Wohnung der Oberhofmeisterin befand sich im Schloß, und es verbot sich von selbst, hier Kinder wohnen lassen zu wollen. Keine andere Phase ihres Lebens dürfte Ottilies Mutter so schwergefallen sein, als diese Zeit völliger finanzieller Abhängigkeit in unmittelbarer Nähe der herrischen, nicht uneingeschränkt geliebten Mutter. Lebte Henriette dort gegen freie Kost und Logis, so fanden ihre Kinder in Dessau bei der Stiefschwester und dem Schwager die gleichen Bedingungen. Ottilie liebte Dessau ihr Leben lang und erinnerte sich stets dankbar an die wenigen glücklichen Kinderjahre, die ihr dort beschieden gewesen waren. Eltern im eigentlichen Sinne hatte sie nur dem Taufschein nach. Zu häufigeren Begegnungen mit der Mutter fehlte das Reisegeld, und die Verbindung mit dem Vater schien völlig abgerissen. Beide Kinder konnten dennoch froh sein, in Dessau eine von den Hagens beschützte Oase gefunden zu haben, außerdem blieben sie von Ereignissen verschont, denen man sie nicht gern ausgesetzt hätte in Dessau und ganz besonders in Weimar.

Am politischen Himmel zogen dicke Gewitterwolken auf. Napoleon überrollte ganz Mitteleuropa mit Stoßrichtung auf Preußen. Das Herzogtum Sachsen-Weimar-Eisenach lag nicht nur auf seiner Marschroute, es erfreute sich auch der besonderen Aufmerksamkeit des Kaisers aus eigener Machtvollkommenheit und stellte ein politisches Kalkül in seinen Plänen dar. Ausgerechnet Herzog Karl August, Goethes Freund und Mäzen, Hausherr in Deutschlands heimlicher literarischer Hauptstadt, betätigte sich als preußischer General. Er spielte bereits eine Zeitlang zwei Karten im Hazard um die besseren Überlebenschancen seines Fürstentums und drohte beide zu verlieren. Der blamable Feldzug der Koalition von Preußen und Österreich gegen das französische Revolutionsheer, mit der Kanonade von Valmy – Goethe berichtete darüber –, war noch in aller Erinnerung. Karl August konnte sich leicht ausrechnen, daß er nicht die Sympathien Napoleons besaß, und versuchte, Preußen zum Handeln gegen den französischen Vormarsch zu bewegen und deutschen politischen Einfluß geltend zu machen; gleichzeitig lag ihm auch sehr daran, das Verhältnis der sächsisch-thüringischen Duodezstaaten im Sinne übergeordneter Interessen zu stabilisieren, sie zu koordinieren. Eine Führungsrolle Sachsen-Weimars war ihm nicht gerade unangenehm. Nach der Gründung des Rheinbundes und dem Zerbrechen des Heiligen Römischen Reiches deutscher Nation gab es im mitteldeutschen Raum ein

Dutzend plötzlich souverän gewordener Kleinstaaten. Nennenswerten Widerstand konnten sie alle nur vereint und mit Hilfe Preußens leisten, dem doch geradezu brennend daran gelegen sein mußte, Hilfe zu bekommen und zu seinem eigenen Schutze Napoleon ein respektables, wirksames Bollwerk, eine politische Macht entgegenzustellen. Als Preußen am 9. Oktober 1806 Frankreich erneut den Krieg erklärte, bewegten sich Napoleons Truppen durch preußische Gebiete hindurch schon auf Thüringen zu. Die vorangegangene Forderung, Napoleon solle alle deutschen Gebiete räumen, mußte und sollte diesen Krieg hervorrufen, aber weder Herzog Karl August noch die preußischen Minister und Offiziere der Opposition gegen den inaktiven König machten sich Illusionen über Preußens schwache Position. Der sechsundzwanzigjährige Prinz Louis Ferdinand, Idol des jüngeren und kampfbereiten Offizierskorps, versäumte schließlich den glücklichen Zeitpunkt für einen offenen Aufstand. So war es bei heimlichem Räsonnieren, Schwadronieren und Diskutieren geblieben.

Der Marschbefehl in Richtung Thüringen und seine gegen Napoleon zu verteidigende Grenze kam um viele Monate zu spät, eine Reform des Heeres hatte nicht stattgefunden. Unvorbereitet, von keinem politischen Willen gelenkt, marschierte Preußen in den Tod. Karl August erfüllte seine Pflicht als preußischer General, stellte sein Bataillon der Armee und sich selbst dem thüringischen Hauptquartier der preußischen Armee zur Verfügung, deren Offiziere in der Führungsspitze nahezu alle das siebzigste Lebensjahr erreicht oder überschritten hatten. Karl August von Sachsen-Weimar-Eisenach gehörte mit seinen vierundfünfzig Jahren bereits zu den jüngeren Generälen mit Kriegserfahrung in einer ansonsten personell überalterten und materiell veralteten Armee. Einen Tag nach der Kriegserklärung fiel bei Saalfeld Prinz Louis Ferdinand von Preußen in einem Gefecht gegen französische Einheiten. Nicht im Tagesbefehl der preußischen, sondern der französischen Armee fand sein Tod ehrende Erwähnung; dort hieß es, er sei gestorben, wie jeder gute Soldat wünschen sollte zu sterben.

Dann überschlugen sich die Ereignisse.

Das Erbprinzenpaar flüchtete zunächst nach Altenburg im Nordosten des Herzogtums und dann weiter bis Schleswig. In Weimar, das seit Jahrhunderten keine Erfahrung mit Kriegen hatte erwerben müssen, regierte die Herzogin Luise stellvertretend für ihren Mann Karl August. Im Schloß wohnten nur noch wenige Bedienstete, und in den Räumen ihrer Mutter lebte Henriette von Pogwisch. Sie besaß zu dieser Zeit noch keinerlei Funktion am Hofe, doch ihre Anwesenheit schuf ein vertrauensvolles Verhältnis zur Herzogin. Beide bedurften sie des Trostes und Gespräches, nicht zuletzt ihre unerfüllten Ehen dürften Gesprächsstoff geliefert haben. Die Sorge um ihre Kinder beschäftigte Henriette zusätzlich, doch Dessau rückte in dem Maße in die Ferne, wie französische Truppen näherrückten. Weimars Existenz stand auf dem Spiel.

Am 14. Oktober morgens zogen Tausende von Marodeuren, sogenannte Löffelgardisten, den regulären französischen Truppen voran, in Weimar ein, plündernd und brandschatzend, frevelnd und Feuer legend. Die Bevölkerung verbarrikadierte sich in den Häusern oder flüchtete in die Wälder. Ein »stiller, heiterer Oktobertag« füllte sich mit dem Lärm grober Geschütze vor den Toren der Stadt, dem Gejohle betrunkener Chasseure in ihrem Innern, dem Wimmern der Verwundeten, Preußen und Franzosen. Die Greuel einer Apokalypse standen in scharfem Kontrast zu den prachtvollen preußischen Gardesoldaten, die noch Tage zuvor dort Feldlager bezogen hatten, wo nun Franzosen aus der Heeresspitze des Marschalls Murat das ihre errichteten. Der Angriff Napoleons hatte morgens um fünf Uhr begonnen, um neun Uhr das Elend Weimars. Darin allein schon bestätigte sich die mißliche Lage der preußischen Truppen, daß deren Oberbefehlshaber in diesem Abschnitt, über achtzig Jahre alt, unter den Blicken der Einwohner mit Hilfe einer Fußbank in den Sattel gehoben werden mußte, um fliehen zu können. Napoleon, mehr als vier Jahrzehnte jünger, pflegte morgens um drei Uhr auf den Beinen zu sein und verlangte von seinen Soldaten sechzehnstündige Ritte, wie sie die Kavalleristen hinter sich hatten, die in Goethes Haus in die Betten fielen.

Auch am 15. Oktober hetzte der Krieg durch die Gassen und Straßen Weimars, der Durchmarsch französischer Regimenter hielt an, die Verwirrung, das Chaos. Von Jena und Auerstädt her dröhnte der Lärm der beginnenden Schlacht um Preußens Ehre und Existenz. Napoleon bezog Quartier im Schloß von Weimar. So erlebte Henriette von Pogwisch seinen ersten Auftritt am späten Abend, bei dem er die auf der Treppe stehende Herzogin mit

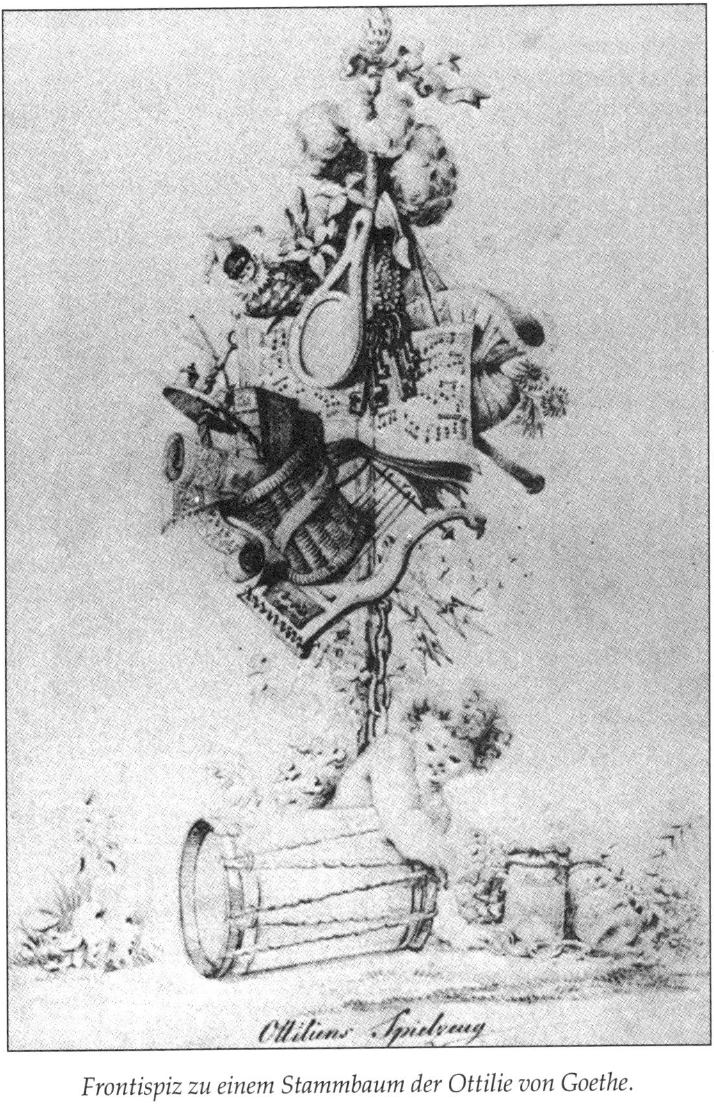

Frontispiz zu einem Stammbaum der Ottilie von Goethe.

schneidender Kälte fühlen ließ, was er von ihrem Manne hielt. Am nächsten Morgen verlangte sie eine Audienz, die gewährt wurde, und nun erlebte Napoleon eine der bewundernswertesten Frauen, der er Respekt und Anerkennung fortan nie versagte. Ohne die geringste ängstliche Servilität, wie der Kaiser sie von anderen Fürstenhöfen kannte, begründete die Herzogin die Abwesenheit Karl Augusts und seinen Dienst in der preußischen Armee und drang auf sofortige Beendigung der Plündereien und Brandschatzungen am nunmehr dritten Tage. Napoleon verbot beides noch in ihrer Gegenwart mit sofortiger Wirkung bei Androhung von Todesstrafe. In der Frage der Existenz des Herzogtums erreichte sie ein Einlenken des Imperators insofern, als er es zur Bedingung machte, daß Karl August sich unverzüglich im kaiserlichen Hauptquartier als aus preußischen Diensten ausgeschieden melde und seine Truppen nach Weimar zurückführe. Mut, Bestimmtheit und Würde dieser unerwartet resoluten Frau in den Mittfünfzigern verfehlten ihre Wirkung nicht. Natürlich wußte Napoleon, daß Karl August im gleichen Jahre seine Mätresse, die Schauspielerin Jagemann, als Frau von Heygendorf zur »linken Hand« sich hatte antrauen lassen; um so mehr bewunderte er das Engagement der Herzogin, die der Stadt wieder Ruhe und Frieden vermitteln und das Fürstentum zu erhalten gesucht hatte. Der Gedanke an die enge Verwandtschaft des herzoglichen Hauses mit dem regierenden Zaren dürfte Napoleon in seinem Handeln zusätzlich bestimmt haben.

In der Frage der Kontributionen blieb Napoleon hart wie überall in Deutschland. Darüber könnte jedoch noch verhandelt werden; vorrangig sei es herauszufinden, wo denn eigentlich der Herzog sich nach verlorener Schlacht befinde, um ihm die Bedingungen Napoleons mitzuteilen.

Protokollgerecht und formvollendet ersuchte dieser am Nachmittag mit vollem Gefolge bei der Herzogin um einen Gegenbesuch und führte mit ihr ein Gespräch über die allgemeine politische Lage und seine eigene historisch zu sehende Rolle. »Croyez moi, Madame, il y a une providence, qui dirige tout et dont je ne suis que l'instrument.« Es klang fast wie eine Entschuldigung dafür, daß er hier sei. Diese Frau habe auch vor zweihundert Kanonen keine Angst, äußerte er gegen seine Begleitung. Der Königin

Luise von Preußen stand eine ähnliche Szene bevor; ihr jedoch sollte weniger Erfolg beschieden sein.

Was überhaupt bei Napoleon für das Herzogtum Sachsen-Weimar-Eisenach hatte erreicht werden können, kam auf das Konto seiner Herzogin und ihrer Geheimräte im »Conseil administratif«, die es nun in die Hand nahmen, die Zugeständnisse praktikabel zu machen, den Herzog schnellstens aufzuspüren und das Eisen zu schmieden, solange es heiß war. Goethe, der dem Rat angehörte, kümmerte sich keineswegs nur um die Legalisierung seines Verhältnisses mit Christiane Vulpius, indem er sich am 19. des Monats schnell, den Zeitumständen entsprechend schlicht, aber kirchlich trauen ließ. Er erreichte im Rahmen seiner Amtsobliegenheiten über seine Beziehungen zum französischen Lager die Wiederaufnahme des Universitätsbetriebes in Jena schon zum Wintersemester 1806/07, allen Zerstörungen und Beeinträchtigungen zum Trotz, die gerade auch Jena hatte erleiden müssen. Dem Regierungsrat und späteren Kanzler Müller oblagen zahlreiche diplomatische Aufgaben, Verhandlungen mit Napoleon selbst oder mit Talleyrand, die der Siebenundzwanzigjährige bravourös erledigte. Sein Geschick machte ihn unentbehrlich im Quartett derer, die unter der Führung der Herzogin den Erhalt des Staates bewirkten. Der Adelstitel zum Jahresende belohnte sein Engagement.

Weimars große, bewegende Stunde war vorüber.

Johanna Schopenhauer, Mutter des Philosophen und selbst eine berühmte Schriftstellerin, eröffnete wieder ihre Teeabende, eine gesellschaftliche Institution der Stadt, die nun aufräumte. Sogar das Theater konnte bei Jahresende wieder spielen.

Weimar ging zur Tagesordnung über.

Wie anders hätte das Leben der Familien Henckel von Donnersmarck, Pogwisch und Goethe verlaufen können, wäre das Herzogtum Sachsen-Weimar-Eisenach ausgelöscht worden. Zumindest hätte es Ottilie und ihre Schwester nie mehr nach Weimar verschlagen.

So jedoch kehrte das Erbprinzenpaar zurück, und Henriette von Pogwisch mußte lediglich das Quartier wechseln, hinüber in das »Fürstenhof« genannte Gebäude auf gleichem Gelände. Die Räumlichkeiten, nicht allzu bequem und recht kalt, boten Platz für mancherlei Anlaß; hier standen Wieland und Goethe stets Gästezimmer zur Verfügung. Henriette wurde die Mansarde zugewiesen, aber noch immer blieb sie vom Einkommen der Mutter abhängig. Deren Bruder, Graf Lepel, bot ihr einen Erziehungsbeitrag an, den sie aus schon bekannter Prinzipientreue ablehnte, weil er zur Bedingung stellte, daß Ottilie und Ulrike in der Herrnhuter Gemeinde Gnadenfrei erzogen würden. Eine nochmalige mehrjährige Trennung von ihren Kindern kam für Henriette ebensowenig in Frage wie eine extrem religiöse Bindung.

Diese Entscheidung und der Eindruck der Schrecken des Krieges mögen dazu beigetragen haben, die Eintragung der Geschwister in ein Adelsstift in Erwägung zu ziehen. Den Pogwischs bot sich das St. Johannis-Kloster vor Schleswig an. Da Schleswig aber noch zu Dänemark gehörte, mußten Ottilie und Ulrike erst zusätzlich zur preußischen die dänische Staatsangehörigkeit erwerben. Am 22. Mai 1807 bekamen sie ihr Naturalisationspatent durch König Christian VII. ausgefertigt. Eingetragen und vorgemerkt wurde dann zunächst nur die jüngere Schwester. Für sie wurden das Patent sowie 100 Reichstaler Spezies als Einschreibegebühr hinterlegt. Dafür bescheinigte ihr die Priörin am 17. Juli die Anwartschaft auf spätere Präbende, die Eintragung in das klösterliche Protokoll und die Reihenfolge nach einem Fräulein von Holstein. Die Einkleidungsgelder sollte Ulrike schuldig bleiben können bis zu ihrem späteren Einzug in das klösterliche Stift und alle zwei Jahre bei der Priörin eine Art Lebenserklärung geben. Für den Fall der Nichtheirat war die jüngere Schwester somit versorgt. Offen und ungeklärt blieb bis heute, ob der Vater an dieser Einschreibung mitgewirkt hat, was juristisch rechtens gewesen wäre, zumal die Eltern zu diesem Zeitpunkt noch nicht geschieden waren; deshalb auch erfolgte für Ottilie zwar die Naturalisation, aber nicht die Einschreibung.

1809 konnte Henriette von Pogwisch wenigstens schon über die Hälfte der ihr vom preußischen König zugesicherten und während der ärgsten Notjahre des preußischen Staates nicht gezahlten Pension verfügen, und nun wünschte sie nichts dringlicher als die Nähe ihrer Kinder. Im gleichen Jahr noch wurde der Umzug von Dessau nach Weimar unternommen. Die Verbundenheit zur Mutter hatte keinerlei Schaden erlitten, dennoch fiel den Kindern der Abschied schwer. Jahrzehnte später empfand Ottilie rückbesinnend die Jahre in Dessau als eine Insel fröhlicher Kindheit. Sie, lebhaft und von seelischen Bewegungen schnell erregbar, fühlte sicher die erneute Zäsur in ihrem Leben und dürfte die Kindheitsoase in Dessau, in die sie noch oft und gern zurückkehrte, nicht ohne Tränen verlassen haben. Ihr Stammbuch aus dieser Zeit zeigt allein über dreißig Eintragungen, liebevoll mit Aquarellen, aquarellierten Federzeichnungen oder Bleistiftzeichnungen der Freundinnen, die sie nun verlassen mußte, versehen.

Ottilie nahm Abschied von ihrer Kindheit.

Als die Mutter, Henriette von Pogwisch, endlich am 6. August 1811 zum erstenmal als diensttuende Hofdame bei der Herzogin Luise erschien, hatte kaum einer noch die Illusion, die Familie könne vielleicht doch einmal mit dem Vater zusammenleben.

Den Major von Pogwisch schien es nicht mehr zu geben.

In Weimar

Schon seit fünf Jahrhunderten nannte sich Weimar eine Stadt, und doch glaubte Schiller bei seinem ersten Besuch 1787, in ein »Dorf« zu kommen. Als vierzig Jahre später der Schauspieler, Rezitator und Schriftsteller Karl von Holtei nach längerem Aufenthalt aus der Stadt hinausfuhr, meinte sein Diener erleichtert, Weimar sei doch ein verflucht langweiliges Nest, hier möchte er »nich jemalt hängen«. Madame de Staël dagegen empfand Weimar während ihres dreimonatigen Aufenthalts zu Beginn des Jahrhunderts nicht als »eine kleine Stadt, sondern ein großes Schloß«, und der von Herzog Karl August und Goethe entwickelte Park an der Ilm im modernen englischen Stil erschien ihr lediglich als »ein entzückend schöner Garten«. Ihr an Versailles geschulter Blick übersah die Attraktion dieser kleinen Perle der Gartenkunst. Vergleichbares gab es nur in Dessau und beim Fürsten Pückler-Muskau.

Wenn man in Betracht zieht, daß von den 7 000 Einwohnern Weimars gut die Hälfte direkt oder indirekt mit der herzoglichen Hofhaltung täglich in Berührung kam, läßt sich auch verstehen, daß sie von Weimar als von »diesem Landsitz, den man Stadt nannte« schrieb und dem Ort offenbar keine andere Existenz zubilligte als die, mit Haut und Haaren, Männlein wie Weiblein, nichts als Residenz zu sein, in der man allerdings »ein regelmäßiges, arbeitsames, ruhiges Leben« führe. Und noch etwas hob nach ihrem kritischen Verständnis Weimar aus der Nachbarschaft anderer Kleinstädte hervor, denn »Ein ausgewählter Kreis unterhielt sich dort mit regem Interesse über jedes neue Erzeugnis der Kunst. Frauen, liebenswürdige Schülerinnen einiger hochbegabter Männer, beschäftigten sich unaufhörlich mit den Werken der Literatur wie mit politischen Ereignissen von höchster Wichtigkeit. Durch Lektüre und Studium nannte man das Weltall sein und entschlüpfte durch die Ausdehnung des Denkens den engen Grenzen der bestehenden Verhältnisse . . . Ein aufgeklärter Hof suchte dort die Gesellschaft der Schriftsteller, und die Literatur gewann ungemein durch den Einfluß des guten Geschmacks, der an diesem Hof herrschte«.

Diesem »Ilm-Athen«, der literarischen Hauptstadt Deutschlands, fuhr die dreizehnjährige Ottilie von Pogwisch 1809 mit Mutter und Schwester entgegen, aus der großräumigen flachen Flußauenlandschaft Dessaus in enge Täler, an kärglich bestellten Feldern vorbei, auf die am Horizont sichtbar werdende Kammlinie des Thüringer Waldes zu. Etwa drei Tage mußte man ansetzen für die Reise mit der Thurn-und-Taxisschen, sprichwörtlich schlechten Post, einer auch nicht viel besseren anderen Gesellschaft oder einer privaten Reisechaise. Eine wahre Strapaze, zuweilen geradezu lebensgefährlich. Sogenannte Wege verloren bei Regen ihre Konturen und waren dann nicht mehr befahrbar. In dieser hügeligen welligen Landschaft lag der Achsenbruch der Kutsche wie ein Damoklesschwert ständig über jeder Reisegesellschaft. Die Raststätten der jeweiligen Posthalterei, in der Mahlzeiten eingenommen, Pferde gewechselt oder der Nachtschlaf versucht wurden, galten durchweg als leider nicht vermeidbares Übel. Reisende schimpften vor, während und nach einer solch wahnwitzigen Unternehmung. Das nervenberuhigende Riechfläschchen der Damen befand sich immer in Griffnähe, die Herren waren sich ihrer moralischen Aufgabe bewußt und regelten den Umgang mit Gastwirten und Personal. Die Kutscher sahen sich in der wahren Bedeutung des Wortes auf der Strecke bleiben. Befahrene Wege und Chausseen blieben noch für Jahrzehnte Plan und Traum, denn das Geld dafür ließ sich nicht auftreiben. Thüringen konnte keine Reichtümer aufweisen wie etwa Erfurt oder Leipzig, Städte an der Haupthandelsstraße. Magere Böden und rückständige Bewirtschaftung ließen sich überall erkennen. Nur die staatlichen Güter arbeiteten rentabel in mustergültiger Wechselwirtschaft. Nur zögernd veränderte sich das Landschaftsbild. Es dauerte fast noch eine Generation, bis moderne Methoden wie die Dreifelderwirtschaft eingeführt waren, bis Acker- und Gartenfrüchte, Fleisch und Milchprodukte die Bevölkerung ernährten und die Abgaben an den Landesherren erträglich wurden. Selbst der Städter war noch immer vorwiegend ein Ackerbürger, der fürstliche Hof stellte den größten Arbeitgeber. Die Landbevölkerung war fast durchweg abhängig vom Fürstenhaus. Der grundbesitzende Adel bildete die sogenannten Landstände, und diese hatten ein gewisses Mitspracherecht im Bereich ihrer eigenen Angelegenheiten. Handel und Handwerk litten dar-

»Ober-Weimar«.
Kolorierte Radierung, um 1830.

unter, daß emanzipiertes Bürgertum noch weitgehend fehlte. So gab es denn auch keine Vertretung der Bürgerschaft im Sinne der Landstände. Weimar und Jena, die wichtigsten Städte des Herzogtums Sachsen-Weimar, spiegelten die Armut des Landes eher wider, als daß sie städtischen Reichtum vorzuzeigen gehabt hätten. Zu keiner Zeit hatte es hier Patrizier gegeben. Die große Handelsstraße führte an Weimar vorbei und begünstigte dadurch Erfurt, das dem Herzog Karl August nicht gehörte.

Nicht endenwollende Erbteilungen der thüringisch-sächsischen Fürsten und die geographisch vorgegebene Kleinkammerung der Landschaft hatten dazu geführt, daß Sachsen-Weimar-Eisenach mit seinen rund 120 000 Einwohnern allein an mehr als zehn »Staatsgrenzen« stieß. Erst zwei Generationen zuvor war Eisenach hinzugewonnen worden, erwies sich jedoch als Danaergeschenk, brachte es doch außer der großen Entfernung von der Residenz auch noch die Unfruchtbarkeit seiner Böden mit und symbolisierte geradezu das Armenhaus des Herzogtums.

Der Wohlstand war hier nicht gerade zu Haus, nicht einmal in der Residenzstadt selbst. Man fuhr aber auch nicht der Geschäfte und des Handels wegen nach Weimar. Wer nach Weimar kam, wollte in aller Regel nichts kaufen, sondern die Luft atmen, in der Wieland, Herder, Goethe und Schiller lebten. Luther hatte hier bereits gepredigt, Lucas Cranach d. Ä. gemalt, Johann Sebastian Bach als Hoforganist und Konzertmeister musiziert. Musik und Theater fanden hier schon seit über hundert Jahren ein kenntnisreiches Publikum. Mitglieder und Beamte des Hofes bis hin zu den Studenten aus Jena wußten die kulturelle Ausstrahlung der Stadt zu schätzen.

Es war an der Zeit, einer immer größer werdenden bürgerlichen Schicht das Recht auf Selbstvertretung mit Einfluß auf Gesetzgebung und Steuern zu geben.

Unter der Decke napoleonischer Gewalt versuchte Herzog Karl August seinem Land eine Verwaltungsreform nach dem Muster des Freiherrn vom Stein in Preußen, mit dem das Herzogspaar sympathisierte, maßzuschneidern. Bürger sollten nunmehr selbst ihre Stadtväter wählen und in eigener Verantwortung ihre Anliegen verwalten dürfen. Die Gerichtsbarkeit übernahm der Staat. Zwar konnte der Herzog immer noch gewisse Hoheitsrechte ausüben und reglementierend eingreifen, aber der politisch wichtigste

Schritt in eine Zeit demokratischer Mit- und Selbstbestimmung war mutig getan und gereichte dem Herzog zur Ehre.

Gewiß änderte das zunächst – 1809 – noch keines einzigen Menschen mißliche Lage. Wenn Land- und Stadtbevölkerung nun durch ihre gewählten Vertreter ihre eigenen täglichen Sorgen und Wünsche in Verwaltung und Gesetzgebung einbringen konnte, auch wohl bereit war, eigenverantwortlich am Gemeinwohl mitzuwirken, so blieb es doch harte Realität, immer neue Kontributionen an die Besatzungsmacht zahlen, ihre geheimdienstlichen Spitzeleien ertragen und dem Regiment »Herzöge von Sachsen« in der französischen Armee ein ständig aufzufrischendes Kontingent von Rekruten stellen zu müssen. Junge Männer, vorwiegend aus der Landbevölkerung, kämpften in Tirol und Spanien gezwungenermaßen für Napoleon. Allzu viele sahen ihre Heimat Thüringen nie wieder. Die Herzogin nannte es offen »Sklaverei«. Der Herzog hingegen beschäftigte in Erfurt die dort stationierten französischen Militärbehörden unaufhörlich.

Karl August von Sachsen-Weimar-Eisenach galt als ein ausgemachter Gegner Napoleons. Seinen politischen und diplomatischen Kontakten unter deutschen Fürsten konnte man im Lager Napoleons nur mit Mißtrauen begegnen. War etwa ein Aufstand norddeutscher Staaten zu befürchten? Dann steckte dieser agile unberechenbare Herzog dahinter. Seine engen familiären Beziehungen zum Zarenhof in Petersburg stellten einen erhöhten Risikofaktor dar. Napoleon kannte die Ausführlichkeit des schwiegerväterlichen Briefwechsels mit der Großfürstin Maria Paulowna, einer Schwester des regierenden Zaren, wenn sie, wie eben jetzt, in Petersburg weilte, und er ließ nichts unversucht, das Herzoghaus mit strengster Postzensur zu belegen. Karl August, stolzer Nachkomme aus der Ernestinischen Linie der Wettiner, empfand die Demütigung und bemühte sich, wo immer möglich, die Geheimspitzelei zu unterlaufen. Als vergleichsweise moderner, aufgeklärter Absolutist, hochgebildet und liberal eingestellt, sah er seine moralische Pflicht darin, wenigstens formal die politische Gewaltenteilung zu exemplifizieren und tatkräftig Kunst und Wissenschaft zu fördern, den Wohlstand seines Landes zu heben. Jedermann konnte seit Jahrzehnten schon die kostenlosen Aufführungen des Hoftheaters besuchen, die herzogliche Bibliothek

August von Goethe.
Gemälde von Ehrengott Grünler, 1828.

nutzen und inden herzoglichen Parkanlagen spazierengehen. Das Bemühen, sich die sittliche und geistige Bildung der Untertanen zur Aufgabe zu machen, lag geradezu in der Tradition des Fürstenhauses.

Seinen Vater hatte Karl August nicht mehr kennengelernt; schon eineinhalb Jahre nach seiner Geburt war seine neunzehnjährige Mutter Anna Amalia Witwe und er Halbwaise, für den zunächst ein Onkel, nach kurzer Zeit aber die Mutter die Regentschaft übernahm. Immer noch, jetzt unter Napoleons Knute erst recht, hieß die Devise für den Staatshaushalt: sparen. Demokratische Neuerungen und Repräsentationen durften kein oder nur wenig Geld kosten.

Dennoch, nicht um ein Jota wurde Karl August, Herzog von Sachsen-Weimar-Eisenach, in seinem Bemühen um politische Reform, Wohlstand des Landes und ein repräsentatives Leben in seiner Residenzstadt übertroffen. Seine geradezu exquisite Erziehung – der Dichterphilosoph Christoph Martin Wieland war Prinzenerzieher gewesen und von dem gelehrten Offizier Karl Ludwig von Knebel sowie später von Goethe selbst in den Erziehungsbestrebungen ergänzt worden – verlieh Karl August den Ruf, einer der gebildetsten und liberalsten Fürsten in Deutschland zu sein. Nach seiner Heirat mit der Prinzessin Luise aus dem Hause Hessen-Darmstadt 1775 war es gelungen, Goethe als Freund und Berater und später als mit Ämtern überhäuften Mitarbeiter im Ministerrang an Weimar zu binden, so daß der Herzog in den ersten Jahrzehnten seiner Regierungszeit kaum einen wesentlichen Beschluß ohne Goethes Einwirkung gefaßt haben dürfte. Die liberale Einstellung seiner Erzieher blieb fortan Basis seiner Regierungsaktivitäten. Selbstverständlich aber durfte auch nicht die leiseste Demokratisierung an der gesellschaftlichen Vorrangstellung des Adels rütteln. Diese blieb für Jahrzehnte hinaus das Korsett, das die überkommene Gesellschaftsordnung am Leben hielt.

Erst als Goethe 1782 das Reichsadelspatent von Kaiser Joseph II. verliehen worden war, hatte seine Karriere im weimarischen Staatsdienst ihren Fortgang nehmen und er sich Autorität verschaffen können. Lange Lebenserfahrung ließ ihn später bestätigen, daß »ein Titel und ein Orden« im Gedränge »manchen Puff« abhalte. Aus wohlhabendem Patrizierhause Frankfurts zu kommen, promovierter Jurist, neben Wieland Deutschlands bekanntester Dichter und des Herzogs Intimfreund zu sein, hatte nicht genügt, um in Weimars Oberschicht akzeptiert zu werden. Zu Beginn des 19. Jahrhunderts kamen zwei Drittel aller Hof- und

Militärbeamten aus dem Uradel. Unter der verbleibenden Minderheit der Nichtadeligen teilte man sich die weniger repräsentativen Stellen als höhere Verwaltungsbeamte, Ärzte oder Lehrer. Auch der 1806 frisch geadelte Kanzler Müller mußte erfahren, was es hieß, nicht von Geburt »dazuzugehören«. Erst fünf Jahre später konnte er offiziell bei Hofe »vorgestellt« werden. Selbst des Herzogs Mätresse, die Schauspielerin Jagemann, fand nur als Frau von Heygendorf ihren Platz und einen gewissen Schutz in der Gesellschaft, denn etwaige üble Rede oder Beleidigung einer adligen Dame galt als prozessurables Rechtsvergehen. Eine Bürgerliche war nämlich gar nicht zu beleidigen und vor Hofe niemals Dame. Wie sehr auch der so sehr gebildete Herzog selbst sich in diesem gesellschaftlichen Rollenspiel verfing, zeigt eine Beobachtung Alexander von Humboldts, der am Mittagstisch einmal dreizehn Kuverts entdeckte und den Herzog scherzhaft auf den Aberglauben und das böse Omen ansprach. Das mache weiter nichts, meinte dieser jedoch, es seien ja zwei Bürgerliche dabei. Diese Antwort erfolgte in französischer Sprache, in der er sich sicher, weil unverstanden fühlte. Als die so mit einer Einladung hofierten und gleichzeitig dupierten Nichtadligen später gegangen waren, setzte der Herzog schließlich auf einen Schelm auch noch anderthalbe, indem er erleichtert aufatmend murmelte, nun sei man endlich »unter sich«. Genauer ließ sich die scharfe Scheidung zwischen Adel und Bürgertum nicht beschreiben. Im Theater trat sie sogar optisch in Erscheinung, wenn der Adel im ersten Rang rechts und die Bürgerlichen links Platz nahmen. Mit nichts ließ sich dieser abgrundtiefe Graben, über den hinweg auch keine Mischehe zustande kommen konnte, überwinden. Überheblicher Affektation und Anmaßung des Adels begegnete auf der bürgerlichen Seite das Mißtrauen und entwickelte sich zögernd, aber stetig zu selbstbewußtem Bürgerstolz. Mit ihm verband sich Fortschritt, Bildung, Humanität und immer häufiger auch Wohlstand, während der Hofadel Armut und Arroganz gepachtet zu haben schien.

Fast ein Jahrzehnt nach Ottilies Ankunft in Weimar notierte Adele Schopenhauer in ihrem Tagebuch, die Spannung zwischen Adel und Bürgerlichen wachse leider immer mehr; sie berichtete vom Ball des Adeligen Clubs, zu dem die Bürgerlichen eingeladen, aber nur zwei Familien erschienen waren. Das werde die Spaltung

Adele Schopenhauer, Schwester des Philosophen.
Zeichnung von A. von Sternberg.

nur vergrößern, sorgte sie sich. Eine Woche später lud der Club der Bürgerlichen ein, nun fehlte es an adeligen Gästen. Eine jedoch war gekommen – Ottilie von Pogwisch, erst seit zwei Jahren in Weimar seßhaft, mütterlicher- und väterlicherseits von uradeliger Herkunft.

Nicht nur, daß sie zu jener Zeit in Adele Schopenhauer ihre intimste und treueste Weimarer Freundin fand, erscheint bemerkenswert, sondern daß sie von nun an bis an ihr Lebensende ausschließlich Bürgerliche zu ihren engsten Freundinnen und Freunden zählte. Ihr Verhalten hätte geradezu als ein Affront gegen den eigenen Stand angesehen werden müssen, wenn sie nicht gleichbleibend freundlich auch den »hoffähigen« jungen Mädchen nähergekommen wäre. Mit unbekümmerter Kontaktfreudigkeit, völlig neidlos, stets hilfsbereit, avancierte sie schnell zur Vertrauten auch der jungen Damen des Adels. Vor allem zwei Eigenschaften machten sie unentbehrlich. Sie konnte zuhören, und sie klatschte nicht. Ottilie war zeitlebens verschwiegen, eine Eigenschaft, die in höfischer Gesellschaft Seltenheitswert besaß und doch zuweilen vonnöten war. So fügte sich Ottilie von Pogwisch problemlos in die Gesellschaft am Hofe des Herzogs von Sachsen-Weimar-Eisenach ein und entwickelte doch, rasch erkennbar, die ihr eigene unverwechselbare Persönlichkeit. Sie fragte nicht, ob man mit der vielgeschmähten Frau Geheimrätin Goethe sprechen dürfe – sie tat es. Sie fragte auch nicht, ob man dieses oder jenes farbige Tuch, modisch und auffallend, tragen dürfe – sie trug es. Niemand aber wäre imstande gewesen, ihre Umgangsformen zu tadeln, eher beneidete man sie um ihre innere Freiheit.

Intelligent und sensibel beherrschte sie ihre neue Rolle. Wahrscheinlich teilte sie später unausgesprochen die Meinung Goethes: »So ein Hof ist eine Welt für sich; wer nicht zu ihm gehört, existiert für ihn nicht; die Etikette ersetzt das Denken.« Ottilie war keineswegs gewillt, sich von irgend jemandem das Denken abnehmen zu lassen. Sie las viel, erweiterte ihre Sprachkenntnisse in Englisch und Französisch, erhielt Musikunterricht, handarbeitete, jedoch nicht gern, und lernte, sozusagen in einem »Fortgeschrittenenkursus«, die Etikette als unerläßliche Spielregel in der Welt des Hofes perfekt zu handhaben, ohne ihre Sklavin zu werden. Intelligenz und Anpassungsfähigkeit stellten für das junge Mädchen Begabungen dar, die sich schon in ihrer Kindheit bewährt hatten, weil sie mit natürlicher Liebenswürdigkeit einhergingen. 1811 trat ihre Mutter Henriette endlich die so lange in Aussicht genommene Hofdamenstelle bei der Herzogin an und konnte nun nur noch wenig Zeit für ihre Töchter erübrigen, zumal Hofdamendienst rund um die Uhr auch nachts die Anwesenheit im Schloß erforderte. Ablösungen ergaben sich im Laufe eines Tages nach dem Dienstplan, den die Oberhofmeisterin den Wünschen der Herzogin entsprechend aufstellte. Schien jedoch unvermutet die Sonne, und die Möglichkeit eines Ausflugs bewegte die fürstliche Phantasie, so geriet der Plan ins Wanken. Staatsbesuche auswärtiger Fürstlichkeiten ließen das gesamte Hofpersonal kaum aus den Schuhen kommen. Diese »Welt für sich« lief wie ein sich selbst genügendes Räderwerk, in dem auch das kleinste, nur an der Tangente sich bewegende Rädchen unangenehme Auswirkungen zeitigte, wenn es etwa nicht »funktionierte«, denn das nächst größere war von ihm abhängig. Ottilie bereitete ihrer Mutter in dieser Hinsicht keinen Kummer. Sie hatte die Notwendigkeit der Berufstätigkeit ihrer Mutter längst erkannt und bemühte sich ernsthaft, ihr keinerlei Unannehmlichkeiten zu bereiten. Marie, von Ottilie zärtlich geliebte Dienerin der Familie, sorgte für einen Rest von Ordnung in diesem ungeordneten Haushalt, in dem die Kinder bei der Großmutter schliefen, sich bei der Mutter in deren ungewissen Freistunden aufhalten durften und die Hauptmahlzeit des Tages bei der Oberkammerherrin von Egloffstein zusammen mit deren Nichten, Julie und Line, einnahmen. Letztere waren die attraktiven Töchter der schönen Gräfin Beaulieu-Marconny, einer geschiedenen von Egloffstein, aus deren erster Ehe. Julie, vier Jahre älter als Ottilie, und Line (Karoline), gar sieben Jahre ihr voraus, bildeten eine geradezu ewig sprudelnde Informationsquelle. Der neueste Hofklatsch, als Nachtisch serviert, machte hier ebenso die Runde wie etwa ein Gespräch über die letzte literarische Neuerscheinung. Die Damen Egloffstein zeichneten sich außer durch Schönheit auch durch überdurchschnittliche Geisteskultur aus. Mutter und Töchter sowie die den Mittagstisch führende Tante bewegten sich sicher in mehreren Sprachen. Dazu brillierte Line mit anspruchsvollem Klavierspiel, eigenen Kompositionen und einer angenehmen, geschulten Sopranstimme, während Julies zeichnerisches Talent, von Goethe gefördert, sie sich zu einer angesehenen Malerin entwickeln ließ. Die Schwestern Egloffstein und Pogwisch fanden über ihre gemeinsamen Interessen für Kunst und Literatur zueinander, nahmen am Tagesablauf und -erleben wechselseitig regen Anteil und genossen den mittäglichen Gedankenaustausch. Line verband in späteren Jahren ein inniges Verhältnis mit Ottilies Mutter.

Zunächst gewann Ottilies aufgeschlossenes und freundliches Wesen die Sympathie der Egloffsteins. Die Mütter beider Familien waren Berufskolleginnen in ihrer Eigenschaft als Hofdamen, so daß eine enge Beziehung zwischen beiden Familien entstand. Ottilie wurde von ihnen bewundert, bedauert, je nach Begebenheit und ungeachtet des Altersunterschieds, der mit jedem Jahr geringer zu werden schien. Je häufiger sie in das Gespräch der Weimarer Gesellschaft geriet, desto kritischer beobachteten und beurteilten sie Mutter und Schwestern Egloffstein. Ganz besonders, als die heranwachsende Ottilie offenbar keine Anstalten machte, ihre Moralvorstellungen zu übernehmen. Ihre Familienbriefe enthalten manche überhebliche moralische Entrüstung und auch Gehässigkeiten neben freundschaftlichen Sympathiekundgebungen, wenn das Thema »Ottilie« heißt. Untereinander schrieben sie eine spitze Feder, allen voran die Mutter, die nun in zweiter Ehe verheiratet im Hannoverschen wohnte. Ihre scharfe Zunge, ihre geistreiche Konservation, elegante Weltläufigkeit und auffallende Schönheit standen in Weimar so wenig außer Frage wie ihre Bedeutung für die klassische Zeit, als sie mit Goethe und Schiller regelmäßig literarische Zirkel besuchte, und Charlotte von Stein sie schon als junges Mädchen gern hatte mit Goethe verbinden wollen. Die Egloffsteins, die Henckel von Donnersmarcks und die Pogwischs gehörten zu den ältesten Adelsgeschlechtern in Weimar, deren Reichtum bis zur Armut dahingeschmolzen war, während ihr Geltungsanspruch, namentlich der beiden ersteren, ungeschmälert blieb. Die Rolle der Familie Egloffstein in Ottilies Leben wird deutlich, wenn man in einem ihrer späteren Tagebücher liest, wie sie noch als Vierundsechzigjährige an die Zeit der Mittagstische zurückdachte. Line fragte bei ihr an, ob Julie, beide inzwischen hochbetagt, wohl im Hause des »Vaters«, also am Frauenplan, eine Weile wohnen könne, in der Nähe der schwer erkrankten Mutter. Ottilie geriet darüber in die größte Aufregung, denn es war ihr peinlich, mitteilen zu müssen, daß dort alles vermietet sei, außer Walthers kleiner Wohnung in der Mansarde. Peinlich, denn wenn jemand auf Freunde ein Recht habe, schrieb Ottilie, so doch vor allem Line auf sie alle. Sie erinnerte sich, wie eng ihre Großmutter mit Frau von Egloffstein in Verbindung gewesen sei und wie sehr befreundet Line mit August, mit ihrer eigenen Mutter und überhaupt allen, und die Oberkammerherrin gar sei doch die einzige gewesen, »die uns armen Kindern wenigstens in der Mittagsstunde eine Heimat gab«. Ottilie hatte nicht vergessen, daß sie sich von ihrem fünfzehnten bis zum einundzwanzigsten Lebensjahr eigentlich nirgends so recht zu Hause gefühlt und die Stunde des Mittagstisches immer schon herbeigesehnt hatte. Das Problem löste sich dann wie selbstverständlich, da Walther den Garten und sein Gartenhaus zur Verfügung stellte. Die Dankbarkeit der Mutter war immer auch die ihrer Kinder.

Ottilies erste Begegnung mit Goethe scheint am 22. Dezember 1811 stattgefunden zu haben, da Goethes Tagebuch den Besuch der Schwestern Pogwisch festhält. Das Grundstück der Großmutter Henckel schloß rückseitig an Goethes Hausgarten an, und so wurde es über diesen Nachbarschaftskontakt wohl möglich, die jungen Mädchen dem alten Herrn vorzustellen. Ohne Zweifel wußte Ottilie, daß sie sich im Mekka der deutschen Literatur befand und dessem Hohepriester bekannt gemacht werden sollte, und sie vergaß auch sicher nicht, ihn mit Handkuß und Knicks zu begrüßen. Vor ihr stand ein stattlicher Herr im zweiundsechzigsten Lebensjahr, in einen dunklen langen Überrock gekleidet, das weißseidene Halstuch mit einer Gemme zusammengehalten, das ergrauende Haar sorgfältig frisiert. Goethe besaß in hohem Maße die Ausstrahlung kraftvoller Männlichkeit bei gleichzeitig unendlicher Güte, die namentlich Kindern und jungen Menschen aus großen dunklen Augen entgegenleuchtete und an diesem Tag den Schwestern Pogwisch galt. Ottilie begegnete ihm freundlich, ohne Schüchternheit, respektvoll, ohne devote Ergebenheit und perfekt in den gesellschaftlichen Formen. Nicht nur ihre unverbrauchte Frische und Natürlichkeit fielen auf, auch ihre angenehme Altstimme wurde bemerkt, so daß Goethe sie einlud, seine kleine Musiziergemeinschaft zu bereichern. Seit einigen Jahren trafen sich

Christiane Vulpius, Goethes Frau.
Grisaillegemälde um 1870 nach der Miniatur von Josef Raabe, 1811.

einmal wöchentlich in seinem Hause Sänger und Instrumentalisten des Theaters, um Hauskonzerte einzustudieren, die der Kapellmeister Eberwein zu beachtlichem Niveau geführt hatte. Die Schwestern Egloffstein und vermutlich auch Adele Schopenhauer gehörten bereits zu diesem Ensemble. Erst im Jahr zuvor hatte man im Hoftheater vor geladenem Publikum ein Konzert gegeben und sogar Teile aus Händels »Messias« aufgeführt. Im allgemeinen fanden die einstudierten kleineren Konzerte jeweils am Sonntagmorgen in Goethes Haus das aufmerksame Ohr geladener Freunde. Jeder wußte, daß die Auswahl der mehrstimmigen A-capella-Sätze geistlicher und weltlicher Vokalmusik auf Vorschlag des engsten Goethefreundes, Zelter aus Berlin, gewählt waren. Übte die kleine Kantorei ohne instrumentale Unterstützung oder in Goethes Anwesenheit, so fand die Session im Zimmer der Geheimrätin statt, die auch stets für eine einfache Mahlzeit nach der Chorprobe sorgte. Ottilie lernte hier Goethes umstrittene Frau kennen.

Weimars Gesellschaft war und blieb es ein Rätsel, wie Goethe diese Frau hatte zu sich nehmen können. Nicht schön, nicht gebildet, sinnlich vulgär, zu dieser Zeit bereits von unförmiger barocker Fülle bei kleiner Figur, lebte sie gern unter Musikern, Schauspielern und Studenten, tanzte mit ihnen zuweilen bis in die Nacht hinein und ließ keine Flasche, die in ihre Nähe kam, ungeköpft. Für die überzüchtet kultiviert wirkende Gesellschaft in Weimar, der sie als »Frau Geheimrat und Exzellenz« integriert werden sollte, stellte sie eine Zumutung und vollständige Herausforderung dar. Die Freunde des Hauses sprachen untereinander von ihr als Goethes »dicker Hälfte«.

Pikiert und konsterniert, nicht ohne Häme, die Goethe selbst galt, aber auch amüsiert, erzählte man sich im Herbst 1811 Christianes eifersüchtigen Ausrutscher gegenüber Bettina von Arnim. Die Arnims, jung verheiratet, und Bettina in den ersten Monaten schwanger, befanden sich auf einer Reise nach Frankfurt am Main und an den Rhein. Zum Aufenthalt in Weimar hatte Goethe sie selbst eingeladen, auch als bevorzugte Gäste zu seinem Geburtstag. Wohnten sie auch nicht im Goetheschen Haus, so nutzte Bettina doch nahezu jede Stunde ihres mehrwöchigen Aufenthaltes, um mit Goethe, ihrem Idol, zusammenzusein. Er kannte sie seit langem. Die eigenartige Innigkeit ihrer Beziehung fußte nicht zuletzt auf dem Zusammensein Bettinas mit der Frau Rat Goethe in Frankfurt, Goethes Mutter. Unverhohlen spielte Bettina allerdings auch die erotische Seite ihrer Freundschaft mit Goethe aus, natürlich nicht zu Christianes Freude. Als beide einander bei der Besichtigung einer kleinen Gemäldeausstellung begegneten, war das Maß des zu Tolerierenden bei der »Geheimrätin« offensichtlich überschritten. Ein temperamentvoller, herausfordernder Wortwechsel ließ die beiden in aller Öffentlichkeit aneinander und gar in ein Handgemenge geraten, dessen Opfer nicht nur Bettinas Brille wurde, sondern auch Bettina selbst: Goethe verbot ihr ohne ein Wort des Bedauerns sein Haus. Dabei blieb es, bis nach dem Tode seiner Frau sich das Verhältnis zu den Arnims wieder entkrampfte. Noch im Frühling des folgenden Jahres ereiferten sich die Freunde von Frankfurt, über Berlin und Kassel bis Leipzig über diesen gesellschaftlichen Skandal. Wilhelm Grimm schrieb aus Kassel an eine nahe Verwandte: »Die Geschichte von Goethes Frau wußt ich wohl. Es ist eine gemeine Person, das sagt ich Ihnen schon damals, wie ich sie gesehen hatte. Die Frau von Arnim hat ihr eine Ehre angetan, wenn sie mit ihr gesprochen. Sie hat mir alles selber erzählt.« Es war keineswegs nur ein Adelsklüngel, der hier die Nase rümpfte, auch im namhaften Bürgertum sah man Goethes Haus kompromittiert. Allen schien es, als ob Goethe sich immer mehr in sein Haus zurückziehe, sich nach und nach »einspinne«, wie Wilhelm von Humboldt meinte, der ihn aus enger Freundschaft gut kannte und zuweilen tage- und wochenlang im Hause Goethes wohnte. Selbst vom nahegelegenen Kurort Karlsbad wolle Goethe nicht nach Wien und nicht nach Prag, auch nicht noch einmal nach Italien. Ob etwa für immer und alljährlich Weimar, Jena und Karlsbad den Horizont Goethes begrenzen sollten? Er versauere nicht gerade, verhärte und verknöchere jedoch, werde entsetzlich intolerant und im Gespräch manieriert. Die Sorge der Freunde ging mit einer lebhaften Diskussion über Goethes Lebenserinnerungen *Aus meinem Leben. Dichtung und Wahrheit* einher, zu denen Bettina von Arnim ihm übrigens Erinnerungen seiner Mutter beigesteuert hatte. In zügiger Folge erschienen 1811, 1812 und 1813 alle drei Teile, kreatives Ergebnis einer Art innerer Emigration, die Goethe in diesen Jahren vollzog, in denen er »das Frauchen« zu den Annehmlichkeiten Weimars zählte und damit nicht nur die Weimara-

Bettina von Arnim.
Bleistiftzeichnung von Emil Ludwig Grimm, 1809.

ner schockierte. Christiane blieb, von exaltierten Damen aus Goethes Vergangenheit künftig unangefochten, der Zerberus vor seinem Haus, dessen innerer Organisation sie allerdings mit Bravour vorstand.

Ottilie sah in ihr mit Staunen eine rührige Hausfrau, fröhlich und unkompliziert, die wie selbstverständlich ihren Mann mit »Sie« und »Herr Geheimrat« anredete, während er das vertrauliche »Du« benutzte. Regelmäßig einmal in der Woche und am Sonntag trafen sich hier die Freundinnen sowie Damen und Herren aus Goethes engstem Umkreis. Nicht zuletzt erschien auch August von Goethe, ausgesprochen gut aussehender zweiundzwanzigjähriger Sohn Goethes. Zwar begleitete der Oberhofmeister von Einsiedel Ottilie von allen Sangesproben oder Festivitäten des Hofes nach Hause, doch begegnete sie August von Goethe fortan auf allen Redouten, beim Eislauf und den beliebten Schlittenfahrten ebenso wie bei geselliger Konversation. Es war nicht mehr zu übersehen. August von Goethe verliebte sich in »dieses Persönchen«, auf dem die Augen seines Vaters mit Wohlwollen ruhten; er machte ihr die Cour. Es blieb nicht unbemerkt im engen Weimar. Ottilie, mehr von ihrer eigenen Eitelkeit als von Zuneigung angesprochen, ließ es geschehen oder wich aus, wenn es die Gelegenheit ergab.

Zum lebendigen Beichtstuhl ihrer frühen Flirts gedieh die Freundschaft mit Adele Schopenhauer. Die beiden Mädchen, schon bald unzertrennlich, vertrauten sich ihre seelenbewegenden Erlebnisse an, und das, ganz Kinder ihrer Zeit, mit Vorliebe schriftlich. Briefe, Billets, sogar ganze Tagebücher wechselten oft mehrmals täglich von Haus zu Haus, obwohl die Adressatinnen nicht weit voneinander entfernt wohnten. Es ist nicht ohne Reiz, sich vorzustellen, wie eine nicht unerhebliche Anzahl Bediensteter beiderlei Geschlechts täglich damit beschäftigt war, die Post ihrer Herrschaft hin- und wieder zurückzubringen und das auch noch möglichst diskret. Goethe selbst hielt sein Personal reichlich in Bewegung mit der Beförderung seiner berühmten zart farbig umrandeten Billets. Unbarmherzig hielt er alle Familienmitglieder und sogar die Dienerschaft dazu an, Tagebuch zu führen. Ihm selbst war die tägliche Eigenkontrolle längst zur Selbstverständlichkeit geworden; er beschäftigte sich aber nicht mit langatmiger Fixierung seelischen Erlebens, eher gerieten seine Notierungen auffallend kurz. Die jungen Leute hingegen nutzten das Tagebuch wie eine abendliche Seelenbuchhaltung, fast psychotherapeutisch. Die Vergänglichkeit von Zeit, ihre unwiederbringliche Flüchtigkeit und damit die Rechenschaft über einen möglichst nutzvoll verbrachten Tag trat dennoch kaum in ihr Bewußtsein. Das Tagebuch war ihnen der identifizierbare Gesprächspartner. Gesondert führten Damen oft noch Notizbücher, in denen sie die Titel ihrer Lektüre, Auszüge daraus, eigene Gedankensplitter oder lyrische Versuche sammelten. Ottilie und Adele übten sich beide in dieser sozusagen doppelten Buchführung über die ihnen wesentlich erscheinenden Ereignisse eines Tages und lebten in engem mündlichem wie schriftlichem Gedankenaustausch.

Sie wurden schnell zum Mittelpunkt eines in den sechs Jahren vor Ottilies Heirat entstandenen und sich noch später erweiternden Kreises junger Mädchen, die sich schließlich erlauben durften, Goethe mit »Vater« anzureden. Ottilies eigene Schwester, beide Egloffsteins, Caroline von Harstall, Henriette von Milkau und Luise Aulhorn, Töchter weimarischer Staats- und Hofbeamten, versammelten sich gern um den alten Herrn, der sich mit ihnen ernsthaft unterhielt, ihre Talente förderte, aber auch für erste Koketterien der jungen Mädchen nicht unempfindlich war. Ihn umgab die Aura eines Paterfamilias. Er wußte das und kultivierte diese Lebensform – Werther und Wilhelm Meister in einer Person. Gern zog er junge Menschen an sich, sogar die Enkel des Herzogs, um ihre Bildung abzurunden. Schon der zwanzigjährige Hölderlin hatte gemeint, man glaube oft in Goethe »einen recht herzensguten Vater vor sich zu haben«.

Zuweilen begegneten die »Freundinnen«, wie sich die Töchter aus gutem Hause jetzt nannten und genannt wurden, der fünfundzwanzigjährigen Louise Seidler im Hause Goethes, einer begabten angehenden Porträt- und Hofmalerin Weimars, der später die herzogliche Galerie in Obhut gegeben wurde.

Goethe hatte früh ihr Talent erkannt, sie in den zeichnerischen Grundkenntnissen selbst ausgebildet, ihren weiteren künstlerischen Weg beobachtet, gefördert und ihr Selbstvertrauen gestärkt. Er führte sie beim Herzog ein und verschaffte ihr Stipendien und Aufträge. Ihr verdanken wir heute eine Anzahl von Porträts aus dem alten Weimar und der goetheschen Familie. Louise durfte bereits unangemeldet beim »Vater« aus- und eingehen und in sein Arbeitszimmer kommen, ein Vorzug, den bald auch Adele Schopenhauer genoß. Louise Seidler kannte er schon seit ihrer Kindheit, als er noch für sie und seinen Sohn Spiele auf dem

Pflaster des Schloßinnenhofes in Jena ersonnen und mitgespielt hatte.

Die jungen Mädchen schmeichelten nicht nur seinem Alter, sondern ersetzten ihm die Kinderschar, mit deren Fröhlichkeit er sein Haus einmal zu beleben gehofft hatte; Goethe war ausgesprochen kinderfreundlich. Von fünf Geburten Christianes war ihm nur das erstgeborene Kind, sein Sohn August, geblieben. Diesem war ein Junge, totgeboren, gefolgt und dann, von Goethe so sehr ersehnt, ein Mädchen. Es wurde Caroline getauft, aber nur vierzehn Tage hatten sich die Eltern seiner erfreuen können. Zwei Jahre später starb ein zur Welt gekommener Sohn nach achtzehn Tagen und hinterließ das kinderliebe Paar in tiefer Resignation. Das nach sieben Jahren noch geborene Töchterchen überlebte nur drei Tage. Goethe nahm endgültig Abschied von seiner Vorstellung einer großen Familie im Haus am Frauenplan und wurde zum Erzieher für eine Schar junger Mädchen, die ihn abgöttisch liebten. Zu ihnen zählte auch die spätere Kaiserin Augusta in Preußen. Sie alle spürten sehr wohl, daß Goethe ihren standesüblichen Unterricht wesentlich erweiterte. Mythologie, Geschichte und Geographie gehörten dazu, um eine anspruchsvollere Konversation führen zu können; die Handarbeiten beschränkten sich auf dekorative Stickereien. Haushaltsführung sowie jegliche Hausarbeit spielten keine Rolle, denn man würde ja später ebenso Personal haben wie jetzt im Elternhause. Das Lesen von Romanen wurde nur bedingt geduldet, es könnte moralisch gefährlich sein, und Kunstverständnis galt als nicht unbedingt notwendig. Selbst Adelsfamilien von hohem gesellschaftlichen Rang sahen mehr auf eine »gute« Heirat als auf die Bildung ihrer Töchter. Es mußte ein Ehepaar schon hohes geistiges Niveau und weitgehende Liberalität mitbringen, um anderer Ansicht zu sein. Goethes Anwesenheit in Weimar prägte hier einen neuen Stil. Kunst- und Literaturverständnis baute er bei seinen Schützlingen systematisch auf und legte Wert auf englische Sprache, damit auch aus diesem Kulturkreis geistiger Gewinn gezogen werde und nicht nur aus dem an allen Höfen Deutschlands starken französischen.

Gelehrigste und verständigste unter Goethes Schülerinnen war Adele Schopenhauer, deren Bruder Arthur zu jener Zeit in Jena promovierte. Keineswegs war sie in entscheidenden Mädchen-

Christiane mit ihrem Söhnchen August.
Aquarell von Heinrich Meyer, 1792.

jahren nur eine unendlich treue Freundin, sondern sie zeigte sich ganz als Tochter einer berühmten Mutter, deren Teeabende die Attraktivität Weimars erhöhten. Erst seit dem Katastrophenjahr 1806 wohnte Johanna Schopenhauer in Weimar, wohin sie aus Hamburg mit ihrer Tochter Adele unmittelbar vor dem Einmarsch französischer Truppen im Oktober gezogen war, seit einem Jahr Witwe.

Schon bei einem vierzehntägigen Besuch im Mai hatte es für sie festgestanden, daß es ihr in dieser überdurchschnittlich gebildeten Gesellschaft gelingen müsse, wenigstens einmal in der Woche die »ersten Köpfe in Weimar, und vielleicht in Deutschland« um ihren Teetisch zu versammeln. Und sie erwarb sich durch ihr kluges und standhaftes Verhalten während der französischen Einquartierungen, durch ihre Tapferkeit und Diplomatie, ihr Geschick im Umgang mit Plünderern und durch ihre stets bereite Hilfe gegenüber Notleidenden schnell die Sympathie der Weimarer. Schon am 19. Oktober des Katastrophenjahres konnte sie ihrem Sohn eine unvergeßliche Szene schildern, die entstanden war, als man ihr einen unbekannten Besucher gemeldet hatte: »Ich trat ins Vorzimmer und sah einen hübschen, ernsthaften Mann in schwarzem Kleide, der sich tief mit vielem Anstande bückte und mir sagte: ›Erlauben Sie mir, Ihnen den Geheimen Rat Goethe vorzustellen!‹ Ich sah im Zimmer umher, wo der Goethe wäre; denn nach der steifen Beschreibung, die man mir von ihm gemacht hatte, konnte ich ihn in diesem Mann nicht erkennen. Meine Freude und meine Bestürzung waren gleich groß, und ich glaube, ich habe mich deshalb besser benommen, als wenn ich mich darauf vorbereitet hätte.« Es war der Tag, an dem Goethe sich in der Stadtkirche offiziell hatte trauen lassen, und die Läden in Weimars Straßen erstmals nach den Unruhen wieder geöffnet waren. Schon am Tag darauf schickte Goethe Dr. Riemer, den Hofmeister seines Sohnes, und ließ sich für den gleichen Abend melden, um ihr seine Frau vorzustellen. Madame Schopenhauer wußte sehr wohl, daß hier sozusagen eine Hand die andere wusch, denn Goethes Besuch in ihrem Hause machte ihren Salon gesellschaftsfähig. So dürfte es ihr ein Leichtes gewesen sein, möglichst unbefangen die neue Geheimrätin Goethe der schockierten Weimarer Hautevolee auf silbernem Tablett zu reichen. »Ich denke, wenn Goethe ihr seinen Namen gibt, können wir ihr wohl eine Tasse Tee geben ... In meiner Lage und bei dem Ansehen und der Liebe, die ich mir hier in kurzer Zeit erworben habe, kann ich ihr das gesellschaftliche Leben sehr erleichtern. Goethe wünschte es und hat Vertrauen zu mir, und ich werde es gewiß verdienen.« Johanna Schopenhauer beschloß, entsprechend dem üblichen gesellschaftlichen Ritual, noch am nächsten Tag ihre Gegenvisite zu machen. Fortan und fast sieben Jahre lang ist Goethe fast an jedem Donnerstag, oft auch zwei- bis dreimal in einer Woche, bei ihr zum Tee erschienen und auch zu anderen Gelegenheiten wie etwa anläßlich einer Silvesterfeier oder zu einem Hauskonzert. Es gab nun kaum noch einen Fremden von Bedeutung in Weimar, der nicht »die Schopenhauer« aufsuchte.

Ottilie von Pogwisch sah hier, wie in Goethes Haus, bereits manchen prominenten Gast. Sie fand Eingang in die »großen« Bürgerfamilien Bertuch und Froriep in Weimar und der Familie Frommann in Jena und erlebte unmittelbar den wohl bemerkenswertesten literarischen Salon Deutschlands in seiner Glanzzeit. Man kam nicht zusammen, um Weimarer Klatsch oder große Menüs zu sich zu nehmen, sondern fand sich ein zu gehobener Unterhaltung, die von Tee oder Punsch und Butterbroten nicht in ihrem Gedankenfluß zu stören war. Man verhielt sich zwanglos. Wenn Goethe nicht gerade etwas vortrug, saß er mit Vorliebe in einer Ecke am für ihn aufgebauten Tisch, zeichnete oder tuschte. Fast fünfzig Zeichnungen Goethes aus diesen Jahren blieben bis heute erhalten. Es gab aber auch Vorlesungen über italienische Dialekte, den Vortrag von Reichardtschen Goethe-Liedern, Erzählungen aus der frühen Zeit Weimars, Gespräche über literarische Neuerscheinungen, Lesungen noch nicht veröffentlichter Theaterstücke und gelehrte Privatissima stießen immer auf Neugier und Interesse. Johanna Schopenhauer konnte glücklich sein und war es auch. Wer Wieland und Goethe, die Brentanos und Wilhelm Grimm zu Gast hatte, durfte schon behaupten, die »ersten Köpfe« in Deutschland um sich versammelt zu haben. Im Herbst 1818 bezog sie eine neue Wohnung nahe dem Theater und nahm ihren engen Freund, den Regierungsrat Müller v. Gerstenbergk zur Miete mit in ihr Haus. Dieser war nicht nur Arthur Schopenhauer suspekt und im Wege, sondern auch Adele. Der Bruder blieb daher in Hamburg und verzieh der Mutter diesen Schritt nie. Übrigens hatte Goethe Arthur Schopenhauers Dissertation gelesen und sich einig mit den Gedankengängen des jungen Philosophen gefunden. Er blieb der Familie Schopenhauer eng verbunden, wenn auch seine Besuche nach den Freiheitskriegen aufhörten. An der beginnenden schriftstellerischen Karriere Johanna Schopenhauers nahm er regen Anteil, und Adele war zu jeder Zeit gern bei ihm gesehen. Ihre geistreiche Intelligenz, ihre Einfühlungsgabe und ihre kluge Kritik schätzte Goethe außerordentlich. Alle bewunderten zudem Adeles Talent im Silhouettenschneiden, illustrierte sie doch behende ein Märchen, während jemand es vorlas. Figuren, Szenen und Landschaften gingen ihr leicht von der Hand, ein Szenarium zum *West-östlichen Divan* (»Turban, Shawl und Zubehör«) entzückte Goethe. Wie er, übersah auch Fürst Pückler-Muskau, als Frauenkenner und Ästhet bekannt, äußere Unvollkommenheit und lobte emphatisch die Unbefangenheit und »fast schauerliche Tiefe« ihres Gemüts, ihre beherrschte Einbildungskraft, ihre überwältigenden Talente und gleichzeitige Bescheidenheit: »... ich wünschte, meine Frau möchte ihr treues Ebenbild sein; – ihr Äußeres gefällt mir, ihr Inneres ist eine schöne Schöpfung der Natur.«

In dieser Zeit vor den Befreiungskriegen zog ein sicherer Instinkt Ottilie in die Nähe der bedeutendsten unter ihren zahlreichen Freundinnen.

Eine neue Generation war um 1813 im Bürgertum wie im Adel herangewachsen, selbstbewußt, aufgeschlossen, den Fremden wie selbstverständlich entgegenkommend. In keiner anderen Stadt Deutschlands von vergleichbarer Größe war das so auffällig wie in Weimar. Bildung und Liberalität hatten einen »Geist der Geselligkeit« entstehen lassen, »der einen so eigentümlichen, fesselnden Reiz ausübte, und obgleich Tanzen, Schlittenfahren und alle Vergnügungen der Jugend auch ihre Rolle dabei spielten, so herrschte doch eine Art von Bildung vor, welche die kleine Stadt den häuslichen Angelegenheiten und dem Lokal-Interesse entrückte und im Reiche der Literatur und Kunst, der Geschichte und Politik jedem eben erst Angelangten sogleich ein Gedanken-Rendezvous mit den Einheimischen eröffnete. Selten wohl hat man einen so redlichen Kreis wie den damaligen gesehen ... bei den zahlreichen Tee-Gesellschaften brauchte die Hausfrau nie wegen der Unterhaltung der Gäste besorgt zu sein; man scherzte in allen Sprachen; alles war beschäftigt, alles amüsiert.« Weimars Redouten, Maskenbälle und -züge, Schützenfeste, Konzerte, nicht zu vergessen das dreimal wöchentlich spielende Theater taten ein übriges, keine Langeweile unter der Jugend des gehobenen Bürgertums wie des Adels aufkommen zu lassen. 1810 hatte Goethe seinen Schauspielern zugerufen: »Nun sind wir da angekommen, wohin ich Euch haben wollte . . .«

Das Niveau der schauspielerischen Leistung, weg von der früher üblichen einfachen Deklamation vor der Rampe, war so anerkannt vorbildlich wie das des Spielplans. Shakespeare, Lessing, Goldoni, Racine, natürlich Goethe und Schiller, aber auch der populäre Kotzebue fanden ihre Stücke aufgeführt und mehrfach wiederholt; Mozartopern erfreuten sich besonderer Beliebtheit. Das Weimarer Hoftheater spielte sommertags im nahen Lauchstädt und konnte Gastspiele in benachbarten thüringischen und sächsischen Städten zwischen Leipzig und Halle geben. Wintertags füllten sich im eigenen Haus die sechshundert Plätze vor einem immer interessierten Publikum, vor dem 1812, das letzte Mal vor seinem Tod, Deutschlands berühmtester Schauspieler, August Wilhelm Iffland, aufgetreten war.

Ottilie, theaterbesessen wie ihre Mutter, dürfte sooft wie möglich zum Preis von acht Groschen ihre Karten erstanden haben, um ein erlesenes Repertoire kennenzulernen, verschieden besetzte Aufführungen vergleichen und diese bis Mitternacht mit Freunden diskutieren zu können.

Die Siebzehnjährige, auffallend hübsch, modisch gekleidet, kapriziös und gesellschaftsgewandt, bemerkte es sehr wohl, wenn August von Goethe aus der Loge des Vaters nachdrücklich herübergrüßte.

Ottilie amüsierte sich.

Ferdinand Heinke

». . . Alles Gute, alles Schöne ist vom Jahre dreizehn; –«, meinte Ottilie von Pogwisch noch viele Jahre später und konnte sich damit einig wissen mit der Mehrheit ihrer Generation, die das Jahr des Aufbruchs gegen Napoleon in gleicher Weise erlebt hatte. In Weimar dachte man keineswegs pro-napoleonisch. Aber noch befanden sich weimarische Offiziere in französischer Gefangenschaft und das Pflichtkontingent an Soldaten unter französischem Befehl. Zwar hatte der aus der winterlichen Niederlage in Rußland flüchtende Napoleon per Chaise im Dezember des Vorjahres Weimar berührt, Goethe wie Wieland grüßen lassen und dann in Erfurt den fahrtüchtigeren Reisewagen seines eigenen Gesandten zur schnelleren Flucht nach Paris requiriert, doch gab es Grund genug, ihn wahrlich zum Teufel zu wünschen. Das Herzogtum Sachsen-Weimar-Eisenach saß in derselben Zwickmühle wie alle deutschen Kleinstaaten des sogenannten Rheinbundes. Alle ersehnten die Befreiung von französischer Besatzung, aber nicht durch fremde, zweifelhafte »Befreier«. Russische Truppen trieben die Reste der Großen Armee zu Beginn des Jahres 1813 schon in Ostpreußen vor sich her. Der französische Gesandte berichtete eine Äußerung der Herzogin Luise nach Paris, sie wünsche nicht ganz Europa zu Napoleons Füßen und etwa Rußland ihm willfährig, die Russen als Herren in Deutschland wolle sie jedoch ebensowenig sehen. Eine offene Meinung, die angesichts der russischen Schwiegertochter das Familienklima nicht gerade günstig beeinflußte.

Im Februar und März 1813 endlich zeigten die Preußen Flagge, indem sie sich mit Rußland gegen Napoleon verbündeten. Der preußische König und seine Regierung zogen nach Breslau, um sich französischem Zugriff zu entziehen. Freiwillige schrieben sich in die preußischen Armeelisten ein, über 40 000, Landwehr und Landsturm entstanden, der König stiftete das Eiserne Kreuz für Verdienste um das Vaterland. Ein Hauch von engagiertem ehrlichem Patriotismus wehte aus Berlin und Breslau herüber nach Weimar, wo man zu gleicher Zeit noch gezwungen war, den in größter Eile neu aufgestellten französischen Regimentern wiederum ein Kontingent eigener Soldaten, wenn auch inzwischen minderer Qualität, zur Verfügung zu stellen. Derweilen zeigten sich Blüchersche Soldaten in Jena und die ersten Kosaken in Gotha, von denen Goethe, so mißtrauisch wie mißmutig, meinte, sie befreiten am Ende wohl auch noch von der Freiheit; er setzte sich von Mitte April an nach Teplitz zur Kur ab. Ohne des Herzogs Genehmigung kapitulierte im April die Weimarische Truppe vor einer obendrein zahlenmäßig unterlegenen preußischen Vorhut. Mannschaften und Offizieren fehlte bereits jede Motivation, länger auf französischer Seite gegen Preußen zu kämpfen. Zu diesem Zeitpunkt befand sich Sachsen-Weimar-Eisenach noch unter französischer Oberhoheit, und so traf den Befehlshaber das Kriegsgerichtsurteil: zwölf Jahre Festung. Er entzog sich diesem grotesken Urteil, indem er zu den Preußen übertrat. Napoleon nannte das: »eine kleine Yorckiade«, in Erinnerung an das eigenmächtige Bündnis des Generals Yorck von Wartenburg, der mit den ihm unterstehenden Truppen zu den Russen übergetreten war und sich damit auch in die Gefahr eines Kriegsgerichtsurteils gebracht hatte; der preußische König konnte sein Handeln erst ein Vierteljahr später sanktionieren.

Weimars Lage zwischen den Großmächten wurde mehr als ungemütlich. Viel Spielraum zum Taktieren und Lavieren gab es nicht mehr. Für eine Woche im April sah Weimar bereits preußische Truppen in seinen Mauern, geführt von einem Sohn des Generals Blücher, offenbar Draufgänger wie der berühmte Vater, denn dieses Vorpreschen kam einem unüberlegten Husarenstück gleich, auf das der Hof von Weimar auch noch hereinfiel, indem er Blücher junior glänzend bewirtete. Kaum war der Sekt ausgetrunken, öffneten sich die Schloßtüren schon wieder für Napoleon, der sich erstaunlich gnädig zeigte. Das Kriegsglück schien Sachsen-Weimar-Eisenach nicht hold zu sein. Der Herzog Karl August und Napoleon tauschten ihre politischen Ansichten und Gedanken überraschend freimütig aus. Goethe, bekanntermaßen Napoleonverehrer, voller Mißtrauen gegen alles, was mit Befreiung zu tun hatte, schien bestätigt in seinem Glauben an Napoleons dämonischen Stern, zumal nach fünf weiteren Tagen die Preußen bei Groß-Görschen eine empfindliche Niederlage erlitten, und das Blatt sich wieder zu Napoleons Gunsten zu wenden schien. Ungewißheit und Angst bedrückten Weimars Bevölkerung, denn die

Ruhe des Waffenstillstandes im Sommer 1813 trog. Militärisch bedeutete sie lediglich eine Atempause, mit der Absicht beider Seiten, zur großen entscheidenden Schlacht zu rüsten. Politisch füllte sie sich mit dem Suchen nach einem für Napoleon annehmbaren Kompromiß. Karl August von Sachsen-Weimar-Eisenach kochte derweil sein eigenes dynastisches Süppchen auf Vorrat, etwa für den Fall, daß Napoleon die Oberhand behalten sollte. Er fühlte vor, ob ein vielleicht zu erwartender Friedensschluß seinem Herzogtum nicht Erfurt und die Teilhabe an Gotha-Altenburg bringen könne. Befreiung vom napoleonischen Joch hieß für ihn ganz realpolitisch Bereinigung geographischer Zersplitterung, wirtschaftlicher Zuwachs, größerer Machtanspruch – von Napoleons Gnaden. Dieser moralisch anfechtbare Opportunismus, von mehrfachen Besuchen des Herzogs bei Napoleon in Dresden noch bekräftigt, war ein Stück realistischer Überlebenspolitik und hätte zu dieser Zeit sicher noch auf die Zustimmung der Bevölkerung hoffen können, wenn die Erfolge dem Frieden genützt und dem Herzogtum wirklich zur Souveränität hätten verhelfen können. Das politische Barometer zeigte jedoch auf Sturm. Napoleon lehnte jeden von Österreich als Vermittler angebotenen Kompromiß ab und hatte nun einen Gegner mehr – Österreich trat dem Bündnis zwischen Preußen und Rußland bei. Das herzogliche Mühlespiel fiel in sich zusammen. Wenn es also Frieden nicht geben sollte, dann blieb nur der Krieg. Freiherr vom Stein verlangte im Auftrag des Zaren einen weimarischen Beitrag zur großen Allianz gegen Napoleon. Sachsen-Weimar-Eisenach habe inzwischen 118 000 Seelen und werde doch wohl 2 200 Mann und Naturalien, dazu einen angemessenen finanziellen Beitrag leisten können für »die gute Sache«. In den Verhandlungen mit dem schroffen Freiherrn vom Stein legte Karl August noch einmal seine dynastischen Wünsche auf den nunmehr russisch-preußischen Tisch. Was er vortrug, lief auf ein Großherzogtum Thüringen unter seiner Oberhoheit und die Nachfolge des Königs von Sachsen hinaus. Die kriegerischen Ereignisse überrollten die ohnehin nicht gerade ergiebigen Gespräche, als vom 16. bis 19. Oktober die sogenannte Völkerschlacht bei Leipzig Napoleons Niederlage brachte. Mit den preußischen Truppen kam nun der Geist, der sie beseelte. Antrieb einer stürmischen politischen Reformbewegung, gewachsen aus den Staatsreformen der Vorjahre, die ihren Modellcharakter für andere deutsche Staaten besaßen und sich mit Namen verbanden wie Hardenberg, Humboldt, Scharnhorst. Den Fürsten stellte sich am politischen Horizont die Frage ihrer Existenz in der Alternative: Reform oder Revolution, Auflösung bestehender Ordnungen.

Wenn man der Entstehung von Freikorps entgegenwirken wollte und den neuen freiheitlichen Patriotismus im Griff behalten, dann mußte man Freiwillige zum Kampf aufrufen.

Der preußische Premierleutnant Ferdinand Heinke, aus dem Stabe Gneisenaus kommend und mit der Organisation der Landwehr beschäftigt, diente seit dem Juli als Adjutant des Majors Anton von Kleist. Er hatte sich zur kämpfenden Truppe versetzen lassen und befand sich nun im 8. Schlesischen-Landwehr-Kavallerie-Regiment, dessen Chef Kleist war. Als studierter und literarisch gebildeter Mann, von Beruf Jurist, galt Heinke für besonders geeignet, in Weimar für den Major, sich selbst und den Leutnant Stegmann Quartier zu machen.[7] Er würde wohl am ehesten den rechten Ton finden, der die Tore zur Gesellschaft Weimars öffnete. Obendrein war er schon einmal in Weimar gewesen, auch kannte er die jetzige Frau Geheimrat aus der Zeit seines Studiums in Halle, als diese noch Christiane Vulpius hieß. Er war einer ihrer Courmacher gewesen, häufig zwischen 1802 und 1804 ihr Tanzpartner im nahegelegenen Lauchstädt oder Begleiter bei Spaziergängen; der alte Goethe wußte davon. Inzwischen hatte es Heinke zum Oberbergreferendar gebracht, sich zur dritten juristischen Staatsprüfung angemeldet und sich mit der Tochter des Kameraldirektors in Breslau, Charlotte, zur Ehe versprochen, gewissermaßen eine Verlobung de facto, aber nicht de jure. Die Schwiegereltern erlaubten immerhin, daß er seiner künftigen Braut Lottina von Zeit zu Zeit schrieb. Strenge Bräuche! Diese Kavalierslösung bot sich jedoch an, als der Aufruf des Königs von Preußen »An mein Volk« im März 1813 Preußens idealistische und vaterländisch gesonnene Jugend ansprach. Ferdinand Heinke beeilte sich, alle beruflichen Ziele zurückzustellen und sich als Freiwilliger zu melden.

Am 1. November 1813, einen Tag nach dem siebzehnten Geburtstag der ihm noch unbekannten Ottilie von Pogwisch, bekam der Premierleutnant Ferdinand Heinke die gewünschten Quartiere in Weimar, ging am selben Abend schon ins Theater und wurde am folgenden Tag bei Goethe gemeldet. Hier wurde er nun für den Rest des Jahres zum gern gesehenen häufigen Gast, der mit dem Hausherrn zu diskutieren wußte, von ihm geschätzt wurde und die Gastfreundschaft der Frau Geheimrätin genoß. Diese hatte sich inzwischen figürlich sehr zu ihrem Nachteil verändert; sie erschien ihm auch sonst ein wenig ordinär, so daß er sich schon bald über sich selbst wunderte, ihr jemals den Hof gemacht zu haben. Als er einige Tage später in der abendlichen Runde bei Goethe dessen gerade viel diskutierten Roman *Wahlverwandtschaften* verteidigte, hatte er das Herz des Hausherrn ganz gewonnen. Schon am vierten Tag seines Aufenthalts in Weimar wurde er bei Hofe vorgestellt, bei der Aufführung von *Don Carlos* neben die Hofloge plaziert und mit Tee und Erfrischungen bewirtet. Heinke konnte zufrieden mit seinem Empfang sein, der weit über seinen Auftrag hinausging. Nicht zu Unrecht notierte er Jahre später aus der Erinnerung, daß ein »neues, reich blühendes Leben« begonnen habe. Diese Formulierung war eine harmlose Umschreibung für den Begriff Etappe, eigentlich eine nachträgliche Idealisierung. Seit Mitte August hatte sich sein Regiment in heftige Kämpfe gegen zähen französischen Widerstand in Böhmen und in Sachsen verwickelt gesehen. Dazu war Heinke noch ein sechsstündiges Reitergefecht vor Beginn der Völkerschlacht bei Leipzig beschieden gewesen. Nun befanden sich die preußischen Truppen auf dem Vormarsch nach Frankreich, während hinter ihnen, eben in der Etappe, die Verwundeten in Lazaretten versorgt und die stark dezimierten Eskadronen neu zusammengestellt wurden. Eine Oase inmitten des Kriegsgeschehens, die vom ersten Tage an von einem Hauch des Unwirklichen umgeben schien. Goethes Sympathie und Wohlwollen für den preußischen Offizier steigerten sich noch, als dieser ihn von der Einquartierung zwölf krakeelender Don-Gardekosaken befreien konnte. Unter Gewaltanwendung preußischer Wachmannschaften und erst nach zweistündigem Straßenskandal fand man den russischen Etappenkommandanten, dem Heinke »die 12 Riesen vom Don« wieder übergab. Tags darauf bedankte sich Goethe mit einem Exemplar der »Wahlverwandtschaften«, das er für den Empfänger durch eine eigenhändige Inschrift unersetzlich gemacht hatte. Am 8. November, einen Tag später, feierte dieser seinen einunddreißigsten Geburtstag und war bereits in Weimar stadtbekannter Held des vergangenen Tages. Als er dann auch noch bei der weimarischen Erbprinzessin, der Großfürstin Maria Paulowna, vorgestellt wurde, wollte es das Weimarer Zeremoniell, daß er nun vollends »dazugehörte«. Anwesend bei diesem höfischen Akt waren die drei Hofdamen, darunter Henriette von Pogwisch, Ottilies Mutter. Nun mußte auch Ottilie nicht länger warten, den vielberedeten, blendend aussehenden preußischen Offizier kennenzulernen.

Am 16. November 1813 vermerkt Heinkes Tagebuch: »Abends bei Schopenhauers. Adele präsentiert uns ihrer bildschönen Freundin Ottilie von Pogwisch.« Drei Tage später heißt es: »Bei Schopenhauers, wo die Abende immer interessanter werden ... August Goethe will sich jeden Tag um Ottilie P. totschießen«. Der junge Goethe mußte Eifersucht nicht erst spielen. Aufbrausendes Temperament bis zum Jähzorn, Leidenschaftlichkeit seiner Flirts brachten den Vierundzwanzigjährigen oft um die Sympathie seiner Umgebung, die den ausgesprochen schönen jungen Mann sonst gern in ihrer Gesellschaft sah. Er beanspruchte den Vorrang in Ottilies Gunst, für die er jedoch lautlos wie eine Kerze erlosch, als Heinke ihr begegnete, und so häuften sich denn die Eintragungen in Heinkes Tagebuch, daß August von Goethe sich andauernd »totschießen« wolle. Heinke umgab die Gloriole des freiwilligen Freiheitskämpfers, der zu allem Überfluß auch noch dem kürzlich gefallenen Freiheitsdichter von *Lützows verwegener Jagd*, Theodor Körner, ähnlich sah. Bei den Pogwischs und besonders den Henckel von Donnersmarcks hatten bekanntlich viele Generationen verdienstvoll unter Preußens Fahnen gestanden. Ottilies Vater und ihr älterer Onkel aus der mütterlichen Linie waren gegenwärtig ebenfalls preußische Offiziere. Es konnte kaum verwundern, wenn Ottilie von Pogwisch sich in ihrem jugendlich stürmischen preußischen Patriotismus so leicht nicht überbieten ließ. In ihrer Begeisterung schwang mehr mit als nur die Schwärmerei eines jungen heiratsfähigen Mädchens für einen gutaussehenden Leutnant. Ottilie fühlte sich von einer vaterländischen Strömung mitgerissen. Endlich durfte sie sich offen zu Preußen bekennen. Mit Adele zusammen gründete sie den »Orden der Hoffnung«, gedacht als einen Bund junger Mädchen, die mit Sachspenden oder Geld den Verwundeten, Invaliden und Soldatenwitwen helfen wollten. Ottilie als »Präsidentin«, Adele als »Geschäftsführerin«, engagierten sich für eine gute Sache mit dem Feuereifer der Jugend.

Ottilie lebte diese Wintermonate vor dem Jahreswechsel wie in einem Rausch und kaum einen Abend ohne Ferdinand Heinke. Fortan trug sie ihr bislang zum Vogelnest aufgestecktes Haar offen, lange Korkenzieherlocken nach der Mode der Zeit verstärkten mit ihrem Schwingen den Reiz des lebhaften Mienenspiels und des koketten Blitzens der blauen Augen: Ottilie war verliebt. Die tristen Novembertage begannen zu leuchten, und Heinke vermerkte in seinem Tagebuch voller Stolz, Ottilie sei wieder der »Glanzpunkt« oder »wie gewöhnlich Mittelpunkt«. Die Tage quollen über von Einladungen. Allein am 23. November, typisch für alle anderen Tage, wechselte für Heinke viermal die Szenerie: Das Frühstück nahm er im Hause Pogwisch ein, zur Tafel sah er sich am Hofe, ein musikalischer Tee bei Goethe füllte den Nachmittag, und abends fand er sich zu größerer Gesellschaft bei Schopenhauers ein, Goethe und der Erbherzog waren ebenfalls anwesend. Natürlich ließ Heinke, seiner Theaterleidenschaft frönend, keine Vorstellung aus, jedoch schon bald würden die Truppen weiterziehen müssen, Napoleon nach. Abschiedsstimmung breitete sich aus und erfaßte auch Ottilie. Über mehrere Wochen hinweg hatte es keinen Tag ohne Ferdinand Heinke gegeben, man hatte beide nur gemeinsam gesehen. Wie selbstverständlich gab man ihm an der Tafel den Platz vis-à-vis, wie selbstverständlich hockte er auf dem Teppich zu ihren Füßen, wie selbstverständlich legte sie den Arm in den seinen beim abendlichen oder gar nächtlichen Nachhauseschlendern. Niemandem war es verborgen geblieben, daß der fast doppelt so alte Heinke mehr empfand als zum stimmungsvollen Courmachen gehörte, wenn Ottilie wirklich nur ihn wahrnahm und ihre Bewunderung allein ihm galt. Für Ottilie war August von Goethe längst in eine unbedeutende Komparsenrolle geraten. Heinke selbst schien seine Lottina vergessen zu haben. Nur einmal in sechs Wochen hält sein Tagebuch fest, daß er ihr geschrieben habe, »Relationen an Lottina«, lediglich Mitteilungen also, aber anscheinend keine über Ottilie, denn erst in seinem Neujahrsbrief an Charlotte Werner, am Ende seiner Weimarer Winterwochen, stellte er sie vor als eine »gewisse Ottilie Pogwisch«, die am Silvesterabend auch dagewesen sei. Das ist mehr als eine Untertreibung, eher schon eine Verleugnung. Nur von Adele, der er sich freundschaftlich verbunden wußte, scheint er etwas »mitgeteilt« zu haben, aber das war denn auch vergleichsweise ungefährlich. Außerdem hatte Adele Schopenhauer ihre Liebe zu ihm zugunsten der Freundin zurückgestellt und der inzwischen hinzugekommene Leutnant Hufeland, Sohn des berühmten Arztes, hatte sie zu interessieren begonnen.

Drei Tage vor Weihnachten erfuhr man von der Kapitulation der Stadt und Festung Erfurt, und Heinke notierte »Freudige und traurige Wirkung dieser Botschaft«, denn das bedeutete das Ende beseligender Wochen. Für ihn kam der Marschbefehl wie ein Deus ex machina. Nun entschied das Zeitgeschehen für ihn und enthob ihn mancher Fatalität, mußte er doch vor sich selbst zugeben: »Mir ist es von uns Dreien am freundlichsten ergangen, und dennoch bin ich es allein, der das Ende dieses Aufenthaltes gern nahen sieht«. Instinktiv klammerte er sich jetzt an die Vorstellung, sein Eheversprechen, doch nicht so ganz ohne Berechnung gegeben, sei ohne Zögern einzulösen, wenn dieser Feldzug ein Ende fände. Nur damit ließ sich schließlich seine zivile Karriere verbinden. Weimar mußte, koste es, was es wolle, in den Rang einer Episode zurückgestuft werden. Der Tag des Heiligen Abends könnte ihn noch einmal nachdenklich haben werden lassen und in seinem Vorsatz bestärkt haben. Mußte er sich nicht sagen, daß die Einladung zur herzoglichen Tafel und großen Gala am Hof wohl kaum dem Gerichtsreferendar aus Breslau galt, der als solcher hier niemals hätte erscheinen können, und wäre er hundertmal Goethes Freund? Ehre und Wohlwollen richteten sich an den Stellvertreter des preußischen Stadtkommandanten, den gesellschaftsgewandten Offizier. Der späte private Teil des Abends, wie sooft »bei Schopenhauers«, sah ihn wie in einer Art Biwakszenerie auf dem Teppich in Adeles Zimmer und zu Ottilies Füßen, angesichts des Christbaums und vieler Weihnachtsgeschenke. Die Gewißheit des nahen Abschieds ließ jedoch keine Weihnachtsfreude mehr aufkommen, »die nahe Trennung des allen lieb gewordenen Zusammenlebens tritt immer dämpfend dazwischen. Auch das Nachhauseschlendern hat an Behaglichkeit verloren . . .« Ottilie schlug die Stimmung so sehr auf das Gemüt, daß Heinke mit Adele am ersten Feiertag einen Krankenbesuch bei ihr abstatten mußte: »Beiden muß ich viel von

Lottina erzählen.« Ottilie gesundete daran zwar nicht sofort, aber Heinke redete sich selbst die alte Liebe neu ein und band sich an ihr fest wie Odysseus einst am Masten seines Schiffes, um der Versuchung zu widerstehen. Genug, daß ein Porzellanmaler sein Porträt noch eben festhielt. Der zweite Feiertag und auch der darauffolgende Tag, gespickt mit Abschiedsbesuchen beim Herzogs- und Erbherzogspaar und den zahlreichen Damen und Herren der Weimarer Gesellschaft, zeigte noch einmal schmerzlich, wie sehr man sich bereits einer Illusion hingegeben hatte, die nicht in eine Wirklichkeit umzuwandeln war. Bürgerlichen Herkommens, in Breslau zur Ehe versprochen und zum dritten juristischen Staatsexamen anstehend, wurde es für Heinke Zeit, sich in Weimar loszureißen.

In der Tat war es ein Sich-Losreißen, das Heinke noch 1856, vierundsiebzigjährig, drei Monate vor seinem Tode, in einem langen Brief an Ottilie heraufbeschwor: »Ihr freundlicher Brief, den Sie in der Silvesternacht 1854 an mich schrieben, erinnerte mich an einen schönen Abend, den wir im Schopenhauerschen Hause verlebten und von welchem ich Sie in mondheller Nacht nach Ihrer Wohnung geleitete. Mit unsäglicher Freude vergegenwärtigte ich mir diese Geleitung und jedes kleine Zeichen des Wohlwollens, welches Sie mir dabei zukommen ließen. Erlauben Sie mir, daß ich Sie an einen anderen mir lieben Abend erinnere ... Zum 27. hatte Ihre Mama Hufeland, Stegmann und mich noch einmal zum Tee und Abendbrot eingeladen. Es war uns allen Dreien sehr wehmütig ums Herz. Sie und Ihre Schwester und Adele Schopenhauer und andere Damen Ihres Kreises saßen in Ihrem Zimmer, und ich hatte meinen Platz auf dem Teppich vor dem Sofa zu Ihren Füßen. Wir versuchten es, durch Gesang in eine heitere Stimmung zu kommen; aber es kamen nur Scheidelieder zutage. Ihre Mama war gütig und großherzig genug, die Jugend ihrer Stimmung zu überlassen und die älteren Herrschaften in einem benachbarten Zimmer zu unterhalten. Endlich mußte geschieden sein; als wir aber schon die halbe Treppe hinab waren, wurde uns die Freude, noch einmal die lieben Hände küssen und den uns freundlich gesinnten Herzen ein nochmaliges, vermeintlich letztes Lebewohl sagen zu können. Aber es war noch nicht das letzte. Wir fanden es der Ritterlichkeit gemäß, die gütigen Freundinnen nicht ohne Geleitung wieder die Treppe hinaufgehen zu lassen, und oben wurde der

Ottilie von Goethe.
Bleistiftzeichnung von Ehrengott Grünler.

ganze für uns schmerzliche Abschied noch einmal, diesmal aber wirklich zum allerletztenmal wiederholt. Nur aus der Ferne war uns noch einer vergönnt, als am folgenden Tage das Regiment durch die Stadt zog. Aus den Fenstern schaute manch liebes Angesicht auf uns herab, und weiße Tücher winkten Addio. Auch das mir liebste Angesicht vermißte ich nicht, und ich glaubte zu sehen, wie Ihr weißes Taschentuch, nachdem es seine Telegraphendienste versehen hatte, an zwei liebe, schöne Augen geführt wurde, um dort andere Dienste zu verrichten. War es nicht so, so bitte ich: klären Sie mich nicht über meinen Irrtum auf! Ich will ihn als schönen Traum behalten. Hätten nicht die Trompeten ihre lustigen Weisen geblasen, wer weiß, ob ich mir nicht auch eingebildet hätte, noch ein freundliches Lebewohl gehört zu haben.«

Heinkes Tagebuch verrät noch mehr, wie schwer ihm damals der Abschied geworden und gleichzeitig gelegen gekommen war. Am

28. Dezember schrieb er: »Die Trompeten blasen das Herz wieder leicht.«

Nach langem Schweigen schrieb er aber auch noch in dieser Nacht an Lottina, und es scheint, als habe er sein Gepäck weit vorausgeworfen und müsse nun, koste es, was es wolle, im Galopp hinterdrein, zumal er zwei Tage später noch einmal notierte »An Lottina geschrieben«. Dennoch, der Absprung gelang ihm nicht im ersten Anlauf. Der letzte Tag des Jahres, für eine Schwäche gut, ließ ihn buchstäblich umkehren. Nach sechsstündigem Ritt traf er am frühen Abend unmittelbar vor dem Schopenhauerschen Hause ein, wo der befreundete Regierungsrat Müller von Gerstenbergk in enger Verbundenheit mit den Schopenhauerschen Damen wohnte. Sein Tagebuch hält fest: »Bei Müller abgestiegen, wo Ottilie und Adele mit Vorkehrungen zum Ball beschäftigt sind. Besuch bei Frau von Pogwisch und Goethe, dann zum Abendbrot bei Schopenhauers, wo im alten lieben Kreise der Silvesterabend gefeiert wird. Weissagungsspielereien. Neujahrsgeschenke. Um den dampfenden Punsch gelagert, wird in alter Fröhlichkeit das neue Jahr erwartet. Das beste und erste Glas Dir, geliebte Lottina!« Die Reihenfolge der Toaste auf das Glück des Jahres geriet ihm doch wohl bereits durcheinander, denn als er zwei Uhr nachts am Neujahrstage Lottina von der gerade vergangenen Jahreswende berichtet, will er das erste Glas auf einen glückhaften Fortgang der geschichtlichen Ereignisse des Jahres angestoßen und »das nächste volle Glas meiner edelen, deutschen, großherzigen und doch auch so weichherzigen Lottina geweiht« haben. Dann hätte erst das dritte Glas den Anwesenden gegolten? Kaum anzunehmen, aber es las sich so gut für Lottina wie auch die Briefpassage, in der er Ottilie erstmals überhaupt nannte und sozusagen im gleichen Atemzuge ihre Existenz, um die sich in Wahrheit seit Wochen alles drehte, fast nebensächlich erscheinen ließ. Er berichtete vom Kreis der Anwesenden in dieser Silvesterrunde und erwähnte der Reihenfolge nach die Hofrätin Schopenhauer, von der er Lottina ja schon geschrieben habe, den Regierungsrat Müller, von dem er demnächst einige Verse mitteilen wolle, und Adele Schopenhauer, die ihn angeblich an eine frühere gemeinsame Bekannte erinnere. Er beendete die Aufzählung: »und aus einer gewissen Ottilie Pogwisch, die wir, wegen ihres großen Interesses, was sie an den preußischen Waffen nimmt, und weil sie aus Danzig gebürtig ist, die preußische Jungfrau zu nennen pflegen«. Dann erzählte er noch, das Silvesterorakel habe ihm das Eiserne Kreuz prophezeit, um anschließend wieder in einen langen patriotischen Traktat zu verfallen, wie meist in den merkwürdig steifen, verkrampft wirkenden Briefen an Lottina.

Viel geschlafen hat er ganz offensichtlich nicht, nachdem er pflichtschuldigst seinen Neujahrsglückwunsch zu Papier gebracht. Am Vormittag des 1. Januars 1814 absolvierte er vier Neujahrsbesuche, zuletzt in Goethes Haus und bei den Pogwischs, nahm das Mittagessen bei Schopenhauers ein und verbrachte einen festlichen Abend beim »Ball im Fürstenhause. O. P. wieder die glänzendste Erscheinung dabei ... Ein Addio! reiht sich ans andre. Das letzte oben«. Erst am frühen Morgen des 2. Januar ritt er zurück in das neue Quartier, von wo das Regiment mit dem Armeekorps auf den Rhein hin zur Hauptarmee nachrücken muß, denn in der Neujahrsnacht war es General Blücher gelungen, trotz starken Eisganges den Rhein bei Kaub zu überqueren. Am 4. Januar zog Heinkes Regiment unter widrigsten Wetterbedingungen ab und erreichte am 19. die Festung Ehrenbreitstein, wo freies Wasser abgewartet werden sollte.

Die Silvesternacht 1814 wurde zu einem unvergeßlichen Datum in der Geschichte der Befreiungskriege, aber sie wurde auch ebenso unvergeßlich für Ottilie von Pogwisch und Ferdinand Heinke. Tagebuch und der Neujahrsbrief an Lottina verschweigen geflissentlich, was zwischen Mitternacht und zwei Uhr morgens geschehen war. Abschiedsstimmung und Silvesterpunsch, die Zukunftsbeschwörung im geselligen Kreise und die Euphorie der ersten Stunde eines neuen Jahres bewirkten wohl, daß Heinke auf dem Nachhauseweg gegen Ottilie gestand, sie mehr zu lieben als er eigentlich dürfe angesichts der Ansprüche oder Erwartungen, die Lottina an ihn habe. Vielleicht habe diese ihn aber auch bereits vergessen, kokettierte er, Ottilie damit aus ihrer bemühten Reserve lockend. Sie erinnerte sich einundvierzig Jahre später noch an jedes Detail und den Fortgang des Gesprächs: »– unmöglich rief ich, warum unmöglich sagte er? ach ich durfte ja nicht sprechen, ich durfte ja nicht sagen weil man Dich nie vergißt! Mein armes, armes Leben, was wäre aus mir als seine Frau geworden ... nach 41 Jahren weinte ich noch, wie in *der* Nacht Tränen der Liebe.«

Ferdinand Heinke, für den Ottilie an jedem Silvesterabend ihres Lebens sozusagen einige Gedenkminuten einlegte, war zum verklärten Fixstern ihres Fühlens und Handelns geworden. An ihm orientierte sie sich, und an ihm maß sie alle Männer, die für sie von Bedeutung waren. Seine »Johannesgestalt«, seine »männlichschöne Seele« und deren Ausstrahlung verkörperten ihr das Reine und Edle schlechthin, dem sie nachstrebte und das sie in ihren Partnern jeweils zuerst suchte. Diese Liebe, von vornherein auf Entsagung ausgerichtet, gab ihrem Sinn für das Idealistische hinreichend Raum. Sie verbrannte nichts, zerstörte nichts, Leidenschaft überschattete sie nicht, und so forderte sie ausschließlich das Gute ihres Charakters heraus, ihren Drang nach hoher Sittlichkeit und menschlicher Vervollkommnung. Beide sahen sich als Kinder der Romantik gegenseitig hierin bestätigt und genossen die Abschiedswehmut wie Wermut, bitter. Die Gloriole des preußischen Leutnants, der dem Ruf seines Königs zum Kampf gegen Napoleon als Freiwilliger gefolgt war, tat ein übriges, nicht zu vergessen die in selbstbereiteten seelischen Qualen unschlagbare Freundin Adele, die voll Eifer an diesem Freundesbild mitbastelte.

Seit November des Jahres 1813 konnten sich auch in Weimar junge Männer gehobenen Standes, wohlhabend genug, sich selbst ausstatten zu können, in Freiwilligenlisten zur »Befreiung des gemeinschaftlichen deutschen Vaterlandes« – so die Formulierung des Herzogs – eintragen lassen oder als Offiziersanwärter in reguläre Regimenter und damit als Berufssoldaten eintreten. Augusts engste Freunde und Kollegen hatten das zu Beginn des neuen Jahres bereits getan. Nicht eben mit stürmischer Begeisterung, aber doch ehrenvoll. Es wurde Zeit für den jungen Goethe, wenn er den Ruf seines Hauses retten wollte. Über Karl von Schiller, Sohn des großen, bereits verstorbenen Dichters, spottete der Preuße Wilhelm von Humboldt am ersten Tag des Jahres 1814, endlich habe sich doch auch »ein Schiller in Bewegung gesetzt«, übrigens als Offiziersanwärter regulär und mit der ausdrücklichen Billigung und moralischen Unterstützung durch seine Mutter, Charlotte von Schiller. Nun schrieb sich auch August von Goethe unter Nr. 50, als Jäger zu Fuß, ein. Goethe-Vater fand die ganze Sache nicht nur grundsätzlich hirnverbrannt, sondern sorgte sich auch ernstlich um Leben und Verfügbarkeit des ihm privat und dienstlich unentbehrlichen Sohnes. Mit drei dringenden und drängenden Eingaben beim Herzog erreichte Goethe, daß sein Sohn zwar der Form halber auf der Liste stehenblieb, aber ansonsten zur Ordonnanz des Erbherzogs im Hauptquartier in Frankfurt am Main und später in Weimar zum Adjutanten beordert wurde. Vater wie Sohn sollte das noch reuen. Am 13. Januar glich ganz Weimar einem Lager Freiwilliger zu Pferde und zu Fuß, die sich für die mutmaßliche Endphase des Feldzuges übten. Auch der Herzog rückte ein zum Oberbefehl über die vereinten sächsischen Truppen mit dem Auftrag, die Niederlande, besonders den belgischen Teil, zurückzuerobern und der Hauptarmee die rechte Flanke zu decken.

Heinkes Regiment geriet derweil auf französischem Boden in eine außerordentlich verlustreiche Schlacht. Ostpreußische Kürassiere, schlesische Kavallerie und die Husaren Blüchers konnten gemeinsam ihr Gelände nicht halten und mußten sich zurückziehen. Ein Garde-Lancier stößt Heinke die Lanze in den Unterleib. Der Verwundung nicht achtend, reitet er noch eine Einzelattacke mit Freiwilligen, ehe ihn nach erbärmlich kalter Nacht der Regimentsarzt untersucht, »und findet die Lage greulich; die Därme treten heraus. Abscheuliche Manscherei unter seinen Händen und schlechte Bandagen.« Sein Einsatz wird mit dem Eisernen Kreuz belohnt. Das Silvesterorakel hat sich also erfüllt, und er läßt unverzüglich Ottilie und Adele davon informieren. Während des Genesungsurlaubs erfährt er in Karlsruhe vom Einmarsch in Paris, drei Tage danach, Ostersonntag, dankt Napoleon ab, Ende April verkünden alle Zeitungen den Frieden. Heinke findet in Frankfurt endlich einen ihm empfohlenen Wundarzt, »der alle Bandagen der französischen Ärzte verwirft und dem ich meine gründliche Wiederherstellung verdanke«.

Er ist noch einmal davongekommen.

Ihm sollte der Frieden willkommen sein, hatte er schon vor dem Übergang auf das westliche Rheinufer an Goethe geschrieben. Sein nächster Wunsch werde dann sein, daß der Rückmarsch wieder durch Weimar führe, das »ein gar freundliches liebes Andenken« in ihm zurückgelassen habe. Er vertrat die Ansicht, man solle dann Frankreich seinen eigenen Sorgen überlassen und sich um so energischer den gesamtdeutschen politischen Zielen widmen. Franzosenhaß war ihm fremd, im Gegensatz zu Ottilie, die sich noch nach

Jahrzehnten auf den ihren berief. Heinkes Patriotismus erschöpfte sich nicht in Preußen, er war deutsch. Seinem Brief an Goethe hatte er die erste Nummer des von Joseph Görres herausgegebenen und von Napoleon als »5. Großmacht« eingestuften *Rheinischen Merkur* beigefügt.

Görres, dem Heidelberger Romantikerkreis zugehörig und neben Ernst Moritz Arndt bekanntester deutscher Schriftsteller jener Zeit, sprach für die Generation Heinkes, wenn er zwar leidenschaftlich Napoleon bekämpfte, aber der soeben entstandenen deutschen Freiheitsbewegung das übergeordnete Ziel setzte, ein einiges Deutsches Reich im föderalistischen Sinne zu schaffen bei gleichzeitig zu erstellenden freiheitlichen Verfassungen in den Bundesländern. Goethe mußte sich sagen lassen, daß gewiß die Liebe zur Menschheit allgemein das höchste, fast religiöse Ziel bleibe, aber man doch nur über Stufen zum Höchsten gelange, so daß die überall wiedererwachte »Liebe zu Deutschland« in diesem Sinne als ein hoffnungsvoller erster Schritt anzusehen sei. Heinke hielt es, wie die Mehrheit seiner Generation, für den wertvollsten Gewinn der erlittenen militärischen und politischen Turbulenzen, daß in ihnen das deutsche Volk seine fast verlorengegangene Identität und moralische Integrität wiederzufinden schien.

Schon in den letzten Maitagen kehrten von der thüringisch-sächsischen Freiwilligenschar diejenigen zurück, die zwar gerade noch in die letzten Gefechte des Feldzuges geraten waren, aber sich doch als Überlebende und Helden feiern lassen konnten. Weimar stöhnte erneut unter Einquartierungen preußischer, russischer und sächsischer Truppen, doch die Freude über die glückliche Heimkehr der Freiwilligen überdeckte das Übel.

Ausgerechnet der zu Hause gebliebene August von Goethe sollte nun im Namen des Erbprinzen die Heimkehrenden empfangen und trug dazu auch noch Offiziersuniform. Spontan ließ man ihn das Schmähliche des Daheimgebliebenen fühlen und empfand seine Person geradezu als Beleidigung. Ein Rittmeister von Werther forderte ihn sogar zum Duell. Um Goethes Sohn wiederum vor vermeintlicher Todesgefahr zu bewahren, mußten nun höchste adelige Staatsbeamte und Freunde vermitteln. Das Duell fand nicht statt, aber dem Kammerassessor von Goethe schlug eiskalte Ablehnung entgegen. Das Verhältnis zu den freundschaftlich verbundenen Kollegen war gestört, hatte seine Unbefangenheit verloren und wurde nie mehr das, was es gewesen war.

Wie herzlich wurde dagegen sein Gegenspieler bei Ottilie, Ferdinand Heinke, empfangen. Dieser befand sich auf dem Weg in die schlesische Heimat, ehrenvoll dekoriert. Nach einem Besuch auf der Wartburg – beglückt fand Ottilie im folgenden Jahr seinen Namen im Gästebuch – eilte Heinke seinem nächsten Ziel zu, über Gotha und Erfurt schnurstracks nach Weimar, wo er am 14. Juni 1814 noch abends spät im Schopenhauerschen Hause eintraf. Schon am nächsten Tag verrät das Tagebuch: »Früh mit Schopenhauer und Adele im Garten. Ottilie.« Adeles Bruder Arthur befand sich gerade in Weimar und nahm am Nachmittag auch an einer Partie der jungen Leute nach Tiefurt und am Picknick im Walde teil, kurzum, es wurde ein »durchgängig heiterer Tag« im Frühsommer. Diese Stimmung durchzog die sieben Tage seines Aufenthaltes in Weimar, wo er mit offenen Armen in das gesellige Leben der Freunde, des Goethe-Hauses und des Hofes aufgenommen wurde. Ottilie scheint vom Auftauchen Heinkes völlig überrascht gewesen zu sein. Noch Monate danach berichtete sie einer Freundin von diesem Ereignis: »Unvorbereitet stand mit einemmal die freundliche, bekannte Gestalt vor mir, und wollte ich Ihnen umständlich erzählen, wie kindisch ich mich bei dem Wiedersehen benahm, wie ich alles für einen Traum hielt und nicht aufhörte, mich laut zu beklagen, daß ich nun bald erwachen würde, wie ich mich so setzte, daß ich ihn nicht sehen konnte, weil ich mich nicht zu sehr in dem Gedanken bestätigen wollte, daß der langentbehrte Freund nun wieder da sei, so würden Sie wohl vielleicht gar lachen; übrigens muß ich Ihnen doch sagen, damit Sie keinen falschen Vermutungen Raum geben, daß Heinke mit dem Empfang höchst unzufrieden war und ich manchen Vorwurf darüber hören mußte.« Während dieser Woche hat sie Heinke offenbar nur an drei Tagen gesehen, denn sie pflegte gerade eine andere schwer erkrankte Freundin in Eisenach. Das mag sie ein wenig abgelenkt haben. Sie empfand schmerzlich, »daß dieses die letzten 8 Tage in meinem Leben wären, wo auch er mit hinein verwebt war . . . Die Trennung hatte mir unbeschreiblich wehgetan ... Durch einen Zufall hatte ich diesen Schmerz zweimal zu ertragen; doch ich kann wenigstens ruhig an die Abschiedsstunde denken; denn kein Vorwurf lastet auf ihr – so wie überhaupt auf dieser Zeit; wir hatten beide beständig die Pflicht, die uns oblag, vor Augen.« Ottilie folgte dem Wunsch der Mutter und einem gewissen Ehrenkodex des Adels, dessen Einhaltung für diese wie für die Großmutter Henckel von Donnersmarck ganz unverzichtbar in der kleinen Residenz Ruf und Existenz sicherte. Für Ottilie gab es ebensowenig wie für Heinke eine andere Wahl als die des Verzichts. Möglich, daß solche Überlegungen noch am 19. Juni eine Bekräftigung erhielten, als Heinke letztmalig festhielt: »Bei der Nachhausekunft noch Ottilie bei Schopenhauers. Geleitung durch die stille Stadt.« Adele Schopenhauers Aufzeichnungen lassen sogar vermuten, daß Heinke in diesem Sinne August von Goethe ins Gespräch gebracht hat. Man sah sich danach wohl noch, aber nicht mehr allein. Zwei Tage später war der Abschied endgültig. »Addio! Alles im Fluge«, beendete Heinke sein Tagebuch.

Der »Flug« führte Ferdinand Heinke ohne Zögern in eine bürgerliche Ehe und Karriere, allen Erwägungen zum Trotz, Lottina sei vielleicht am Ende doch nicht die richtige Frau für ihn. Eine Meinung, die der junge Hufeland ausstreute und die nur dazu beitrug, in Ottilie wie auch in Adele Illusionen am Glimmen zu halten. Als Ottilie am 8. Juli 1815 von Heinkes offizieller Verlobung erfuhr, brach diese Hoffnung und ihre Rolle als hingebungsvoll entsagende Freundin, die sie nach außen mit Erfolg gespielt hatte, zusammen. Wie so häufig erfährt man die Wahrheit über Ottilies seelische Verfassung aus einem spontanen Brief vom gleichen Tage an ihre Mutter: »Nie ist mir ein Mann so lieb gewesen wie er, und schwerlich wird es je einer werden.« Gleichzeitig erinnert sie daran, daß ihr erster Wunsch das Glück ihrer Mutter gewesen sei. »Unsere Bahn war ja hier auf ewig getrennt, und weit voneinander entfernt – ich liebe ihn nicht mehr, ich habe dies Gefühl für ihn vergessen, aber daß ich dies tun mußte, das tut ja ebenso weh. Du wirst nicht zürnen, wenn ich zuweilen seiner freundlichst (weiter will ich ja nichts) gedenke. – Schlaf wohl, meine Mutter – Du mußt mich nun doppelt lieben.«

Ferdinand Heinke war an ihr wie ein Komet vorübergezogen, unglaublich strahlend, beeindruckend, unvergeßlich und immer wieder in ihrem Leben am Horizont sichtbar. In einer von Adele mit dem Eisernen Kreuz bestickten Brieftasche verwahrte sie von nun an zeitlebens eine Porträtskizze Heinkes, einige Patronen, den Rest eines Handschuhs und ein Gedicht von seiner Hand und gelobte Adele, kein Mann solle je imstande sein, ihr diese Stücke der Erinnerung abzufordern.

Das Jahr 1815 legte für Heinke die Basis für seine Karriere, denn sein drittes Staatsexamen, die Verlobung und auch die Hochzeit fanden noch im selben Jahre statt. 1816 war er bereits Regierungsrat und Justitiar, 1819 dramaturgischer Mitdirektor des Breslauer Aktientheaters, 1824 Polizeipräsident von Breslau, sieben Jahre später Ehrenbürger dieser Stadt und 1835 Geheimbevollmächtigter an der Universität Breslau. Bei seinem 50. Dienstjubiläum zierte ihn bereits seit langem der Rote Adlerorden, hinzu kamen die Ehrendoktordiplome der juristischen und philosophischen Fakultät.

Am 22. Januar 1833 stellte ein verspäteter Kondolenzbrief an Ottilie zum Tode des Schwiegervaters den unmittelbaren Kontakt wieder her. Heinke wußte nun zu berichten, daß seine »treffliche Frau« mit sieben Kindern dazu beigetragen habe, ihm einen glücklichen Familienkreis zu bilden. Von seinen Töchtern führte die zweite Ottilies Namen. »Sie ist jetzt neun Jahr, ein unbeschreiblich gutes Kind und für ihr Alter bereits eine kleine Meisterin auf dem Flügel, und wenn der Himmel ihr Äußeres ferner gedeihen läßt wie bisher, so hoffe ich, werden Sie, wenn sie je das Glück haben sollte, Ihnen vor Augen zu kommen, es nicht ärgerlich finden, daß ich sie nach Ihnen benannte. Sagen Sie, meine innigst verehrte gütige Freundin, tausend Grüße und Empfehlungen an alle diejenige in dem lieben Weimar, denen ich vielleicht noch erinnerlich sein dürfte, besonders im Schopenhauerschen Hause, und erhalten Sie immer eine freundlich geneigte Gesinnung Ihrem treu ergebensten Diener Heinke.«

Außer diesem Briefe schrieb Heinke noch fünfmal direkt an Ottilie. Sein Sohn Hermann besuchte sie später in Wien, und 1849 konnte sie den Jugendfreund in Breslau selbst wiedersehen, für sie »ein Tag des Glückes«. Im gleichen Jahr besuchte ihr ältester Sohn Walther mehrfach Heinke. Überhaupt wurde die junge Generation ein enges neues Verbindungsglied. Drei Töchter Heinkes führten sogar einen regen brieflichen Gedankenaustausch mit ihrer mütterlichen Freundin. Ottilie Heinke mußte am 16. März 1857 schließlich den Tod ihres Vaters mitteilen, der zwei Tage nach einem

Gehirnschlag von dessen Folgen erlöst worden war. »Die Erde ist um einen edlen Menschen ärmer und mein Herz umschließt einen Grabhügel mehr«, schrieb Ottilie, von tiefer Trauer bewegt.

Nun erst ging wirklich ein Kapitel ihres Lebens zu Ende, das mehr gewesen war als lediglich eine Jungmädchenschwärmerei, »nun zum erstenmal ist er nicht mehr mit mir *auf* der Erde«. Im Sommer des Jahres standen unangemeldet zwei Damen in tiefer Trauer vor ihrer Tür in Wien, deren eine sich als die älteste Tochter Heinkes, Clara Heinke, erwies. Zwei Jahre danach schrieb Clara, daß ihr Bruder einen Sohn erhalten habe. Der erste Enkel Heinkes solle auf den Namen des Großvaters getauft werden, und eigentlich, so meine die Familie, müsse sie die Patin sein, was Ottilie mit großer Bewegung aufnahm.

Ferdinand Heinke und das Erinnern an ihn hatte es vermocht, in Ottilie von Goethe den Idealismus ihrer Jugendzeit, die Flamme von 1813, am Leben zu erhalten. Kein Mann nach ihm konnte jemals die Intensität und den Glanz ihrer ersten Liebe verdrängen. Er wurde zum Maß aller Dinge, jedem berichtete sie sofort von Heinke, und sie brachte ihn wie einen Talisman auch mit in ihre Ehe.

Verlobung und Hochzeit

Sechs Jahre lebte Ottilie inzwischen in Weimar, und fast auf den Tag genau ein Jahr war vergangen, seit Ferdinand Heinke die Stadt endgültig verlassen hatte. Doch nun könnte Ottilie von Pogwisch, neunzehn Jahre alt, »die Furcht aus Weimar treiben«, wie sie der Freundin Adele Schopenhauer gesteht, und die Angst sie »zur Stadt hinaus jagen«, wie es die Mutter zu lesen bekommt. Der, vor dem sie fliehen möchte, und koste es die eigentlich unvorstellbare Trennung von der Mutter, heißt August von Goethe.

Nach einem Jahr unfreiwilliger und offen zürnender Zurückhaltung meldet er alte Beziehungsansprüche wieder an, indem er sich erneut unter die animali parlanti mischt, wie sie anfangs noch amüsiert und in thüringisch gemütlicher Schreibweise »parlandi« der Mutter berichtet und zugleich bemerkt, daß selbst seine Stimme ihr fremd geworden sei und keinerlei Erinnerung an die Zeit vor Heinke in ihr wecke. Recht bald wird ihr aber klar, August von Goethe werde sich im gewissermaßen zweiten Anlauf um ihre Gunst nicht mit der leidenschaftlichen Freundschaft zufriedengeben, die sie ihm entgegenzubringen bereit ist, möchte sie doch keinesfalls, »daß er zur alten Liebe wiederkehrt, denn dann hätte ich die alte Qual«. Es nützt jedoch nicht viel, die angeblich errungene innere Ruhe zu beschwören, Theodor Körner und Jean Paul zu lesen, die Feldberichte der Landwehr aus Zeitungen und Privatbriefen zu sammeln, dabei den Durchzug rückkehrender ostpreußischer Truppen zu erwarten, worunter doch Söhne bekannter Familien sein müßten, und die »Johannesgestalt« Ferdinand Heinkes wie einen Schutzpatron im Tagebuch anzurufen. Wo Ottilie in Gesellschaft auftritt, wartet schon August. Wünscht sie ein bestimmtes Buch zu lesen, besorgt er es ungebeten sofort. Sie kann ihm nicht mehr ausweichen. Als auch noch Graf Edling, Vormund beider Schwestern, Oberhofmarschall und demnächst Staatsminister, ihr enges Verhältnis zur Mutter wegen einer banalen Eifersuchtsszene mißbraucht, indem er unversehens und heftig um Ottilie wirbt, bricht die Idylle jungfräulicher Enthaltsamkeit vollends zusammen. Eine Versorgungsehe mit diesem vierzehn Jahre älte-

August von Goethe.
Zeichnung von Joseph Schmeller, um 1825.

ren, hochgebildeten und angesehenen Mann scheint schon einmal erörtert, aber wieder verworfen worden zu sein. Auch jetzt verspürt Ottilie wenig Neigung, aber muß sie ihn nicht nach diesem Vorfall heiraten? Adele rückt das Geschehene wieder ins Gleichgewicht. Weder müsse die Mutter ihn heiraten, um sich der Tochter zu opfern, noch umgekehrt, aber die Freundschaft dieses edlen Menschen soll man sich erhalten, und übrigens müsse Ottilie die peinliche Szene nicht gleich der Mutter wiedererzählen. So bringt Ottilie es denn zustande, sich selbst und die Mutter zu beschwichtigen und das alte Maß des Vertrauens wieder herzustellen. Mit Mißtrauen jedoch beobachtet Adele den immer enger werdenden Grad der Hinwendung Ottilies zu August von Goethe und sieht mit hellseherischer Schärfe nicht nur die Heirat beider voraus, sondern auch die Zerstörung des Seelengefüges ihrer Freundin durch diesen »wilden«, als unbeherrscht in seinen Leidenschaften geltenden Mann. Ottilie steht das Bild einer Ehe vor Augen, die es zu ihrer Zeit kaum gibt: die intellektuelle geistig sich gegenseitig respektierende Partnerschaft der Geschlechter auf der Basis einer wärmenden, aber nicht durch Leidenschaft gestörten Freundschaft. Sie will den beruflichen Aufstieg eines ihr überlegenen Mannes fördern und an seiner menschlichen Vervollkommnung kreativ teilhaben, gleichzeitig selbst geistige und menschliche Reife hinzugewinnen. Dieses idealistische und zeitbedingt romantische Bild einer Ehe, in der man als Frau sozusagen die höheren Weihen erfährt, wird ihr ein Leben lang im Wege stehen, denn sie korrigiert diesen Traum auch dann nicht, als alle Realität dagegen spricht und die großen Sprünge im auf Hochglanz gefirnißten Bild auch ihr erkennbar werden.

Als Goethe-Vater im Oktober 1816 nach halbjähriger Abwesenheit und mit hundertvierzig *Divan*-Gedichten im Reisegepäck aus den Landen zwischen Rhein, Main und Neckar zurückkehrt, »munter, froh und wohl« wie seit zehn Jahren nicht, erstaunt es den alten Herrn denn doch, daß seinem Sohn offenbar während der Zeit der Atem stillgestanden haben muß, denn mit dem Fräulein von Pogwisch steht die Sache ganz wie vorher. Nicht ohne Grund mag er den wesentlichsten Widerstand gegen eine Verbindung beider in der Familie Henckel von Donnersmarck vermuten, Ottilies Großmutter, ihrer Mutter und deren zwei Brüdern, Wilhelm und Viktor.

Bei August von Goethes Geburt war der Adel des Vaters gerade sieben Jahre alt, die Tinte auf dem Dokument sozusagen kaum trocken. Schlimmer noch, seine Mutter war die vielberedete Mamsell Vulpius, deren neuer Geheimratsstatus einem wie eine Kröte im Halse steckenblieb. Die Goethes waren keine »Familie«. Auch wenn Großmutter Henckel nichts besaß, als was sie sich im Hofdienst erarbeitet und erspart hatte, diese Kröte gedachte sie nicht zu schlucken. Ohnehin galt August von Goethe, sieben Jahre älter als Ottilie, nicht als eine Empfehlung, da gutes Aussehen, Fleiß und höfische Umgangsformen nicht über sein aufbrausendes Temperament, seine Bevorzugung indiskutabler bürgerlicher Damen und seine ruchbar gewordene Neigung zum Alkohol hinwegtäuschen konnten. Den schlechten Ruf der Mutter schleppte er, wie ein Galeerensträfling die eiserne Kugel am Fuß, mit sich. In seinen unangenehmen Eigenschaften glaubte man Christiane Vulpius zu erkennen. Dazu drückte ihn bereits jetzt die Gloriole des Vaters, denn Genialität vermochte wirklich niemand an ihm zu entdecken. Aber das alles war eine Arroganz der Gesellschaft, die er nicht verdient hatte.

August von Goethe war nach den Erziehungsprinzipien des Vaters aufgewachsen, daß nämlich der Sohn durch Begreifen lernen und durch Erfahrung begreifen lerne, wozu sich in Augusts Kindheit zwischen Küche und Stallungen, mit Nachbarskindern und in zwei großen Gärten reichlich Gelegenheit fand. Schnelle Auffassungsgabe und ein gutes Gedächtnis ließen ihn schon früh die mineralogischen naturwissenschaftlichen Interessen seines Vaters verstehen und sogar selbst zum Sammler erdgeschichtlich bedeutenden Gesteins werden. Sieben Jahre alt, besuchte er auf Wunsch des Vaters, der die Bühne für eine Schule des Lebens hielt, bis zu dreimal wöchentlich das Theater und recht häufig allein oder mit Ernst von Schiller, des verstorbenen Dichters zweitem Sohn, das Haus der Frau von Stein, der einstigen Intimfreundin Goethes. Sie trug es dem alten Goethe noch heftig nach, daß er ihr diese unmögliche »Mamsell Vulpius« vorgezogen hatte, aber es schmeichelte ihr auch, seinem Sohn zu feinerer Lebensart verhelfen zu sollen, und sie wußte es zu schätzen, wenn Goethe bat: »Erlauben Sie auch ferner meinem armen Jungen, daß er sich Ihrer Gegenwart erfreuen und sich an Ihrem Anblick bilden dürfe. Ich kann nicht ohne Rührung daran denken, daß Sie ihm wohl wollen.« Verletzte Eitelkeit ließ sich so besänftigen, kleine Aufmerksamkeiten wie Spargel aus dem eigenen Garten taten ein übriges, zuweilen kam er auch mit dem Sohne auf einen Schwatz draußen vor die Tür der Frau von Stein. Man wohnte kaum weiter als einen Steinwurf auseinander. August gewann ihre Zuneigung durch sein freundliches, natürliches Wesen und seine Anhänglichkeit, selbstverständlich bezauberten auch die großen braunen Goetheaugen des Jungen die alternde Frau. Von früh an lebte dieser vor den Augen einer kritischen, an jedem Klatsch interessierten Öffentlichkeit, die aber nicht umhin konnte, den Fleiß, die Ernsthaftigkeit und Artigkeit des jungen Goethe zu loben.

Eines Knaben standesgemäße Erziehung lag in dem, was der Vater als Bildungsweg festlegte, und fast immer sollte der älteste oder einzige Sohn in die Geschäfte des Vaters hineinwachsen. Zum Erlernen der allgemeinen und speziellen Kulturtechniken wie Lesen, Schreiben, Rechnen, Zeichnen und der gesellschaftlichen Riten wie Tanzen, Fechten, Reiten schickte man den Jungen zu einem Privatlehrer außer Haus und ließ ihn möglichst bald an Bällen und Redouten in der Hofuniform des Adels teilnehmen.

Nach der nur oberflächlich mit Weimars berühmtem Generalsuperintendanten, Johann Gottfried Herder, des Vaters engem Freund, beredeten Konfirmation Augusts kam der Altphilologe Dr. Riemer ins Haus, von Wilhelm von Humboldt empfohlen, und wohnte dort bis 1812. Von 1792 bis 1802 hatte der Kunsthistoriker Johann Heinrich Meyer, Goethes »Kunscht-Meyer« und Hausfreund, zu August von Goethes täglichem Umgang gehört, den Vater und Hausherrn oft vertretend. Nach des Vaters Plänen hatte Meyer vor Jahren Augusts Elternhaus am Frauenplan umbauen lassen, eigene Ideen dabei mit verwirklicht und den jetzigen Zustand großbürgerlicher Eleganz herbeigeführt. Er gehörte auch jetzt noch zur Familie und fehlte kaum einen Abend. Ein Schweizer, dessen Sprache entzückte, dessen Rat angenommen wurde und dessen unbedingte Zuverlässigkeit man zu schätzen wußte. Seine Großzügigkeit brachte einen Hauch von Bohème in Goethes Haus, was Riemer wahrlich nicht lag. Er schien die personifizierte Pedanterie zu sein und unterstützte damit einen Wesenszug August von Goethes, seine Vorliebe für Ordnung und Genauigkeit. Riemers oft allzu servile Dienstbeflissenheit konnte abstoßen, seine Verschwiegenheit ließ zu wünschen übrig, seine Kenntnisse machten ihn zum Privatsekretär des Vaters, was er wohl auch mehr ersehnt hatte, als des Sohnes Lehrer zu sein. Riemer war zunächst für

Johann Gottfried Herder.
Kolorierter Stich von C. Pfeiffer nach dem Gemälde von August Tischbein d. J.

Griechisch und Latein zuständig, welche klassischen Sprachen August schließlich recht gut beherrschte, seltsamerweise nur schlecht das doch in der Hofgesellschaft vorrangige Französisch, kaum Englisch, kein Italienisch. In allen drei modernen Sprachen fühlte sich sein Vater völlig zu Haus, mühelos im Gespräch die Sprache wechselnd, wenn ein Besucher anscheinend des Deutschen nicht mächtig genug war, ihn zu verstehen. Die modernen Sprachen gehörten aber nur am Rand zu des Vaters Bildungsplan, der für August die spätere Verwaltung seines literarischen Erbes, den Hofdienst und Beamtenstatus vorsah. Er sollte Jura studieren und brauchte dazu den gymnasialen Schulabschluß. Also besuchte er drei Jahre das Weimarer Gymnasium, aber die Tage seiner Anwesenheit pro Monat ließen sich an den Fingern seiner Hände zählen. Schließlich mußte er sich denn auch bestätigen lassen, daß er weniger wisse als er doch habe wissen können. Reisen mit dem Vater nach Frankfurt, in den Harz und nach Göttingen, häufige Aufenthalte in Jena, wenn dieser dort statt in Weimar wohnte, und die frühzeitige Bekanntschaft mit dem goetheschen Freundeskreis gaben seiner Allgemeinbildung die Richtung, die dem Vater vorschwebte: praktisch-ökonomisch-naturwissenschaftlich. Musisches fand keinen Einlaß. Goethe wollte in seinem Sohn keinen Nachfolger, sondern einen Verwalter, der mit Buchhändlern, Verlegern, Behörden und Regierungsvertretern ebenso wie mit Handwerkern verhandeln können mußte.

Für einen solchen Sohn wünschte er außerdem keine bürgerliche Schwiegertochter. August möge sich seine heftige Jugendliebe, die Demoiselle Karoline Schumann, aus Kindeszeiten vertraut, nur aus dem Kopf schlagen. Der Weg ins Jurastudium führte nach Heidelberg. Diese erste große Trennung vom Elternhaus brachte tränenreichen Abschied, als dessen Folge die Mutter Christiane zu berichten wußte, daß Goethe-Vater die erste Zeit nichts habe essen können.

Augusts erste Station wurde Frankfurt am Main, wo er bei der geliebten Großmutter, Frau Rat Aja Goethe, wohnte. Durch sie und Bettina Brentano, spätere Frau von Arnim, begegnete er Frankfurts Gesellschaft, Verwandten und Freunden des Vaters und lernte die Umgebung der Stadt kennen. Die Großmutter erzählte ihm anschaulich aus Kindheit und Jugendzeit des Vaters, während Bettina sich mühte, aus dem steifen, hölzernen jungen Mann Feuer zu schlagen.

Am 26. April 1808 ließ sich August von Goethe, einundzwanzig Jahre alt, an der Universität Heidelberg einschreiben.

Zahlreiche mehrtägige Wanderungen und Ausflüge in den Odenwald, in den Schwarzwald und nach Straßburg eingeschlossen, kehrte er bereits nach nur drei Semestern nach Weimar zurück. Für das vierte und fünfte Semester hatte der Vater Jena für ihn vorgesehen mit Jura und Kameralia, wie man Verwaltungswissenschaften nannte. Wenn Achim von Arnim in Heidelberg den Eindruck gewonnen hatte, August von Goethe sei »unjugendlich stumpf, wie es eigentlich kein echter Sohn von Goethe sein sollte«, und er habe ihn »von nichts mit Interesse reden hören wie von ein paar miserablen Schauspielern«, eine keineswegs von ihm allein vertretene Meinung, so spiegelte diese doch nur die falsche Erwartungshaltung wider, mit der man ihm zumeist begegnete. Literatur, Musik, Kunst und auch Politik interessierten August nur oberflächlich, wenn überhaupt. Hier erfüllte er mit Ach und Krach ein mageres Pflichtpensum, das für eine geistreiche Konversation mit politisch engagierten Literaten, wie Arnim es war, niemals genügen konnte. Schraubte man die Erwartungen ihm gegenüber aber auf ein angemessenes Normalmaß herunter, so gewann nicht nur er selbst, sondern auch seine Mutter im Urteil der Umwelt ganz erheblich. Henriette Schlosser, in Frankfurt lebende Tochter von Goethes Schwager, traf völlig unvoreingenommen auf Christiane bei der Erbteilung anläßlich des Todes von Goethes Mutter. Ein Ereignis, das in Augusts Heidelberger Studienzeit stattgefunden und zu welch unangenehmem Geschäft Goethe seine Frau bevollmächtigt hatte. August von Goethe war in diesem Kreise schon bekannt von seinem Aufenthalt zu Lebzeiten der Großmutter, vor Beginn des Studiums. Im Dezember 1808 schrieb Henriette Schlosser an eine Freundin: »Mit der Teilung sind wir nun ganz fertig, und die Goethe zu Hause. Sie schrieb uns allen aus Weimar. Ihr Sohn ist in Heidelberg; sie besuchte ihn dort noch auf ein paar Tage. Er ist ein sehr lieber, braver Junge, gescheut, herzlich und treu; alle Menschen lieben und loben ihn, die ihn kennen. Genialisch wie sein Vater ist er nicht. Auch freut es ihn gewaltig, daß seine *Mutter* nun auch seines *Vaters Frau* ist. Er scheint dergleichen gar nicht zu lieben wie sein Vater und wird gewiß ein bürgerlicher wacker Geschäftsmann werden, ohne doch trocken zu sein. Er ist äußerst lebhaft und lustig und hat Freude an schönen Wissenschaften, hängt kindlich an seinen Eltern und ist gegen uns alle zutraulich –

und wir ganz charmiert in ihn. Sie, die Goethe, haben wir auch alle herzlich gerne, und sie fühlt dies mit Dank und Freude, erwidert es auch und war ganz offen und mit dem vollsten Vertrauen gegen alle gesinnt. Ihr äußeres Wesen hat etwas Gemeines, ihr inneres aber nicht. Sie betrug sich liberal und schön bei der Teilung, bei der sie sich doch gewiß verraten hätte, wenn Unreines in ihr wäre. Es freut uns alle, sie zu kennen, um über sie nach Verdienst zu urteilen und sie bei anderen verteidigen zu können, da ihr unerhört viel Unrecht geschieht.«

Kaum daß August das erste Semester in Jena begonnen hatte, im Oktober 1810, bat Goethe den Herzog, seinen Sohn aus einer etwas peinlichen Lage befreien zu wollen. Die Teilnahme an den landsmannschaftlich organisierten, jedoch verbotenen studentischen Verbindungen kam für August selbstverständlich nicht in Frage. Im Gegenteil, nach gesellschaftlichem Rang und Stand saß er zum Mittagstisch beim Vertreter der unbeliebten Staatsgewalt, dem Stadtkommandanten und damit zwischen den Fronten und den Stühlen der Generationen. Der Herzog verlieh August den Charakter eines Kammerassessors, womit das Problem nach außen hin gelöst schien, in Wahrheit aber August noch weiter von seinen Altersgenossen und Kommilitonen getrennt wurde. Ein Jahr später, als die üblichen sechs Semester Universitätsstudium – übrigens ohne akademischen Abschluß – absolviert waren, avancierte August bereits zum Wirklichen Assessor beim Kammerkollegium, ohne jede weitere Prüfung, wie etwa Ernst von Schiller sie wenig später ablegen mußte. August stand auf der unteren Stufe der vorgezeichneten Karrieretreppe.

Man kann nicht behaupten, August von Goethe habe eine planvolle Erziehung und sorgfältige Bildung erfahren. Sprachkenntnisse, Bildungsreise, Auslandserfahrung, abgeschlossenes Studium – diese Eckpfeiler in den Ansprüchen kultivierter Adelsfamilien an ihre erstgeborenen Söhne hatte Goethe zu keiner Zeit für seinen Sohn in Erwägung gezogen. Ihn bewog nicht die Sorge um dessen bestmögliche Erziehung und Bildung, sondern die schnellstmögliche Verwendbarkeit zum vorgegebenen Ziele. So wie Goethe ihn schildert, erscheint er ihm geeignet für die vorgesehene Aufgabe. Das genügt. In einer Eingabe an den Herzog schreibt er über August: »Er ist eigentlich praktischer Natur, auch über seine Jahre im Leben einsichtig und gewandt und weiß, wie ich schon in häuslichen Dingen sehe, ein ihm aufgetragenes Geschäft mit Ruhe und Sicherheit durchzuführen.« Goethe hetzte seinen Sohn nicht nur durch notwendige Reifestufen, sondern ließ ihn diese einfach überspringen und gönnte ihm keine Zeit, seine eigene Identität zu finden. Eine Parforcejagd, bei der ein Sturz aus dem Sattel fast unvermeidlich erscheint.

Im Amt Capellendorf, zwischen Weimar und Jena gelegen, vollzog sich Augusts praktische Ausbildung im herzoglichen Rentamt und Justizamt bei der Verwaltung staatlicher Güter. Bei Tage Akten und an den Abenden das Kartenspiel mit dem Vorgesetzten. Dafür ist ein Jahr angesetzt, aber es ist noch nicht herum, als Goethe-Vater den Herzog drängt, sein Sohn habe nun gelernt, Verhandlungen zu führen, Akten zu lesen und Registraturen seien ihm ebenfalls vertraut geworden. Man könne ihn wohl nach Weimar zurückkehren und dort nützlich werden lassen, denn er, der Vater, wünsche, ihn einige Jahre bei sich zu behalten, »um die Zeit, die mir noch gegönnt ist, auch zu meinem Vorteil zu nutzen ...« Goethe ist zweiundsechzig, sein Sohn August zweiundzwanzig Jahre alt, als beide in Galauniform bei Hofe erscheinen, der Geheime Rat und der Hofjunker. Der Herzoglichen Kammer, in der acht Räte das aktive und passive Vermögen des Landes verwalteten, wurde August nun von Amts wegen zugeteilt und erhielt schon bald Stimmrecht. Das Gehalt von 150 Reichstalern im Jahr blieb zwar erheblich hinter dem Glanz der Hofuniform und der regierungsamtlichen Funktion zurück, aber August übt schließlich noch einen zweiten Beruf aus, sozusagen gegen freie Kost und Logis: Er ist seines Vaters Sohn. Er übernimmt das komplizierte Rechnungswesen des elterlichen Haushalts, beaufsichtigt das Personal, verhandelt mit Geschäftsleuten und Handwerkern und muß immer häufiger den Vater bei repräsentativen Anlässen vertreten.

Eigentlich fehlte dem jungen Mann für die Liebe jede Zeit. Ausgerechnet 1815, Ferdinand Heinke hatte das Feld geräumt, und August möchte erneut um Ottilie von Pogwisch werben, laufen die Zeiger weimarischer Uhren offenbar noch schneller als sonst. Sachsen-Weimar-Eisenach ist Großherzogtum geworden, der Vater Staatsminister und Exzellenz, August avanciert im gleichen Jahr zum Kammerjunker und Kammerrat mit dem nunmehr ansehnlichen Gehalt von 800 Reichstalern. Die weimarische Freimaurerloge, in die der Vater ihn einführt, nimmt auch ihn auf. August von Goethe ist nun wer. Um den noch ungeprägten und unausgereiften weichen Kern seiner Person schließen sich die Hüllen der Ämter wie eine Ritterrüstung. Des Vaters »neue Kleider«, vor allem die Oberaufsicht über »die unmittelbaren Anstalten für Wissenschaften und Kunst«, beginnen auch den Sohn zu beschäftigen. Hinter dem umständlichen Titel verbergen sich die großherzoglichen Bibliotheken in Weimar und Jena, die Zeichenschulen in Weimar, Jena und Eisenach, der Botanische Garten, die Sternwarte und vier naturwissenschaftliche Kabinette in Jena sowie alle etwaigen Universitätsumbauten. Mit diesen Aufgaben, auch in der Abrechnung der Finanzen, unterstand Goethe ausschließlich dem Großherzog, während er zu den Ministerratssitzungen kaum noch erscheinen mußte. Goethes Verdienste, historisch unbestritten, summierten sich nicht aus Nichtstun. Der schon früher gepriesene Fleiß des Sohnes war schließlich auch der des Vaters, ebenso allerdings die Pedanterie. Häufige Aufenthalte in Jena galten fast immer vorrangig dem Problem der Universität. Zu der ihm unterstehenden Beamtenschaft gehörten die Bibliothekare Vulpius, Goethes Schwager, und Friedrich Wilhelm Riemer, der einstige Hauslehrer seines Sohnes, dazu zwei weitere in Jena, der Direktor der Zeichenschule in Weimar, sein alter Hausfreund Meyer, nebst vier weiteren Zeichenlehrern und Universitätsprofessoren. Ein bißchen Vetternwirtschaft steckte unverkennbar in diesem Arrangement, bei dem August nunmehr seinem Vater assistierte. Gleichzeitig betreute er des Vaters private Sammlungen von Münzen, Fossilien, Mineralien und Kunstblättern und fing selber an, ernsthaft Sammler zu werden, wozu ihm der Vater das Gartenhaus an der Ilm überließ. Auf dem Nachbargrundstück befand sich das erheblich größere Gartenhaus der alten Gräfin Henckel von Donnersmarck, Ottilies Großmutter. Vor Heinkes Weimarer Zwischenspiel hatten August und Ottilie hier schon zuweilen im intensiven Flirt allein sein können.

Jetzt scheint August eigenartigerweise kaum eine Begegnung mit Ottilie zustande bringen zu können, wenigstens nicht ohne Begleitung ihrer Freundinnen. Aber am Jahresende erhält er ein Uhrenband, Galanterie und Mode der Zeit, mit einem Schmetterling, Bogen und Pfeil bestickt, begleitet von einem langen poetischen

Brief Ottilies. Das stimmt ihn hoffnungsfroh. Im Grunde macht August sich nichts aus Poesie, zudem hat er soviel andere Sorgen, wozu nicht zuletzt die schlechte Gesundheit seiner Mutter gehört. Weimar beobachtet, daß er zum Alkohol flüchtet, und Adele würzt der Freundin das neue Jahr 1816 mit detektivischen Erfolgen, denn August betrügt sie; anscheinend gibt es für ihn immer noch die Schumann »und *noch eine* gemeinere Liebschaft«. Ottilie versteht die Welt nicht mehr und fühlt sich betrogen, die Bedeutung ihrer Freundschaft zu August von Goethe weit überschätzend. Erst zur Jahresmitte bahnt sich eine Entscheidung im Verhältnis zueinander an.

Am 6. Juni 1816, ihrem 52. Geburtstage und in ihrer Geburtsstunde, mittags 12 Uhr, starb nach tagelangen schrecklichen Krämpfen Augusts Mutter, Christiane von Goethe. Nur wenige Menschen konnten ermessen, in welche Einsamkeit ihr Tod Vater und Sohn stürzte, in welche Hilflosigkeit zudem. Ohne Christiane geriet ihr schwieriger Haushalt in die Situation eines schlingernden, steuerlosen Schiffes, August von Goethe in eine Art von Zugzwang gegenüber seinem Vater. An ihm war es, dem Vater eine akzeptable Schwiegertochter vorzustellen, der man Haushaltsführung und Repräsentation überlassen konnte.

Zu Ottilie von Pogwisch gab es keine Alternative mehr. So verstärkte August von Goethe sein Bemühen um sie. Nicht ohne Erfolg. Ottilie muß schließlich der Mutter gegenüber zugeben, wohl doch schon jahrelang ihre Beziehung zu ihm unterschätzt zu haben, so daß sie nun vor der Entscheidung stehe, ihn zu heiraten oder Weimar zu verlassen. Anstatt sich in freundschaftlichem Wohlgefallen aufzulösen, hatte beider Vertrautheit derartig an Tiefe gewonnen, »daß wir gegenseitig jede Miene und Bewegung auszulegen wissen«. Zwar sei er fraglos nicht der Partner, an dem sie reifen und wachsen, der einen günstigen Einfluß auf sie haben werde – »Herr von Goethe steht nicht hoch genug über mir, um daß er vielleicht vorteilhaft auf mich wirken und mich zu etwas erheben könnte«, aber zu lange schon besteht die Verbindung, und ganz Weimar weiß und sieht es. Wenn es in Kürze wahr würde, daß am Hof des Herzogs von Cambridge in Hannover eine Hofdamenstelle für die Schwester Ulrike zu erhalten sei, dann möchte die Mutter doch ihr, Ottilie, diesen Posten zukommen lassen. Gleichzeitig gibt Ottilie zu erkennen, daß sie sich gegenwärtig keineswegs unglücklich fühle, der junge Herr von Goethe auch keineswegs unfreundliches Betragen gezeigt habe, wenn sie auch ihn zu sehen meide und sie eigentlich gar nicht aus Weimar weg möchte. »Muß ich fort? ich fürchte das ausgesprochene Wort.« Die Entscheidung scheint nun bei der Mutter zu liegen. Als Ottilie Ende Juli der Freundin Adele, die sich auf Reisen befindet, diese Konstellation der Dinge mitteilt, berichtet sie auch, daß sie krank gewesen, es eigentlich noch sei. Drei Tage habe sie im Fieber phantasiert. Ottilie hatte einen nervlichen Zusammenbruch, und zum ersten Male zeigte sich ihre Neigung, auf seelische Erschütterungen psychosomatisch-pathologisch zu reagieren. Körper, Geist und Seele flohen, wenn die Not am größten war, gern aus der Realität in die Hilflosigkeit eines Kindes, in Krankheit. Liebevolle Pflege, welche das Gefühl der Geborgenheit suggeriert, brachte sie dann gewöhnlich schnell wieder auf die Beine.

Nichts war jemals geeigneter, Ottilies Gemütsverfassung schneller und gründlicher zu stabilisieren als die Aussicht auf eine Reise ins »liebe Vaterland«; und das ist für sie ein Leben lang alles, was Preußens Farben trägt, besonders aber Berlin. Da der Weg dorthin für sie immer über Dessau führte, bekam diese Kindheitsoase den Rang einer Vorstufe zum Paradiese. So lautete denn auch die Empfehlung der Mutter, sie möge sich doch für einige Zeit nach Dessau begeben; zumal für Ulrikes Hofdamenstelle noch nichts entschieden sei. Ottilie spürt sofort, daß dieser Schritt endgültig sein könnte, ob er nun von Dessau nach Berlin oder nach Hannover führte. Plötzlich empfindet sie Trennungsschmerz, wenn sie an den »Bruder«, gemeint ist August von Goethe, denkt, den Adele in ihre Obhut nehmen soll, und plötzlich glaubt sie sogar, an ihm schuldig geworden zu sein. Hat nicht ihr Verhalten ihn argwöhnisch gemacht und aus der Bahn geworfen? Ottilies Gerechtigkeitssinn läßt es nicht zu, daß alle Welt an seinem Lebensstil herumnörgelt, denn »so lang er an mich glaubte, war er ja anders«. Sie ist sicher, daß er nur wieder bitter werden könne, wenn er erführe, sie sei im Begriff, Weimar freiwillig zu verlassen. Könnte er ihre Beweggründe verstehen? ». . . einander gegenüberstehen – wird keins von uns beiden je die Kraft haben, ein anderes Band als eines, das uns verknüpfte, zu wählen.« Was soll Adele diesen Zeilen anderes entnehmen, als das, was Ottilie selbst beklemmt, daß sie nämlich in eine neue Abhängigkeit geraten ist, der sie nicht aus eigener Kraft zu entkommen vermag.

Zwei Wochen zuvor war Ottilie dem alten Goethe hinter seinem Haus begegnet. Sie erwähnt das Adele gegenüber mit einem Satz, der lediglich die Tatsache berichtet. Jetzt erst erzählt sie, daß Goethe sie zu einem Gang durch seinen Garten eingeladen habe, den sie in den letzten drei Jahren nicht betreten hatte. Er sei freundlich und gütig gewesen, habe sie zurückbegleitet und ihr Blumen geschenkt. Die Erinnerung an frohe und glückliche Stunden, die sie hier erlebt hatte, sei an ihr vorbeigezogen. Das alles sollte nun nur noch Vergangenheit sein? Wohl ließ Ottilie ihre innere Zerrissenheit erkennen, erwähnte jedoch auch Adele gegenüber kein Wort des Gesprächs zwischen Goethe und ihr. Es ist nicht anzunehmen, daß Goethe direkt den Brautwerber für seinen Sohn gespielt hat, eher stellten Liebenswürdigkeit und Galanterie des alten Herrn eine alte Beziehung wieder her und erzeugten eine Stimmung, aus der heraus Ottilie nur zu sagen wußte »Großer Gott, ich verging in dieser Stunde fast vor Glück und Wehmut«. Am 10. August schrieb sie vermutlich ihren ersten Brief an Goethe, damit dieser, wie damals üblich, vor der Abreise ihr einige Zeilen in ihr neues Stammbuch schreibe. Sie schloß mit den Worten: »Leben Sie recht, recht wohl – und bleiben Sie so gütig gegen ihr kleines Töchterchen als sie bis jetzt es immer waren. –«

Man mag nicht glauben, daß sie ernstlich daran denkt, Weimar für immer zu verlassen, und ihr großer Bericht über Dessauische Zustände an Adele kam im Oktober auch bereits wieder aus Weimar. Die Möglichkeit, nach Berlin weiterzufahren, schlug sie aus, Rücksichten gegenüber der Mutter vorschützend. Tante Hagen hatte aber ebenso dringend wie alle Bekannten und Freunde Ottilies von einer Ehe mit August von Goethe abgeraten.

Am 23. Oktober bricht über Ottilie ein Familiengewitter hernieder. Mutter und Schwester bereiten ihr eine schmerzliche, laute Szene und versuchen, sie vom Gedanken einer Heirat mit August von Goethe abzubringen. Obwohl »diese grenzenlose Härte, vor der ich jetzt noch erstarre« ihr wehtut, anerkennt sie, daß beide »aus zuviel Liebe für mich« handelten und beschließt, noch am Abend des 24. Oktober August von Goethe am Hofe zu treffen, um ihm verständlich zu machen, daß ihr Verhältnis enden müsse, da die Bedingungen, unter denen es sich fortsetzen ließe, seinem Wesen so sehr widerstrebten, und sie ihm nur Freundschaft zu bieten habe. Eigentlich kann sie jetzt nicht mehr geglaubt haben, eine solche Erklärung ihrerseits genüge noch, um das jungfräulich schuldlose Paradies wiederherzustellen. Das Schicksal spielt anders: August von Goethe ist an jenem Abend nicht anwesend. Ottilies mutige Flucht nach vorn, fast eine Groteske, ist gescheitert.

Es hatte auch einen heftigen Streit mit der Großmutter gegeben, die schließlich von ihrer Tochter und beiden Enkelinnen den Auszug aus der Mansarde im Fürstenhaus verlangte. Erneut drohende Gefahr, Weimar nun sogar mit Mutter und Schwester verlassen zu müssen, ließ Ottilie kaltblütig werden. Sie schaffte es, die jähzornige Laune der Großmutter zu besänftigen. Ihre eigene Desillusionierung ist aber unüberhörbar: »Seit ich sie kenne, hat sie immer nur zerstörend in mein Leben gegriffen, aber nie beglückend. Sie nahm mir den Vater, zerstörte durch die unglückselige Hofdamenstelle mein eigentliches häusliches Verhältnis . . . wie vertrauend und liebend hing ich nicht an der ganzen Welt – und wie wendet nicht eins nach dem andern sich höhnend von mir ab.« Am Ende des Monats wird Ottilie ihr 20. Lebensjahr vollenden; sie wirkt entschlossen, von nun an für ihre eigenen Ziele zu kämpfen, auch wenn sie noch nicht so genau artikulieren kann, welche diese eigentlich sein werden.

In Dessau hatte sie feststellen müssen, ihren einstigen Gespielinnen entfremdet und der Kindheit entwachsen zu sein; zurückgekehrt nach Weimar erfuhr sie nun, welchen Preis das hatte. Selten waren ihre lebensentscheidenden Beschlüsse richtig, aber immer stand sie dazu. In eine Lage gedrängt, durch eigene Entscheidung ihrem Leben eine Wende geben zu müssen, sieht man sie immer auch bereit, die Folgen tapfer zu tragen, wenn sich der eingeschlagene Weg als der falsche erweist. »Wer viel geladen hat, muß viel tragen«, umschreibt sie diese Einstellung viel später einmal mit einem thüringischen Sprichwort.

Jetzt, gegen Ende des Jahres 1816, ist Ottilie entschlossen, in Weimar zu bleiben und sie wird – weil anders nicht ihres Bleibens ist – August von Goethe heiraten. In Dessau war ihr auch bewußt geworden, daß sie nur in Weimar die Atmosphäre finden würde, in der es ihr angenehm sein könnte zu leben, »habe ich doch Freude und Interesse an allem Schönen und kann nicht gut ohne die Mitteilung darüber angenehm leben – weshalb mir der Mangel an Interesse, vorzüglich was Literatur betrifft, auffallend war, . . . und eine Unterhaltung, wie ich sie liebe und hier gewohnt bin, durchaus im allgemeinen vermißte«.

Ottilie von Pogwisch als Braut.
Handzeichnung von Julie von Egloffstein.

Gewiß, August von Goethe ist ein Stock. Sie wird ihn beleben.

Am Silvestertag 1816 weiß nicht einmal Adele, sonst eingeweiht in alle Herzensangelegenheiten, mit Bestimmtheit, was sie nur ahnt: Seit drei Tagen ist Ottilie bereits August von Goethe als Braut versprochen. Silvesterabend – in Erinnerung an Heinke, über den sich Ottilie mit August von Goethe ausgesprochen hat –, nach dem Ball am Hofe, wird man bei Pogwischs die Verlobung feiern.

Adele Schopenhauer spürt sehr wohl den Wandel ihres Verhältnisses zu Ottilie und nimmt, melancholischer Gedanken voll, Abschied von einem Abschnitt ihres Lebens. »Ottiliens Wille und Überzeugung widerstehen der Mutter, ihrem Schmerz und allem. Sie ist ja wenigstens jetzt glücklich. Gott schütze sie, was mich treffen muß, mag dann das peinigende Morgen bringen ... wenns nicht mehr geht, denk ich an Heinke ...« Ottilies Glück, das alle zu sehen glauben, auch Vater Goethe, der sich zudem »recht hübsche gesellige Verhältnisse« versprach, lag zunächst einmal darin, sich gegen Gott und die Welt durchgesetzt zu haben. Goethes Schwiegertochter zu werden, das empfand sie nicht zu Unrecht als eine Herausforderung an ihre Persönlichkeit, der sie sich kampfeslustig stellte. Es ist schließlich ihr Problem, diesen Bären August zu zähmen und auf ein höheres, anspruchsvolleres Niveau hin auszurichten, um nicht gleich zu sagen – abzurichten.

Es ist das Problem beider Familien, den üblichen Ehevertrag, Eheberedung genannt, auszuhandeln. Da Ottilie nichts als ihre langen Ahnenketten einzubringen hat, geht es der Mutter Henriette von Pogwisch und der Großmutter Henckel von Donnersmarck darum, Ottilies Zukunft abzusichern durch ein verbrieftes Nadelgeld, also ein Taschengeld zur freien Verwendung, und um die Festsetzung eines Kapitals oder einer Rente für den Fall ihrer frühzeitigen Witwenschaft zu Lebzeiten des Schwiegervaters. Beide Forderungen erhebt im Interesse seiner Nichte Ottilies Onkel, Graf Wilhelm Henckel von Donnersmarck, ältester Bruder ihrer Mutter und immer letzte Instanz in Familienangelegenheiten. Schon Wochen vor der Verlobung ließ er Ottilie seine Bedenken gegen August von Goethe wissen, und wenige Tage nach der Verlobung kündigte die Tante an, daß diese Verbindung doch »noch manches zu wünschen übrig« lasse, was man gewiß mündlich in wenigen Tagen in Weimar besprechen könne. Ottilie erfuhr den heftigsten Widerstand der Familie, die ihr aber auch keine Alternative zur Ehe mit August von Goethe bot. Der Onkel mußte auf einen Besuch in Weimar verzichten, weil er kurzfristig als Brigadekommandeur und Generalmajor nach Bar-le-Duc in Frankreich versetzt worden war, und er bedauert in einem Brief an August von Goethe vom 19. Januar aus Erfurt, wo er stationiert war, daß er sich nicht mehr habe persönlich verabschieden können. Statt dessen erscheint die

Tante, um Ottilies Schwester Ulrike zu holen, die das Ehepaar nach Frankreich begleiten soll. Diese verabschiedet sich am 19. Januar vom alten Goethe. Sie wird voraussichtlich vier Jahre mit Onkel und Tante Henckel von Donnersmarck in Bar-le-Duc bleiben in der Hoffnung auf eine gründliche Besserung ihres Gesundheitszustandes. Es scheint, als lasteten die Weimarer familiären Zustände zentnerschwer auf der Seele der Achtzehnjährigen, die von anhaltenden Migränen und Depressionen gequält wird. Nur in Erfurt bei den Henckel von Donnersmarck oder in Dessau bei den Hagens lebte Ulrike jedesmal wie ausgewechselt auf. So sahen alle in der Ortsveränderung die vielleicht beste Medizin und nicht zuletzt auch eine Entlastung der Mutter. Am Abend der Verlobung Ottilies schwammen alle in Tränen des Abschiedsschmerzes.

Wenn Ottilie sich auch nicht offiziell in die Verhandlungen zum Ehevertrag einmischte, so kann man doch annehmen, daß sie zu jeder Zeit über den Stand der Dinge voll informiert war. Im goetheschen Hause am Frauenplan begann zwar am 17. Februar der Ausbau der Mansardenwohnung für das junge Paar, aber es war auch bereits ein Monat vergangen, ohne die geringste Reaktion der beiden Goethes auf den dringenden Wunsch der Familie Henckel von Donnersmarck, Ottilies künftige Verhältnisse vertraglich zu regeln. Schließlich bringt Ottilies Mutter die Prozedur in Gang, indem sie August selbst brieflich bittet, bezüglich Witwenversorgung und Nadelgeld nun an »ein gerichtliches Eheversprechen zu denken«. Außerdem gibt Henriette von Pogwisch zu erkennen, daß sie ihren Schwiegersohn wahrlich nicht mit solchem Ansinnen behelligt hätte, wenn sie im Besitze eigenen Vermögens wäre, daß aber »drückende Jahre« sie mit noch nicht bereinigten Schulden belasteten und Ottilies jetzt nötig werdende Ausstattung sie erneut auf einige Jahre zurückwerfen werde. Sie nennt Herrn von Ziegesar, zweiter Präsident des Appellationsgerichts in Jena, den Goethes befreundet und den Henckel von Donnersmarcks vertrauenswürdig, der auf Wunsch ihres Bruders als Anwalt zu berufen und auch bereit sei, diesen Auftrag zu erfüllen. Beide Goethes sind offenbar interessiert daran, die Angelegenheit aus juristischen und gesellschaftlichen Höhen herunterzuholen, so daß dann ein schlichter Regierungsrat der Kriminalbehörde, Altersgenosse und Kollege Augusts, die Vorverhandlungen und den Vertragsentwurf in die

Hände nimmt. Henriette von Pogwisch läßt das geschehen. Das erbetene Nadelgeld stellte bereits kein Gesprächsthema mehr dar, denn August hatte auf ihren Brief hin sofort von seinen 800 Talern Gehalt 200 für Ottilie ausgesetzt, die damit einen gewissen Freiraum zur Anschaffung ihrer Kleidung und für sonstige persönliche Bedürfnisse erhielt. Die Mutter leistete jedoch energisch Widerstand, als sie die ersten Vorschläge zur Witwenversorgung erfuhr. Der alte Goethe sah ein Wittum von 400 Reichstalern für Ottilie vor bei freier Wohnung, sofern sie nicht wieder heirate, und für das erste und zweite Kind aus der zu schließenden Ehe bis zu deren 10. Lebensjahr je 200 Reichstaler. Danach, also bei mehr als zwei Kindern, werde Augusts Vater wegen einer Erhöhung dieser Erziehungsgelder »seine Frau Schwiegertochter außer Sorgen setzen«.

Empört rechnet Mutter Henriette ihrem Schwiegersohn vor, daß man von 400 Talern nicht standesgemäß leben könne, auch scheine sein Vater die Enkel lieber zu haben als die Schwiegertochter, »... *ich* werde aber Ottilien immer lieber haben und hätte gewünscht, auch in Ihnen dies Gefühl wiederzufinden«. Sie bestehe darauf, daß Ottilie mit 500 Reichstalern in die Berliner Witwenkasse eingeschrieben werde, »da ich sonst weder mir noch meiner Familie versichern könnte, nicht leichtsinnig zu handeln und ein Einkommen von 900 Reichstalern noch immer nicht zu den brillanten Lebensverhältnissen gehört«. Den Rat Schumann läßt Henriette wissen, daß sie nur dieser Kasse traue, die in größten Notzeiten ihre Verpflichtungen erfüllt habe, während die Kassen kleinerer Fürstentümer, Gotha als Beispiel, noch jederzeit bankrott gemacht hätten. Die in Weimar bisher gar nicht vorhandene und erst für 1818 erwartete ähnliche Einrichtung finde daher nicht ihre Sympathie. Sie sähe sich wohl genötigt, dennoch darauf einzugehen, erwarte aber, daß sich »heute über ein Jahr der Einkaufsschein in meinen Händen befindet, damit mir die Qual des heutigen Tages etwas versüßt werde«. Den angebotenen Revers betreffs der Witwenkasse und die Verschreibung des Witwengeldes hoffe sie doch am nächsten Tage zu erhalten, »und wünsche dann, meine heutigen Empfindungen der Vergessenheit zu übergeben«.

Ferner teilte sie Schumann mit, Großmutter Henckel werde Ottilie ein Brautgeschenk von 30 Louisdor bestimmen, sie selbst werde noch 10 dazulegen und Ottilie mit 200 Reichstalern in der Berliner

Witwenkasse einkaufen. Der Louisdor rechnete 5 Taler, so ergab Henriettes Rechnung mit den 400 Reichstalern des alten Goethe, 200 Reichstaler Einschreibung durch sie und 300 Reichstaler Einschreibung in die hiesige Witwenkasse durch August im nächsten Jahr die bemängelten 900 Reichstaler. Henriette von Pogwisch hatte Federn gelassen, die Familie Goethe zäh verhandelt.

Goethe verdiente zu jener Zeit etwas über 3 000 Reichstaler jährlich als Minister, an Honoraren konnte er 2 000–3 000 Reichstaler jährlich dazurechnen, und 22 000 Gulden aus mütterlichem Erbe bildeten eine beruhigende Rücklage. Sein Verleger Cotta zahlte für damalige Verhältnisse ein extrem hohes Honorar für eine Gesamtausgabe, von 1806 bis 1830 um das mehr als Siebenfache ansteigend. Mit dem Einzug von Sohn und Schwiegertochter in die Mansarde begannen teure Jahre für ihn. Nicht zuletzt deshalb, weil er eine aufwendige, fast fürstliche Hofhaltung zu betreiben begann, die jährlich mindestens 6 000 Taler verschlang, zuweilen bei weitem mehr. Zur Zeit der dreimonatigen Verhandlungen zum Ehevertrag verfügte der Sohn über ein Festeinkommen von 800 Talern und der Vater mindestens über 5 000 Taler jährlich. Nur zwei Prozent steuerpflichtiger Bürger Weimars konnten über 1 000 Taler im Jahr in Rechnung stellen, jedoch 58 Prozent unter 100 Talern. Augusts Vater erhielt neben dem Kaufmann und Industriellen Bertuch ein absolutes Spitzeneinkommen. Unter dieser Perspektive gesehen, erscheint Goethes Verhalten beim Ehevertrag fast schäbig, und Henriettes Bemühen um 900 Reichstaler jährlich wird verständlich, denn hiermit war der Anspruch verbunden, daß ihre Tochter auch nach einem vorzeitigen Tode des Ehemannes standesgemäß würde leben können. Zur Oberklasse in Weimar zählte, wer 600 Taler jährlich der Steuer melden konnte.

Am Tag der Hochzeit lag endlich ein Vertrag vor. Vom strittigen Problem der Einschreibung in eine Witwenkasse war nun groteskerweise überhaupt nicht mehr die Rede. Die Goethes hatten diesen Punkt mit Erfolg hinauskatapultiert. Der Vertragstext wurde zweifach ausgeschrieben. Im einen Exemplar unterschrieben die beiden Goethes, im anderen Ottilie mit ihrer Mutter und deren Rechtsbeistand. Der von Henriette von Pogwisch gewünschte Revers war nicht unmittelbarer Bestandteil des Vertrages, sondern lag, von August von Goethe eigenhändig unterschrieben, lose bei.

Er versprach, jährlich 300 Taler »entweder aus einer hiesigen oder aus der Berliner Witwen-Casse« aufbringen zu wollen. Weil die Weimarer Witwenkasse sich erst noch bilden werde, bat er um eine einjährige Frist für dieses »Arrangement«, wie er die Absicht nannte. Im eigentlichen Ehevertrag zwischen August von Goethe und Ottilie von Pogwisch legte man ein jährliches Nadelgeld von 200 Talern, vierteljährlich durch August zu zahlen, fest. Sollte August von Goethe vor seinem Vater und vor Ottilie sterben, so sollte diese außer »anständiger freier Wohnung« auf Lebenszeit ein jährliches Wittum von 400 Reichstalern, vierteljährlich mit 100 Reichstalern, durch den Schwiegervater erhalten. Wären Kinder vorhanden, so bliebe »unter Einwirkung des Schwiegervaters« die Erziehung Ottilie überlassen, und sie bekäme außer dem Wittum für jedes Kind, »wenn deren nicht mehr als Zwey sind«, bis zu seinem 10. Lebensjahr jährlich 200 Reichstaler, vierteljährlich mit 50 Reichstalern ausgezahlt. Sobald eines oder das andere der Kinder das 10. Lebensjahr überschritten hätte oder es mehr als zwei wären, würde der Schwiegervater »wegen einer billigen Erhöhung« dieser Erziehungsgelder seine »Frau Schwiegertochter außer Sorgen setzen«. Diese Formel wurde nicht näher definiert.

Möglich, daß Ottilie der Hauch von Freiheit, den das Nadelgeld versprach, zunächst wichtiger erschien, als ein aller Wahrscheinlichkeit nach doch zu Lebzeiten des alten Goethe nie in Frage kommendes Witwen- und Erziehungsgeld, um das ein solcher Aufruhr entstanden war. Sie hatte vermutlich auch Sinn für eine gewisse Situationskomik, die darin lag, daß Augusts Revers nach Jahresfrist nicht wiederzufinden und eine sächsisch-weimarische Witwenkasse nicht zustande gekommen war. Ob August von Goethe seine Frau wirklich anderswo einschreiben ließ, läßt sich nicht feststellen, ist aber unwahrscheinlich, da hiervon nie wieder die Rede ist, auch nicht in Briefen anläßlich Ottilies finanzieller Lage nach 1832.

Weniger ironisch als vielmehr makaber erscheint es dagegen, daß August von Goethe 1830 tatsächlich vor seinem Vater starb und Ottilie als Witwe mit drei Kindern hinterließ. Der Ehevertrag mußte in Kraft treten. Der Schwiegervater setzte Ottilie nun wirklich »außer Sorge«, indem er für Haushalt und Kinder aufkam. Eine Entwicklung, an die bei den Verhandlungen zum Ehevertrag so konkret doch niemand gedacht hatte.

Erste Ehejahre

Ottilie konnte 1817 davon ausgehen, daß ihre Entscheidung für August von Goethe ihr nur Glück gebracht habe: eine eigene Wohnung, finanzielles Auskommen, einen zwar nicht gerade leidenschaftlichen, aber doch auf seine Art besorgten Ehemann und – Schwiegertochter Goethes, daß mußte Befriedigung, Stolz und tiefe, ehrliche Dankbarkeit gegenüber dem Schwiegervater auslösen. Ottilie sah sich zum ersten Mal in ihrem Leben in gesicherten, sie beschützenden Verhältnissen, wohnend im vornehmen Haus eines wohlhabenden und gegen sie unverdrossen gütigen »Vaters«.

So lange schon, daß sie ihn so nennt, jetzt erst ist er es ganz. Ottilie ist entschlossen, für diesen Vater und sein Wohlbefinden alles zu tun, was in ihren Kräften steht und was der Name und die Stellung des Hauses verlangen.

Liebevolle, gehorsame Tochter dem Schwiegervater, aber keinesfalls uneingeschränkt liebende Gattin dem Sohne – das wurde ein Rollenspiel, das Ottilie schon kurz nach der Verlobung auf sich zukommen sah.

August von Goethe kannte seine Braut immerhin schon vier Jahre, sah sie während der Brautzeit täglich, oft mehrmals des Tages, wenn auch meist nur kurz infolge seiner Arbeitsüberlastung. Kennzeichnend für seine geistige und psychische Unbeweglichkeit, unterlief ihm schon kurze Zeit nach der Verlobung ein wesentlicher Fehler im Umgang mit seiner Braut: Er bemühte die Autorität seines Vaters, um seinen Willen bei Ottilie durchzusetzen. Er verlangte, daß sie ihre Teilnahme am Hofball, Sonntag, 16. Februar, zurückzog. Beide waren von einer Erkältung knapp genesen, und August meinte tags zuvor, das Schloß sei viel zu zugig, und er werde sich in den seidenen Strümpfen der Hofkleidung keiner neuen Erkältung aussetzen; er könne auch recht gut einen Ball aufgeben. Es scheint aber eher, daß er Ottilies Leidenschaft für Bälle und ihre Sympathie für »alle ihre Landsleute, die auf dem Ball zugegen sein würden« recht gut kannte. Beide Vorlieben Ottilies teilte er durchaus nicht, wobei man echte Besorgtheit um ihre Gesundheit ihm nicht ganz absprechen mag. Als sie anscheinend auf seine Absage nicht entsprechend reagierte, schoß er sozusagen Sperrfeuer aus allen Rohren, indem er am gleichen Tage noch einen nach Ton und Form härteren Brief – sechs Wochen nach der Verlobung! – schickte und darin seine Absicht durch den Haus- und Hofarzt Dr. Rehbein und vor allem durch seinen Vater unterstützen ließ. Seine Grußformel fiel dabei noch magerer aus als sonst. Ottilie konnte nun weder ohne ihren Verlobten auf dem Hofball erscheinen, wenn sie ihn nicht düpieren wollte, noch durfte sie gegen den ausdrücklichen Wunsch, fast ist es ein Befehl, des Schwiegervaters handeln.

Adele Schopenhauer mobilisierte alle bewährten Überredungskünste bis zum Stichwort »Heinke«, um Ottilies Zorn zu mildern, sah aber nicht zu Unrecht in der ganzen Szene »für die Zukunft ein böses Omen«. August fühlte wohl, etwas zu weit gegangen zu sein und versuchte nun einzulenken. Offenbar gäbe es »Dämonen«, welche ihnen ihr Glück mißgönnten und ihnen diesen »Streich«, eine »Unannehmlichkeit«, zugemutet hätten. Das alles sei doch nur aus Besorgnis um Ottilies Gesundheit und nicht als Härte zu verstehen.

Ottilie konterte, es möge wohl feindliche Dämonen geben, aber den Menschen sei schließlich die Kraft zugestanden, ihnen keinen Einfluß auf das Leben zu gestatten. Der gestrige Tag habe sie begreiflicherweise tief aufgeregt und erschüttert, »da ich den Vater und Dich zweifeln sah . . .«. Geschickt beschwichtigte sie den Schwiegervater und wies gleichzeitig energisch den indirekten Vorwurf zurück, sie habe ihm oder August zuwiderhandeln wollen. Ottilie spielte nicht die Verletzte, sie fühlte sich zutiefst verletzt. August erklärte sie ausführlich, daß er sie wohl doch noch nicht genug kenne, wie sie oft beobachte. Er möge sich ein »Kind mit einem Matronenschleier« denken. Gerade dieser, Symbol der erwachsenen verheirateten Frau, führe ihn wohl in die Irre, denn sobald er die »Kinderklapper« in ihrer Hand sehe, reiße er sie heftig heraus und werfe sie »verächtlich beiseite«. Sie verdanke aber ihren kindlichen Frohsinn und ihr ungetrübtes Vergnügen an den Freuden der Jugend ihrer liebevollen Familie, die sie sorgsam beschützt habe. Ihre kindliche Fröhlichkeit sei Ausdruck einer Reifestufe, der andere schon zu ihrer Zeit folgen würden. Dann gab sie ihm warnend zu bedenken: »Hüte Dich, mein Freund – meine frohe Laune nicht ganz in den Matronenschleier zu hüllen – kein plötzlicher Schlag – wohl aber immer wiederkehrende störende Kleinigkeiten vermögen es leicht«. Ottilie schloß mit dem Wunsch, die Zukunft möge ihn besser lehren, »was ich eigentlich bin, und was ich Dir und dem Vater sein will«. Die Freundin Adele bestätigte in ihrem Tagebuch die Furcht Ottilies vor zermürbenden Reibereien. »Die beiden Menschen machen mir viel, viel Not. Es sind so tausend Kleinigkeiten, Mißverständnisse, Abweichungen, kleine Härten – das ist alles nicht, wie ich es gedacht und gewünscht«.

Ottilie kannte sich selbst recht gut, um ihr Wesen beschreiben zu können, konnte es auch vertragen, wenn man sie mit ihren Eigenheiten neckte, tat sie es doch selbst. Wenige Tage vor ihrer Hochzeit trug sie in ihren Schreibalmanach auf das Jahr 1817 eines ihrer Gedichte ein, das eine charakteristische Selbstdarstellung enthält. Es handelt sich um einen fiktiven Dialog zwischen Adele und dem Buchhändler Müller, dem diese ein Exzerptenbüchlein in Auftrag gegeben hat, wobei er den bunt gemischten Inhalt durch einen Kupferstich zusammenfassend symbolisieren soll. Müller macht nun den Vorschlag, das Kupfer solle einen Charakter vorstellen und dieser in so viele Teile zerfallen, als das Buch Abschnitte enthalte. Adele behauptet, ein solches Sammelsurium gebe es im Leben nicht. Darauf läßt Ottilie diesen Buchhändler Müller antworten:

»Ich kenne ein Mädchen bei meiner Treu,
Die ist das vollständigste Allerlei; –
Heut' will sie gebunden sein, morgen ganz frei,
Jetzt ist sie flatterhaft, dann felsentreu,
Jetzt folgt sie sinnend der Sterne Bahn,
Und plötzlich fängt sie zu tanzen an;
Nun weint sie und scheinet ganz Melancholie,
Dann trällert und springt sie von Abend bis Früh;
Ist jetzo ganz Demut; jetzt wieder unbändig,
Jetzt Kind ganz, dann wieder Matronen verständig,
So mädchenhaft schüchtern, dann männlich kühn,
Nun sittsam und häuslich, dann Weltkind von Sinn.«

Als Adele nun fragt, wer das denn sei, gibt der Buchhändler zur Antwort:

»Nun beim Himmel, da ist sie schon ja,
Pogwischens Fräulein Ottilia.«

Reizvolles Gegenstück zu diesem Selbstporträt stellt eine Bleistiftzeichnung dar, mit der sich im zwei Jahre später begonnenen Stammbuch vermutlich Julie von Egloffstein eingetragen hat: Am mit Weinlaub und Efeu umwundenen Stab des Dionysos und der Mänaden, dem Thyrsusstab, in einem Pinienzapfen endend, hängen Gegenstände, die Ottilies Liebhabereien, Interessen, Beschäftigungen wiedergeben und mit diesem Sammelsurium ihren Charakter demonstrieren, wie sie ihn selbst 1817 beschrieb. Unübersehbar hängt in der Mitte das Schlüsselbund der neuen Hausherrin am Frauenplan und diagonal darüber Harlekin, der das alles nicht so ernst nimmt. »Ottilies Spielzeug« nennt die Zeichnerin denn auch Perücken, Handspiegel, einen kleinen eleganten Schuh, das aufgeschlagene Notenheft, Buch, Tinte und Schreibfeder mit Handarbeiten zusammen in einem Korb und die das scheinbar alles tragende Lyra. Amors Pfeile in Richtung irdischer Einweckgläser können als eine Julie von Egloffstein durchaus zuzutrauende liebevolle Ironie angenommen werden oder auch nicht, die schweren Kettenglieder lassen ebenfalls Raum für Spekulationen. Im ganzen atmet die Zeichnung Julies die gleiche bezaubernde Heiterkeit wie das Gedicht Ottilies (siehe Abbildung Seite 49).

Dem Phantasiereichtum und vielfältigen Charme seiner Braut kann August von Goethe wahrhaftig nichts Gleichwertiges zur Seite setzen, aber auch er zwingt sich ab und an einige Gedichtzeilen ab, gilt das Verseschmieden doch fast als Gesellschaftsspiel. Es gehört sich so, daß man es kann, und auch August muß das zuweilen beweisen, mit mehr oder weniger großem Erfolg, wie alle. Zwei Tage vor der Hochzeit schickt er morgens weiße Rosen und begleitet sie mit einem Gedicht, wohl wissend, daß diese Blume für Ottilie eine besondere Bedeutung hat. In einem ihrer romantischen Kurzmärchen galt die weiße Rose als Symbol unglücklicher Liebe, hieß »Treuliebe« und meinte die Erfüllung im Tode. August kannte die Geschichte, in der Ottilies Liebe zu Heinke einen depressiven

Ausklang gefunden hatte – übrigens aus dem Jahre 1816, als sie in die Entscheidung für Goethe gedrängt wurde und ernstlich erkrankte. August funktioniert nun den auf Heinke bezogenen Sinngehalt der weißen Rose um zum Symbol treuer Liebe in künftiger Ehe. Ob Ottilie darin mit ihm eins war, muß sehr bezweifelt werden.

Der Monat der Hochzeit, Juni, bestimmte sich nach dem Ende des Trauerjahres für Augusts Mutter, das Datum des 17. galt der Erinnerung Heinkes. Ihr Glück aus dieser Zeit möchte Ottilie mit hinübernehmen in ihr neues Leben. August von Goethe kannte die Interpretation des Datums und erklärte sich damit einverstanden, was man ihm eigentlich hätte höher anrechnen müssen, als erkennbar wird. Zur Hochzeitstafel im Hause Goethe, abends um sieben Uhr, fanden sich sechsundzwanzig geladene Gäste, je dreizehn Damen und Herren, einschließlich des Brautpaares und des Schwiegervaters, ein. Goethe-Vater war mittags zur Trauungszeremonie aus Jena gekommen und reiste am Tag darauf wieder dahin ab. Familienfeiern ging er im allgemeinen gern aus dem Wege, wie er auch der Verlobung nicht beigewohnt hatte. Die Trauungsformalitäten, Besuche beim Großherzogspaar, letzte Prüfung der »Papiere« – des Heiratsvertrages – auf ihre Richtigkeit, erscheinen in Goethes Tagebuch nur wie eingeschoben zwischen physikalische Experimente zur Farbenlehre, die ihn eigentlich beschäftigten. Immerhin berichtete er an Freunde, daß eine Feier in seinem Hause stattgefunden habe, wie man sie sich so leicht nicht wieder werde denken können. Die beiden Goethes wurden seitens der Herren ergänzt durch Graf von Edling, den Generalsuperintendanten Dr. Günther, Regierungsrat Gerstenbergk, den Bibliotheksrat und Schwager des Hausherrn Christian August Vulpius, den Schweizer Kunsthistoriker und Freund des Hauses Johann Heinrich Meyer, Dr. Rehbein, Regierungsrat Dr. Schumann, Oberbaurat Clemens Coudray, Geheimrat Freiherr von Einsiedel, den Kanzler Müller und den Freiherrn von und zu Pickelsheim-Spiegel, der den Ehevertrag als Henriette von Pogwischs curator sexus mit unterzeichnet hatte. Der Bräutigam konnte in dieser Reihe nur einen Verwandten begrüßen, den Onkel Vulpius, Bruder seiner verstorbenen Mutter, diesen mußte Gräfin Henckel, Ottilies Großmutter und einzige Verwandte außer ihrer Mutter, ertragen oder übersehen, jedenfalls gute Miene zum ihr unerwünschten Spiel machen. Dafür kann sie sich mit der Anwesenheit ihrer Kollegin im Hofdienst, Gräfin von Beust, sowie der Kammerherrin von Egloffstein, ihrer Vorgängerin im Amte, trösten. Augusts Tante Vulpius wird mit Bedacht nicht in die Nähe der energischen alten Dame gesetzt worden sein. Die sechs Brautjungfern, unverheiratete Freundinnen Ottilies, brachten jugendliche Unbekümmertheit in die ansonsten würdevolle Gesellschaft, in der allein drei der Gäste Anspruch auf die Anrede »Exzellenz« erheben konnten. Ottilies Freundin Adele Schopenhauer gehörte natürlich zu den Brautjungfern und ihre Mutter in die Damenreihe der Gäste. Kein Verwandter aus Augusts väterlicher Linie, kein männlicher Vertreter der Henckel von Donnersmarck.

Es fehlte vor allem der Vater der Braut, der Major von Pogwisch. Diesen einzuladen, könnte sich Gräfin Henckel wohl verbeten haben. Ihm wurde das Ereignis mitgeteilt, seine Zustimmung pro forma erbeten. Er ließ sich Zeit damit. Mit Datum vom 1. Oktober erhielten Ottilie und August seinen Segen aus dem weit entfernten Rauden in Kurland, wo er als Gutsverwalter lebte. Anschrift: Königl. Preuß. Major und Ritter v. Pogwisch. An August von Goethe schreibt er, da dieser bereits die Einwilligung »der besten Frau und Mutter, die ich kenne«, habe, werde es ihm leicht, seinen väterlichen Segen zu geben. Ottilie, »von einer so guten Mutter« gewiß mit Sorgfalt erzogen, könne bei so viel Güte und Reinheit ihres Herzens und nicht gewöhnlicher Geistesbildung immer nur ihren Mann glücklich machen. Im Brief an Ottilie geht sein Gefühl mit ihm durch. Mehrfach erwähnt er seine von ihm seit dreizehn Jahren getrennt lebende Frau, Ottilies Mutter Henriette. Die »gleichgesinnte vortreffliche« Tochter werde ihrem Beispiel folgen und sein wie ihre Mutter. »Du hast Dein mir gegebenes Versprechen, als ich von Dir Abschied nahm, treu erfüllt, Du bist Deiner Mutter eine folgsame Tochter gewesen.«

Übrigens ein Satz, der beweist, daß sie ihren Vater seit 1804 nicht gesehen hat. Major Pogwisch fährt fort, sie möge ihrer von ihm äußerst »geschätzten, geliebten und angebeteten Mutter« ähnlich und würdig sein und werde ihn damit glücklich machen. Trotz der weiten Entfernung sei sie seinem Herzen stets nahe gewesen und werde das auch bleiben, solange er lebe. Außerdem möge sie ihm doch ihren ganzen Lebenslauf schreiben, woran er teilzunehmen wünsche, und ihm diese Bitte, »dem Vater, *der sie so inniglich liebt*«, nicht versagen. Einziger Wunsch seines Herzens sei es, daß sie ihre Pflichten gegenüber der Mutter nie vernachlässigen möge. »Vergiß Deinen Vater nicht, der Dich *sehr* sehr liebt – wenn er auch nicht geschrieben – lebe wohl und glücklich. – Ich bin mit unaussprechlicher Liebe und Zärtlichkeit Dein Dich ewig liebender Vater v. Pogwisch«. So viel Liebe auf einmal hätte Ottilie sicher gern über die vielen Jahre verteilt empfangen. Vom Bräutigam spricht er in diesem Brief nur einmal, ziemlich am Anfang und mit zeitgemäßer Betonung der Rolle des Mannes in der Ehe. Sie möge ihren Mann lieben und ehren, nachsichtig und nachgebend gegen ihn sein »und im strengsten Sinn des Wortes bleibe Deinem Mann stets treu ... suche keinem in der Welt mehr zu gefallen, als diesem, Deinem Dir selbst gewählten ...« Kaum anzunehmen, daß Ottilie diesen auch für damalige Zeiten reichlich sentimentalen und verspäteten Gefühlserguß beantwortet haben sollte, gewiß aber, daß sie dem Wunsch nach ehelicher Treue nicht nachkommen konnte.

Zunächst fühlte Ottilie sich wohl im vornehmen Haus am Frauenplan und in den neun Zimmern ihrer geräumigen Mansarde. Ihre Stuben atmeten »Blumengerüche und Frieden«, berichtete die Schwägerin der Frau von Stein, und nachdem man so besorgt um beider Glück gewesen sei, »sind sie nun froh ohne Besorgnisse«. Schon am Jahresende fand Ottilie, aufrichtig dankbar, die richtigen Worte für den Schwiegervater in Jena: » – mir hat das verflossene Jahr alles erfüllt, was es mir bei seinem Anfang verhieß, und Sie müssen mir die Freude gönnen, zu seinem Abschluß zu wiederholen, wie glücklich ich als Ihre Tochter und August angehörend bin. Mein lieber, lieber Vater, ich küsse Ihnen tausendmal die Hand. Ihre ergebene Ottilie v. Goethe.«

Eine standesgemäße Hochzeitsreise wurde nicht eigentlich vermißt. August blieb keine Zeit und wohl auch kein Geld mehr, so wurde es ein dreitägiger »Schmetterlingsflug«, wie Ottilie das nannte, eine Fahrt im offenen Reisewagen bei schönstem Frühsommerwetter nach Dornburg, Sulza, Kösen, durch die thüringische Landschaft.

Schon drei Tage nach der Hochzeit hatte Ottilie die ersten Höflichkeitsbesuche als Schwiegertochter Goethes in Weimar ab-

Das Goethehaus am Frauenplan.
Radierung nach einer Zeichnung von Otto Wagner, 1827.

solviert und in einer »förmlichen Wanderung« Küche, Keller und Boden des Hauses inspiziert. Sie fühlte sich »schon ganz eingerichtet und eingewohnt«.

Mit Feuereifer bemühte sie sich, diesen komplizierten und aufwendigen Haushalt in den Griff zu bekommen, obwohl sie selbst mit Mutter und Schwester nie in einem eigenen, geordneten Hauswesen gelebt hatte und somit eigentlich nichts davon verstand. Vater und Sohn schienen aber wirtschaftliche Fähigkeiten erwartet zu haben, besonders August, als Schatzmeister des goetheschen Hauses »Alhafi« genannt, wie der des Sultans in Lessings *Nathan der Weise* und wie dieser kaum noch wissend, wie er seiner Vollbeschäftigung Herr werden solle. Er versprach sich wohl vor allem von Ottilies Wirken eine Entlastung. Nicht ganz ohne Ironie gab Ottilie der Freundin Adele zu lesen, wie diese sich ihren neuen Hausfrauenstand zu denken habe:

Willst Du den Ruhm der Häuslichkeit gewinnen,
Darfst an nichts denken, als kochen und spinnen; –
Statt auf Epigramme oder ein Liebesgedicht,
Denk lieber an ein neues Gericht. –
Die Wirtschaft werde Dein Steckenpferd,
Und nichts als in Saucen sei gelehrt! –
Sobald die Morgenröte nur erwacht,
Werde schnell an das Hühnerfutter gedacht. –
Dann müßtest Du mit dem Schlüsselbunde gewaltiglich klappern,
Und dann mit der Frau Nachbarin über den Butterpreis plappern;
Und bist Du am Tag nun so recht fleißig gewesen,
Magst des Abends den »Rundhut« oder »Landsturmsblatt« lesen. –
Dies mein Kind ist der Weg, der von der lieben
Mutter Natur Euch ward vorgeschrieben. –
Kehr, o kehre, zum Haushalt zurück,
In der Küche da winkt Dir ein würziges Glück;
Begeistert diesen Scepter ich erhebe,
den mußt Du erlangen, *den* erstrebe. –

Aus dem Februar des folgenden Jahres stammt die Passage eines ihrer Briefe an den sich oft und lange in Jena aufhaltenden Schwiegervater, die erkennen läßt, vor welche Probleme sie dieser Haushalt stellte: »Damit nicht auf einmal bedeutend große Summen zu dem Ankauf von Leinewand zu Bettwäsche etc. nötig ist, und doch jedes Jahr etwas angeschafft wird, um diese immer vollständig zu erhalten, wollte ich Sie bitten, bester Vater, ob Sie nicht lieber vierteljährig etwas bestimmen wollten, was ich verwenden könnte, um spinnen und weben dafür zu lassen. Mein Vorschlag wäre: Sie setzten 10 Rtl. vierteljährig fest, über die ich Ihnen Rechnung abzulegen hätte. In der Meinung, es würde Ihnen recht sein, und von Woche zu Woche hoffend, sie kämen wieder zurück und ich könnte es Ihnen mündlich mitteilen, habe ich, um die Bleichzeit nicht zu versäumen, in den Wintermonaten fleißig spinnen lassen und habe nun so viel Garn, daß es ungefähr zwei Schock, vielleicht noch mehr, Leinewand geben wird. Die Auslage, die ich für Spinnerlohn und Flachs gemacht, wird wohl 25 Rtl. betragen, doch nun sind meine Schätze zu Ende, und ich muß Sie nun um eine Autorisation an August bitten, mir dies Geld auszuzahlen, weil das

Garn nun gewebt werden muß, um zur rechten Zeit auf die Bleiche zu kommen – dies, bester Vater, sind meine hausmütterlichen Wünsche, und ich bitte um eine recht freundliche Antwort, damit mein Beutel wieder eine etwas ansehnlichere Gestalt erhält.«

Kopfschmerzen bereitete ihr aber nicht nur die ungewohnte und ungeliebte Hauswirtschaft. Acht Wochen nach dieser Voraussage über den künftigen Stand des Leinens wurde ihr erster Sohn geboren, Walther Wolfgang getauft, zärtlich »Nunne« gerufen und das »Misele« genannt. Der glückliche Großvater, »Apapa« sagte man im Familienkreise, überschüttete die Schwiegertochter mit Beweisen seiner Gunst, kleinen Aufmerksamkeiten wie Fisch oder Reh zum Mittagstisch aus Jena, mit Lektüre und liebenswürdigen Briefen oder einem geschliffenen Kristallglas aus Karlsbad als Geschenk.

Auf den ersten Neffen wartete schon Ottilies Schwester Ulrike, die seit dem September 1818 mit im Haus am Frauenplan wohnte. Nach nur halbjährigem Aufenthalt in Frankreich war Ulrike vorzeitig mit Onkel und Tante zurückgekehrt. Da man noch nicht wisse, ob sie zukünftig in Weimar oder Berlin leben werde, hatte Ottilie den Schwiegervater gebeten, die Schwester vorübergehend bei sich aufnehmen zu dürfen, wohl auch, um die Mutter nicht erneut zu belasten. Goethe antwortete aus Jena umgehend, daß es ihm »sehr erfreulich« sein werde, und er hoffe, daß man sich recht gut vertragen werde. Aus der zunächst unbestimmten Zeit wurden zehn Jahre, die Ulrike von Pogwisch in gutem Einvernehmen mit dem Hausherrn unter seinem Dach lebte und den Familienkreis erweiterte. Goethes Haus füllte sich, und ihm war es recht. Der großbürgerliche Haushalt gedieh zu einer Art von Hofhaltung mit anfangs fünf und später sieben Familienmitgliedern sowie viel Personal. Die Menüfolge des Mittags wuchs quantitativ wie qualitativ mit der Anwesenheit der oft zahlreichen Gäste. Mehr als zehn Personen am Mittagstisch waren keine Seltenheit. Eine große Familie zu haben, belebte den bald siebzigjährigen Paterfamilias spürbar. Fast stillschweigend ging die Organisation des großen goetheschen Haushalts wieder in die Hände des Sohnes über. Ottilie lebte sich in die Rolle der repräsentierenden Hausherrin mühelos hinein und bestimmte auch wesentlich den Stil künftiger Empfänge oder Teerunden für Gäste. Ihre Umgangsformen, Geist, Witz, Sprach- und

Literaturkenntnisse, ihre fröhliche Natürlichkeit bei unverwüstlichem Temperament bildeten eine Mischung, wie sie Goethes Bedürfnis, »ein großes Haus« zu führen, entgegenkam und seinem Sinn für zwanglose, familiäre Geselligkeit. Er wußte es zu danken. Auch Ottilie vergaß zu keiner Zeit, wem sie Sicherheit und Schutz, familiäre Geborgenheit und gesellschaftliche Stellung verdankte und vergalt es mit töchterlicher Liebe, Anhänglichkeit und zuverlässiger Pflege. Beide waren einander notwendig, um nach ihrem Gusto leben zu können, gegenseitiger Zuverlässigkeit und Toleranz konnte man sicher sein. Zum 69. Geburtstag des Schwiegervaters schrieb sie nach Jena: »... Ermüden Sie nicht, bester Vater, zu hören, daß ich Sie so sehr liebe und verehre und dies Gefühl mir so verwebt ist, daß ich kaum begreifen kann, daß es eine Zeit gegeben, wo ich Ihnen noch nicht so nahe stand wie jetzt. Daß Ihre Güte es ist, was mich diese Zeit so ganz vergessen läßt, und mir den Wahn gibt als hätte ich Ihnen von dem ersten Augenblick meines Lebens als Tochter angehört, wird jeder verstehen, der Augenzeuge war, wieviel Liebe Sie mir bewiesen. Lassen Sie mich bei dieser Gelegenheit es auch aussprechen, wie glücklich Sie dadurch nicht nur mich, sondern auch meine Mutter und alle die mir angehören machen, und wie alle mit mir Ihnen die treuste Anhänglichkeit widmen. – «

Goethes häufige Anwesenheit in Jena in jenen Jahren muß nicht nur als eine Art von Rücksicht gegenüber dem jung vermählten Paar oder als der eigene Wunsch nach Ruhe und Konzentration für seine schriftstellerischen Arbeiten gesehen werden, sie war dringend notwendig. Die Universität Jena, des Großherzogs und Goethes liebstes Kind, bereitete ihnen ernste politische Sorgen, war Jena doch plötzlich in das Zentrum einer studentischen Erneuerungsbewegung geraten. Beobachtete man im Deutschen Bund schon mißtrauisch die anhaltend freundschaftlichen Beziehungen des Großherzogs zum Freiherrn vom Stein, so jetzt besonders die Gründung der Burschenschaft in Jena. Die allgemeine Liberalität im Großherzogtum, seine ständisch orientierte Konstitution, seine Pressefreiheit brachten ohnehin genügend Anlaß zur Beobachtung von seiten Metternichs. Zu allem Überfluß hatte dieser Außenseiter unter den Bundesstaaten als einziger keine stehenden Truppen. Zuviel freier Geist hatte sich ausgebreitet und nun die Studenten der Landesuniversität erreicht, die im Grunde vor allem einem geeinten Deutschland entgegenstrebten und dazu ihre studentische Selbstverwaltung zu erreichen wünschten. Goethe stand ihren Ansichten und Absichten keineswegs von vornherein ablehnend gegenüber, sondern traf oft im Hause Frommann mit den führenden Mitgliedern der Burschenschaft zusammen, mit ihnen offen diskutierend. Wohlwollend übersah er zunächst kleinere studentische Ausschreitungen zu Beginn des Jahres 1817. Mit dem Spätsommer wurde der Druck seitens der Studentenschaft jedoch größer. Nun drohte dem Großherzogtum und der Universität der Metternichsche Prügelstock. Zur Dreihundertjahrfeier des Lutherschen Thesenanschlags am 31. Oktober 1817 und zum vierten Jahrestage der Völkerschlacht bei Leipzig wollte die Burschenschaft ein großes Treffen von Studenten aus allen deutschen Universitäten auf der Wartburg veranstalten. Es ging als »Wartburgfest« in die Geschichte deutscher studentischer Freiheitsbewegung ein. Die Verbrennung von Symbolen metternichscher Herrschaft und einschlägigen Dokumenten auf einem riesigen Scheiterhaufen, zu dem pikanterweise und unwissend der Großherzog auch noch unentgeltlich das Holz geliefert hatte, weil er nur ein die Feier abschließendes Freudenfeuer vermutete, brachte ihn und sein Land in den Ruf, eine Hochburg des Jakobinertums, des Anarchismus zu sein. Sogar Stein wetterte, und Preußen intervenierte gemeinsam mit Österreich. Die weimarischen Staatsminister, auch Goethe, bekamen alle Hände voll zu tun, um die Proteste, auch von russischer Seite, zurückzuweisen. Das wurde noch erheblich problematischer, als herauskam, daß der berühmte weimarische Schriftsteller, Theaterdichter und russische Staatsrat, August von Kotzebue, gegenwärtig in Weimar wohnend, als russischer Agent arbeitete, und aus dieser Quelle die zaristische Regierung über Details studentischer Aktivitäten in Jena orientiert war. Obwohl der Druck der Großmächte auf das Großherzogtum spürbar stärker wurde, ließ Karl August von Sachsen-Weimar-Eisenach nicht nach, die weimarische Verfassung, die Pressefreiheit sowie die Studenten selbst zu verteidigen; er war keinesfalls bereit zurückzuweichen. Für den 18. Oktober 1818 genehmigte er erneut und demonstrativ ein festliches Studententreffen in Jena zum fünften Jahrestag der Völkerschlacht bei Leipzig. Er warnte lediglich vor wiederholtem

Mißbrauch seines Erlasses. Nur so wurde die Gründung der Allgemeinen Deutschen Burschenschaft möglich. Rektor und Senat der Universität wie auch die Studentenschaft durften sich nun der Anerkennung des Großherzogs erfreuen, der den disziplinierten Festablauf lobte.

Das Wintersemester 1818/19 brachte jedoch eine deutliche Radikalisierung der studentischen Bestrebungen. Einer der Privatdozenten forderte seine Anhänger dazu auf, das unteilbare Deutschland in der Form einer demokratischen Republik mit offener Gewalt zu erzwingen, wie sie Görres vor 1815 gefordert hatte und was jetzt nach 1815 einer Aufhebung des Deutschen Bundes gleichgekommen wäre. Die Ermordung Kotzebues im März 1819 durch den Jenaer Studenten Karl Ludwig Sand schockierte allenthalben und schuf ein ungesundes mißtrauisches Klima. Ein Student aus Gießen, der allzu auffällig nach Goethe gefragt hatte, wurde nicht ins Weimarer Haus gelassen, dafür aber der Präsident seiner Universität in Kenntnis gesetzt. Adele Schopenhauer, die Goethe regelmäßig sah, beobachtete, daß diese Ereignisse Goethe »ungewöhnlich ergriffen« hätten, er spreche nur noch von Politik und scheine »im Innersten tief verwundet, obgleich er immer äußert, er habe vorausgesehen, daß es so kommen müsse, als unvermeidliche Folge der gewaltig eingreifenden Roheit«. Ottilie und August waren bei solchen meist abendlichen Gesprächen immer dabei. August und den Vater betraf die Angelegenheit unmittelbar von Amts wegen. Kanzler Müller bestätigt uns, wie sehr die Jenaer Vorkommnisse bis in den Sommer hinein im engsten Familien- und Freundeskreis das Gesprächsthema bildeten. Ottilie ängstigte sich für ihre Berliner Freunde, denn von dort waren Aufruhrmeldungen gekommen; sie erwiesen sich jedoch als falsch. Goethe reagierte seine Betroffenheit mit Zynismus ab: Kotzebues Blut, das sei eigentlich erst die wahre Pressefreiheit, weil nun bei jedem aus dem Innersten die Wahrheit hervortrete. Die politische Entwicklung beschäftigte natürlich auch den Hof intensiv. Was die Burschenschaften gewollt und der Großherzog gefördert hatte, die selbstverantwortliche, freie Universität, sank wieder auf fast gymnasiales Schulniveau zurück. Metternich erzwang die sogenannten Karlsbader Beschlüsse im Herbst des Jahres. Burschenschaften und Pressefreiheit wurden bundesweit aufgehoben, Universitäten unter die Kontrolle staatlicher Kuratoren gestellt. Der Großherzog kam nicht umhin, diese Bundesakte in seinem Namen mit unterschreiben zu lassen. Wenn schon die Universitätsreform in Jena als gescheitert angesehen werden mußte, dann hoffte der Großherzog doch in Goethe einen maßvollen Kurator zu finden. Goethe, soeben siebzig geworden und wohl auch resignierend, besann sich darauf, daß er noch Wichtigeres zu tun habe und lehnte ab. Jena verlor seine Anziehungskraft für Gelehrte wie Studenten und blieb eine Landesuniversität, der es künftig zwar an Glanz, nicht jedoch an Fleiß fehlte. Ein botanisches Museum, eine Veterinärschule und eine baulich wie organisatorisch modernisierte Universitätsbibliothek zeugten von Goethes Sorge um »seine« Universität. Augusts Assistenz ist dabei wesentlich gewesen.

Am Ende des hektischen Jahres war ganz Weimar auf den Beinen, um beim Besuch der Zarin von Rußland, Mutter der Erbgroßherzogin von Weimar, eine Visitenkarte abzugeben. Die politischen Ereignisse hatten keineswegs das Gesellschaftsleben außer Kraft gesetzt. In Weimar mußte schon viel passieren, ehe man auf solch glanzvolle Abwechslung verzichtet hätte. Goethe, schließlich auch Gelegenheitshofdichter, beschäftigte sich mit dem Entwurf, den Vorbereitungen und der Regie eines aufwendigen Maskenzuges von über hundert Personen, mit dem Weimar sich wirtschaftlich, künstlerisch und literarisch vorstellen wollte. Er schrieb die Texte und probte mit einzelnen Darstellern. Adele lernte binnen acht Tagen begeistert die ihr zugedachte Rolle als personifizierte *Tragödie*; Ottilie organisierte für den Vater und war damit in ihrem Element. Selbst August blieb nicht verschont von Aufgaben, für die er eigentlich gar keine Zeit hatte. Ottilie fühlte sich denn auch bemüßigt, dem Vater mitzuteilen, »August verdient Ihr Lob wegen der Tätigkeit, mit der er gestern Ihre Aufträge zu erfüllen suchte«. Minuten später fügte sie diesem Brief noch einen zweiten hinzu, berichtete, mit wem sic inzwischen über die Übernahme einer Rolle gesprochen habe, daß sie bereits bei einem Konzert der Kaiserin vorgestellt wurde und meldete denn auch von August, »er ist noch ganz niedergeschmettert von dem gestrigen Tag«. Ein Jahrmarkt der Eitelkeiten mußte bei solchen Gelegenheiten inszeniert werden. Ottilie assistierte dem Vater instinktsicher, taktvoll und umsichtig, August so zuverlässig wie gewohnt.

Er scheint wie gewandelt, geradezu gezähmt in seinem bisherigen Ungestüm. Natürlich sieht Adele darin Ottilies wohltätigen Einfluß. Sie revidiert freimütig ihr sonst so vernichtendes Urteil über August, indem sie zugibt, »ich kenne hier keinen einzigen Mann, der so unbeschreiblich freundlich und gutmütig wäre gegen alles, was er liebt«. Schließlich konnte er in Adeles Tagebuch das höchste Lob finden, das sie zu vergeben hat, »oft ist ein Strahl von Heinkes Güte in ihm«.

Eine Belohnung haben sich Ottilie und August inzwischen irgendwie verdient, und überdies ist es an der Zeit, die jungen Leute in die Berliner Gesellschaft und den dortigen Freundeskreis einzuführen. Auch muß das junge Ehepaar Goethe in Dessau und Dresden vorgestellt werden. Was könnte man Ottilie Schöneres schenken als eine Reise »ins liebe Vaterland«, und wer vermöchte das Haus Goethe besser zu repräsentieren als dieses attraktive und sympathische Paar: Ottilie und August von Goethe.

»Alles ist bereit. Sie fahren am 9. Mai in unsrer Stadt durch das Potsdamer Tor in die Leipziger Straße herein. Die dritte Querstraße ist die (große) Friedrichstraße; in diese wird links hereingefahren, geradeaus über die Weidendammer Brücke in das Haus 129 links. Auf dem Torwege an der Treppe wird gehalten, ausgestiegen, und Sie sind in Ihrer Wohnung bei Ihrem Zelter.« Damit die Beschreibung an Augenfälligkeit gewänne, fanden die so herzlich Eingeladenen auf der Rückseite des Billetts das Ganze noch einmal skizziert. Ottilie und August von Goethe, seit zwei Jahren verheiratet, seit einem Jahr glückliche Eltern ihres ersten Kindes Walther, standen im Begriff, dieser sorglichen Wegeführung, vom alter Zelter am 17. April 1819 an Ottilie gesandt, zu folgen. 1774 war in Berlin der *Götz von Berlichingen* uraufgeführt worden, 1778 hatte Goethe selbst inkognito und in Begleitung des Herzogs Karl August von Sachsen-Weimar-Eisenach sowie des Fürsten Leopold von Dessau für drei Wochen Berlin und Potsdam aufgesucht, Kontakte geknüpft und seither gepflegt. Nun konnten die jungen Goethes, einundvierzig Jahre danach, aber auf den Tag genau zur Frühlingszeit, den Spuren des Vaters nachgehen, sich seiner geistigen Präsenz vergewissern. Im Salon der Rahel Varnhagen genoß er eine fast kultische Verehrung, der Fürst Radziwill hatte seinen *Faust* vertont, hier wohnte sein engster Freund Karl Friedrich Zelter, und der Generaldirektor des Berliner Nationaltheaters, Graf Brühl, wie auch schon der Vorgänger Iffland, bemühte sich um sorgfältige Aufführungen Goethescher Stücke; der Schauspieler Ludwig Devrient verkörperte die großen Charakterrollen aus den Dramen der Weimarer Klassiker, und in Tegel wohnten die Brüder Humboldt, mit denen Goethe enge Freundschaft verband. In der Universität lehrte Friedrich Hegel und wußte sich mit Goethe in mancher geistigen Perspektive einig, die Poetik oder Farbenlehre betreffend. Im Botanischen Garten konnte man den dort angestellten Weltreisenden, Gelehrten und Dichter Adelbert von Chamisso finden, der sich mit seinen literarischen Freunden zu Goethe bekannte.

Aus den zahllosen Beziehungen Goethes zu Berlin ergab sich für Ottilie und August von Goethe eine schier endlose, in vier Wochen nicht zu bewältigende Besuchsliste. Man mußte schon Ottilies Vitalität und Emphase besitzen, um dieser Reise gewachsen zu sein. August verfügte über keins von beiden und mußte denn auch schon bald dem Vater gestehen: »Wenn ich mich nicht manchmal allein eine Stunde in ein Kneipchen flüchtete, so könnte ich es nicht aushalten.« Drei Wochen hindurch, vom 9. Mai bis zum 1. Juni 1819 reichten alte und neue Freunde das junge Ehepaar, das zuvor noch in Dessau Station gemacht hatte, wie auf silbernem Tablett von Hand zu Hand. Die Schwiegertochter Goethes mußte man gesehen haben.

Zelter als Gastgeber und Staatsrat Nicolovius kümmerten sich um den eng gestaffelten Terminkalender. Ottilie wußte sehr wohl, daß gesellschaftliche Neugier und Respektabilität in Weimar der wahre Grund für das Interesse an ihnen war, und die beiden alten Herren versuchten etwas Linie und Stil in das Ganze zu bringen. Nicolovius' verstorbene Frau war eine Nichte Goethes gewesen. Dieser Hauch von Verwandtschaft reichte eigentlich für Ottilie nicht, um sich zur »Tante« erheben zu lassen, aber er schien geeignet, den Flirt mit den beiden ältesten Söhnen, nur wenig jünger als sie, in wohltuender Schwebe zu halten. Franz Nicolovius vertiefte mit seiner fast täglichen Begleitung das freundschaftliche Verhältnis zwischen beiden Familien wie das sentimentale zwischen »Tante« und »Neffen«. Ottilie kam kaum einmal vor Mitternacht nach Hause. Karl von Savigny, Rechtsgelehrter und im preußi-

Carl Friedrich Zelter.
Gemälde von Karl Begas, nach 1825.

schen Staatsdienst, eleganter Schwager Bettina von Arnims und ihres Bruders Clemens Brentano, führte ein großes Haus; bei Tee und Souper war es bestens geeignet, Berlins Gesellschaft fast auf einen Schlag kennenzulernen. Dazu gehörte auch der schon legendäre Feldherr und »Erfinder« der preußischen Landwehr aus den Befreiungskriegen, Graf Gneisenau, dem Ottilie sozusagen »im Sturmangriff« ein Autograph für den Vater in Weimar abbettelte.

Der Glanz von Savigny und seinem Haus konnte nur noch überboten werden von einer fast intimen »Visite« Ottilies bei der Herzogin von Cumberland, späterer Königin von Hannover, früherer Friederike von Preußen und Schwester der preußischen Königin Luise aus dem Hause Mecklenburg-Strelitz. In ihrer Jugend hatten Frederike und Luise in Frankfurt die Frau Rat Goethe zur mütterlichen Freundin gewonnen und sich in ihrem Hause vergnügt. Die Beziehungen zwischen Friederike und dem Hause Goethe zeigen sich auch in der Korrespondenz zwischen der Fürstin und dem Dichter.

In zweiter Ehe war Friederike Prinzessin von Solms-Braunfels geworden, bei der Ottilies Mutter eine Zeitlang als Erzieherin angestellt gewesen war. Ottilie selbst konnte sich recht gut der Spiele auf dem Schloßhof erinnern und kannte wohl auch die jetzige Herzogin von Cumberland selbst aus Kindeszeiten.

Das besagte silberne Tablett, auf dem Ottilie und August herumgereicht wurden, vergoldete sich fast, als Fürst Anton von Radziwill zu seinem Geburtstag auf Schloß Monbijou einlud. Seine Frau war eine Prinzessin von Preußen, die Schwester des 1806 bei Saalfeld gefallenen Prinz Louis Ferdinand. Ihr Rang erhob eine solche Einladung in Berlin zu einem außerordentlichen gesellschaftlichen Ereignis. Als ein solches mußte es auch gelten, daß bei dieser Gelegenheit und zu Ehren Augusts und Ottilies Szenen aus Goethes *Faust* aufgeführt wurden, die Fürst Radziwill komponiert und inszeniert hatte. Ein auch musik- und theaterhistorisch durchaus bedeutsamer Abend, denn es gab noch keine andere Vertonung, und *Faust* galt zu jener Zeit als unaufführbar. Die Erscheinung des Erdgeistes, wußte Ottilie zu berichten, hinterließ bei den Gästen einen besonderen Eindruck, denn man ließ »Ihr Bild, bester Vater, durchs Fenster kolossal erscheinen«. Auch Graf Brühl und der Schauspieler und Bühnenschriftsteller Wolff berichteten persönlich Goethe von dieser Laienaufführung des *Faust*, aber dieser war ohnehin bestens informiert. August war gehalten, täglich tagebuchartig alle Ereignisse festzuhalten, so daß der Vater stets auf dem laufenden blieb. Er verfolgte die Reise seiner Kinder mit großer Anteilnahme

Friedrich Carl von Savigny.
Aquarell von Franz Krüger, um 1830.

und registrierte die Aufmerksamkeiten, die man ihren erwies, nicht nur genau, sondern erwähnte sie auch stolz mündlich wie schriftlich im Freundeskreis.

Vom Tag ihrer Ankunft an stand August und Ottilie im Theater die Loge direkt neben der königlichen zur Verfügung, und schon am nächsten Abend ließ Graf Brühl eigens den Gästen zu Ehren außerhalb des Repertoires *Iphigenie* spielen und am folgenden Abend Schillers *Jungfrau von Orleans*. Da August wußte, wie sehr den Vater das Theater interessierte, ging er nicht nur nahezu allabendlich in eine Aufführung, sondern notierte auch ihm bemerkenswert erscheinende Details der Dekoration oder Kostümierung. Ottilie kam schon mal einen Akt später oder gar nicht, um die Zeit für Besuche zu nutzen oder in froher Runde bei Nicolovius zu verbringen. August wurde von Zelter in die Montagsgesellschaft eingeführt, einem Klub prominenter Berliner aus Kreisen der Wissenschaft und des Geisteslebens, es war der älteste Klub in Berlin und von Lessing gegründet.

Die Ateliers der Bildhauer Schadow, Rauch und Tieck – alle drei Vertreter des Berliner Realismus – bekamen die Gäste aus Weimar zu sehen. Schinkel, Oberbaurat und weitestgehend verantwortlich für das entstehende klassizistische Stadtbild von Berlin, wies die Gäste in seine Pläne für das im Bau befindliche neue Theater ein. Staatsrat Nicolovius zeigte ihnen in der Porzellanmanufaktur das Service, das der König dem Herzog von Wellington zu schenken gedachte, wobei sich der Direktor der Manufaktur als Studiengenosse Goethes in Straßburg diesem angelegentlich empfehlen ließ. Was immer man ihnen zeigte, die Privaträume des Königs im königlichen Palais, Schlösser, Gemäldegalerien – es geschah natürlich um des Vaters willen.

Beim Staatsrat Schultz, einem Goethe befreundeten Briefpartner über naturwissenschaftliche Fragen, mußte Ottilie gar als Taufpatin seines siebenten Kindes herhalten. Den Taufakt vollzog Berlins und des Jahrhunderts bedeutendster Theologieprofessor, Friedrich Schleiermacher. Er »hielt eine recht gute Rede«, schrieb August nach Weimar, und in seiner Zeugenschaft wird das wohl stimmen. Ottilie besaß die Unbekümmertheit zu schreiben: »Daß die Kleine Ihnen zu Ehren den Namen Ottilie erhalten, werden Sie auch schon wissen.« Die Ironie war unüberhörbar. Sie ging sogar noch einen Schritt weiter, als sie dem Vater steckte, sein Name werde den ganzen Tag über mit großer Hochachtung von Leuten genannt, die ihm gern selbst alle diese Besonderheiten gezeigt hätten. Das wecke in ihr recht oft ein Gefühl des Bedauerns für ihn, denn »Sie wissen zwar, wie sehr die Welt Sie liebt und verehrt, doch Sie empfinden nicht die tausend kleinen Zeichen davon wie wir sie empfunden haben, da ja die meisten es nicht wagen, sich Ihnen so zu nähern«.

Ottilies liebenswürdigste und ganz persönliche Eroberung, Staatsrat Langermann, Nachbar und Hausfreund Zelters, vom ersten Tag des Besuches an ihr häufiger Gesellschafter, verwöhnte sie mit Komplimenten und Konfekt. Solche kleinen Flämmchen galanter Feuer waren immer geeignet, Ottilies Herz zu erwärmen und ihr seelisches Wohlbehagen im Gleichgewicht zu halten. Die Aufgeschlossenheit, mit der sie Menschen und Dingen entgegenkam, die spürbare Bereitschaft, Menschen kennenzulernen, an ihren Interessen Anteil zu nehmen, ihre Offenheit und Spontaneität schafften dem Hause Goethe neue Freunde.

Koffer packen, Abschiedsvisiten – Graf Gneisenau kommt sogar selbst – füllen die Pfingstfeiertage, ehe am Tag danach das letzte tränenreiche Lebewohl den Nicolovius und den Zelters gehört. »... der Weg zwischen da und Potsdam verging uns stillschweigend«, läßt August seine Berliner Berichterstattung ausklingen, und man mag es ihm glauben. Vier Wochen hindurch hatte er an der Seite seiner quirligen Frau geduldig den Prinzgemahl gespielt, mindestens symbolisch immer zwei Schritte hinter ihr, unauffällig, ein guter Kamerad und Reisepartner, kein von Geistesfunken sprühender Gesprächspartner, dafür ein zuverlässiger und repräsentabler männlicher Geleitschutz bei allen Anlässen. Nicht im Tagebuch, nicht in Briefen, nicht im Gespräch findet sich ein einziges Wort des Lobes für Ottilies perfekte Repräsentation, keine Anerkennung für ihre Unermüdlichkeit. Im Nachsatz eines späteren Briefes an den Sohn schreibt jedoch der alte Goethe »... Sodann will ich Ottilien gratulieren, daß ihre kleine Person höchstenorts sehr guten Eindruck gemacht hat; das kommt mir denn von mehreren Seiten zu ...« August lobte nie. Allerdings ging die Reise dafür auch ohne Sticheleien und ohne Streit ab. Wahrscheinlich fehlte einfach jede Gelegenheit dazu, denn das Ehepaar sah sich nie vor Mitternacht allein, oft wurde es später, und dann erstickte die Erschöpfung jeden Ansatz zu artikuliertem ehelichem Unbehagen. August mochte froh sein, das alles zur Zufriedenheit des Vaters hinter sich zu haben. Er hakte Berlin auf seinem Reisekalender als erledigt ab. Nun ging es auf Dresden zu und durch die Sächsische Schweiz nach Weimar zurück, wo der Alltag ruhig wieder beginnen mochte. So atemberaubend anstrengend konnte Dresden nicht werden, zumindest gab es da keinen Franz Nicolovius, und was die Gemäldegalerie anging, so konnte August ihr inzwischen gut trainiert und gelassen entgegensehen. Ottilie dagegen ergriff Wehmut. Es war ihr erster größerer Aufenthalt außerhalb Weimars gewesen und in gewissem Sinne eine Zäsur. Sie hatte erfahren und bewußt in sich aufgenommen, was der Name Goethe vermochte, als Visitenkarte wie auch als geistig zentrierende Kraft.

Um eine weitere, jedoch bittere Erfahrung war sie überdies reicher: Von Augusts Seite würde niemals eine geistige Anregung kommen, mit ihm niemals ein so bewegender Gedankenaustausch möglich sein wie beispielsweise mit dem jüngsten ihrer Berliner Freunde. Das Feuerwerk geistreicher Konversation und herzlicher Zuwendung, das Ottilie abzubrennen imstande war, würde August ewig unverständlich bleiben. Im Doppelschatten von Vater und Ehefrau würde er verstummen und sich zurückziehen auf seine Domäne: die Verwaltung seiner beiden Haushalte, den Hofdienst, die Amtsgeschäfte und seine geliebte Mineralogie.

Ottilie hingegen würde niemals wieder so unbekümmert und glücklich sein, den Namen Goethe tragen zu dürfen, wie 1819, im Jahr der Berlin-Reise.

Krisenzeiten

Einen liebevolleren Schwiegervater hätte sich Ottilie nicht denken können als Goethe, unendlich besorgt um seine »Tochter«, die seit Jahresanfang 1820 wieder schwanger war. Ihr zeitweilig heftiges Unwohlsein stimmte bedenklich. Kein Familienmitglied, das nicht bemüht gewesen wäre, die Leidende aufzuheitern, aber wer vermochte den Großvater zu übertreffen, der sich auf seinen zweiten Enkel freute. Er wohnte damals in Jena häufig im Gasthof »Zur Tanne«, unmittelbar an der Saale gelegen, mit Ausblick in die Landschaft, was ihn immer wieder über die frugale Küche hinwegtröstete.

Ottilie und die Köchin in Weimar wetteiferten, sooft als möglich den etwas phantasielosen Speiseplan aus eigener Küche zu ergänzen, denn der alte Herr war ein Gourmet.

Am anderen Ufer trennt ihn ein kleines Wäldchen, »Paradies« genannt, vom Orte selbst. Aus dieser Idylle schickt er als Aufmerksamkeit und zur Erfrischung der werdenden Mutter eine Melone nebst Gedicht und verrät dabei zwischen den Zeilen, wie der Anblick spielender Kinder in ihm den Wunsch weckt, sich bald im eigenen Hause daran erfreuen zu können:

Wo ich wohne
Zeigt die Melone:
Am Paradiese
Zunächst der Wiese
Liegt ein Garten
Da warten
Hübsche Kinder auf mich.
Ich aber denk an Dich –
In aller Tugend und Zucht
Schick ich die Frucht.

Ottilie antwortet umgehend mit nicht ganz konkurrenzfähigen, aber liebenswürdigen Zeilen und bedankt sich, habe doch ein

Gedicht aus geliebter Hand noch stets ein Frauenherz entzückt. Sie endet mit den vier Zeilen:

Steht es im Koran schon geschrieben,
Daß Tugend sei, Dich treu zu lieben,
Und Zucht, es offen zu bekennen,
So bin ich fromm und keusch zu nennen.

Lobt er ein ander Mal ihre Geduld und Heiterkeit, so geschieht es, wohl wissend, was ein Lob vermag und wie sparsam sein Sohn damit umgeht.

Endlich kehrt auch Adele Schopenhauer aus Danzig und Berlin zurück, rechtzeitig, um der Freundin beistehen zu können. Diese erschreckt ihre Familie, als sie wenige Wochen vor der Geburt auf der Treppe zu ihrer Mansarde ausgleitet und hinfällt.

Am 18. September 1820 wird Goethes zweiter Enkel geboren, offenbar unter schwierigsten Umständen, denn Tage vor und nach der Geburt muß man um das Leben seiner Mutter fürchten. Auf des Großvaters Wunsch erhält dieser Junge seinen Rufnamen, Wolfgang, und erfreut sich fortan des »Apapas« besonderer Liebe, ein wenig zum Nachteil Walthers. Letzterer, klein und zierlich wie die Mutter, wurde immer etwas verdrängt von Wolfgang, der mit braunen »Goethe-Augen« in die Welt sah und auch an Körpergröße und Haltung eher dem Vater und dem Großvater glich.

Im Grunde war es gleichgültig, welchem Elternteil die Jungen näherkamen, denn Kinder dieser Ehe konnten immer nur die eine Aufgabe haben, Goethes Enkel zu sein. Diese Funktion legte ihnen schon der Ehevertrag der Eltern nahe, ehe sie das Haus am Frauenplan mit ihrem Leben erfüllten.

Unverblümt drückte das Goethe auch in drei Strophen aus, die er 1820 »der unter meinen Augen aufgewachsenen Gattin meines Sohnes« widmete:

Ehe wir nun weiter schreiten,
Halte still und sieh dich um,
Denn geschwätzig sind die Zeiten,
Und sie sind auch wieder stumm.

Was du mir als Kind gewesen,
Was du mir als Mädchen warst,
Magst in deinem Innern lesen,
Wie du dir es offenbarst.

Deiner Treue sei's zum Lohne,
Wenn du diese Lieder singst,
Daß dem Vater in dem Sohne
Tüchtig-schöne Knaben bringst.

Sicher galt Ottilies überschwenglicher Dank in erster Linie dem Manne, der ihr ein Haus im Sinne von eigenem Heim gegeben hatte, und das war nun einmal nicht ihr Ehemann, sondern ihr Schwiegervater. Er bot ihr zudem den anspruchsvollen gesellschaftlichen und intellektuellen Rahmen, den sie zu ihrer Entfaltung brauchte. Das wußte sie spätestens seit ihrer Berlin-Reise, und sie erfuhr auch bald, wieviel moralische Freibriefe der Name Goethe wert war, wieviel Schutz er bedeutete, wieviel Ansehen, wieviel väterliche Besorgtheit. Aus töchterlicher Liebe und Verehrung erwuchs selbstverständliche Pflichterfüllung, je mehr der Schwiegervater ihrer Pflege bedurfte und je mehr diese anfing, ihr schwer zu werden. Die schwerste Belastung für diese Ehe entstand aus einer Außergewöhnlichkeit, aus der unanfechtbaren Dominanz des Schwiegervaters. Auch bei einer weniger selbstbewußten Frau wie Ottilie wäre August von Goethe nur die Rolle des unglücklichen Dritten geblieben.

Niemanden interessierten eigentlich Augusts Söhne, jeder sah auf Goethes Enkel – und das war nicht dasselbe. Goethe wußte zu danken und scheint zu Ottilies Geburtstag mit einer größeren Geldsumme das Budget aufgebessert, eine Art von Leistungsprämie ausgeworfen zu haben. Ottilie bedankte sich: ». . . ich fürchte, ich werde heute ebensowenig Worte haben als gestern, wie mir August sagte, mit welcher Güte Sie dafür gesorgt, daß nicht nur an meinem Geburtstag, sondern auch alle folgenden Tage des Jahres sich meine Wünsche verwirklichen können. Überrascht und beschämt über den Reichtum, den Sie in meine Hände gelegt, kann ich noch so wenig mich ganz überzeugen, daß er wirklich mir angehört, daß ich dadurch immer von neuem lebendig mache, mir

»Goethe mit seinen Enkelkindern«.
Holzstich, um 1890.

Ihre Gabe stets zu wiederholen; und so erneuere ich in jedem Augenblick auch meinen Dank.«

Ottilies mütterliche Instinkte hielten sich durchaus in Grenzen, solange Großmutter, Mutter, August und ihre Schwester Ulrike mit einem Kindermädchen sich der beiden Jungen annahmen, so daß sie ihren vorherigen Freiraum bald nach der Geburt zurückgewann. Trotzdem hängen beide Söhne mit stürmischer Liebe an ihrer jungen Mutter, und es geschieht nichts, wozu diese nicht ihre Einwilligung gegeben hätte, es sei denn – Großvater habe etwas anderes bestimmt. Sein Wort zählt vor allen. Ob August von Goethe als Vater eigene Erziehungsmaximen verwirklichen möchte – niemand fragt danach. Aber auch Ottilie verfolgt keinen direkten Erziehungsplan. Frei, offen, ehrlich und herzlich geht sie mit den Kindern um, von praktizierten Regeln des Anstands und der Sitte sind sie in diesem Hause ohnehin ständig umgeben. Sie müssen nur ihrem kindlichen Nachahmungstrieb freien Lauf lassen. Sie lernen schnell und wie von selbst, unbefangen und doch höflich den zahlreichen Gästen zu begegnen. Aufgeschlossenheit und Natürlichkeit erwirbt ihnen jede Sympathie. Ottilie wünscht kaum mehr als ein liebevolles und offenes Verhältnis zu ihren Kindern, dem ähnlich, das sie mit ihrer eigenen Mutter verbindet, und sie erreicht das auch. Über Ausbildung wird man reden, sobald Begabungen sichtbar werden. Es möchte doch sein, daß die dritte Generation den Namen Goethe wieder bei Ruhm erhielte. Das mag auch der Großvater gehofft haben. Einen systematischen Erziehungsplan besaß er für die Enkel sowenig wie einst für den Sohn. Das Begreifen der Umwelt durch praktisches Ergreifen zu trainieren, schien ihm auch bei den Enkeln die beste Devise. Spätestens ab 1824 hatte er beide täglich um sich, und deren größtes Vergnügen war es, in seinem Arbeitszimmer spielen oder mit ihm ausfahren zu dürfen. Man ließ sie wachsen. Niemand forderte etwas von ihnen. Von mindestens fünf Erwachsenen sahen sie sich ständig verzogen. Zählte man die Freunde des Hauses mit, so herrschten sie selbst bald über zehn – den geliebten »Apapa« allen voran. Atmosphäre und ungeschriebene Etikette ersetzten erzieherische Konsequenz und verbürgten Wohlerzogenheit bei aller sonstigen Freiheit. Dazu gehörte es, daß selten laut gesprochen wurde – Goethe war außerordentlich geräuschempfindlich – und daß man Kinder unter keinen Umständen am Streit der Eltern teilnehmen ließ.

Die Freundin Adele spürt am ehesten, wie banale Streitigkeiten sich zwischen August und Ottilie häufen. Sie versucht – so gut es ihr gelingen mochte – zwischen diesen beiden ungleichen Menschen zu vermitteln und muß doch schon 1821 resignieren. »Was kann man von August für Änderung erwarten, was vier Jahre lang war, wird wahrlich nicht im fünften anders, und wenn er in der Zeit nie das Bedürfnis hatte, mit dir vereint seine Lieblingsbeschäftigung zu treiben, dir sein Interesse anzueignen, so wird kein Wort ihm nun die rechte Richtung geben.« Ottilie fängt an, sich zu langweilen, August scheint ohne sie auskommen zu können. Er befindet sich viele Stunden des Tages im Dienst oder gar auf Dienstreise,

Haushalt und Kinder haben ihre Ordnung und ihr Personal, Goethe ist über Wochen zur Kur in Karlsbad oder Marienbad oder bei seiner Arbeit in Jena. Ottilie fehlt das unmittelbare Stimulans, das »Spiel mit dem Feuer« ihrer vorehelichen Jahre, der Flirt, der die Illusion zuläßt, man werde leidenschaftlich begehrt. Mit solchem Scheinfeuer kann August nicht mehr dienen, der für sich bereits feststellt, die bunten Farben seien längst von den Flügeln abgestreift. Er ist treuer Sohn und biederer Familienvater und froh, wenn er seiner Frau einen Erholungsaufenthalt in Lauchstädt und in Dessau bei Onkel und Tante Hagen ermöglichen kann, zu dem sie Walther, Ulrike und ihre Mutter mitnimmt. Weiß sie es wohl zu schätzen, daß er mit Wolfgang zurückbleibt und dennoch gute Laune zeigt, ihr vom Ballkleid über durchbrochene Strümpfe bis zum Perlenkamm alles nachschickt, was gewünscht wird, Nachrichten aus Weimar hinzubündelt und schließlich noch mit neun Flaschen Würzburger Wein, wie er im Hause Goethe zu Tisch üblich ist, seine Genesungswünsche sendet? Ihre Schusseligkeit läßt ihn auch noch Dinge suchen, die sie eigentlich mitgenommen haben müßte. Im Jahr darauf, mit Wolfgang und Ulrike in Bad Frankenhausen zu Prießnitzkuren, sucht sie verzweifelt einen grünen Domino, von dem August schließlich berichtet, er sei weder in seiner noch ihrer Garderobe zu finden und ohnehin aus der Mode, wie man ihm versichert habe. Letztere Bemerkung ist dann schon so ein kleiner Nadelstich gegen ihre Modetorheiten, wie er ihn auch gern gegen ihre literarischen Aktivitäten richtet, wenn er spöttisch schreibt: »Hoffmann, der Flöh-, Katzen- und anderer Dichter, ist tot; sein Leichenzug, von ihm selbst geschrieben, macht das fidele Ende seiner nächstens in einer Prachtausgabe Ottilien von Goethe dedicierten Werke aus.« E. T. A. Hoffmann gehörte zu den Lieblingsdichtern seiner Frau, aber er war immerhin auch der originellste und skurrilste Vertreter romantischer Poesie und Musik, Maler und Theaterdirektor, dessen Oper *Undine* in Berlin uraufgeführt und populär geworden war, dessen Erzählungen zu jener Zeit in aller Munde waren. Ottilie konnte empfindlich reagieren auf solche Seitenhiebe.

Im ganzen schien es, als ob die Kur in Frankenhausen durchaus zur erneuten Stabilisierung dieser schwierigen Ehe beitragen könne. Der fürsorgliche August schickte Geld, überließ ihr die

Pferde und ermunterte sie, so lange zu bleiben, wie sie es selbst für nötig erachte und alle 28 Bäder zu nehmen, »kommt man über den Hund, so kommt man auch über den Schwanz, das ist ein altes Sprichwort«. Er opferte dafür die für ihn vorgesehene Harzreise und kam ein paar kurze Tage sogar selbst herüber. Ottilies Bitte, man möge von ihren Kleidern welche verkaufen, um zu Bargeld zu gelangen, übergab August der entsetzten Mutter, die zähneknirschend zehn Reichstaler schickte und damit den Garderobenfundus ihrer Tochter noch einmal rettete. Augusts Brief enthielt zudem, was sich sonst nirgendwo so offen finden läßt, eine Liebeserklärung an seine Frau, ein immerhin seltener Praliné für Ottilie: »Sonst wüßte ich nichts zu melden und zu sagen; als daß ich Di[ch] sehr liebe und mich sehr auf Deine Rückkunft freue und mich gewiß bemühen werde, den guten Eindruck von Frankenhausen nicht zu verlöschen. – Übereile Dich ja nicht, denn der Aufwand ist einmal gemacht, da kann es denn auf 3 oder 4 Tage nicht ankommen. Grüße Ullen und küsse Wolf. Dein treuliebender Mann August.«

Müßte das nicht eigentlich eine glückliche Ehe signalisieren, vor allem, wenn man überdenkt, was August bis zu diesem Zeitpunkt wahrhaft großzügig zu übersehen schien: die reichlich sentimentale Neigung Ottilies zu Heinrich Nicolovius, den sie im Jahr zuvor bei seinem Besuch in Weimar zu ihrem engsten Vertrauten gemacht hatte, und vor allem die böse Affäre mit dem Kunstreiter Baptiste. Sie allein wäre geeignet gewesen, eine erste schwere Ehekrise schon im Frühjahr 1822 auszulösen. Während des Gastspiels der französischen Kunstreitertruppe hatte Ottilie an jedem Abend in Begleitung des Dieners Stadelmann die Vorstellung besucht und ganz offensichtlich den Flirt an der Bande genossen, wo Baptiste die Piaffe und die Pirouette seines Pferdes nur ihr zu widmen schien. Als Stadelmann jedoch einmal fehlte, fand Baptiste eine Gelegenheit, Ottilie in den Wagen zu helfen. Auch Adele fand, daß er aussähe »wie ein Ideal von Franz« (Nicolovius natürlich) und kam auf die Idee, dem Spiel noch ein wenig nachzuhelfen, indem sie eine anonyme Liebeserklärung in französischen Versen dem Kunstreiter zuspielte, »und verlebte zwei Tage des köstlichen Spaßes, denn ich hatte alle angeführt«. Die möglichen Folgen hatte sie wohl kaum bedacht. »Baptiste, der annehmen mußte und sollte, die Verse stammten von Ottilie, wurde natürlich mutiger ... Aber schon fing die ganze Stadt an zu schwatzen, zu flüstern«, vertraute Adele später ihrem Tagebuch an. Die ersten Wellen der Klatschesflut erreichten bereits den Kreis der Freundinnen, das Haus Schopenhauer. Wann würde August erfahren, was Augenzeugen berichteten? Baptiste sei aus einem Wirtshaus hinter Ottilie hergelaufen, habe dabei ein wasserholendes Mädchen umgerannt, das mit Zeter und Mordio alle Herren der Umgebung mobil gemacht habe, die dem vermutlichen Dieb gefolgt seien und – Ottilie mit Baptiste in einem »russichen Boskett« miteinander redend gefunden hätten. Adele zwang die Aufregung ins schützende Bett, und Ottilie erhielt den dringenden Rat, einige Tage im Haus zu bleiben oder sich nur mit August sehen zu lassen. Dieser war aber offenbar nicht gewillt, in dem ganzen Trubel mehr zu sehen, als vielleicht einen Rückfall Ottilies in die Allüren einer noch jugendlichen, romantischen Seele. Das kleine Feuer sank in sich zusammen. August ließ eine Krise gar nicht erst Raum greifen. Ottilie verarbeitete das ganze Erlebnis später zu einer *Novelle* und schrieb es sich damit von der Seele.

Das Jahresende bescherte dem Hause Goethe einen neuen Freund, häufigen Tischgenossen und Gesprächspartner: Frédéric Soret. In Petersburg geboren und in Genf aufgewachsen, hatte er dort Theologie und in Paris Naturwissenschaften studiert und war bereits mit Veröffentlichungen zur Mineralogie hervorgetreten. Er brachte sowohl dem Vater als auch der nur um ein Jahr jüngeren Ottilie neue Anregungen und wurde beiden schnell unentbehrlich. Die Zarenmutter war seine Patin. So hatte es sich ergeben, daß ihre Tochter, Großfürstin Maria Paulowna, Erbgroßherzogin von Sachsen-Weimar, ihn zum Erzieher ihres vierjährigen Sohnes Karl Alexander wünschte. Zwischen diesem und dem gleichaltrigen Wolfgang von Goethe entwickelte sich eine Kinderfreundschaft, an die Karl Alexander auch später als Großherzog gern zurückdachte, denn sie vertiefte die freundschaftlichen Beziehungen zwischen Fürstenhaus und Goethehaus. Soret nutzte manche Gelegenheit, die beiden Jungen zu gemeinsamen Aktivitäten lernend und spielend zusammenzubringen. Schon bald registrierte der aufmerksam beobachtende Schweizer, daß im Hause Goethe die zahlreichen jungen Damen den Vater »wie einen Abgott« anhimmelten, und daß sich in Goethes Schwiegertochter mit Heiterkeit »unendlich viel Geist und Liebenswürdigkeit« vereinten.

Binnen kurzem wußte er auch, wie sehr in Weimar die »Englische Krankheit« grassierte. Die Söhne Albions fanden es seit einiger Zeit unerläßlich, für wenigstens ein Jahr den Kontinent zu besuchen, und es gehörte zum guten Tone, dabei auch in Weimar gewesen zu sein und möglichst Goethe gesehen zu haben. Dabei hatten die wohlhabenden Eltern eher an ein Studium der deutschen Sprache gedacht. Aber die jungen Herren aus England, Schottland und Irland gaben der Jagd, dem Tanz und dem Flirt eindeutig den Vorzug. Zu beiden Seiten des Kanals schwärmte die Jugend für den gleichen Helden: Lord Byron[8]. Das verband. Verband sogar mit Goethe, denn es war nicht unbekannt geblieben, wie intensiv sich Goethe mit Byron auseinandersetzte, jede seiner Veröffentlichungen las, einige übersetzte und begeisterte Rezensionen in seiner eigenen Zeitschrift *Kunst und Altertum* herausbrachte. Schon früh hatte Goethe Byrons Dichtung in Beziehung zu seinem *Faust* gebracht, und er setzte schließlich im dritten Akt von *Faust II* dem Dichter selbst in Gestalt des *Euphorion* ein Denkmal. Byrons exzentrische Lebensart erschien ihm als der Inbegriff dessen, was er »eine dämonische Natur« nannte. Dem Dunklen, Zügellosen in Byrons Wesen und Dichtung stand er dabei keineswegs unkritisch gegenüber, doch allein von Byron fühlte Goethe sich mit Faust verstanden. »Byron allein lasse ich neben mir gelten«, überlieferte Kanzler Müller einen sehr apodiktischen, aber niemals zurückgenommenen Ausspruch Goethes. Byron und Goethe lernten sich nicht persönlich kennen und standen dennoch in ständiger Wechselbeziehung. Ihrer beider gegenseitige Wertschätzung war bekannt. Byron sah sich geradezu als Goethes literarischen »Vasallen«.

Das Jahr 1823 stand im Hause Goethe sozusagen ganz im Zeichen Byrons, seiner Düsternis und seiner Leidenschaft, seiner Verwirrungen und seiner Hypochondrie. Man hätte meinen können, eine Art von »Byrons Fluch« habe die Goethes erfaßt und ihnen dieses Jahr der Krisen beschert.

Es begann mit einem Paukenschlag: Goethe, vierundsiebzig, erkrankte auf den Tod. Am 14. Februar hatte Ottilie ihm noch das gerade erschienene und von ihm gewünschte Buch des Hans Freiherrn von Gagern *Mein Anteil an der Politik* und eine Tieck-Novelle, die sie im Berliner Almanach gefunden, besorgt. Die nächsten Tage eigneten sich schon nicht mehr zur Lektüre. Husten und allgemeines Unwohlsein steigerten sich beim Vater zu unerträglichen, von hohem Fieber und Phantasievorstellungen begleiteten Herzschmerzen: Herzbeutelentzündung. An gesundheitliche Indispositionen leichter oder schwerer Art war man gewöhnt, doch diesmal gab der Kranke sich selbst auf. »Der Tod steht in allen Ecken um mich herum«, hörte sein Sohn ihn sagen. Seit achtunddreißig Jahren hatten die regelmäßigen Kuren, vorwiegend in böhmischen Bädern, immer wieder dazu beigetragen, Goethes labile Allgemeinverfassung zu stabilisieren. Jetzt streikte das Herz. Er war Hypochonder und beobachtete sein physisches Wohlergehen minutiös, wieviel mehr seine Krankheitszustände und beschäftigte seine Umwelt mit resignierendem oder auch ärgerlichem Stöhnen, leicht ironisch gefärbten Ausfällen gegen die Ärzte, blieb aber stets ausgesucht höflich und dankbar für jede Handreichung des Dieners sowie Ottilies und Ulrikes. Ottilie erlebte zum ersten Male, wie der große, stattliche Mann in sich zusammenbrach, und sie bewies Nervenstärke. Sie »pflegt ihn und wacht die Nächte; sie soll sich mit Kraft betragen, obgleich sie keine Hoffnung hat und weiß, *was sie verliert* ...«, berichtete die Oberkammerherrin Egloffstein ihrer Nichte Julie in Italien und wenig später noch einmal: »Ottilie zeigt eine ungemeine Standhaftigkeit und kräftigen Geist, trotz ihres schwächlichen Körpers ...« Kanzler Müller geriet gar in Euphorie: »Ottilie benimmt sich wie ein Engel, verbirgt ihren ungeheuren Schmerz und umgibt Tag und Nacht sein Lager mit den freundlichsten Wort- und Hilfeleistungen.« Am Tag der Krise machte sich das Gerücht breit, Goethe sei tot, und erschreckte von Berlin bis Frankfurt die Freunde. Im Dienstbotenzimmer des Erdgeschosses gaben die Ärzte ein tägliches Bulletin heraus. Nach zwei Wochen konnte August endlich den Schlossers in Frankfurt schreiben, daß Herz- und Lungenentzündung den Vater an den Rand der Gefahr gebracht hätten, aber man jetzt hoffen dürfe, daß seine starke Natur ihn nach der Krise selbst auch deren Folgen zu überwinden helfen werde. Am 2. März konnte Goethe ohne Hilfe aufstehen, und der Tee wurde bei ihm serviert. Als Soret scherzhaft monierte, das Ereignis habe doch eigentlich ein kleines Blumensträußchen verdient, zog Ottilie spontan das rote Band aus ihrer Haube und legte es dekorativ um die Teemaschine, worüber der Schwiegervater sich amüsierte. In solchen unkonventionellen Gesten zeigte sich Ottilies Charme, der immer wieder ihre Fehler übersehen ließ. Nach weiteren vierzehn Tagen ließ August gegen Schlossers hören, wie sehr ihm ein Stein vom Herzen gefallen sei: »Der ganze Zustand der vergangenen vier Wochen liegt wie ein böser Traum hinter mir, da die Wirklichkeit jetzt so erfreulich ist«.

Leider blieb sie es für August nicht lange.

Nach Byronscher Düsternis betrat nun die Leidenschaft, verwirrend und zerstörend, in Verkleidung eines neunzehn Jahre alten Iren, das goethesche Haus. Er kam Ende Mai aus Genua, wo der Vater als englischer Konsul lebte, und hatte einen persönlichen Gruß und Brief Lord Byrons, dem er obendrein ähnlich sah, an Goethe abzugeben. Sein Name: Charles James Sterling. Der junge Mann gehörte zu dem Kreis schöner idealistischer, leicht verruchter Jünglinge, die Byron umflatterten wie die Motten das Licht. Wenigstens ein Hauch davon muß ihn umgeben haben, so daß Goethe ihn als »dämonisch« einordnete, während der Freundeskreis ihn lediglich, allerdings einhellig, als angenehm empfand. Die Aura Byrons, sein wortreiches Eintreten für den Freiheitskampf der Griechen und seine bekanntgewordene Absicht, sich in persona an ihre Spitze zu setzen, erhellte offenbar noch zusätzlich die in weimarischen Augen auffallend schöne Gestalt Sterlings. Ottilie vergaß im Handumdrehen Heinke, Nicolovius und Baptiste. August übersah, daß sich hier mehr als ein Flirt anbahnte. Das war ein nicht wieder gutzumachender Fehler seines Lebens. Hatte er selbst erst nach vielen Jahren der Bekanntschaft und als Zeichen der Freundschaft ein modisches, besticktes Uhrenband mit poetischer Beigabe aus Ottilies Hand erhalten dürfen, so sah sich Sterling schon nach vier Wochen im Besitz eines solchen mit Gedicht. Auch Goethe verfaßte in diesen Junitagen ein Gedicht, Lord Byron, »Ihm, der sich selbst im Innersten bestreitet«, zu Dank und Gruß. Es fand später Aufnahme in seine erste Gesamtausgabe und enthielt die kaum verhüllte Warnung an den ihm im Geist Verwandten, er möge die innere Zerrissenheit in sich erkennen und glücklich werden mit sich selbst. Lord Byron erhielt die Verse Ende Juli im Augenblick der Abfahrt von Livorno nach Griechenland.

Von einer Abreise Sterlings aus Weimar konnte allerdings noch nicht die Rede sein, im Gegenteil. Seine Eltern erlaubten ihm, ein Jahr zu bleiben. Vermutlich habe er wohl Lust dazu, meinte August mit unbefangener Naivität. Ehe ihm klar wurde, daß seine Frau sich in eine zerstörerische Leidenschaft steigerte, die ihrem Ursprung nach gar keine sei, wie Adele Schopenhauer den neuen Seelenzustand der Freundin unterbewertete, galt es, vorrangig ein Auge auf den Vater zu haben.

Dieser war inzwischen nach Marienbad abgereist, Byrons Fluch im Gepäck, möchte man sagen. Schon zum dritten Male begegnete er dort Frau von Levetzow und ihren Töchtern. Dem Tode gerade entronnen, erschien ihm jetzt die siebzehnjährige Ulrike als Inbegriff der Jugend und des Weiblichen. Es verbreitete sich schnell die Nachricht, der um ein halbes Jahrhundert Ältere wolle sie heiraten. Mit mehr als doppelter Postgeschwindigkeit gelangte dieses Gerücht auch nach Weimar, wo die Räder der Klatschmühlen sich emsig zu drehen begannen, und der Großherzog und Jugendfreund Goethes zu einer Vermittlungsreise startete. Immerhin brachten die Großeltern der jungen Dame bereits die Information in Umlauf, als Gattin Goethes würde ihre Enkelin auch von August und Ottilie »sehr geehrt und auf Händen getragen werden« sowie als spätere Witwe vom Großherzog eine Pension von 2000 Reichstalern jährlich erhalten. Allerdings, so fügte die Großmama hinzu und Frau von Humboldt berichtete es ihrem Mann, könne sich das Fräulein nicht zu einer so altersbedingt ungleichen Heirat verstehen.

Ottilie mußte seit August des Jahres an rätselhaften Formulierungen in einem Briefe des Schwiegervaters aus Marienbad deuteln: »Auch in diesem alten Irdischen, so wie im neusten Himmlischen, hab ich köstliche Erfahrungen gemacht; schöne Zusammenstellungen sind mir geworden«, nur über Näheres schwieg er sich sibyllinisch aus. Tags zuvor hatte er seine Freude darüber zu erkennen gegeben, daß August guten Willens gegenüber Sterling sei und dieser sich so gut, »in uns alle hereinfügt, ist mir eine wahre Lust. Verzeihung! – aber das Zusammensein so guter verständiger und geistreicher Menschen, als wir sind, war mitunter so stockend als möglich, zu meiner Verzweiflung; es fehlte ein Drittes oder Viertes, um den Kreis abzuschließen.« Das konnte im Klartext heißen: Laß du mir meine Ulrike – ich lasse dir deinen Sterling. Es hieß aber in jedem Falle für Ottilie, die Geduld zu üben, die er wünschte, im Vertrauen auf ihre Diskretion, wenn auch die Zeile, »Möge das alles werden, wie ich's denke und wünsche«, sich nach allen Himmelsrichtungen drehen und wenden ließ. Wollte er wirklich noch einmal heiraten? Sollte der Vater die Levetzow mitbringen, so wäre im Haus am Frauenplan natürlich keines weiteren Bleibens für August und Ottilie, auch sonst nicht in Weimar. Beide fühlten sich düpiert und erwogen bereits – Kanzler Müller wußte davon –, im Ernstfall nach Berlin überzusiedeln. Man war in durchaus aufgeregter Stimmung und diskutierte die möglichen Konsequenzen, während Ottilie sich ihrerseits dem Vater gegenüber ausschwieg. Inzwischen hatte Goethe in Marienbad eine hinhaltende höfliche Ablehnung erfahren, spürbares Mitleid mit den Kapriolen eines alternden genialen Mannes, das ihn ernüchterte. Auf der Rückkehr fing August den Vater am 13. September in Jena ab und meldete am Tag darauf, der bewußte Name und das Wort Familie seien noch nicht gefallen, so fange er an zu hoffen, daß alles gutgehen und sich wie ein »Traumbild auflösen werde«. Die schweren Schatten lagen in der Tat wie ein Alptraum auf der Familie Goethe. Ein Hauch von Byronscher dunkler Irritation ließ allen den Atem stocken. Es schmerzte überdies fast jeden aus dem großen Freundeskreis des Hauses, den großen alten Mann so in sich zerrissen zu sehen. Goethe kehrte heim.

Noch in der Kutsche gelang ihm die Vollendung seiner Elegie über Liebe und Abschied, die *Marienbader Elegie*, mit deren Abschrift in bibliophil kostbarem Einband er einen ungewöhnlichen Aufwand trieb. Nur wenige Freunde sollten sie zu sehen oder gar zu hören bekommen, und jedesmal zelebrierte er die Lesung wie eine feierliche Handlung: Staatsbegräbnis Erster Klasse für Goethes letzte Liebe. Man durfte aufatmen. Ottilie, von dreitägigem Unwohlsein und Rückkehr von Wilhelmsthal wieder erstanden, zeigte sich beim Begrüßungstee »höchst liebenswürdig«, wie Kanzler Müller notierte. Etwaige Szenen zwischen Vater und Sohn gehören wohl in das Reich der Fabel, denn als August in Jena die geistige Verarbeitung des Erlebten in seinem Vater spürte, war eine Erörterung überflüssig geworden. Gesprächsthema – nach dreimonatiger Abwesenheit des Hausherrn – : Byron. Von niemand ande-

Kanzler Friedrich von Müller.
Zeichnung von Joseph Schmeller, um 1830.

rem habe er in Marienbad und Karlsbad sprechen hören, erzählte Goethe, außer natürlich noch von Sir Walter Scott. Goethes labile Stimmung läßt ihn oft ungerecht werden gegenüber seiner Umwelt. Als Kanzler Müller empfiehlt, er möge doch täglich wieder eine Spazierfahrt unternehmen, fragt Goethe gereizt, mit wem er das denn tun solle, ohne Langeweile zu empfinden. Müller erinnert an Ottilie und ihre Schwester, die ihm doch dabei so oft Gesellschaft leisteten und bekommt zu hören: »Wen man täglich von früh bis Abends sieht, der kann uns nicht mehr verführen.« Er läßt erkennen, daß ihm die reizvollen Ablenkungen und das Flair der Weltbäder fehlen, woran er sich über ein Vierteljahr gewöhnt hatte. Resignierend schließt er die Tirade ab, »ich muß mich den Winter durch in meine Dachshöhle vergraben und zusehen, wie ich mich durchflicke«.

Ein anderes Mal anläßlich eines Konzertabends im eigenen Hause, auf dem Ottilie zur Klavierbegleitung singt, lobt er sie und entwickelt bei gleicher Gelegenheit seine Idee vom »ewigen Tee«, den man zur Hebung der Geselligkeit einrichten solle. Jeder solle ein für alle Mal eingeladen sein und könne auch Gäste mitbringen. Die Zimmer sollten von sieben Uhr an immer geöffnet und erleuchtet sein, Tee und Zubehör bereit. Man könne Musik treiben, spielen (das allerorts übliche Kartenspiel an eigens dafür gedachten Tischen), vorlesen, miteinander reden, alles nach Neigung. Er selbst käme und verschwände auch wieder, wie der Geist es ihm eingäbe. Es komme nur noch darauf an, eine der angesehensten Damen der Gesellschaft als Patronin zu finden, und dann nennt er als geeignet die Frau eines Ministerkollegen. Und Ottilie? Ist sie nicht Dame des Hauses? Sie kann durchaus gehört haben, wie er dem Kanzler erklärt: »An Ottilie und Ulrike gäbe ich Freibriefe für ihre Theaterlust, sie könnten dableiben oder hinziehen, das änderte nichts.« Äußert sich so Rücksicht auf deren Gewohnheit, zwei- bis dreimal in der Woche ins Theater zu gehen oder Kritik an Ottilies Lebensstil? Schroffer, eigentlich beleidigender, geht es nicht. Unmöglich kann er seiner Schwiegertochter im eigenen Hause eine andere Dame zur Repräsentation vorsetzen. Was bewegt ihn? Was belebt in ihm die Fata morgana einer unendlichen abendlichen Gesellschaft? Neidet er ihr Sterling? Was wiederum kann ihn veranlassen, plötzlich in Anwesenheit von Gästen die »indolente Sinnlichkeit« seines Sohnes zu persiflieren?

Line von Egloffstein, die er gern und viel um sich sieht, muß erleben, daß er bei einer Geselligkeit englische Oblaten, die sie ihm selbst zur Begrüßung reichte, an die junge Gattin eines Gastfreundes weiterschenkte. Goethe wurde für Schwiegertochter und Sohn ebenso wie für die Freunde unberechenbar. Als übrigens Kanzler Müller wenige Tage später die Idee vom »ewigen Tee« wieder aufnahm, erlebte er zu seinem Schrecken, daß Goethe fast alles vergessen hatte. Goethe mußte Abschied nehmen von einer Perspektive seines Lebens, die seiner Schaffenskraft immer neue Energien zugeführt hatte.

Die Umstände bringen Ottilie einen neuen, allerdings verdienten Tadel ein. Dem Vater war nicht entgangen, daß sie drei Tage hindurch für einen Captain der Scotch Greys schwärmte, dieser seinerseits für sie und zugleich für alle anwesenden Damen einschließlich einer polnischen Pianistin und deren Schwester. Als Ottilie später im Gespräch noch einmal auf diese Abende zurückkommt, erfährt Kanzler Müller Goethes Mißmut, Ottilies Treiben sei hohl und leer, ohne wahre Leidenschaft, Neigung noch Interesse, sie habe »nur eine Wut, aufgeregt zu sein«. Nahm er die Flirts der anderen jungen Damen nicht mehr wahr, die sich ebenfalls in hoffnungslose Lieben steigerten, wie Line Egloffstein zum Baronet und Leutnant John May? Auch Ottilies Schwester Ulrike blieb nicht verschont. Sie glaubte, den Neffen des Herzogs von Wellington, Captain Frédéric Culling Smith, zu lieben. Eigentlich hatten alle unverheirateten Damen »ihren« Engländer, und die verheirateten konnten sich auch keineswegs nur Ottilie von Goethe zum Vorbild nehmen. Sie besorgte übrigens die englischen Briefwechsel und kam sich als »Britischer Konsul« in Weimar vor, dienstbar in allen möglichen Situationen. Diese Konstellationen trugen dazu bei, daß August weder den Schotten noch Charles Sterling wirklich ernstzunehmen bereit war. Diese bewegten lediglich die leicht reizbaren Nerven seiner Frau, nicht die seinen.

Was dem Vater hingegen zu Ende des Jahres den Schlaf raubte, war wesentlich schwerwiegender. Wieder einmal reagierte dieser seelische Erschütterungen in körperlichem Unwohlsein ab, das sich schnell in mehreren Krankheitskomplexen zeigte. Ein schwerer Husten ließ den Kranken auch nachts nur noch im Lehnstuhl sitzen. Dazu kamen Nierenfunktionsstörungen mit Wasser in den Füßen und tiefe Depression, insgesamt wohl eine Dekompensation seines Zustandes vom Jahresbeginn. Schließlich ließen August und Ottilie den bewährten Freund Zelter kommen, der den richtigen

Johann Peter Eckermann.
Kreidezeichnung von Joseph Schmeller, um 1828.

Ton traf, um Goethe wieder aufzurichten und den Anordnungen des Arztes zu positiver Wirkung zu verhelfen. Gegen Jahresende hatte sich Goethe gefangen, lebte fortan diätetisch bewußter, im ganzen zurückgezogener, aber heiter und setzte sein Alterswerk fort. Seit Juni 1823 gehörte Johann Peter Eckermann zur täglichen Hausgemeinschaft, vier Jahre älter als Ottilie. Mit Eckermann, Soret und Ottilie umgab den Hausherrn ein Dreigespann fast gleichaltriger junger Leute, ganz auf seine Arbeitsweise und seinen Tagesrhythmus eingestellt, untereinander befreundet, von größter Nützlichkeit und – so billig! Weder erhielt Soret jemals Honorar für seine Mitarbeit an Goethes naturwissenschaftlichen Schriften, die Übersetzung der Morphologie ins Französische und tausend andere zeitraubende Gefälligkeiten, noch Eckermann für die redaktionellen Arbeiten an der Gesamtausgabe, die Goethe ihm sofort aufgetragen hatte, ohne zur Kenntnis zu nehmen, wie lawinenartig diese anschwollen und Eckermann bald unter sich begruben. Beide konnten jederzeit als gern gesehene Gesprächspartner im engeren Familienkreis an den Mahlzeiten teilnehmen und überhaupt unangemeldet bei Goethe eintreten. Eckermanns ihm aus dem Gesicht sprechende Gutmütigkeit erwarb ihm sofort Ottilies Herz, das sich so gern vertrauensvoll öffnete. Er avancierte schnell zum Geheimnisträger, mit dem man Herzensnöte freundschaftlich besprechen konnte, ohne von ihm selbst erotisch angezogen zu sein. Sicher ging es auf Ottilies Betreiben zurück, wenn die jungen Goethes fortan ihn trotz ihrer eigenen Geldsorgen finanziell unterstützten. Natürlich blieben Eckermann die Schwierigkeiten dieser Ehe nicht verborgen, allzuoft befand er sich oben in der Mansarde und mochte wohl erleben, wie der inzwischen fast unförmig dick gewordene August immer häufiger ungeduldig und hochfahrend Ottilie anfuhr. Seine unter äußerster Disziplin verdrängte Eifersucht ließ ihn schon reizbar werden, wenn er sah, daß sie englische oder französische Literatur las. Fielen englische Besucher wie Heuschrecken in die Mansarde ein, flüchtete er in das Gartenhaus, zu Freunden oder ging seiner unbekannten Wege.

Längst spielt sich die Ehe in getrennten Wohn- und Schlafzimmern ab, also eigentlich überhaupt nicht. Während Augusts Tage randvoll mit Pflichten und Verantwortungen besetzt sind, kann Ottilie im Grunde sich selbst leben. Weder Haushalt noch Kinder, Ehemann oder Vater stellen eine andere Forderung an sie als die eines angepaßten Wohlverhaltens nach innen und gelackter Repräsentation nach außen. Keine Skandale – bitte! Das ist die ungeschriebene Grenze des Erlaubten, an der Ottilie entlangschlittert.

Für die privaten Bedürfnisse und zur Beförderung der Briefe, Zettel und vertraulichen Botschaften und sonstiger zeitraubender Bagatellen gibt es eine Kammerjungfer, für die Kinder ein Kindermädchen, für die Küche eine Köchin, und ganz bestimmt hat nie jemand Ottilie mit einem Scheuertuch gesehen. Für die Finanzen sorgt der Ehemann. Vom Leben ihrer Großmutter und Mutter unterscheidet sich das ihre wesentlich dadurch, daß diese sich ihr Geld seit Jahrzehnten verdienen müssen. Hinzu kommt, daß ihrer Vorstellungswelt niemals ein intaktes Familien- oder Eheleben geboten worden war, kaum bei den Verwandten und Freunden in Dessau. Die Mütter der Freundinnen in Weimar lebten, häufig enttäuscht, von ihren Ehepartnern getrennt, geschieden oder verwitwet, mit oder ohne Hausfreund. Die Freundinnen selbst wurden schon vor ihren Ehen unglücklich Liebende oder blieben ledig. Honorige Ehen und Familien, wie bei Bertuchs in Weimar oder Frommanns in Jena, umfassende Geschäftshaushaltungen und Familien mit Kindern sah man schon eher im wohlhabenden Bildungs- und Großbürgertum, deren Angehörige jedoch nicht hoffähig waren.

Ottilies ständige engste Umgebung bildete die Hofgesellschaft, die einen großen Teil ihrer freien Zeit absorbierte, wie sie auch schon ihre Kindheit weitestgehend beherrscht hatte. Wehte in Weimar nicht die Luft goethescher Humanität und Liberalität, um wieviel enger hätte der Erfahrungsradius werden müssen. Er war schon wahrhaft eng genug gezogen, und ihre Berliner Eindrücke machten es ihr schwer, Weimar zu ertragen. Sie war für die Großstadt und für das, was man »ein großes Haus« nannte, geboren. Ein überlegener Ehemann von gesellschaftlichem Rang hätte sich dort wohl eher finden lassen. Bettina von Arnim und Rahel Varnhagen konnten als die prominentesten Beispiele großstädtischer Damen gelten, die sich auf diese Weise eine eigene, anerkannte Stellung erworben hatten. Ottilie kannte beide. Sie verzettelte im Grunde ihre Kraft, um in Weimar einen Lebensstil zu erzwingen, der in diesem Kleinstadtrahmen niemals Platz finden konnte. Im Gegenteil, das kleinbürgerliche Milieu ebenso wie das des Hofes gemeinsam mit dem Mangel an Gefordertsein im Hause Goethe und in ihrer Ehe standen der Entwicklung menschlicher Reife im Wege. Die Etikette des Hofes und das Patriarchat im Hause am Frauenplan verhinderten eine systematische Entfaltung ihrer außergewöhnlichen geistigen Vitalität. An den Stäben des nur scheinbar goldenen Käfigs rieb sie sich die Seele wund. Dabei gewannen Besucher immer wieder den Eindruck begeisternder mädchenhafter Frische.

Um die Aufregungen des Jahres 1823 abzuschütteln – auch Onkel Hagen war inzwischen gestorben und wurde tief betrauert –, reiste Ottilie am 28. Dezember nach einigen Verzögerungen durch Goethes Befinden endlich zu einem Kuraufenthalt ins »geliebte Vaterland«, nach Berlin. August hatte ihr diese Reise arrangiert und ermöglicht, vielleicht nicht ganz ohne den Hintergedanken einer wohltuenden Trennung von Sterling; eine Idee, deren spitzbübische Hinterlist auch dem Vater zuzutrauen gewesen wäre. Für Berlin ist Ottilie immerhin sogar von Sterling zu trennen! Ihr erster Brief an August gibt ihren überschwenglichen Dank und ihre Freude wieder. »Es ist billig, lieber August, daß die ersten Zeilen, die ich in Berlin schreibe an Dich gerichtet sind, dem ich vor allem die Freude verdanke, hier zu sein; und wüßtest Du, wie oft ich Deiner dankbar gedacht oder ließe sich ein Gedankenhändedruck 82 Meilen weit fühlen, so würdest Du mit mir zufrieden sein.« Zu dritt – Ottilie reiste mit zwei befreundeten jungen Damen der Gesellschaft – erreichten sie in überschäumender Begeisterung das Ziel ihrer gemeinsamen Träume. »Ich kann nichts von unserer Ankunft in Berlin sagen, nichts von dem Augenblick, wo wir durch das Brandenburger Tor fuhren: wir lachten, weinten, sangen, drückten uns die Hände, fielen fast zum Wagen heraus, alles durcheinander.« Ihr Gastgeber ist diesmal die Familie Nicolovius, wo sie mitsamt der Kammerjungfer in eleganten und ihr viel zu groß erscheinenden Räumen untergebracht ist. Sogar einen eigenen »Putzschrank« findet sie vor für ihre Hüte, Hauben und dergleichen Accessoires, ihre besondere Schwäche. Ottilie lebt gern komfortabel, aber daß sie dies nicht ausschließlich auf äußere Annehmlichkeiten bezieht, gehört zu ihren sympathischen Eigenschaften und ist Teil der Herzlichkeit, mit der sie auch dieses Mal in Berlin empfangen wird. Man scheint sich in Weimar darüber unterhalten zu haben, was der Mensch wirklich benötige, um sich unter Fremden wohl zu fühlen: »Nach Deiner und Sterlings Auseinandersetzung von ›comfortable‹ weiß ich nun gewiß, daß dies das rechte Wort hier ist; denn auch das Gefühl der Wärme, was Ihr beide als ein Bedingnis dazu erklärtet, ist vorhanden in mir und um mich.« Erscheint Sterling hier nicht als ein Mensch, dessen Umgang man wünschen könnte? Wer von beiden ist der Verführte, wer der Verführende? Wäre er nach Erfüllung seines byronschen Auftrags wieder abgereist und nicht für ein volles Jahr in Goethes engsten Umkreis aufgenommen worden, hätte Ottilie ihn vielleicht längst vergessen.

Zunächst, gerade rechtzeitig zur Ballsaison in Berlin, stürzt sie sich wie eine Ertrinkende in das Berliner Gesellschafts- und Kulturleben; sie ist in ihrem Element und leidet weder unter Kopfschmerzen, noch unter Gesichtsneuralgien oder Leberbeschwerden. Sie in Berlin und August in Weimar führen genauestens Tagebuch und tauschen es allwöchentlich aus. Beide haben Stoff genug. August merkt man eine gewisse Befreiung und Gelöstheit an. Von einem Theaterabend berichtet er geradezu amüsant, »... ein greuliches Stück: man könnte es eine große Schlachtschüssel nennen, denn es wird zuletzt alles abgemorxt und nur einer, welcher aber erst im letzten Moment zuerst vorkommt und kein Wort spricht, bleibt am Leben; sogar eine große Menge Statisten kommt mit ums Leben, damit es den Hauptpersonen in der Ewigkeit nicht an Bedienten, Kammermädchen und Trabanten fehlt.« Humor, ironische Distanz zum Hofleben, verständige Theaterkritik – man sollte meinen, diese Ehe habe doch wenigstens zu herzlicher Freundschaft gefunden. Doch da weht mit dem Nachsatz ein eisiger Wind aus Weimar herüber. August informiert darüber, erzwungen sachlich, daß er einen Brief Sterlings beifüge, eine Antwort Sterlings auf Heinrichs »unbesonnen geschriebenen Brief, ... ich kann nichts empfehlen als mehr Vorsicht im Leben, damit dergleichen Unannehmlichkeiten nicht ohne Not erregt werden; man hat so im Leben genug auszuhalten.« Auch von Ulrike bekommt Ottilie einen Brief, der dringend mehr Vorsicht empfiehlt.

Was war geschehen? Ottilie hatte wieder einmal aus dem Nähkästchen geplaudert und zwar diesmal Heinrich Nicolovius so hinreichend über ihre Beziehung zu Charles Sterling aufgeklärt, daß dieser sich offenbar genötigt sah, ihre Beschwerden weiterzugeben. Sollte es sich um die sieben Wochen engster Vertrautheit Sterlings mit Adele Schopenhauer gehandelt haben, die während Ottilies Abwesenheit entstanden war? Eifersuchtsbeschwerden?

Sterling, geschmeichelt ob dieser ihm zugestandenen Bedeutung, fühlte sich bemüßigt, Heinrich Nicolovius anderweitig zu zitieren und bald hechelte man in Weimars Gesellschaft Ottilies vermeintliches Liebesleben durch. August war im Recht, wenn er Ottilie vorwarf, nur ihr Reden und ihr Benehmen könnte Heinrich Nicolovius veranlaßt haben, sich einzumischen, sie möge sich doch in Gesprächen etwas mehr vorsehen. Dennoch versichert August, sein Verhältnis zu Sterling wie zu ihr erfahre dadurch keine Veränderung, einen Brief der Mutter an sie in gleicher Angelegenheit habe er verhindern können. August bedient sich seiner sooft bewährten Methode, Ottilies amouröse Entgleisungen herunterzuspielen. »Endlich schließe ich mit der Versicherung, daß mein Inneres gegen Dich keinen Groll und kein Mißtrauen hegt, und wünsche, daß dieser Schattenpunkt in Deinem Berliner Aufenthalt Dir und den Freunden keine trübe Stunde mehr mache . . . Lebe wohl und beruhige Dich, wie immer Dein August.« Sterling nun etwas früher aus Weimar abreisen zu lassen, als dieser es eigentlich vorgehabt hatte, fand August der Sache nicht angemessen, unpassend, zu auffallend, »man würde dadurch ihm glauben machen, daß er gefährlich sei«. So weit konnte August die Angelegenheit konsequent als einen Sturm im Wasserglas betrachten und die neue Eskapade seiner Frau auch lediglich als eine solche gelten lassen. Er ließ sogar einen weiteren Kredit auf 50 Taler Preußisch Kurant für sie eröffnen. An einen Umbau der Mansarde sei dadurch freilich nicht mehr zu denken, aber, was sieben Jahre gehalten habe, müsse dann auch noch länger halten. So weit, so gut, aber nun begeht Sterling einen Fehler, indem er, obwohl er täglich mit August zusammen ist, ohne Abschied von ihm, vom Vater oder vom Hofe, überhastet nach Berlin reist, was natürlich alle Bemühungen Augusts um Wahrung des Gesichts zunichte macht und ihn bei Bekanntwerden von Sterlings Verschwinden als den Gehörnten erscheinen läßt, zumal nun auch Ottilie noch vier Tage länger als verabredet in Berlin bleibt. Ein mittlerer Skandal ist perfekt, die Grenze des Schicklichen überschritten, das gegenseitige Wohlverhalten einseitig verletzt. August ist zutiefst getroffen. »Eine neue Erfahrung habe ich wenigstens gemacht, und sie wird mir ewig vorschweben, und meine Gutmütigkeit wird wenigstens nie wieder auf eine Sandbank laufen.«

Als Ottilie nach acht Wochen der Abwesenheit von Weimar zurückkehrt, fällt der Empfang mehr als unterkühlt aus. Bis hin zur Großmutter läßt man sie fühlen, daß sie nicht auch noch die vier Tage hätte in Berlin bleiben dürfen, und Adele wird von allen Seiten beschuldigt, mit ihrer sentimentalen Schwärmerei für Sterling Ottilie beeinflußt zu haben. August verbietet sofort jeden brieflichen Kontakt mit Sterling, der inzwischen nach England weitergereist ist. Eckermann und besonders Adele bieten nun ihre Adressen, über die der weitere Gedankenaustausch möglich wird. Vor allem letztere sah sich in mehrfachen Seelennöten. Wo andere nur schwärmten und erregt flatterten, waren ihre Gefühle gefährlich echt. Sie krallte sich mit jedem Wort an einer Beziehung fest, auch wenn sie annehmen mußte, daß diese nicht ihr, sondern Ottilie galt und litt jeweils entsetzlich an der vermeintlichen Enttäuschung.

So leiden im Hause Goethe am Ende des Jahres 1824 ungefähr alle: Goethe begräbt seine Kümmernisse in vermehrter Arbeit, August ertränkt die seinen im Alkohol, Ottilie sucht in Bad Ems und Schwalbach Linderung ihrer Schilddrüsenüberfunktion, ihrer Kopfschmerzen, Leberschmerzen und Depressionen, Schwester Ulrike muß seit Monaten viel liegen und ständig ärztlich versorgt werden, infolge mißachteter Gehirnerschütterungen bei zwei schweren Stürzen auf dem glatten Parkett des Ballsaales. Schließlich stöhnt auch noch Soret. Er leidet an der trostlosen Langeweile und Niveaulosigkeit seiner Umgebung.

Von der Kur zurück, flüchtet Ottilie in flache Hektik, sogar eine unvermutete Wiederbegegnung mit dem inzwischen verheirateten Baptiste und seiner Truppe heizt ihre Phantasie noch einmal für wenige Tage an. Ottilies Seele flattert wie ein eingesperrter Vogel unaufhörlich gegen die Gitterstäbe dieser Ehe. Jedes neu davor auftauchende Gesicht erscheint für die Länge eines Flügelschlags als eine Alternative zu August, den Eifersucht und Mißtrauen ebenfalls zerrütten. Beide Ehepartner spüren die Notwendigkeit, sich zu trennen und kennen gleichzeitig die Unmöglichkeit einer solchen Lösung ihrer Probleme. Die Barriere heißt Goethe; dem Vater und seinem Namen kann man das nicht antun. Das Echo in aller Welt und die Wirkung auf den Vater sind unvorstellbar. Ottilie gäbe mit dem Ansehen auch ihre Existenz preis. Es muß sie der Rat ihrer Mutter trösten, doch noch zwei Jahre durchzuhalten; was bedeutete, auf Goethes Tod zu hoffen, und »man muß versuchen, wie jeder Tag einzeln hinzubringen ist, und an den folgenden womöglich gar nicht denken«, wie Ottilie resignierend feststellt.

Am Jahresende hatte der Schatten Byrons diese Ehe eingeholt. Ottilie empfand »einen fast folternden Schmerz« bei jedem Gespräch über ihn, einem neuen Aufsatz über sein Werk und beim Lesen seiner Texte. Von Genie und Tragik überwältigt, beschloß sie, niemals als Schriftstellerin an die Öffentlichkeit zu treten. Ein Gelöbnis, das sie jedoch nicht bedingungslos einzuhalten vermochte. Lord Byron hatte das Schicksal im April 1824 vom Chaos seines Lebens erlöst. Eine Gnade, die nicht allen vom Chaos bedrohten Menschen zuteil wird.

Letzte Ehejahre

»Ich bin zu alt, um nur zu spielen, zu jung, um ohne Wunsch zu sein«, mit diesen Zeilen, etwa zwischen 1825 und 1830 einer Freundin ins Stammbuch geschrieben, gibt Ottilie von Goethe ihre zunehmende innere Unruhe wieder, ihre Qual, »mein Inneres nicht in Übereinstimmung mit meinem Alter bringen zu können«. In der Tat – sie ist nun 30 und nach dem Verständnis ihrer Zeit eigentlich Matrone. Nichts weniger als das in ihrem Selbstverständnis.

Zu oft in Briefen und im Tagebuch sah sie sich als »kühnen Reitersmann« über die Hindernisse fliegen, die das Leben vor die Erfüllung ihrer Wünsche gesetzt zu haben schien. Da nimmt es kaum wunder, sie außerhalb dieser Metapher wirklich vom hochgemuten Pferderücken stürzen zu sehen. Ein übler Reitunfall Ende April 1826 fesselt sie wochenlang an ihr Zimmer. Goethe, tief erschreckt wie alle Freunde – »Man ist ja nicht von Draht, wie die Brücken, und auch diese brechen ja . . .« – ließ sie erst wieder an den Mittagstisch, nachdem die Narben das Gesicht nicht mehr allzu auffallend entstellten. Dafür residierte sie in ihrem Mansardenzimmer recht eindrucksvoll, wie Sulpiz Boisserée festhielt: »Grüne Rouleaus, bleiches totenhaftes Aussehen durch dies grünliche Licht; Stirn, Nase und Oberlippe mit schmalen weißen Pflastern verklebt, wie eine mit Papier verklebte Fensterscheibe. Alter und junger Engländer, einige Damen zur Gesellschaft um die Kranke, die mitten im Zimmer sitzt mit ihrem vom Sturz gelähmten Knie.« Die Oberlippe mußte mehrfach genäht werden. Zuvor bei ähnlicher Gelegenheit hatte das Nasenbein schon erheblich gelitten und ziemlich große Knochensplitter verloren. Es deprimiert Ottilie sehr, ihr Gesicht entstellt zu sehen. Monate hindurch begegnet sie jedem Fremden mit dem Bewußtsein, durch ihr Aussehen Abscheu erregen zu müssen.

Mitte des Jahres, nach einer besorgniserregenden Nierenattacke Augusts, die den alten Vater täglich die steile Treppe der Mansarde hinaufsteigen läßt, hat Ottilies Verfassung erneut einen Tiefstand erreicht. Schwester Ulrike bekommt zu lesen, das einzige, was ihr

Frieden geben könne, wäre, »daß August sich von mir scheiden ließe und ich in einen ruhigen Winkel zöge; dies will er nicht, und doch ist das Leben so nicht zu ertragen«. An Soret schreibt sie: »Mein Mann, der Bruder Bösewicht, war bedeutend krank, doch habe ich nicht bemerkt, daß dies Bußgedanken in ihm erweckt hätte.« Zwei Tage später hört sie Freunde, aus Genua kommend, von Sterlings Eltern berichten, und schon ist sie wieder hellwach. In langen scheußlichen Versen erbittet sie melodramatisch sein Bild, das ihr Schutz und Schild sein werde. Immer, wenn sie sich das Ende einer vermeintlichen Liebe eingestehen muß – Sterling hat monatelang nichts von sich hören lassen –, findet sie Befriedigung in dem Gedanken, selbst und zuerst verzichtet und dadurch zur Reife und Vollendung des Geliebten beigetragen zu haben. Eine eindeutig ihren Stolz und ihre Selbstachtung stützende seelische Ersatzkonstruktion, denn weder der Rückzug noch seine positiven Folgen entsprechen jemals der Realität. Von nichts dergleichen kann die Rede sein, als ausschließlich von einem zerbrechlichen Gedankengebäude, aus Tagträumen entstanden. Augusts Person, unübersehbare tägliche Realität, findet hierin keinen Platz. Seine menschliche Entwicklung seit dem Tag ihrer Heirat bleibt ihr fremd, und seine Karriere, er ist inzwischen Kammerrat, fand ohne ihr Zutun statt. So geriet er in eine Außenlinie ihrer seismographischen seelischen Schwingungen, an die Peripherie, weit weg vom Epizentrum der Erschütterungen seiner Frau.

An die Peripherie weimarischen Geschehens rückten auch Mutter und Tochter Schopenhauer, als sie im Frühjahr 1828 ihren Wohnsitz nach Unkeln am Rhein verlegten, wo sich für Adele eine Lebensfreundschaft zu Sibylle Mertens-Schaaffhausen entwickelte und eine enge Beziehung zu Annette von Droste-Hülshoff.

Endgültig sind die Jahre täglicher Aussprache, engen Miteinanderlebens und -leidens dahin, wie sie Ottilie und Adele verbunden hatten. Vertrautheit und Vertrauen gegenüber einer anderen Frau, freundschaftliche Liebe erreichten in Ottilie niemals wieder die Innigkeit und Dichte, mit der sie noch vor Jahren einmal an Adele geschrieben hatte: »Du weißt wohl, es liegt nicht in meiner Art, meine Liebe auszusprechen – aber sagen will ich es einmal, wie Du von allen Frauen nach meiner Mutter mir die Teuerste bist.«

Im Oktober des gleichen Jahres fühlt sich Ottilie, häufiger Kopf- und Gesichtsschmerzen ungeachtet, offenbar doch nicht mehr so entstellt, daß sie nicht zum Tanztee am Hofe erscheinen und den Walzer nach dem Kotillon tanzen könnte. Ihr Partner heißt: Charles des Voeux.

Ernsthafte Sprachstudien verschaffen ihm die Sympathien des großen goetheschen Freundeskreises, aber Goethes Skepsis gegenüber schriftstellerischen Dilletanten konnte er nicht zerstreuen. Der von diesem Engländer beabsichtigten *Tasso*-Übersetzung sah er mit gemischten Gefühlen entgegen und bestimmte Ottilie, bei der Herausgabe mitzuwirken. Diese Übersetzung gelangte noch Jahre später zu einer zweiten Auflage. »Ein wirklich ausgezeichneter Mann«, stellt auch Goethes »Uralt-Freund« Ludwig von Knebel in Jena fest, ein völlig unbestechlicher Kritiker und erfahrener Menschenkenner.

Des Voeux erstrebt eine Karriere im diplomatischen Dienst, für den er bereits tätig ist, und schriftstellert mit hohem Selbstanspruch. Mit ihm kann Ottilie das Idealbild einer Ehe identifizieren, ausgefüllt von leidenschaftlicher Liebe sowie Teilhabe und sensibler Förderung der Interessen des geliebten Mannes. Schon bald gibt es Eifersuchtsszenen wegen der schönen sechzehnjährigen Jenny von Pappenheim, einer – wie jeder weiß – illegitimen Tochter des Königs Jerôme von Westfalen, aus dem Kreise der »Freundinnen« im Hause Goethe. Ottilies Besitzanspruch an des Voeux gleicht einer Revierabgrenzung, und wieder verstrickt sie sich in das von ihr selbst ausgelegte Netz am heftigsten, während des Voeux schon Ausschau hält nach einem rettenden Ausschlupf daraus.

Ottilie, im Innersten aufgewühlt von stürmischer Leidenschaft zu des Voeux, dem sie »die Folter meines häuslichen Lebens, und sogar die Furcht, es einmal durch einen raschen Schritt zu endigen«, anvertraute, empfing zu gleicher Zeit noch einmal ein Kind von ihrem Manne, dem Urheber aller häuslichen Folter. Eine »wahlverwandtschaftliche« Konstellation? Anscheinend nicht in letzter Konsequenz, denn die kleine Alma – der Großvater gab ihr den Namen – wurde das am goethischsten aussehende Kind aus Ottilies Ehe.

Die unwillkommene Schwangerschaft machte sie nervös; ihr zerrissenes und aufgeregtes Gemüt beruhigte sich auch in Dessau nicht, wohin man sie geschickt hatte, damit August während dieser Zeit aus den Dielen und hinter den Tapeten, wie er selbst schrieb, Millionen von Wanzen mit Erfolg bekämpfte und der Hoffnung Ausdruck gab, daß Ottilie zukünftig »wenigstens vor diesen Gästen« sicher sei. Wenn noch das Zimmer des Kammermädchens renoviert sei, könne sie wieder in »das neue Babel« einziehen, teilte er im Mai 1827 nadelstichfein der nervlich angeschlagenen Ottilie mit, gleichzeitig wieder großzügig um die Finanzierung ihres Erholungsaufenthaltes bemüht. Des Voeux hatte sich nach Dresden zurückgezogen und schien weder die »Folter« noch den angekündigten »raschen Schritt« zur Kenntnis genommen zu haben. Er reagierte nicht, wie sie's erträumt hatte noch überhaupt. Eine Zerreißprobe, der Ottilies Nerven nicht gewachsen sein konnten, denn sie fühlte die Absicht und – war verstimmt.

Sie wirft ihm grundlos vor, sie getäuscht zu haben und bietet, ähnlich ihren Briefen an Sterling vordem und später, ihre Liebe bis zur Selbstaufgabe an. Des Voeux weicht aus, wird einer der Paten Almas, wozu er aus Dresden zurückkehrt, reist aber in diplomatischem Dienst nach Berlin weiter, verlobt sich angeblich und heiratet einige Jahre später. Ottilie bekennt gegen Adele, was sie gern vergessen möchte, »hätte Gott mich gesund und blühend des Voeux in den Weg geführt, hätte ich ihn schuldlos und innig lieben können, meine Hand hätte es vermocht, ihn zu ewigem Ruhme zu geleiten.«

Erneut werden schillernde Seifenblasen zu Wasser.

In einem Brief an August heißt es dann auch reichlich deprimiert: ». . . die Jugend ist vorüber, und man muß auf einen ehrenvollen Rückzug denken.« Jeder Blick in den Spiegel verrät inzwischen mit gelblicher Gesichtsfarbe ihre Leberbeschwerden, und die Narben aus zwei Unfällen geraten ihrem Gesicht auch nicht zur Zierde. In dieser Mißgestimmtheit müßte sie schon eine auffallende Schönheit sein – was sie nie war –, um ihre 32 Jahre vergessen zu machen und sie zum Mittelpunkt der Karlsbader Gesellschaft werden zu lassen, die sie und Großmutter Henckel von Donnersmarck bei einer Kur im Frühsommer 1828 umgibt. Hier ist die große Welt zu Hause, ein Flair, das Ottilie schnell wieder zu sich selbst zurückfinden läßt. Im Corso attraktiver Namen können Großmutter und Enkelin sich hören lassen, was Ottilie genießt.

Da schreckt unerwartet der Tod des Großherzogs Karl August die Badegesellschaft auf. Die Kur muß abgebrochen werden. Die Reisenden kehren zurück. Hoftrauer senkt sich über Sachsen-Weimar-Eisenach. Mehr als das, denn auch die Bürger erfaßt Wehmut. Sie spüren, daß mit der charaktervollen Person des Großherzogs eine Ära dahingegangen ist, die nicht wiederkehren wird, der Weimar politisch wie kulturell den Glanz seines Namens verdankt, seinen Weltruhm als liberales Refugium deutscher Literatur und demokratischer Konstitution.

Goethe, tief getroffen vom Tod des Freundes, zieht sich auf Monate nach Schloß Dornburg zurück, in die Bergstube des Renaissanceschlosses, wo Arbeit und Natur ihm helfen, das seelische Gleichgewicht wiederzufinden.

Dem Haus am Frauenplan fehlte seine Gegenwart. Trotz der lebhaften, von allgemeiner Niedergeschlagenheit unberührten Kinder, wurde es lähmend ruhig. August und Ottilie lebten mehr als sonst aufeinander bezogen. Gegenseitiges Beobachten – bei

Goethes Sohn August und die Schwiegertochter Ottilie.

August oft ein schwer zu verhehlendes mißtrauisches Belauern des Ehepartners – verkrampft ihr tägliches Vis-à-vis. Nichts kennzeichnet die labile Basis ihrer Ehe, deren Niedergang kaum noch aufzuhalten ist, mehr als zwei Tagebucheintragungen Ottilies von zwei aufeinander folgenden Tagen: 14. Juli 1828: »Allein Mittag mit August; – nichts war recht, und mit unendlichen Tränen ging ich in mein Zimmer. 15. Juli: August blieb zum Tee und Abendessen. Doch ich mußte wieder weinen, obgleich er mir zum Schluß versicherte, daß, wenn er noch jetzt frei wäre und die schönsten jungen Mädchen wählen könnte, er mich dennoch vorziehen würde. Das Unglück ist, daß er sich immer einbildet, ich habe einen herrschsüchtigen Charakter. Wollte Gott, es wäre.«

Die wechselwarmen Bäder dieser Ehe, aber vor allem ihre kalten Duschen, machen das Verhältnis zu einem einzigen Mißverständnis. Ottilie kann sich nicht von schuldhaftem Versagen freisprechen, meint aber, die Hauptschuld sei darin zu sehen, »daß auch nicht eine gemeinschaftliche Saite in uns klingt; er würde mit jeder anderen Frau glücklicher geworden sein«, sie vermöge ihn nicht einmal zu amüsieren. Beiden Ehepartnern fehlt inzwischen die Kraft, den immer tiefer werdenden Graben zwischen sich zuzuschütten. Ottilie muß alle Energie aufbieten, um es schweigend – auch vor dem sicher wissenden Vater – zu erdulden, daß August während ihrer Abwesenheit in Karlsbad ihrer Schwester Ulrike das Wohnrecht gekündigt hat, was man ihr wenig freundlich mitteilt, als sie zurückkehrend das Haus betritt. Ulrike wohnt also wieder bei der Mutter. Bemüht, keinen offenen Streit ausbrechen zu lassen, bittet Ottilie ihre Mutter, doch nicht mit August zu zürnen. Diese antwortet, daß sie schon zehn Jahre hindurch aus Liebe zu ihr und ganz gegen die eigene Natur schweige. Wenn August sie nicht darauf anspreche, werde auch sie es nicht tun. Vor allem verdiene Ulrike Schonung, die schon gebeten habe, eine Lüge als Ursache ihres Auszuges zu erfinden, um nicht zu offen düpiert dazustehen. Gleichzeitig litt Ulrike sehr unter dem Tod ihres Geliebten, Captain Smith, der in Malta einem Fieber erlegen war. Ulrike hatte sich viele Jahre hindurch wie selbstverständlich um Walther und Wolfgang gekümmert und Ottilie viel abgenommen. Beide Jungen hingen mit Zärtlichkeit an ihrer Tante Ulle, Schwager und Schwägerin hatten sich eigentlich immer gut und sogar glänzend verstanden,

Ulrikes Verhältnis zum »Vater« war ausgezeichnet. So mußte der plötzliche Umzug zur Mutter auch in der Öffentlichkeit Befremden erregen. Es mag sein, daß namentlich nach Almas Geburt der Raum in der Mansarde zu eng geworden war, aber darüber hätten alle Betroffenen wohl reden können und sicher einen Ausweg gefunden. Augusts abrupte Maßnahme besaß den Rang eines schweren Degenstoßes gegen Ottilie, war so gemeint und traf die Schwiegermutter mit. Henriette von Pogwisch gab ihrer ältesten Tochter ungeschminkt zu verstehen, daß sie eigentlich die Erziehung ihrer Kinder nicht allein »den Männern« überlassen dürfe. Goethe-Vater und Sohn durften sich getroffen fühlen. Sie fürchtete – nicht ganz zu Unrecht – die »Verwahrlosung« der Enkel, was übertriebene Sorge und Aggression verriet, aber auch seinen Grund darin finden konnte, daß August von Goethe inzwischen stadtbekannt zum Trinker geworden war, der den frühen Tag schon mit einigen Flaschen Wein begrüßte und den Abend ebenso verabschiedete. Erstaunlicherweise konnte es im Winter 1829 zwar geschehen, daß zufällig des Weges kommende Engländer ihn hinter dem Theater volltrunken in der Gosse liegen fanden und nach Hause schafften, aber niemand sah ihn je seine beruflichen Pflichten versäumen oder vernachlässigen, und auch des Vaters schwierige Verlagsgeschäfte führte er weiterhin mit Erfolg.

Seit langem jedoch fühlte er sich krank und hoffte – Ottilie mit ihm –, daß der Vater ihn für eine Italienreise beurlaubt. In Italien – der Gedanke wird ihm zur fixen Idee – könnte er seelisch wie körperlich gesunden. Der Vater läßt ihn nicht frei, den sich abzeichnenden totalen Zusammenbruch seines Sohnes vor Augen. Da bleibt noch die Gesamtausgabe, da ist der Briefwechsel mit Schiller bei Cotta auszuhandeln und noch so mancherlei, wozu er seines Sohnes Assistenz braucht. Niemand verhandelt so »goethisch«, raffiniert hinhaltend und schließlich das Höchsthonorar erzwingend. Eine Italienreise gewinnt zwar langsam Konturen, aber der Alte verzögert sie immer und immer wieder. Karl von Holtei, mit August eng befreundet, meinte schließlich, daß Augusts Ausschweifungen weniger als Schwäche, denn als Trotz zu verstehen seien, Opposition gegen den Vater. Von Holtei stammt die Überlieferung, August von Goethe habe ihm gestanden, den eigenen Vater zum »Beichtiger« und kein Geheimnis vor ihm zu haben, dem er vor Beginn eines neuen Tages noch die Ereignisse des vergangenen zu erzählen pflege. Die Gewohnheit des Kindes war für August zum Symbol der Abhängigkeit des erwachsenen Mannes vom Vater geworden. Im Frühling des Jahres scheint August den Aufstand gegen den Vater gewagt und aufbrausend in Gegenwart des Kanzlers seine Selbständigkeit betont zu haben. Der Vater antwortete, indem er am nächsten Tage mit Diener in sein Gartenhaus an der Ilm zog und erst wieder zum Vorschein kam, als August sich vier Wochen später entschuldigt hatte.

Schließlich stand dieses Jahr doch auch im Zeichen des achtzigsten Geburtstags Goethes, den man unmöglich mit Familienstreit belasten durfte. Goethe lud zum Festdiner zwölf »hübsche Frauen und Mädchen«, den Freundinnenkreis mit Ottilie und Ulrike, jedoch wohl ohne die abwesenden Julie und Adele, zu sich ein, während August den Vater bei einem Herrenessen im Hotel »Zum Erbprinzen« vertrat. Schon am Abend zuvor begann Ottilies Regie mit der Ausstattung eines Ballabends zu Ehren des Geburtstagskindes. Am eigentlichen Festtag schien Goethe dann aufgeräumt und blieb gesprächig bis in den Abend. Übereinstimmend bewunderten Besucher seine aufrechte, imponierend große Erscheinung, die Lebhaftigkeit der Augen und des Mienenspiels im Gespräch. Sie sahen einen ausgesprochen stattlichen Greis, dessen Erscheinen im Staatsrock mit Orden den meisten den Atem verschlug. Goethes Auftreten bei offiziellen Anlässen und seine Audienzen waren immer ein wenig inszeniert. Er konnte in ihrem Verlauf vor bewußt angenommener Würde selbst erstarren und andere erstarren lassen. Die Ähnlichkeit mit der Rauchschen Statuette bekamen nur die Familie und die Freunde des Hauses zu sehen, wenn Goethe sich zwanglos im Überrock zeigte, der so angenehm die zu kurzen Beine verdeckte. Sie allein erlebten auch die sich tief in ihn einfressende Depression und mußten sich oft redlich mühen, um den alten Herrn in Laune zu bringen, wenn er einsilbig und schläfrig vor sich hinbrummte oder sarkastisch, ironisch und alles negierend den Jüngeren in die Parade fuhr, mit der sie ihn doch zu erheitern und zu beleben trachteten. Es konnte eine allabendliche Wette wert sein zu wissen, in welcher Verfassung man ihn die nächsten Tage antreffen würde. Seine Hypochondrie ließ ihn zuweilen schon mal einen Vormittag im Bett bleiben und meinen, sein letztes Stündlein sei gekommen, besonders, wenn Affektionen der Atemwege hinzutraten, was mehrfach im Jahr der Fall sein konnte. Eine Veranlagung, die August geerbt zu haben schien, denn auch er litt immer häufiger nachts unter depressiver Atemnot, während der er zu sterben glaubte und Ottilie nebst Kindern aus den Betten holen ließ. Was diese bei ihrem Mann gar nicht erst versuchte, gelang ihr bei dem Schwiegervater fast immer und auch dann noch, wenn selbst der Kanzler, Eckermann oder Soret verzweifeln wollten. Mit Heiterkeit verstand sie es, den Vater immer wieder aufzumöbeln, und die spielenden Kinder in seinem Arbeitszimmer bewirkten ein übriges. Goethe kämpfte gegen die Zeit, deren schnelles Verrinnen ihm besonders bewußt wurde, als im Februar 1830 auch noch die Großherzogin-Witwe Luise starb.

Dichtung und Wahrheit war noch nicht beendet, vom zweiten Teil des *Faust* ganz zu schweigen – Goethe arbeitete gegen die Sanduhr seines Lebens. Besucher, die nur um ihrer selbst willen kamen, sollten abgewiesen und nur noch solche vorgelassen werden, deren Leben oder Tun eine Anregung bedeuten konnte. Ottilie trennte die Spreu vom Weizen, empfahl diesen oder jenen Gast zu einer Audienz, zum Mittagstisch oder zum Tee, blieb an der Tafel immer zugegen und sonst in erreichbarer Nähe, begleitete den Schwiegervater bei nachmittäglichen Ausfahrten und ließ ihn kaum noch aus den Augen. Sie verließ das Haus selten, und erst nach sieben Uhr abends, oft auch Stunden später, fanden ihre Freunde sie in der Mansarde.

Eine gewisse Eintönigkeit und Stagnation des geselligen Lebens in Weimar bekam auch Ottilies Freundeskreis zu spüren. Wahrscheinlich an Goethes Geburtstag 1829 wurde daher die Idee geboren, eine eigene Zeitschrift, ausschließlich unter Freunden zirkulierend, zur Belebung der Geselligkeit zu gründen. Diese erhielt den mehrfach zu interpretierenden Namen *Chaos*[9], und Ottilie fungierte als Herausgeberin und Chefredakteurin.

Mit Unterbrechungen erschien das Blättchen vom 12. September 1829 bis zum 19. Februar 1832 und fand namhafte Mitarbeiter. Wer noch zweifelte, ob es wirklich so unerläßlich für August von Goethe sei, sich von Weimar zu lösen, der konnte im *Chaos* nachlesen, wie befreiend August den endlichen Aufbruch nach Italien wirklich empfand:

Ich will nicht mehr am Gängelbande
Wie sonst geleitet sein,
Und lieber an des Abgrunds Rande
Von jeder Fessel mich befrei'n.

Das waren deutliche Töne, und sie konnten dem Vater wie Ottilie gelten.

Im März 1830 ward es endlich, wohl auch dank energischer Befürwortung durch Ottilie, beschlossen, daß August sich in Begleitung Eckermanns für ein halbes Jahr nach Italien begeben sollte. Die Reisekasse für beide, 2 000 Reichstaler, füllte der Vater, mürrisch und nicht vom Nutzen dieser Reise überzeugt. Eckermann bekam zu hören, daß man gewöhnlich von solch einem Unternehmen so zurückkehre, wie man gegangen sei. »Die Hauptsache ist, daß man lerne, sich selbst zu beherrschen. Wollte ich mich ungehindert gehen lassen, so läge es wohl in mir, mich selbst und meine Umgebung zugrunde zu richten.«

Sah Goethe im Zustand seines Sohnes nicht das Pathologische?

Am 22. April 1830, früh am Morgen, ungeduldig, verließ August von Goethe seine Wohnung und bestieg wenig nach acht Uhr mit Eckermann die Schnellpost. Von seinen besten Freunden, der Familie des Landesdirektionsrates Gille, mit der er viele Abende verbracht hatte, verabschiedete er sich mit den Zeilen »Leben Sie alle wohl! Ich kann nicht mehr.« Das war nicht übertrieben. Er fühlte sich so elend, daß er kaum glaubte, Frankfurt lebend zu erreichen, und ein zufällig mitreisender Arzt ihm schon Trost für einen Eventualfall bedeutete. Angegriffen, ohne kauen oder schlucken zu können, mit wunden Füßen, erreicht er Frankfurt. Erst nach viertägiger Bettruhe, ohne irgendwelche Verwandten gesehen zu haben, kann er sich die strapaziösen zwei Wochen der Reise über Basel und Lausanne bis Mailand zumuten, vierzehn Stunden des Tages in frischer Luft, abends fast unfähig, nur eine Treppe zu steigen oder nachts trotz seines Katarrhs schlafen zu können. Er will seine Genesung ohne Medikamente erzwingen, und er schafft es mit einem Energieaufwand, den ihm mancher in Weimar nicht zugetraut hätte. Das milde Klima, der totale Wechsel der Szenerie und das Gefühl, aus eigener Kraft eine entscheidende Wende seines Zustandes herbeigeführt zu haben, lassen ihn das Gleichgewicht wiederfinden. In Mailand fühlt er sich vermutlich nach vielen Jahren erstmals wieder wohl. Schon nach drei Tagen in der Stadt schreibt er an Ottilie, nur die äußerste Not habe ihn getrieben, diesen letzten Versuch zu seiner Erhaltung zu machen. Manche, die ihn in Weimar zuletzt gesehen hätten, möchten das wohl nicht begreifen, »aber mein damaliges Benehmen war eine verzweifelte Maske. Ich wollte, Du könntest mich jetzt beobachten. Welche Ruhe im Gemüt ist eingetreten! Wie stark fühle ich mich wieder! Mit welcher Leichtigkeit steige ich die fünf Stufen zu meinem Zimmer! Dir danke ich alles dieses. Denn Du hast doch den Entschluß befördert und das Ganze gemacht. Ich will es in der Zukunft zu vergelten suchen. Könnte ich nur mein früheres Unrecht gegen Dich auch austilgen!« Damit nicht genug, vor der Weiterreise aus Mailand, schickt er, was er in drei Wochen für seine Lieben daheim finden konnte, in zwei Kisten nach Weimar: für den Vater fast einhundert wertvolle Medaillen, dazu Kupferstiche, eine alte Axt aus Kalkstein und ein Stück Lapislazuli, für Alma ein rotes Kleidchen, Halstücher für die Jungen. Ottilie erhält in Deutschland nicht zu beschaffende Noten und – einen Strauß weißer Rosen, wohl aus Seide, in Erinnerung an den bevorstehenden Hochzeitstag im Juni.

Augusts unerschöpfliche Gutmütigkeit trifft auf Ottilies Verständnislosigkeit und die Angst, er könne etwa zurückkommen. Sein Brief aus Mailand erscheint ihr wie eine »unheilbringende Wolke«, schreibt sie an Adele. Alles, was die Ehe getrennt hätte, wäre ihr willkommen gewesen. Sobald er aber ruhig und freundlich sei, habe sie kein Recht, ihr Los zu ändern, und doch sei dies ihr einziger Wunsch. Es sei ihr nicht vorstellbar, daß auch nur der »Traum einer Empfindung« für August noch einmal in ihr erwachen könne. So fährt sie fort, der Freundin in aller Ehrlichkeit ihre Gefühle zu schildern. Ihre Liebe, wenn es je eine solche überhaupt war, scheint in den ungezählten Querelen, Mißverständnissen und zum Schluß immer heftiger endenden Szenen gestorben zu sein. »Es bedarf jahrelanger Härte gegen mich, um jedes Gefühl in mir zu erlöschen; aber, einmal ausgebrannt, halte ich es auch für unmöglich, daß es je wieder erwache. Wenn ich mir denke, daß ich August nicht wiedersehen könnte, so empfinde ich auch nicht die leiseste Bewegung.« Schon seit Monaten war es ihr vorgekommen, als können die Qual dieser Ehe und Augusts Zustand nur durch den Tod ein Ende finden. Von Unkeln bis Jena reichte die mitleidige Sorge der Freunde um beide. Auch hier wurde Augusts Schicksal als Tragödie empfunden, die nur ein schreckliches Ende nehmen könne.

Währenddessen lesen Gilles und auch der Vater Augusts Berichte von den eindrucksreichen Tagen in Mailand und besonders in Venedig, wo er zuweilen zehn Stunden und länger am Tage zu Fuß unterwegs gewesen sei, um in sich aufzunehmen, was an Interessantem sich bot. Seine Briefe und auch »meines Sohnes umständliche Tagesblätter« atmen etwas vom Rausch eines Verdurstenden, der meint, eine rettende Quelle gefunden zu haben und nun trinkt und trinkt und trinkt. Am 24. Juli, in Genua, streicht Eckermann die Segel seiner Bildungsreise, offenbar nun gebildet genug, jedenfalls bis zur Übersättigung erfüllt von den vielseitigen Eindrücken. Mit Goethes Wissen verläßt er August und fährt allein zurück. Schon erfaßt August wieder Selbstzweifel. »Eckermann geht morgen ab, und ich stehe allein in der fremden Welt. Wie wird es mir vorkommen? Doch ich muß durch, es koste, was es wolle! Doch ich hoffe: nicht das Leben …«, noch mag das in einem Brief an Gilles scherzhaft gemeint sein. Aber es scheint doch, als habe der Schatten Byrons auch ihn eingeholt, sogar in der realen Gestalt des »dämonischen« Jünglings: Charles Sterling.

Der Aufenthalt in Genua bedeutete in jedem Falle eine Wende in Augusts Italienfahrt. Zunächst zerbrach seine Euphorie an Banalitäten, scheinbaren Zufällen. Eckermann hat noch kaum zwei Tagesreisen hinter sich, als August einen Unfall mit dem Reisewagen erleidet, der seiner Gesundheit einen empfindlichen Stoß versetzt: linksseitiger Schlüsselbeinbruch, Wundfieber, große Hitze, lästige allergische Hautreaktionen. Natürlich »meldet« er sein Unwohlsein dem Vater, den er gleichzeitig wissen läßt, daß seine eigene Aufnahmefähigkeit ebenfalls an ihre Grenzen stoße und Übersättigung durch die Vielfalt der Eindrücke ihm drohe. Die stürmische Flucht mündet in eine unfreiwillige, aber wohl unbewußt auch notwendige Pause. Diese verbringt er in Spezia. Doch in Genua hat man von seinem Unglück gehört, und vor seiner Tür erscheint – Charles Sterling, um nichts als ihn zu pflegen und ihm Gesellschaft zu leisten. August von Goethe zeigt sich überwältigt von der Güte und Liebenswürdigkeit Sterlings. Man wohne schon seit acht

Tagen in Räumen, nebeneinander gelegen, bei ständig geöffneten Türen, erfahren die Gilles. Ist jede Rivalität vergessen in der Pein des Augenblicks? Der »herrliche Mensch«, wie er Sterling enthusiastisch nennt, unterhält gleichzeitig einen wieder florierenden Briefwechsel mit Ottilie, den er erst Anfang September ins Stocken geraten läßt. Vielleicht hemmt doch die ständige vertrauensselige Nähe Augusts seine Stilübungen in Sachen Liebe? Spürt Sterling mehr Gewissensbisse als Ottilie?

Die Enkel Goethes: Walter, Wolfgang und Alma.

Schließlich erreicht August von Goethe noch Neapel, wo er allein vier Wochen bleibt. Hier hilft die Gegenwart der Julie von Egloffstein und zahlreicher deutscher Künstler und Bildungsreisenden, nicht nur die Misere seiner wenigen und schlechten Italienischkenntnisse zu überbrücken, sondern sie führt ihn auch in eine illusorische Atmosphäre von Geborgenheit. Dem Vater schreibt er mit entwaffnender Offenheit: »Es ist das erste Mal (im vierzigsten Lebensjahr!), daß ich zum Gefühle der Selbständigkeit gekommen.«

Er täuschte sich. Umgeben von deutschen Freunden, von Menschen, die ihm spürbar wohlwollen, singt, trinkt und tanzt er auf abendlichen und nächtlichen Festen in Neapel, Sorrent und Pompeji, ein nur scheinbar fröhlicher Mensch, das milde mediterrane Klima und den bunten Frohsinn des südlichen Italien genießend. Einem Unbekannten gesteht er seine Vorfreude auf die Heimkehr, aber auch, daß ihn niemand vermissen werde, wenn er in Italien sterbe: »Ich werde keinem Menschen fehlen. Glauben Sie mir, hinter meinem närrischen Treiben verbirgt sich ein ernsteres Herz, als man denkt.« Den Abschiedsgruß des Fremden: »Auf Wiedersehen in Rom!« beantwortet er: »Ja, in Rom *oder dort*!«, dabei zeigt er wie im Scherz gen Himmel. Tief in ihm schlummert Todessehnsucht. Je geringer Zeit und Entfernung werden, die ihn von Weimar trennen, desto häufiger ergeht er sich in ähnlichen mit Heiterkeit kaschierten sprachlichen Wendungen. Zu keiner Zeit seiner Reise konnte man August als wirklich gesund oder wirklich selbständig bezeichnen. Er blieb angewiesen auf die Hilfe zahlreicher alter und neuer Freunde, die er nicht erst bitten muß, denn ihnen ist es selbstverständlich, dem Sohn Goethes zur Hand zu sein. Endstation seiner Flucht aus den Realitäten, aus Bedrängnis und unerträglicher Mühsal ist eine Fata morgana, und August von Goethe fühlt unbewußt ihre Flüchtigkeit. Weder äußerlich noch im Innern vermochte Italien ihn zu ändern. Noch einmal behält des Vaters mürrische Bemerkung Recht, man komme gewöhnlich zurück, wie man gegangen sei. Nicht nur behielt August seine ungesunde Unförmigkeit und trank den Wein, ohne die Flaschen zu zählen, sondern immer häufiger drängten Depressionen an die Oberfläche. Wieder treibt ihn das Gefühl notwendiger Eile. Völlig unvermutet und mit der Schnellpost jagt er dem Norden zu, Richtung Rom, wo er noch drei Wochen bis zur Reise über die Grenzen verbringen möchte.

Der Geschäftsträger des Königs von Hannover, bekanntermaßen Sohn von »Werthers Lotte«, August Kestner, empfängt ihn dort. Er und der dänische Bildhauer Thorvaldsen nehmen sich August von Goethes an, dazu der Maler Preller, der Weimaraner Künstler aus der Zeichenschule des Vaters. Am 24. Oktober erscheint Augusts Aussehen bedenklich, zudem fühlt er sich selbst unwohl und erkältet. Dennoch rüstet man auf seinen dringenden Wunsch zur nächsttägigen Fahrt in die Campagna. Nach einem Eselsritt zum Albaner See verschlechtert sich sein Befinden. Obwohl bereits fiebernd, besteht er darauf, noch Frascati zu sehen. In Rom angekommen, muß man den bereits Phantasierenden unverzüglich zu Bett bringen. Der Arzt vermutet einen Ausbruch der Blattern, die in der Stadt gerade epidemisch auftreten. Die Freunde teilen sich die Nachtwache, als der unruhige Kranke plötzlich aus dem Bett springt, auf Preller zu, diesen umarmt und ihn mit der Schwere seines Körpers in Todesangst fast erdrückt. Nur mit Mühe gelingt es, ihn wieder ins Bett zu bringen, wo August von Goethe in den Armen Prellers tot zusammensinkt. Die Geschichte hält den Befund des Arztes fest: »Rom, 27.10.1830, Gehirnschlag im Vollzuge einer Pocken (Blattern)-Infektion.«

Die deutsche Kolonie in Rom gab dem Toten das Geleit zum Friedhof für Nichtkatholiken, nahe der Pyramide des Cestius an der Porta Paolo. Ein Ort, den sein Vater in der *7. Römischen Elegie* als zu Ewiger Ruhe geeignet besang:

Bist du der wirkliche Gott? O dann, so verstoße den Gastfreund
Nicht von Deinem Olymp wieder zur Erde hinab!

Ein gütiges Schicksal ersparte August von Goethe die Zukunft. Ottilie hatte sie noch vor sich. Goethe erhielt die Nachricht vom Tode seines Sohnes am 10. November.

Als Eckermann am Abend des 23. November nach Weimar zurückkehrte, fand er sich zuerst bei Ottilie ein, Informationen und Briefe von Sterling im Gepäck. Bei Tische am 24. November, in Goethes Anwesenheit, mußte er von Genua und Sterlings Eltern berichten, durfte aber den Namen des Sohnes nicht erwähnen, was Goethe schon seit vierzehn Tagen nicht ertrug und daher auch nicht wünschte. Eine Anstrengung, die er wohl doch unterschätzt hatte. In der Nacht darauf entlud sich die fast übermenschliche Beherrschung des Vaters in einem lebensgefährlichen Blutsturz. Wider Erwarten erholte sich Goethe erstaunlich schnell, arbeitete schon Anfang Dezember wieder, eher noch intensiver, ganz Herr seiner selbst, und übernahm im Januar des folgenden Jahres auch noch die Haushaltsführung, zu der Ottilie nicht zu gebrauchen war. Doch von nun an beobachteten die besorgten Freunde, wie sich ein vom Tode bereits zweimal gewarnter Mann gegen alle Natur ein Übermaß an Arbeit auferlegte, um sein Lebenswerk abzuschließen, ehe seine Uhr endgültig abliefe.

In Ottilie ging das Erschrecken ob des plötzlichen Ereignisses nicht tiefer als irgendeine andere sie betreffende Trauer, auch wenn sie Augusts Schicksal bedauerte. Niemand hatte sich seine Rückkehr vorstellen können und Ottilie es nicht einmal mögen. In Weimar und Jena fanden die Freunde ohne Ausnahme Augusts Tod zwar bedauerlich, sahen darin jedoch eine Art logischer Konsequenz seines Lebens. Vor allem – niemand hatte Ottilie die Fortsetzung dieser Ehe wünschen können. Alwina Frommanns Kommentar, dies sei noch das Mildeste gewesen, was habe geschehen können, traf die Meinung der Außenstehenden auf den Punkt.

Die Kinder, seit langem auf den »Apapa« fixiert, vermißten den Vater nicht. Keines von ihnen zeigte auch nur die Spur einer Betroffenheit. Am Abend vor Goethes Zusammenbruch befand sich Walther im Theater, wie des Großvaters Tagebuch festhielt. Eine Trauerfeier oder Beisetzung fand nicht statt, so blieb das Geschehen für sie unwirklich. Um Weihnachten schrieb Julie von Egloffsteins Mutter, im goetheschen Hause gehe alles denselben Gang, die Kinder dächten nicht mehr an den Vater, was doch sehr befremde. Aber wieder einmal haben die Freunde Gelegenheit, Ottilie von Goethe zu rühmen. Sie empfängt das uneingeschränkte Mitleid ihrer Freunde und deren Bewunderung ob ihrer Beherrschtheit und Festigkeit. Niemand, der nicht ein Wort des Bedauerns, des Mitleids oder des Lobes für sie ausspräche, weiß doch auch jeder, was ihr im Hause Goethe an Aufgaben zukommt. Es bleibt erstaunlich, auf wie vielen Ebenen gleichzeitig sie zu agieren versteht: Angepaßte Schwiegertochter, in tiefes Schwarz gekleidete, »ruhig und gefaßt« wirkende Witwe, liebevolle Mutter ihrer drei vaterlos gewordenen Kinder, agile Redakteurin der Liebhaberzeitschrift *Chaos*, die Goethe fortgesetzt sehen möchte, und damit fester Kern eines Freundeskreises, aber nicht zuletzt nach Liebe hungernde vierunddreißigjährige Frau, die ihre Lebensuhr gern noch einmal in jüngere Jahre zurückstellen würde.

Seit Anfang Oktober beschäftigt sie der einundzwanzigjährige Samuel Naylor, der ihr im »Kam-sah-siegte«-Stil einen Heiratsantrag am Ende der einen Woche seines Aufenthalts in Weimar zu Füßen legt, bereits völlig aufgeklärt über seinen dritten Rang nach Sterling und des Voeux. Es hilft auch nicht viel, daß der aufrichtige Freund Robert Froriep, Arzt und demnächst Professor der Anatomie in Berlin, sich anbietet, diesem jungen Herrn einige Lektionen über weimarische Verhältnisse zu erteilen, denn: »Man ist nicht in der Welt, um sich gehen zu lassen, sondern um sich zusammenzunehmen«, was er auch ihr empfiehlt. Robert Froriep darf das. Die gegenseitige Freundschaft zählt aus Heinkes Tagen. An vielen Abenden während Augusts Abwesenheit war er gern gesehener Gesellschafter. Trotz seiner fast irischen Rothaarigkeit und seiner blauen Augen scheint Ottilie nie mehr als einen Freund in ihm gesehen zu haben, der sie verehrt, ohne kritiklos zu werden, der zuverlässigste von allen, aber nun verlobt. Verlobt gibt sich auch des Voeux, und schließlich lebt er fern von Weimar wie auch Sterling. So wie sie Adele nicht im unklaren darüber läßt, mehr die Art ihrer vergangenen Ehe zu bedauern als Augusts Tod, so bekommt Charles Sterling zu wissen, daß Heuchelei die Toten gewiß nicht ehre.

Leider kann er dieser kaum noch verhüllten Aufforderung, doch seine Chancen wahrnehmen zu wollen, nicht folgen; er hat einfach keine Zeit. Er muß in Genua den Hüter seiner Eltern spielen und alle Pläne für ein Jahr zurückstellen, solange seine Geschwister verreist sind – schreibt er. So muß Ottilie ihre abenteuerlichen Spekulationen darüber, was aus ihnen beiden werden könne, noch einmal auf Eis legen. Nur mit der Karte »Naylor« kann man das Spiel noch reizen. Dieser kommt aus Göttingen, wo er studiert, nach Weimar, um sich die Antwort zu holen – eine prickelnde Aussicht. Adele Schopenhauer erfährt zwar nicht den Namen, aber sie liest: »Ein wunderbarer, leidenschaftlicher Kampf steht mir von übermorgen an wieder bevor.« Dieses eine Mal zieht dann doch sie selbst ihren Kopf aus der Schlinge. Den Vater könne sie nicht verlassen, Sterling und des Voeux stünden ohnehin einer neuen Liebe im Wege, und das sei ihm nicht zuzumuten. Naylor reiste wieder ab. Der Kampf war kurz, nicht schmerzlos. Im November verlobte er sich.

Ottilie von Goethe liebt romantisch, leidenschaftlich, dramatisch, tragisch. Sie liebt die Leidenschaft um ihrer selbst willen, genießt auch noch ihre Wunden, wirft sich dem emotionalen Chaos selbstmörderisch entgegen, bereit, jeden Preis zu zahlen für die Wollust, zeuge sie auch ein Phantom. Im November, ihre Mutter zog mit Ulrike um in eine größere Wohnung an der Esplanade, schreibt sie dem treuen Eckermann, daß der Vater ihr viele Sorgen mache und bekennt, nun die Sicherheit verloren zu haben, die seine Gegenwart ihr bislang gegeben habe, »und ich blicke der Zukunft mit Angst und Bekümmernis entgegen.« Angst und Verzweiflung angesichts einer freudlosen Zukunft erfassen sie, Nachtvögel des Lebens, unter deren Flügeln die Geborgenheit nicht zu finden sein wird.

Wer möchte richten, wo sie selbst sich schuldlos fühlt: »... ich vermag nicht gleich einer Sünderin zu leben, ich fühle es, Gott wird anders richten als wir Menschen«.

Die Katastrophe

Sie gleichen einem Dominospiel um den Sinn ihres Lebens, die letzten zehn Jahre, die Ottilie von Goethe seßhaft in Weimar verbrachte. Als der letzte Stein fiel, mußte sie sich gestehen, das Spiel verloren zu haben. Die Regeln hatte sie selbst gesetzt und meinte damit, »nach meinem inneren Gesetz zu handeln«, was wiederum bedeutete, den Gegenstand der Liebe selbst zu wählen, Ruf und Ansehen, die Meinung der Welt nichtachtend, solange sie sich im Besitz »höherer Motive« glaubte.

Damit umschrieb sie eine emanzipatorische grundsätzliche Forderung gebildeter Frauen ihrer Zeit, für sie bereits eine Art von femininem Grundrecht. Nur die vorurteilslos, unbeeinflußt von der Gesellschaft, frei den Mann wählende Frau kann sich binden und in der Bindung glücklich sein.

»Mit einem wilden, angeborenen Freiheitstrieb war ich doch immer vollkommen Sklavin, wo ich liebte«, schreibt Ottilie gegen Ende der dreißiger Jahre an eine gute Bekannte, »und das Doppelurteil, das von mir in der Welt herrscht, erklärt sich dadurch. So wenig es auf vielen Punkten den Anschein hat, so ich eine gewisse Emanzipation für die Frauen verlange, so war vielleicht niemand, der wie ich sogar vollkommen glücklich in der Beschränkung eines Harems hätte sein können, wenn man dadurch die vollkommene Befriedigung verstand, alle Talente, Gedanken, Empfindungen als nur für einen Menschen zu fühlen. Aber freilich müßte ich in meinem Herzen allein sein und mir keine Herzensteilung zugemutet werden.«

Es bleibt Ottilies Unglück, daß keiner der Männer, denen sie in jenen Jahren begegnet, sich ihren Spielregeln beugen mag, und es wird zu einem leidvollen Zwang, daß sie immer wieder spielen, den vollen Einsatz wagen muß. In zehnmal zwölf Monaten bringt sie Stein um Stein ihres Dominos auf das Tableau, immer neue Namen darunter: Captain Story, Edmund Phipps, Gustav Kühne, um nur die Hauptpersonen zu nennen, und immer wieder Charles Sterling.

Ihm gegenüber erfüllt sie 1830 ein heiliger Zorn, denn jetzt, nachdem ihrer Liebe doch kein Hindernis mehr im Wege steht, übt er eine Zurückhaltung, die sie nicht zu begreifen vermag. Seine Briefe kommen unregelmäßig, er selbst kommt gar nicht. Hindernisse türmen sich vor ihm auf, die sie partout nicht anerkennen will. Ihn scheint die Sorge zu beschäftigen, daß seine Anwesenheit in Weimar doch vor Freunden, Mutter, Großmutter und gar dem Hof genierlich werden könnte. Das Urteil der Welt, auf das er Rücksicht nehmen möchte, ficht jedoch gerade Ottilie nicht an. Der Theologiestudent aus Oxford und aus gutem Hause sieht das anders. Außerdem fehlt es ihm an Geld und Zeit. Nicht eine Minute kommt ihr der Gedanke, daß sie als dreiunddreißigjährige Witwe mit drei Kindern vielleicht nicht unbedingt die verlockendste aller Partien darstellt. Wer spricht von Heirat, wer von Weimar? Ottilie nicht. Man könnte doch in Dresden leben für einige Zeit, zumal er sein Studium ohnehin erst in vier Jahren beenden kann, und er könnte Walther zu sich nehmen, der dringend eines männlichen Erziehungseinflusses bedarf. In Ottilies Augen handelt kleinlich und verächtlich, wer nicht bedenkenlos nach der Liebe greift, die ihm geboten wird.

»Er, der ein Götterjüngling sein könnte, schrumpft nach und nach zu einem gewöhnlichen Menschen ein«, schreibt sie an Adele, und das »Nebelland England« bekomme ihm wohl nicht. Marianne von Willemer, Freundin des Hauses Goethe seit den Tagen des *West-östlichen Divan*, antwortet auf die gleiche Anspielung: ». . . das ist nicht Englands Einfluß allein, der erstarrend und lähmend auf die Phantasie wirkt ... lassen Sie ihn seinen müden Weg allein wandeln, er konnte ihn nicht einschlagen, ohne alle Ihre Hoffnungen zu zertreten, ich bitte Sie: mir graut vor diesem Sterling, und ihm wollten Sie Walther anvertrauen . . .«. Die Willemer hätte gern Ottilies ältesten Sohn zu sich auf die Gerbermühle genommen, um »mütterlich für ihn zu sorgen«, lediglich der Gesundheitszustand und die Pflegebedürftigkeit ihres Mannes verhindern das. So bemüht sie sich, Walther anderswo in gute verläßliche Hände zu geben, möglichst in ein französisches Haus. Zugleich dringt sie ernsthaft in Ottilie: »Walther geht zu Grunde, wenn er nicht unter männliche Aufsicht kommt, ich scheue mich gar nicht, Ihnen dies zu sagen, Sie werden mich nicht mißverstehen, sein weiches

Gemüt, die geringe Ausdauer, seine körperliche Schwäche sind gefährliche Beiträge zu seiner Biographie.« Milde und höflich gibt sie zu erkennen, was auch anderen schon offenbar geworden ist: Das Frauenregiment in Weimar fördert lediglich Walthers Schwächen, nicht seine Talente. Bislang hat er noch keine öffentliche Schule besucht, wurde in den humanistischen Fächern vom langjährigen Erzieher Rothe unterrichtet und gefällt sich gern darin, ob seines ansprechenden Klavierspiels von Mutter und Großmutter verhätschelt zu werden. Dazu verliert er noch manche Unterrichtswoche, indem er seine Mutter auf Reisen begleitet, wie 1834 zur Kur nach Frankfurt. Die Sommermonate dieses Jahres waren mit Bädern, Langeweile und vergeblichem Warten auf Sterling vergangen.

Dort hatte Ottilie Captain Story kennengelernt, einen in Frankfurt mit seiner Schwester ansässigen Engländer. Viele Wochen täglichen Umgangs ließen enge Vertrautheit entstehen und dank Ottilies ständig suchender erotischer Energie war nun Frankfurt als ständiger Wohnort wieder in die Debatte gekommen. Marianne von Willemer bemühte bereits ihren Stiefsohn, sich um Ottilies Bürgerrecht in Frankfurt zu kümmern. Sie füllte nicht nur zuvor Ottilies schlappe Börse mit einem Darlehen – auch der treue Eckermann half bereits mit Bargeld aus –, sondern betätigte sich als Privatdetektiv für Ottilie, um Captain Storys Verbleib auszukundschaften. Ottilie hatte acht Wochen seit ihrer Abreise aus Frankfurt nichts von ihm gehört. Absicht? Ränkespiel seiner Schwester? Krankheit? Vielleicht verreist? Schließlich muß Marianne von Willemer berichten, daß Story sich noch in Frankfurt aufhalte, denn er sei gesehen worden. Sein Schweigen entgegen der Abmachung und nach mehrwöchigem täglichem Zusammensein mit Ottilie konnte nur als Absicht ausgelegt werden. Die Willemer kommentiert das mit der Versicherung, sie sähe gern für Ottilie einen hoffnungsvollen Stern aufgehen, »aber Sterling ist es nicht und leider Story auch nicht«. Freundin Adele glaubte sogar schon an Ottilies Heirat mit Story, und Ottilie gibt zu, »nicht weit davon entfernt« gewesen zu sein. Enttäuscht von allen bisherigen »sogenannten und wirklichen vorzüglichen Männern, die ich fand«, denen das »pittoreske Kostüm meiner Seele gefällt«, die aber stets eine ihnen standesgemäße Gemahlin vorgezogen haben, bedauert sie, daß ihre Erinnerungen sie hinderten, sich »mit ungeteiltem

Herzen in Storys Arme zu werfen. Seine Liebe war einfach, und trotzdem, daß man ihm einen Mangel an Bildung vorwarf, hat er mich doch nie verletzt, obgleich sehr oft getadelt, und sah das Verhältnis der Ehe vollkommen so an, wie ich es für recht und natürlich halte.« Adele, ebenfalls in permanentem Liebeskummer begriffen, bekommt den freundschaftlichen Rat: »Rette Dir, was Du kannst von dem Glück und verschmähe nicht das Baumaterial zur Hütte, weil es nicht zum Göttertempel reicht.« Story hätte ihr, so scheint es, durchaus zur Hütte gereicht, hatte er sie nach eigenem Bekenntnis doch »nie einen Augenblick gelangweilt«. Die Freundinnen in Weimar sorgen sich um den Seelenzustand Ottilies und veranlassen sie schließlich, als eine Art Selbsttherapie, eine scène privée darüber zu schreiben, wie sie sich ihr Leben als Storys Frau vorstelle. Das Ergebnis rührt dann alle zu Tränen, zumal sie dieser »sentimental story« doch entnehmen, wie sehr »nötig mir die Gefühle und dies Verhältnis sei, und wie ich, man gebe mir ein Palast oder eine Hütte, stets wie eine Schwalbe mein kleines Nest daran baute«.

Ottilie träumte schon von ihrer »Hütte«, um so mehr, als Story nicht kam, aber zu schreiben versprach, und sie gleichzeitig feststellen muß, daß ihre finanziellen Mittel ihr in absehbarer Zeit wohl nicht mehr die Garderobe erlauben werden, mit der sie bei Hof erscheinen könnte. Wenn Walther nach Dresden gehen sollte, wie inzwischen erwogen, würden die Vormünder zwar einen Zuschuß zahlen, aber sie selbst müßte auch die 500 Reichstaler drangeben, die sie für Walthers Erziehung laut Testament des Schwiegervaters erhält. »So geht es von Stufe zu Stufe fort, und Alma wird wohl auf dem Land aufwachsen«, schreibt sie aus tiefer Depression an Adele Schopenhauer. Es muß also dringend etwas geschehen. Mit angegriffener Gesundheit versucht sie vorsorglich, ihre Mutter davon zu überzeugen, nicht auch noch 1834 in Weimar bleiben zu können, und auch Dresden lockt sie keinesfalls. Adele gegenüber gibt sie preis, daß es sie mit allen Fäden woanders hinzieht. »Jetzt zieht nur ein Gedanke mich wie ein Vampir am Herzen, es ist Frankfurt – das Gefühl steigert sich bis zur Krankheit, es könnte bis zur fixen Idee kommen, ich sehe das mit Schaudern. Wie ich es ausführen soll, nicht nur wegen Geld, sondern hauptsächlich wegen Walther, den ich doch nicht früher als es nötig verlassen möchte, begreife ich nicht, und doch vergehe ich in Sehnsucht ... aber da er für immer sich in Frankfurt scheint angesiedelt zu haben, muß ich den Ort, der mir der liebste ist, aufgeben.«

»Er«, das ist inzwischen Captain Story und nicht mehr Charles Sterling. Man sage im übrigen, berichtet sie Adele, daß sie ihrer Mutter wegen Weimar nicht verlassen dürfe. Selbst dieser Gesichtspunkt, der für Ottilie einen hohen Stellenwert hat und bislang immer in ihrem Leben maßgebend war, vermag ihr Verhalten nicht mehr zu steuern. Nicht zu Unrecht argumentiert sie, ihre Mutter werde zehnmal heiterer sein, wenn sie von ihr entfernt lebe. Ihre Vorstellung, die Mutter solle mit Karoline von Egloffstein zusammenziehen und nach Dresden gehen und die Schwester Ulrike mit ihr nach Frankfurt, trifft keinesfalls auf begeisterte Zustimmung. Im Gegenteil handelt sie sich tägliche Gereiztheiten und den Vorwurf der Herzlosigkeit ein. Schließlich setzt sie sogar in die Weimarer Lotterie, um das eventuell gewonnene Geld für die Reise nach Frankfurt zu verwenden. Das Schicksal scheint auf ihrer Seite zu stehen. Sie gewinnt 25 Reichstaler. Es reicht für Hin- und Rückfahrt.

Soweit im März. Im April sieht die Welt schon wieder anders aus.

Sterling läßt verlauten, daß er sich krank auf der Insel Wight befindet, gern mit Walther und Ottilie in Dresden leben wolle, doch seine Mutter wünsche, daß er zunächst in den Sommerferien seinen Bruder aus Genua abhole. Sofort wechselt Ottilie das Pferd und hetzt in einem Brief an Adele alle Möglichkeiten durch, wie sie ihn auf der Reise treffen könne, zumal seiner Gesundheit ein mehrwöchiger Aufenthalt in einem der Rheinbäder nützlich sein könne, ebenso wie ihre wohltuende Nähe. »Niemand wie ich in der weiten Welt kann so auf ihn erheiternd und besänftigend, interessierend ohne aufzuregen wirken. Niemand kennt so alle Springfedern seiner Seele, von denen noch eine Rettung zu erwarten.« In ihrer Phantasie ist Charles Sterling schon bis zur Schwindsucht erkrankt und bedarf dringend ihrer Gegenwart, eines von ihr empfohlenen Arztes und einer Kur am Rhein. Doch nun wird die Aktion Story zum Problem, denn »der Schein, den ich mir in seinen Augen geben muß, ist mir entsetzlich«. Mit einer schlechten Ausrede hatte sie aber noch jederzeit leben können, wenn sie sich nur mit ihrem Gewissen im reinen befand. Außerdem wird sie von dem Gefühl getragen, mit heroischer Selbstaufgabe dem kranken Geliebten helfen zu müssen.

Am 17. Mai 1834 trifft sie in Frankfurt ein, gequält und schwankend zwischen tausend Entschlüssen. Die Frage scheint zu heißen: Story oder Sterling. Dieser hat trotz ihres mehrfachen Drängens in vier Wochen nichts von sich hören lassen,[10] von einem gemeinsamen Bekannten erfährt sie, daß man an Schwindsucht eigentlich nicht geglaubt habe. Die tiefe Enttäuschung über Sterlings Schweigen treibt sie zielgerade in die Arme des Captain Story. Dieser scheint auch schon ein Heiratsversprechen gegeben zu haben, vermutlich schriftlich vor ihrer Ankunft, denn zwei Tage danach beschwichtigt sie Adele: »Story ist nicht Bräutigam, es war ein *Scherz* von ihm, der mir das Herz zerriß.« Für Ottilie festigt sich der schon zweimal aufgekommene Verdacht, er liebe wohl doch eine andere Frau.

Nicht eine Sekunde kann sie glauben, Sterling oder auch Story aufgesessen zu sein, die beide einfach versuchen, mit höflichen Floskeln und Ausreden sich ihrer zu erwehren. Erst drei Monate nach Sterlings Nachricht aus Wight erhält sie über Adeles Adresse einen neuen Brief von ihm, der sie in keiner Weise befriedigt, »denn denken zu müssen, daß ich drei Monate litt, und er in seiner Heiterkeit nicht einmal daran dachte, mir die Qual darüber zu nehmen, ist ein Schmerz«.

Story, der gespürt haben mochte, wie sehr sein Rückzug sie verletzt hatte, versöhnte sich wieder mit ihr, »um acht Tage darauf es selbst zu zerreißen«, gemeint ist wohl das erwähnte Heiratsversprechen.

Verloren ging, was mehr zählte als ein Jahr, nämlich die Aussicht auf eine behütete dauerhafte Bleibe für sie selbst und ihre Kinder, sofern sie nicht in Weimar die Rolle der verwitweten Gralshüterin Goetheschen Erbes spielen will. Genau das will sie um keinen Preis, schon gar nicht in der Stunde ihrer größten Niederlage, ». . . nach Weimar möchte ich nicht, überhaupt einmal ein halbes Jahr aus den Verhältnissen heraus sein«.

Ottilie von Goethe hat die Talsohle ihres Schicksals erreicht.

Schon im Juli erzwingt ihre angespannte finanzielle Lage die unerwünschte Rückkehr nach Weimar. Auch kann sie sich nicht länger der Sorge um ihre Söhne entziehen.

Dennoch – Ende September des gleichen Jahres 1834 muß sie erneut zur Reise rüsten und bleibt diesmal ein volles Jahr von Weimar entfernt, keinesfalls freiwillig.

Ottilie von Goethe weiß sich schwanger.

Am 15. Februar 1835, fast auf den Tag neun Monate nach ihrer vorjährigen Ankunft in Frankfurt, bringt Ottilie von Goethe, achtunddreißig Jahre alt, in Wien ihr viertes Kind, ein Mädchen, zur Welt. Schon eineinhalb Jahre später, am 4. Juli 1836, stirbt dieses an der Auszehrung.

Das Totenprotokoll der Stadt Wien nannte »Ottilia Stori, Hausinhaberswitwe« als Mutter, ebenso die Todesanzeige vom 8. Juli 1836 in der *Wiener Zeitung*. Das Kind wurde im Totenprotokoll »Anna Poiwisch«, in der Sterbeurkunde des katholischen Pfarramtes Alservorstadt »Anna Poywisch« genannt. Die Mutter hieß in diesem Dokument ebenfalls »Ottilia Poywisch«. Als Adresse wurde Breitenfeld Nr. 54 angegeben. Die Beerdigung fand am 8. Juli 1836 statt.

Die bereits geschilderte psychologische Vorgeschichte der Reise nach Frankfurt, die neun Monate Abstand von Ottilies Ankunft dort bis zur Geburt und die obigen Namenseintragungen in Todesurkunden (Geburtsbestätigungen konnten nicht ausfindig gemacht werden) lassen nur die Vaterschaft Captain Storys zu, zumal auch aus dem Briefwechsel Ottilies mit Adele die Abwesenheit Sterlings beweisbar wird.

Trotz Ottilies Herkunft aus evangelischer Familie und eigener evangelischer Taufe wurde die Sterbeurkunde des Kindes von einem katholischen Pfarramt ausgestellt und das Kind als katholisch getauft ausgewiesen.

Ottilie wohnte mit Anna Jameson in der Inneren Stadt Wien im Einkehrgasthof »Zum Römischen Kaiser« am Freyung und damit in unmittelbarer Nähe zum Benediktiner-Ordensstift »Zu den Schotten«. An Kloster und Abtei führte die Schottengasse durch das Schottentor der noch bestehenden Bastei auf die Währinger Gasse und in die Vororte Währingen und Alsergrund. Auf dem Währinger Ortsfriedhof wurde die Beerdigung vorgenommen.

Es ist nicht auszuschließen, daß Ottilie von Goethe die diskrete Hilfe der katholischen Kirche in Anspruch nahm. Hilfe mit Rat und Tat teilten sich zwei außergewöhnliche Frauen, durch Adele Schopenhauer mit Ottilie bekannt, die es als ihre Aufgabe ansahen und sich zur Ehre anrechneten, der Schwiegertochter Goethes in dieser Situation beistehen zu dürfen: Anna Jameson-Brownell, englische Schriftstellerin und Gattin des Vertreters der britischen Krone in Kanada, sowie Sibylle Mertens-Schaaffhausen, vermögende rheinische Bankierstochter und -gattin. Beide Freundinnen traten wie zwei der biblischen vierzehn Nothelfer auf den Plan. Anna Jameson hatte die Schwangere auf der Reise begleitet und blieb bis über die Geburt hin bei ihr, Sibylle Mertens hatte mit großzügig bemessenen Schecks den materiellen Schutz geboten und die Pflegschaft des Kindes übernommen. Sie wollte überdies nach einer angemessenen Frist das Kind zu sich nach Genua holen, wo sie sich gerade aufhielt und während einer Choleraseuche die Kinder der Opfer pflegte. Ottilies Kind sollte dann einen unverfänglichen italienischen Namen bekommen und so zu seiner Mutter nach Weimar gelangen.

Es blieb bei der Absicht, die aber doch erkennen läßt, daß Ottilie ihr viertes Kind zu sich nehmen wollte, wie sie auch eine Abtreibung offenbar nie ernstlich erwogen hat. Beide Freundinnen schätzten sicher das Risiko der Geburt als geringer ein. Es belastete Ottilie während ihres ganzen eineinhalbjährigen Aufenthaltes in Wien, daß sie sich gegenüber ihrer Familie in Weimar nicht aussprechen durfte. Nach Weimar hatte sie Monate hindurch Prospekte und Gemäldekataloge schicken müssen, eine Bildungsreise vorschützend, »wenigstens habe ich meinen Zweck erreicht und die Meinen anscheinend ziemlich beruhigt«. Es wird nicht klar erkennbar, ob sie gegen Mutter und Schwester den wahren Zweck der Reise verschwiegen hat, was eigentlich nur schwer vorzustellen ist, oder ob die umfangreichen Briefe aus Wien den Angehörigen in Weimar dazu dienen sollten, das Gesicht zu wahren und Klatsch im Keime zu ersticken, was wahrscheinlicher ist. Es erbittere sie, von fremden Menschen über Gebühr Liebe und Geld zu empfangen, »und wo ich sie erwarten darf, wo es beinah ein Recht geworden ist, bin ich verlassen, verstoßen und mag untergehen, ohne daß mir Beistand geboten wird«.

Tatkräftigen Beistand erfuhr sie dafür um so wirkungsvoller von einem weiteren Nothelfer im Rasthof »Römischer Kaiser«, Renngasse 1, von dem Arzt Dr. Romeo Seligmann, der, in der Etage über ihr logierend, eines Nachts von der Portiersfrau zu ärztlicher Hilfe geholt wurde. Seligmann, zwölf Jahre jünger als Ottilie, wurde von Stund an bis an ihr Lebensende der zuverlässigste Freund. Trotz seiner Jugend stand er bereits auf dem Sprung, einer der großen Ärzte Österreichs zu werden. Kaum promoviert, hatte er sich freiwillig in die Nordprovinzen des Landes zur Bekämpfung der Cholera gemeldet und dort Verdienste erworben. Seit zwei Jahren hielt er an der Universität in Wien als Privatdozent Vorlesungen über die Geschichte der Medizin und wurde so der spätere Begründer eines Lehrstuhles für dieses Fach. Er war Orientalist, dazu Kenner der Kunst aus Antike und italienischer Renaissance. Seine Dissertation hatte Aufsehen erregt, weil es ihm gelungen war, das nur einmal existierende altpersische Manuskript einer Arzneimittellehre zu übersetzen. Berühmte Ärzte seiner Zeit machten ihm schon jetzt Angebote, die ihn aus Österreich hinausgeführt hätten. Seligmann blieb jedoch. Nicht zuletzt hielt ihn ein großer, namhafter Freundeskreis. Romeo Seligmann, dieser fünf Sprachen beherrschende, vielseitig gebildete junge Arzt, dürfte nur allzugern bereit gewesen sein, der Schwiegertochter Goethes zu helfen. Den Briefwechsel dieser Jahre beseitigte offenbar nicht nur Ottilie selbst, auch ihre Söhne scheinen den Nachlaß ihrer Mutter mit Akribie durchforstet zu haben und forderten später von Adressaten Briefe zurück, was auch Ottilie schon bei den Angehörigen verstorbener Freunde besorgt hatte. Dennoch scheint man in Weimar schließlich erfahren zu haben, daß sie nicht um der Kunstgalerien willen so lange in Wien geblieben war. So schrieb Kanzler Müller, nachdem Ottilie im August 1835 nach Weimar zurückgekehrt war, acht Wochen später an Freunde: »Ihr Wiederauftreten war nicht ganz ohne Schwierigkeiten; doch benahm sie sich bescheiden und gewandt, und so ist alles wieder ziemlich in altem Geleise.« Von Anna Jameson hatte sie schließlich den Rat mit auf den Weg bekommen: »For God's sake do not enter into any impotent and degrading competition with society . . . You have broken thro' its severe laws; take the consequence with gentleness and dignity, and you may keep your place.«

Wie recht sie damit hatte, konnte sie schon bald selbst feststellen. Auf die Nachricht, daß Ottilie erkrankt sei, brach sie ihren Erholungsaufenthalt in Österreich ab und reiste geradewegs über Prag nach Weimar, um der Freundin erneut zu helfen. Ottilie sei nur ein

Goethes Enkel im Junozimmer des Hauses am Frauenplan. Zeichnung von B. von Arnswaldt, 1838.

Schatten ihrer selbst, berichtete sie der gemeinsamen Freundin Gräfin Henriette Pereira-Arnstein nach Wien. Ihr Aussehen habe sie geradezu erschreckt. Aber Ottilie erholte sich schnell. Etwa sechs bis acht Wochen nach ihrer Ankunft konnte man sie, wieder hoffähig, mit Anna Jameson auf einem festlichen Dinner zu Ehren fürstlicher Gäste bewundern. Dem Großherzogspaar war zu Ohren gekommen, Ottilie spiele mit dem Gedanken, Weimar für immer zu verlassen – ein Aspekt, der sie erschreckte. So nutzte der Großherzog die Gelegenheit des Dinners, Anna Jameson zu bitten, sie möge ihren Einfluß auf Ottilie geltend machen, daß diese in Weimar bleibe. Selbst wenn sie die Macht besäße, versicherte Anna der Pereira, täte sie das niemals, denn Ottilies Vorstellungen erschienen ihr richtig. Diese denke daran, für ein oder zwei Jahre ihren Sohn Wolfgang nach Bad Kösen zu begleiten, in dessen Nähe der inzwischen Fünfzehnjährige das renommierte, fast dreihundert Jahre alte Gymnasium der Fürstenschule »Schulpforta« besuchen sollte – nötig als Basis für eine spätere Karriere in preußischen Diensten.

Wolfgang fuhr zunächst im Herbst 1835 allein dorthin. Das strenge Reglement in Schule und Internat überforderte jedoch sichtlich den bislang nur an exklusiven Privatunterricht gewöhnten introvertierten Jungen, der natürlich sofort an Heimweh litt. Schon nach den Weihnachtsferien vermochte nichts in der Welt ihn dahin zurückzubringen.

An Sensibilität ließen sich die Goetheenkel kaum übertreffen, wenn man von der achtjährigen Alma absieht. Sorge bereitet die zerbrechliche Konstitution Walthers. Sie signalisiert geradezu seine geringe physische Belastbarkeit. Wolfgang, groß und im Auftreten beeindruckend wie Vater und Großvater, teilt mit Walther die mimosenhafte Empfindlichkeit, die man auch als Ergebnis einer im Grunde weichlichen, nichts fordernden, verzärtelnden Erziehung ansehen muß, sofern von einer solchen überhaupt zu sprechen war. Mit Grazie trugen sie bei Hofe ihre Uniformen mit Kavaliersdegen und vor allem den Namen Goethe mit entsprechendem Anspruchsverhalten. Ottilie befand sich mit ihrer Behauptung durchaus im Recht, wenn nicht auf die Individualität der Söhne eingegangen werde, sei nur die Verkümmerung ihrer Fähigkeiten zu erwarten, und besonders Walther werde leidend verstummen.

Auch er hat bis dahin noch keine öffentliche Schule gesehen und daß Genie sich problemlos vererbe, scheint in der Familie ein stillschweigendes einvernehmliches Gesetz gewesen zu sein, dessen Weisheit niemand widersprach und unter deren Mantel gute Veranlagungen überinterpretiert wurden.

Ottilies schwierige Söhne begannen ihre Mutter zu beanspruchen.

Ottilie und Walther in Leipzig

Gegenüber der Öffentlichkeit verteidigte Ottilie ihre Söhne stets wie eine fauchende Schwanenmutter und versuchte damit, ihren Willen auch gegen die Vormünder durchzusetzen. Im November 1835 müssen sich diese und Kanzler Müller als Vertreter der Obervormundschaftsbehörde mit einer Eingabe Ottilies an die Landesregierung befassen, in der sie klagt, mit dem Erziehungsgeld für die Söhne nicht mehr auskommen zu können. Von den 500 Talern ihrer Witwenpension müsse sie allein 400 für die Söhne zuschießen.

Die Vormünder geben zu bedenken, daß Weimars öffentliches Gymnasium billiger sei als Privatunterricht, wie ihn Walther bislang ausschließlich genossen habe, und für ein einseitiges Musikstudium fehle es noch am Nachweis der dazu notwendigen außergewöhnlichen Begabung. Man wünsche ein schriftliches Gutachten durch Herrn Mendelssohn in Leipzig, der anläßlich einer kürzlich stattgefundenen Reise Walthers dorthin diesem nach mehrtägiger Prüfung »ein schönes Talent für Musik und Composition« bestätigt haben solle. Man würde auch gern erfahren, ob es dringend notwendig sei, schon zu Michaelis des nächsten Jahres, also im Herbst 1836, mit einem ausschließlichen Musikstudium zu beginnen, und was in solchem Falle bis dahin vorbereitend getan werden könne.

Anna Jameson hatte die erwähnte Reise auf Ottilies Wunsch mit Walther unternommen und entsprechend günstig berichtet, was Ottilie als den unabdingbaren Startschuß zum Musikstudium betrachtete.

Natürlich erschien ihr der verzögernde Einspruch der Vormünder als Schikane. Sie wurde zunehmend gereizter, als sie spürte, daß für Walther noch eine energische Schlacht geführt und gewonnen werden mußte, sollten sich ihre Vorstellungen realisieren, die in ihrem Sohn bereits den bedeutenden Komponisten und Pianisten zum Inhalt hatten, schon so lange und so intensiv, daß dieser sich selbst so verstand.

Bei einem Besuch in Frankfurt hatte Marianne von Willemer schon einige Jahre zuvor Walthers Klavierspiel kennengelernt, das sie als einstige Opernsängerin und Gesangslehrerin recht gut beurteilen konnte. Mit gewohnter Offenheit schrieb sie ihm: »... ich mache dich aufmerksam, daß man nie genug lernen kann und daß es dem gründlichen Musiker nicht schadet, wenn er auch außer Musik noch andres weiß und lernt; ich verweise dich in dieser Hinsicht auf Zelters Briefe an deinen Großvater, worin er beklagt, daß er nicht genug gelernt, und belobt, wie vieles Felix Mendelssohn gelernt hat. Nimm dir diesen großen Künstler und liebenswürdigen Jüngling zum Muster ...«

Weder 1834 noch 1836 bewies Walther tiefergehende Einsicht in die noch erforderlichen Anstrengungen, einem Musikstudium die solide Ausgangsposition zu verschaffen. Sein Spiel und seine musikalischen Phantasien wurden im Familienkreise gerührt anerkannt und zuweilen emphatisch bejubelt. Außerdem glaubten vorläufig noch alle, daß der große Name ihm ohnehin die Konzertsäle öffnen werde.

Das Stichwort »Mendelssohn« war nicht von ungefähr gefallen.

Walther kannte den berühmten Komponisten und Direktor des Leipziger Gewandhausorchesters seit seiner eigenen Kindheit. Der zwölfjährige Felix Mendelssohn-Bartholdy hatte 1821 erstmals das Goethehaus besucht, vielbestauntes musikalisches Wunderkind seiner Zeit. Stolz war er dem alten Goethe von seinem Lehrer und Goethes Freund Zelter vorgestellt worden, zwei Wochen hindurch Gast des Hauses gewesen und hatte Goethe täglich vorgespielt. Ein Jahr später brachte Felix an zwei Tagen einer Durchreise seine Eltern und die Schwester Fanny mit, und beide spielten dem alten Herrn vor. Auch 1825 sah man den sechzehnjährigen Mendelssohn zu einem kurzen Aufenthalt am Frauenplan, und schließlich bekam Walther 1830 noch einmal für zwei Wochen Gelegenheit, ihn im Hause des noch lebenden Großvaters zu sehen und zu hören. Was lag daher näher, als daß Ottilie von Goethe sich an Mendelssohn gewandt hatte, dessen Gastgeberin sie sooft gewesen und dessen Aufstieg vom Wunderkind zum international anerkannten Pianisten, Komponisten und Dirigenten sie miterlebt hatte.

Mendelssohn verfaßte sein Gutachten am 27. November 1835 und schrieb, es sei »kein Tag zu verlieren«, wenn an ein Musik-

Felix Mendelssohn-Bartholdy.
Aquarell von James Warren Childe, 1829.

studium Walthers gedacht sei, denn noch scheine es ihm, als ob angeborene Fähigkeit und Talent das Erlernte überwögen. Fingerfertigkeit, Geschmacksbildung und Fähigkeit im Schreiben seien weit zurück und müßten als Schwierigkeiten eigentlich schon überwunden sein. Er könne daher nur wiederholen, daß möglichst keine Zeit zu verlieren sei. Walther brauche gründlichen Unterricht im Klavierspielen und Generalbaß, das werde sich gewiß in Weimar einrichten lassen.

Das war nun nicht, was Ottilie hatte hören wollen, fieberte sie doch dem Tag entgegen, an dem sie Weimar verlassen konnte. Auch Walther dürfte nicht erbaut gewesen sein zu lesen, daß er Musik nicht mehr nur zu seinem Vergnügen treiben dürfte, immer wieder dasselbe spielend oder frei phantasierend, sondern nun bei einem tüchtigen Musiker etwa wöchentlich je drei Stunden Klavierspiel und Generalbaß erlernen und zwei bis drei Stunden täglich zusätzlich üben solle und seine Allgemeinbildung noch notwendig vertiefen müsse. Die Vormünder und Kanzler von Müller sahen keinen Grund, daß Walther nicht das Gymnasium besuche. Er könne von Griechisch, Hebräisch, Französisch und Religion dispensiert werden, dazu seien die Tanzstunden, Fechtstunden und Bajonettierübungen gänzlich aufzugeben. Unter diesen Bedingungen erklärte sich der Kanzler als die entscheidende Stimme der Obervormundschaftsbehörde bereit, 200 bis 300 Taler mehr als bisher zu zahlen, woraus denn auch 300 wurden. Dr. Vogel, Goethes letzter Arzt und inzwischen Mitglied im Vormündergremium, legte schließlich ein Memorandum vor, in dem er versuchte, beiden Parteien gerecht zu werden. Er bedauerte, daß für Walther überhaupt dieser Beruf gewählt worden sei, der nur Erwartungen herausfordere, »deren Erfüllung wenigstens nicht in dem Maße außer allem Zweifel liegt, wie man um des Namens willen wünschen solle, der mein Mündel ziert und drückt«. Eine geradezu prophetische Warnung, die jedoch um so lieber von Ottilie und Walther überhört worden sein wird, als Dr. Vogel dann weiter erklärte, ein ernsthaftes Musikstudium sei mit dem Besuch des Gymnasiums nicht vereinbar. Sein prominenter Lehrer in Kompositionslehre, Professor Johann Gottlieb Töpfer, Organist und Komponist in Weimar, habe in dreißigjähriger Unterrichtspraxis noch niemanden gesehen, dem das zuzumuten gewesen sei. Töpfer halte außerdem fünf bis sechs Stunden tägliches Üben für notwendig, vorwiegend Technik, Notenlesen und Partiturspiel. Dr. Vogel schlug vor, in einer besonderen Prüfung das Niveau der Allgemeinbildung bei Walther festzustellen, um entscheiden zu können, »was er etwa noch zu lernen hat, was ruhen kann, was unterbleiben muß«. Die Prüfung fiel so erfreulich aus, daß die Vormünder vom Besuch des Gymnasiums abließen.

Für Ottilie war die Schlacht gewonnen. Das Hauptverdienst daran traf den tüchtigen Hauslehrer Wilhelm Rothe in den humanistischen Fächern und Professor Kunze, Lehrer am Weimarer Gymnasium, der privat Mathematik gelehrt hatte. Naturwissenschaften und neuere Sprachen waren noch kein Prüfungsthema. Für den Französischunterricht zeichnete die Freundin des Hauses, Jenny von Pappenheim, verantwortlich, die englische Sprache erlernten beide Brüder von ihrer Mutter und ihrer Großmutter. Walther konnte schon seit Jahren englisch lesen und englischsprachige Bühnenstücke im Theater verstehen. Unterricht im Italienischen erhielten beide ebenfalls. Insgesamt lag das Niveau ihrer Kenntnisse alter und neuer Sprachen erheblich über dem ihres Vaters im gleichen Alter.

Seine bisherige musikalische Ausbildung verdankte Walther dem Weimarer Komponisten und Musikdirektor Karl Eberwein und vor allem seiner Großmutter Henriette, die in ihrer Jugend selbst fast konzertreif Querflöte und Klavier gespielt hatte und ihrem Enkel theoretisch und praktisch solide Grundkenntnisse beigebracht hatte.

Nun stand Walthers musikalischer Karriere eigentlich nichts mehr im Wege. Der vorrangige Unterricht in Kompositionslehre und der Privatunterricht in den allgemeinbildenden Fächern sollten bis Oktober 1836 fortgesetzt werden. Dann würde Walther Vorlesungen in Philosophie an der Universität in Leipzig belegen, Mendelssohn ihm musiktheoretischen und praktischen Unterricht im Klavierspiel geben und Ottilie endlich aufatmen können.

Wolfgangs erste Krise ließ sich leichter beheben. Er trat Pfingsten 1836 in die Obersekunda des Weimarer Gymnasiums ein, kränkelte viel, blieb der Schule wie einst sein Vater oft monatelang fern, reiste zu Freunden und Verwandten in West- und Süddeutschland, konnte aber doch am 18. September 1839, seinem neunzehnten Geburtstag, ein glänzendes Abitur (Matura) vorzeigen. Zwischen 1836 und 1839 mußte sich Ottilie kaum um ihn sorgen, es sei denn, daß seine Gesundheit zu denken gab.

Beide Jungen durften sich zunächst im Sommer 1836 von den Aufregungen der letzten Monate erholen und einige Wochen Ferien in Nassenheide bei Stettin verbringen, einem Rittergut, das Bertha von Schmeling sommertags bewohnte, während sie sonst in Stettin und später in Berlin lebte. »Tante Bertha« hatte in zweiter Ehe einen Neffen der alten Gräfin Henckel von Donnersmarck, Ottilies Großmutter, geheiratet. Aus der weitläufigen Verwandtschaft gewannen die Brüder, besonders Walther, eine verständnisvolle mütterliche Freundin, und hier lernten sie auch den beliebten Balladenkomponisten Carl Loewe kennen, der seine Erlkönigvertonung 1820 selbst Goethe gebracht hatte. Loewe nahm Walther und Wolfgang mit auf eine Wanderfahrt über die Insel Rügen, an der noch andere Freunde der Loewes, auch Bertha von Schmeling, teilnahmen. Man muß sich vergegenwärtigen, daß Ottilie fast zur gleichen Zeit schwer am Verlust ihres vierten Kindes litt, das im Juli des Jahres in Wien an der Cholera gestorben war, um ihre seelische Belastung, aber auch ihre Energie zu ermessen. Ein Brief Dr. Seligmanns (NFG Weimar, Nachlaß O. v. G., XVII, 4) läßt erkennen, daß er sich in Wien um das erkrankte Kind kümmerte und mit Ottilie offenbar in ständigem Briefkontakt stand, der sie über den Gesundheitszustand der Kleinen unterrichtete, wie hier am 18. Juni 1836: »Gnädige Frau, Anna ist heute um ein Weniges besser und somit ist Hoffnung vorhanden, aber leider kann ich noch nicht sagen zur Genesung, sondern bloß zur längeren Dauer ihrer Existenz. Sie ist ungemein verelendet und abgemagert, wird aber gehen, manchmal freundlich und verlangt zu trinken. Gellenstrin [Name der Pflegeeltern?] geben sich unglaubliche Mühe, was um so mehr zu loben ist, als sich hier wieder die alte Furche zu zeigen beginnt und die Verheerung stündlich zunimmt. – Anna hat das Übel selbst eigentlich glücklich überstanden, nur ein Rückfall wäre noch zu fürchten und die Folgen der ungemeinen Erschöpfung. In Eile – Ergebenst Dr. Seligmann.«

Der Familienname der wohl gemeinten Pflegeeltern ist in der Handschrift schwer zu entziffern, um ihn muß es sich aber handeln. Der enge Kontakt des Arztes zum vom Tode bedrohten

Säugling und den Zieheltern wie zu Ottilie läßt vermuten, daß er möglicherweise auch bei der Geburt schon anwesend war und erklärt gleichzeitig die Tiefe der entstehenden Freundschaft Dr. Seligmanns zu Ottilie von Goethe, die in dieser Situation ganz auf seine Hilfe angewiesen war.

Der Anstoß des Schicksals, sich nun energisch um das erstgeborene ihrer Kinder sorgen zu müssen, kam psychologisch im richtigen Augenblick, wie es ihr auch im Mittsommer gelegen gewesen sein muß, Walther für einige Wochen in guter Obhut zu wissen. Der Reiz des Klimas und der Landschaft mochten dazu beitragen, die schwächliche Konstitution des Jungen zu kräftigen und die nervliche besonders zu stabilisieren.

Walther zeigte sich denn auch beeindruckt. Bertha nahm ihren Schützling noch für einige Wochen mit nach Swinemünde. Ottilie und Dr. Vogel, immer noch Hausarzt der Familie, waren einverstanden, Walther nicht. Er erfüllte lediglich gehorsam den Wunsch der Mutter; in Sorge, daß er von hier gleich nach Leipzig müsse, möchte er doch gern noch einmal zuvor nach Hause. Walther litt, auch noch als Jüngling, stets unter heftigem Heimweh und war überhaupt so wenig seelisch belastbar, daß die geringste Veränderung gewohnter Lebensweise und seiner Umgebung ihn aus der Balance zu werfen vermochte. Ihm graute schon im August vor der Abschiedsstunde im Oktober. Nicht nur der Blick des Hausarztes erkannte die Saft- und Kraftlosigkeit der Goetheenkel, vor allem Walthers. Im Grunde stimmten die Freunde der Familie ausnahmslos darin überein, daß diese Jünglinge von der Last ihres Namens erdrückt zu werden schienen. Aber es war nicht der Name allein, auch das Erbe ihrer Eltern wirkte sich bedrückend aus. Spiegelten sich in Wolfgang übertriebenes Pflichtbewußtsein und die Strebsamkeit des Vaters, dem er auch äußerlich glich, so in Walther neben der labilen Konstitution auch das Unstete der Mutter, leider nicht ihr Kampfesmut in schwierigen Situationen.

Mutter und ältesten Sohn einte die Liebe zueinander und die Gewißheit, vor einem neuen Lebensabschnitt zu stehen. So schrieb Ottilie am 5. Oktober 1836: »Nimm auf Deiner neuen Lebensbahn den Trost mit, lieber Walther, daß Du mir ein guter Sohn gewesen bist und viel zur Erheiterung meines Lebens beigetragen hast. Wenn ich irgendeinen Lohn um Dich verdiene, so laß ihn in Deinem Vertrauen zu mir bestehen.« Mochte die »Erheiterung« sich auf Jahre der Kindheit beziehen; nunmehr erlebten Mutter und Sohn sehr schnell, daß die Zeit unbekümmerter Freude aneinander vorüber war.

Noch im selben Monat schickt Walther einen ausführlichen Bericht seiner ersten Unterrichtsstunde bei Felix Mendelssohn-Bartholdy. Er ist der Verzweiflung nahe. Noch vor der Anrede überschreibt er die Seite mit »Allein zu lesen«. Dann schildert er mit spürbarer Affektion die Ursache seiner Enttäuschung. Er hatte Etüden vorgespielt, und Mendelssohn ihm unverblümt gesagt, er spiele »wie ein Knabe von 12 Jahren«. Er habe zwar Talent, aber es fehle ihm immer noch am Generalbaßspiel. Walther hatte den Eindruck gewonnen, daß Mendelssohn ihm keine Stunden erteilte, wäre er nicht der Enkel Goethes. Mendelssohn erklärte ihm, er möge überlegen, ob es überhaupt lohne zu bleiben, und das mit seiner Mutter erörtern. In seinem langen detaillierten Bericht vergaß Walther nicht, mehrfach und nachdrücklich zu versichern, daß er selbstverständlich »contenance« gehalten, sich Mendelssohn gegenüber nichts habe anmerken lassen und auch keineswegs mit ihm erzürnt sei. Wortreich versucht Walther, die Mutter zu beruhigen und zu beteuern, Musiker werde er auf alle Fälle, aber »Mendelssohn wird nie mein Vertrauen erhalten«. Wenn er keinen Generalbaß könne, so läge das nicht an seinem etwa mangelnden Fleiß, sondern sei Schuld Eberweins in Weimar. Summa summarum: Der Schüler Walther von Goethe verträgt keine Kritik und schiebt die Schuld zurück auf andere. Ganz offensichtlich fehlt es ihm nicht nur am Können, sondern auch an Reife. Im Laufe des Briefes steigert er sich mehr und mehr in Panik und teilt nur noch mit, daß er in etwa drei Tagen nach Weimar kommen werde, um die Konsequenzen mit der Mutter zu besprechen und am liebsten gar nicht wieder nach Leipzig möchte, sondern mit ihr zusammen nach Dresden und von vorn beginnen bei anderen Lehrern.

Vorschnelles Aufgeben, Flucht vor der Realität, kindisches Verdrängen eigener Schuldgefühle, mimosenhafte Empfindlichkeit, ein zu kurzer Atem für lange Strecken, und das übrigens nicht nur im übertragenen Sinne, damit kündigte sich der Beginn einer menschlichen Tragödie an. Walther fehlten nicht nur Reife und Können für eine Meisterklasse, sondern auch grundsätzlich Ausdauer und Konzentrationsvermögen für einen Berufsweg, dessen Länge er wie auch Ottilie sicher unterschätzten.

Ottilie zeigte sich nicht bereit, Schwäche und Verzagtheit zu unterstützen und nicht gewillt, etwa vor Mendelssohn und den Vormündern das Gesicht zu verlieren. Sie bestand auf der Fortsetzung des Studiums, sah aber ein, daß dieses nicht ohne Schützenhilfe der Familie zu arrangieren wäre. So zog sie Anfang 1837 zu Walther nach Leipzig, zeitweilig unterstützt durch längere Besuche ihrer Mutter Henriette oder der Schwester Ulrike, gelegentlich mit der kleinen Alma im Schlepptau. Walther bekam zusätzlichen Unterricht bei drei Lehrern, darunter dem angesehenen Thomaskantor und Musikdirektor Weinlig.

Michaelis 1837 kam Walther zu entspannenden Herbstferien nach Weimar, während Ottilie einen schon lange geplanten Abstecher nach Dresden nachholte. Als Walther dann doch vor Weihnachten erklärte, sein Studium abbrechen zu wollen, geriet die ganze Familie in Panik. Nach langem Debakel folgte er schließlich dem Wunsch der Mutter, wenigstens noch bis Ostern 1838 durchzuhalten, vorausgesetzt, sie begleite ihn erneut nach Leipzig, »*allein* ohne Dich noch einmal in Leipzigs Toren einzufahren, vermag ich nicht«. Seiner außergewöhnlich starken Mutterbindung verdankt er zu dieser Zeit wenigstens den Fortgang seiner Studien, denn nur ihr Druck läßt ihn aushalten, was er als qualvoll empfindet, die Stunden bei »Felix«. Nie mehr verlor er die Angst vor einer Demütigung, als welche er jede Kritik empfand. »Meine ganze Art zu spielen, scheint ihm nicht recht zu sein ... Das Klavier wie die Musik überhaupt sind mir jetzt ein wahres Greuel.« Vielleicht hat er so unrecht nicht, wenn er im März 1838 schreibt: »Über die heutige Stunde will ich lieber schweigen. Daß Felix tadelt, ist natürlich und *recht*, aber um die Art des Tadels ertragen zu können, nein! Da muß man eine Pferdenatur haben ...«

Walther von Goethe hatte eine solche nicht und beendete seinen Leipziger Aufenthalt mit dem Ablauf des Monats. Die Vormünder genehmigten auf seinen Antrag noch 30 Taler außer der Reihe für eine achttägige Reise nach Dresden, wo er dann doch nicht die Lehrer fand, bei denen er sein Studium hätte fortsetzen mögen. Eine Anfrage bei Carl Loewe in Stettin brachte ihm dessen Einladung ein, die Walther umgehend und ohne Umweg annahm. Der

Carl Loewe.
Kolorierte Lithographie nach dem Gemälde von Most, um 1840.

unwandelbar gütige und freundliche Balladenkomponist muß auf Walther wie ein warmer Sommerregen erlösend gewirkt haben nach dem Eiseshauch, der von Mendelssohn ausgegangen war.

Carl Loewe sah in Walther von Goethe einen begabten Liederkomponisten und versicherte Ottilie im Sommer des Jahres, daß Walther »für den erlernbaren Teil der Musik« eine bewunderswerte Höhe entwickelt habe, »er ist zum Künstler geboren, und zwar für die edelsten Blüten und Früchte dieser Kunst, zum Gesangskomponisten. Seine überaus schöne allgemeine Bildung, sein spiegelklares, nie angehauchtes Gemüt (das erfreuliche Ergebnis einer sorgfältigen Erziehung) befähigen ihn, sich in jede beachtenswerte, große und schöne Situation hineinzuversetzen. Er wird gewiß einer glänzenden artistischen Laufbahn entgegensehen, besonders ist ihm diese auf dem Felde der Oper zu prophezeien. Meine Frau sowohl wie ich lieben ihn und seine Gesellschaft bis zur Verehrung ...« Walthers muntere Liebenswürdigkeit, die er unter ihm wohlwollenden Menschen an den Tag legen konnte, und nicht zuletzt der Name Goethe ließen Carl Loewe wohl die schöpferischen Kräfte seines Schützlings überschätzen. Die Anregung, sich mit dem Genre der Oper zu beschäftigen, stammte jedenfalls von ihm.

Wohlwollend kam ihm auch Robert Schumann entgegen, wenngleich auch ein wenig distanzierter. Walther lernte den acht Jahre älteren Komponisten und Schriftsteller in Leipzig kennen, als dieser schon seit vier Jahren die *Neue Zeitschrift für Musik* herausgab. Immerhin war man sich keinesfalls unsympathisch, widmete doch Schumann 1837 seine *Davidsbündler Tänze op. 6* »W. v. G.«, vielleicht nicht, ohne sich mit dem Namen Goethes zu schmeicheln. Im Februar 1838 schickte er auch Ottilie ein Exemplar. Er kannte ihre Vorliebe für irische Volkslieder, hatte im zweiten der *Davidsbündler* ähnliche Motive verarbeitet und verstand in dieser Art seine gerade entstandenen *Kinderscenen*, die er ihr gern einmal vorstellen wollte. Walther schien ihm heiter und hoffnungsvoll zu sein, da er »tüchtigen Fleiß und Willen« zeige. Anscheinend verhinderte Walthers ängstliches Mißtrauen – denn nichts erschien ihm hinreichend gelungen –, Robert Schumann seine kleinen Kompositionsversuche zu zeigen. Wenn er aber nur erst Gelungenes schreibe, dann brauche er »die Älteren nicht«, meinte Schumann zu Recht. In ihm hätte Walther einen durchaus umgänglichen und kompetenten, fördernden Kritiker finden können, aber wo er Kritik witterte, schreckte er zurück, und so kamen ihre Kontakte nicht recht über gemeinsame Spaziergänge hinaus.

Als Walther im September 1838 Stettin verließ, trug er zwei Opernpartituren im Gepäck, *Enzio* mit dem Libretto von Adele

Robert Schumann.
Lithographie von Josep Kriehuber, 1839.

Schopenhauer und *Anselmo Lancia* mit Texten aus der Feder seiner Mutter und dazu die Empfehlung Loewes, die Oper in Weimar aufführen zu lassen, um die Bühnenwirkung zu studieren. Ein vernünftiger Rat, wenn Walther hinreichend Mut gehabt hätte. Er fürchtete schon jetzt die Kritik, etwa mit der Formulierung »begabte Erstlingsarbeit«. Zwar erwartete er keineswegs einen durchschlagenden Erfolg, aber er sah sich verurteilt zur außergewöhnlichen Leistung.

Mit dem Namen Goethe darf man nicht durchfallen, nicht in Weimar und nirgendwo sonst, es sei denn, man verfügt über eine kräftigere nervliche Konstitution, als sie ihm zur Verfügung steht. Walther von Goethe ist dünnhäutig, dazu übertrieben ehrgeizig, eigensinnig und schlecht beraten. Das überaus positive Zeugnis, mit dem Carl Loewe ihn im September 1838 entläßt, atmet völlig kritiklosen Respekt und soll wohl auch die Vormünder beruhigen, wenn sie die Fortsetzung des Musikstudiums für ihren problematischen ältesten Sohn noch einmal erreichen will.

Am 18. September 1840, vom Militärdienst durch das Los freigesprochen, vollendete Walther von Goethe sein 22. Lebensjahr, nunmehr mündig, und befand sich auf dem Wege nach Wien. Dort, in einem europäischen Zentrum der Musik, erhofft sich Ottilie Förderung und Anregung für Walther. Außerdem mag die Weltstadt sein zurückhaltendes und scheues Wesen günstig beeinflussen. Empfehlungen zum Einstieg in die Gesellschaft hat er genügend bei sich.

Drei Tage nach seinem erstmalig allein verbrachten Geburtstag bestellt er den Amtsarchivar Carl Friedrich Obstfelder zu seinem Vermögensverwalter und Bevollmächtigten, dem der Schlüssel »zu den Wohnzimmern meines seligen Großvaters eingehändigt werde, damit ich nach meinem Willen über diesen Schlüssel verfügen kann«. Dem interessierten Publikum soll in Zukunft nicht nur der Zutritt zu den Privaträumen Goethes, sondern auch zu den Kunst- und Naturaliensammlungen und zur Bibliothek verwehrt sein: Walthers erste rechtskräftige Handlung als ältester Erbe Goethes. Er handelt dabei durchaus im Sinne der Familie und natürlich mit deren Einverständnis. Sie hatte lange genug auf eine Revanche für 1832, für Kanzler Müllers unseliges Hängeschloß vor den Zimmern des Großvaters, gewartet.

Ottilies von Sibylle Mertens heftig bekämpfte Fluchtpläne vom Jahresanfang 1836, mit dem zuletzt geborenen Kind allein nach Griechenland zu gehen, wo sie Charles Sterling vermutete, oder nach Kanada, wo sich Anna Jameson inzwischen aufhielt, waren schnell der Sorge um Walther gewichen. Sibylle ermüdete nicht, Ottilie an ihre Pflichten gegenüber der kleinen Alma zu erinnern und deren ältere Rechte. Gleichzeitig half sie, Sterling in Genua nachzuspüren, der vom Globus verschwunden schien, und Ottilie wie auch die gemeinsame Freundin Adele, die unverschuldet in finanzielle Nöte geraten war, über Wasser zu halten. Zwar scheint Großmutter Henckel von Donnersmarck für Ottilie gerade 600 Taler Schulden abgelöst zu haben, aber Geldsorgen drückten diese dennoch unvermindert. Marianne von Willemer sah sich angesichts ihrer eigenen schwierigen familiären Lage nicht mehr im Stande, mit einem erneuten Darlehen einzuspringen, so blieb Sibylle Mertens der verläßlichste Schirm, unter dessen Dach sich die Goethes schutzsuchend versammelten. Auch sie war nicht immer mit Bargeld gesegnet, konnte zuweilen nur kleine Summen schicken und vor allem nicht zaubern, wenn sie eine Bank außerhalb Weimars finden sollte, die Ottilies Pension bevorschussen könnte. Auch 100 Taler, die Ottilie wie Ulrike von der Mutter versprochen waren, konnten erst im Herbst 1837 locker gemacht werden, so daß Ottilie in Leipzig sich recht und schlecht durchschlagen mußte: arm am Beutel, krank am Herzen.

Ein langer Brief vom Mai des Jahres an Adele, die mit ihrer Mutter nach Jena zu ziehen gedachte, atmet nichts als Unmut und drückt sich in Worten aus zwischen Sarkasmus und Verbitterung: »Ich kann nicht sagen, daß ich mich *freue* Dich wiederzusehen, denn es wird wohl sehr schmerzlich sein, und wenn ich bedenke, wie wir alle mit unserm zerbrochenen Geschick und gebrochenen Herzen wieder zusammenkriechen und mühsam durch künstlich erregte Interessen uns zu erwärmen und zu beleben suchen, so schaudert es mich.« Ottilie war keinesfalls ungern ihrem Sohn nach Leipzig gefolgt, denn hier isoliert und ohne Freundinnen zu sein, tat ihr wohl. Niemand kränkte sie, niemand bekundete Mitleid. Es genügt, daß sie »jedes Kindergeschrei und jedes kleine Mädchen, was ich auf der Straße begegne«, wie einen Dolchstoß empfindet, da muß nicht noch jeder ihr verraten, was er von ihr vermutet oder denkt, » – ich zweifle nicht, daß die Menschen von allem halb oder ganz unterrichtet sind, aber was geht es mich an? Ich gehe mit verbundenen Augen durch«. So mögen die Sorgen um Walther und seine täglichen Malaisen sie ablenken und die zeitweilige Gegenwart der gesamten Familie ihr angenehm sein. Trost oder Beruhigung bieten ihr nicht einmal die Briefe Anna Jamesons aus Kanada, »die ihre ganze Zukunft, ihre ganze Existenz nur nach mir berechnet«.

Ottilie sucht die Geborgenheit in der Liebe, und wenn das nicht sein kann, immer nur in der Freundschaft eines Mannes, und es gelingt ihr schwer, Adele davon zu überzeugen, daß sie mit Edmund Phipps, Bruder des amtierenden Vizekönigs von Irland und Schriftsteller, auch nur eine solche eingegangen sei. Nach nur achttätiger Bekanntschaft hatte sie seine offenbare Zuneigung mit einem Bekenntnis ihrer Situation erwidert und betont nun, »was für Güte und Größe des Charakters dazu gehört, sich einer Frau anzubieten, und unverrückt an ihr besseres Ich, an ihre edlere Natur zu glauben«. Diese Selbstbestätigung ließ sie aufatmen. Zwei Jahre später jedoch blieb ihr der Atem weg, und sie erstarrte geradezu, als sie in Edmund Phipps Roman *The Fergussons or womans love and the world's favour* den tragischen Tiefpunkt ihres Lebens und ihre allzu frühe, vertrauensvolle Beichte nachlesen konnte. Das ihr von einem Mann entgegengebrachte Interesse, eine scheinbare Neigung, hält sie immer noch für vertrauenswürdige Liebe und kann diesen Irrtum niemals ablegen.

Den Freundinnen in Weimar entfremdete sich Ottilie spürbar. Sei es, daß sie deren permanenten Liebeskummer nicht mehr ernst zu nehmen vermochte oder auch jene sich in ihre Qualen nicht hineinversetzen konnten, »ich sehe es mehr und mehr, das Unglück macht ungeschickt im Ausdruck, und mir graut oft vor meinen eigenen Worten – wie ich die der anderen nicht mehr verstehe. Überhaupt wird die Kluft zwischen mir und meinen Freundinnen eigentlich immer größer – ich begreife sie immer weniger . . . ich glaube an ihre Güte und Vortrefflichkeit, aber verstehen tue ich nichts«. Diese Erfahrung, nicht unbedingt taktvoll der treuen Adele mitgeteilt, läßt sie schaudern bei dem Gedanken an eine Rückkehr in diesen Kreis, dem sie entwachsen ist. Ottilie spürt, daß es für sie kein Zurück mehr gibt, kein Wiedereintauchen in die Beziehungen von einst. Es kann nur vorwärts gehen. Wohin? Nach Wien »auf irgendeine Weise« mit oder ohne Anna Jameson? Vielleicht doch nach Griechenland? Wenn aber keiner dieser Auswege sich bietet, »ist es das beste, ich trinke auch noch den bittersten Tropfen – ich werde also bestimmte Erkundigungen über Sterling einziehen – –«. Sie wird den Namen nicht los, er hängt wie Blei an ihren Füßen, die Sehnsucht nach ihm verzehrt sie immer noch, wie sie zugibt, wenn ihr in ihren Tagträumen ein Zusammenleben mit ihm als Ausweg aus der jetzigen Lage erscheinen will. »Es wird ja noch irgendwo ein Lama zu finden sein«, was im Weimarer Sprachgebrauch heißen sollte, ein Symbol häuslichen Glücks, und sie hatte diese Wendung schon vor Jahren benutzt, als sie wie beflügelt ihm bis Mainz entgegenreiste. Nun wäre sie erneut imstande, trotz allem, was geschehen war, ihm nachzureisen, zögernd, sozusagen eine ausgereizte Karte noch einmal ins Spiel bringend, fast lustlos, »da ich also sehe, daß sich mein Leben auf keine Weise nur erträglich gestalten will«.

Eine schwache Hoffnung könnte sich mit dem Namen des Mannes verbinden, von dem sie meint, ihn Adele noch nicht genannt zu haben. Er besucht sie in ihrer Leipziger Einöde alle drei bis vier Tage für einen Abend, etwas schweigsam zwar, aber angenehm im Umgang und doch anregend zum Lesen, Denken und Sprechen. »Es ist noch ein junger Mann, denn selbst die 30 Jahre sieht man ihm nicht an.« Elf Jahre jünger demnach, neuer Herausgeber und Redakteur der *Zeitung für die Elegante Welt*, mit Walther im selben Haus wohnend und kein Unbekannter mehr: Dr. Gustav Kühne, eine sehr urbane, gepflegte Erscheinung, aus wohlhabendem Elternhaus. Mit seiner Zeitschrift unterstützt er moralisch literarische und politische Bestrebungen junger Schriftsteller, die in dem Geruch stehen, Revolutionäre zu sein, indem er ihre Veröffentlichungen rezensiert. Kein risikoloses Unterfangen in Zeiten metternichscher Schnüffelei und Zensur.

Als der Schriftsteller Wienbarg, habilitiert an der Kieler Universität, 1834 seinen als Buch herausgegebenen Vorlesungen die Widmung »Dir, junges Deutschland« gab, verstand er darunter Autoren, die literarisch aus dem Korsett goethegeprägter Normen ausbrachen und politisch mit Nachdruck eine Verfassung in allen Bundesländern Deutschlands forderten oder auch republikanisch dachten. In der Silvesternacht von 1833 auf 1834 waren die Zollschranken zwischen den Ländern des Deutschen Bundes gefallen. Auch Thüringen und Sachsen waren dem Deutschen Zollverein unter preußischer Führung beigetreten. Wenn man die drei Hansestädte ausklammerte, konnte man durchaus von einem einheitlichen deutschen Wirtschaftsgebiet sprechen und darin den ersten Baustein zu politischer Einheit sehen. Der bald darauf beginnende Ausbau eines deutschen Eisenbahnnetzes geriet auf diesem Hintergrund ganz selbstverständlich zu einem Politikum ersten Ranges. Diese Atmosphäre trug dazu bei, den Gedanken an eine deutsche Einheit immer stärker werden zu lassen, und wohl eben darum blieb den »Jungdeutschen« immer noch ihre freie Meinungsäußerung verwehrt, und auch für Gustav Kühne entwickelte sich die Herausgabe seiner Zeitschrift zu einem permanenten Seiltanz zwischen Paragraphen und Gefängnis. Man verstand seine Freunde als eine Gruppe von Literaten, deren Ziel es sei, »die christliche Religion auf die frechste Weise anzugreifen, die bestehenden sozialen Verhältnisse herabzuwürdigen und alle Zucht und Sittlichkeit zu zerstören«. Der Bannstrahl traf die namentlich genannten Heinrich Heine, Karl Gutzkow, Heinrich Laube, Ludolf Wienbarg und Theodor Mundt, letzterer engster Freund Gustav Kühnes, und ihre Verleger, Drucker und Verbreiter ihrer Schriften. Zu keiner Zeit jedoch bildeten die fünf Märtyrer wider Willen eine eigene Gruppe oder waren als solche mit gemeinsamen Aktivitäten in Erscheinung getreten, im Gegenteil, es waren ironischerweise kaum ausgeprägtere Individualisten denkbar. Aber natürlich galten sie nicht zu Unrecht als die namhaftesten Vertreter »revolutionären« Gedankengutes im weitesten Sinne.

Ottilie von Goethe lernte den Begriff des *Jungen Deutschland* durch Gustav Kühne kennen und erwähnte ihn gegenüber Adele Schopenhauer in ihrem Brief vom 1. August 1837. Mehr noch, sie reagierte auf einen bedeutenden politischen Vorfall mit erstaunlichem Mut und sicher unter Kühnes Schutz. Als im Juni des Jahres 1837 die Personalunion zwischen Großbritannien und Hannover aufgehoben und der schroffe Absolutist Ernst August, Herzog von Cumberland, den Königsthron einnahm, bestand seine erste Amtshandlung darin, die seit vier Jahren geltende Verfassung dieses Landes einfach für sich nicht anzuerkennen und die bestehende Ständeversammlung zu entmachten, stolz ob des gelungenen Handstreichs: »I have cut the wings of this democracy«. Daraufhin verweigerten sieben Professoren der Universität Göttingen den Huldigungseid, weil sie sich an die Verfassung gebunden fühlten, und verloren prompt ihre Lehrstühle, unter ihnen die Brüder Jacob und Wilhelm Grimm. Im Lande ernteten sie begeisterte Zustimmung durch Tausende von Sympathiekundgebungen, der in Leipzig gegründete *Göttinger Verein* sammelte Spenden für *die Sieben,* und Bettina von Arnim begann ihren zähen, unermüdlichen Kampf um die Anstellung der ihr eng befreundeten Grimms in Berlin.

Aus Ottilie von Goethes Feder stammt ein Gedicht zu diesem Ereignis in Form eines sogenannten Ein-Blatt-Druckes aus dem Jahre 1838, eine Art Flugblatt vielleicht für Freunde. Das handgeschriebene und noch erhaltene Original, der Sprachstil, die holprige Metrik und vor allem die Pointen der letzten beiden Zeilen verraten schlüssig ihre Autorenschaft. Ottilies politisches Freiheitsverständnis ließ sie zu keiner Zeit eine Republikanerin werden. Sie befürwortete die konstitutionelle Monarchie, wie zu diesem Zeitpunkt auch noch die Mehrheit der Bevölkerung, wobei im Norden Deutschlands das englische Beispiel mehr Attraktivität besaß. Innerhalb einer Konstitution sollte nach ihrer Auffassung der moralische Rang eines Monarchen zu bestimmen sein. Als Ottilie 1862 dem Großherzog Karl Alexander ihre Neujahrsgrüße übermittelt, versäumt sie nicht, ihrer Freude darüber Ausdruck zu verleihen, daß durch seine Initiative ein zwölf Jahre lang inhaftierter politischer Sträfling in Dresden begnadigt worden sei und schreibt: »Ein Fürst aber hat die Aufgabe – wie die Propheten und Dichter, das, was ihnen auch nicht nahetritt an Leiden und Verwirrungen, zu verstehen in anderen Menschen, die nicht so glücklich gestellt waren, und nicht bloß Gerechtigkeit zu üben, sondern im höheren Sinn Billigkeit und Milde.« Damit traf sie genau den Ton, mit dem Bettina von Arnim 1840 an den preußischen Kronprinzen schrieb: »Ist doch ein großer Fürst zu sein nur dies eine: die Rechte der Menschheit vor dem inneren Gewissen geltend zu machen.« So fand man auf den Punkt die Hoffnungen des liberal-konservativen Deutschland. Was jedoch 1838 Bettina frei und mutig genug veranlaßte, für politisch Verfolgte »herzhaft in die Dornen der Zeit zu greifen«, das löste bei der neun Jahre jüngeren Ottilie nur eine verschlüsselte empörte Lyrik aus. Verschlüsselt aus doppeltem Grund: Die Aufmerksamkeit metternichscher Zensur darf sie keinesfalls auf sich und die Familie lenken, und – es war wohl auch unkomplizierter, Arnim zu heißen als Goethe.

Ottilie nahm schnell Anteil an Kühnes eigenen literarischen Arbeiten und wurde seine Vertraute, Übersetzerin und Beraterin bei manchem Manuskript. Als er einen Roman über den irischen Frei-

Traurige Geschichte der Sieben

Kinglefu, ich glaub' in China,
Wo man stets gar sehr bemüht,
Daß kein Samenkorn Gedanke
In dem Kopfe Funken sprüht,
Dachte d'rauf, des Reichs Gesetze
Umzustoßen keck und frei,
Daß sein unumschränkter Wille,
Künftig ohne Fessel sey.
Des Confucius große Seele
War schon längst der Erd' entfloh'n,
Doch noch liebt er seine Brüder,
Nahte sich des Fo-to Thron,
Fleht um Segen für sein Land,
Und des Fo-to hohe Gottheit
Reicht gewährend ihm die Hand:
»Als den Lohn für hehre Tugend,
Sollst du wirken fort auf Erden;
Sieben deiner weisen Lehren
Sollen plötzlich Menschen werden.«
So entstanden sieben Männer,
Reich an Muth und Kraft und Wahrheit,
Standhaft und voll hoher Mäß´gung,
Feurig, doch voll milder Klarheit.
Aber Kinglefu verblendet,
hat sie aus dem Reich vertrieben; –
Ist ihr Wirken dort geendet,
Sind sie doch der Welt geblieben,
Hat verbannt die Götterfunken,
Die in der Form der Menschen kamen,
Und es deckt nun seinen Namen,
Stets mit Schmach Historia.

heitskampf begann, konnte er wahrlich keine bessere Assistentin finden. Ob sie eigene Arbeiten[11] bei ihm ablieferte, läßt sich gegenwärtig nicht beweisen. Von ihm wissen wir jedoch, daß sie der 2. Auflage ihrer mit des Voeux erstellten Übersetzung von Goethes *Tasso* ein Vorwort in englischer Sprache gab und einen Anhang hinzufügte, *Miscellaneous Poems*, mit Gedichten, Balladen, Romanzen von Goethe, Schiller, Heine u. a. Die British Library besitzt ein Exemplar der 2. Ausgabe. Das handschriftliche Manuskript war bisher nicht auffindbar. Das Buch erschien in dieser erneuerten Auflage 1833. Zweifelsohne besaß Ottilie jedoch eigene literarische Versuche, die sie Anna Jameson zur Verfügung stellte, wie ihren kleinen Essay über drei deutsche Frauen, der sich im Nachlaß der Jameson fand.[12] In Kühnes weitverbreiteter *Zeitung für die Elegante Welt*, die er seit 1835 redigierte, schrieben die bekanntesten Schriftstellerinnen der Zeit, darunter George Sand, die Gräfin Hahn-Hahn, Natalie von Herder, die ihr befreundete Frau von Groß unter dem Pseudonym Amalie Winter, und Adele veröffentlichte Teile aus dem Nachlaß ihrer Mutter. Der Bibliothekssekretär Kräuter veröffentlichte unter der schützenden Chiffre »Th« Anekdoten aus seiner Zeit mit und bei Goethe, die Reiseberichte der Anna Jameson aus Kanada wurden von Kühne ausführlich rezensiert und empfohlen. Die schriftstellernden Damen der älteren wie der jüngeren Generation des In- und Auslandes kannte Ottilie oft persönlich, immer jedoch mit ihren Werken. Der emanzipatorische Trend, dessen Welle auch sie getragen hatte, war ihr vertraut. Warum schrieb sie nicht berufsmäßig? Sie verstand sich nicht als Schriftstellerin. Es mag hinzukommen, daß allzu viele Hände allzuschnell helfende Finanzspritzen verabreichten, von der Großmutter bis hin zu Sibylle Mertens, und daß Ottilie zu ernsthafter geistiger Arbeit jede Konzentration und Stetigkeit des Willens fehlte. »Sie ist wie ein flackerndes Licht, dessen Auf- und Niederflammen man mit Sorge beobachtet, ohne zu wissen, welches Öl hier noch das taugliche sein möchte«, schrieb Gustav Kühne 1837 an Varnhagen von Ense.

Gustav Kühne weiß sehr wohl Ottilies Fähigkeiten für sich und seine Arbeit zu nutzen, aber er ist auch besorgt, ihre Sympathie nicht zu sehr zu erhitzen. Bezeichnenderweise kann Anna Jameson den Namen Kühne schon nicht mehr hören. Ottilie investiert anscheinend wieder einmal zu viel Gefühl. Nachdem sie im Frühjahr

Für Anna – Über Rahel, Bettine und Charlotte

Die eigentliche Achtung für weiblichen Genius gewannen die Deutschen erst durch Rahel und Bettine. Diese beiden Frauen haben eigentlich die geistige Emanzipation der Frauen zustande gebracht. Der Einfluß, den wir früher unbemerkt auf die Ansichten der Männer in geselligem Verkehr oder in einer noch innigeren Verbindung ausübten, gehört jetzt zu den anerkannten Einflüssen. Es ist seit Rahel uns erlaubt, Gedanken zu haben, die sich mit Gegenständen des allgemeinen Menschenwohls beschäftigen, und wenn Rahel uns die Welt der Reflektion eroberte und die Davy's Lampe für den tiefsten Gedanken- und Gemüseschacht angezündet hat, band Bettine (wie der Genius der Nacht in dem reizenden Tieckeschen Märchen) der Phantasie die Flügel los, die bis dahin gebunden gewesen. Kein Mann bestreitet uns mehr das Recht, uns zu der Klasse der denkenden Wesen zu rechnen, selbst die nicht, die Rahel wie eine Sphinx unverstanden anstarren und in Bettinen nur ein lächerliches Luftspringerkind sehen, selbst die wagen es nicht, denn so anerkennend drängten sich alle Deutschen von geistiger Bedeutung zu diesen zwei Fahnen, daß sie befürchten, für unbefähigt gehalten zu werden, schlössen sie sich nicht der Bewunderung an. Wählen durfte man aber, wem man seine Huldigung von diesen zwei Frauen darbringen wollte, und dies galt für einen so bestimmten Maßstab, daß es oft bei einer Charakteristik von jemand als bezeichnend angeführt wurde. –

Gerne nennen die Deutschen mit diesen Frauen den Namen von Charlotte Stieglitz; das arme, milde Wesen, dem die Liebe nicht zur Fackel wurde, die ihren Lebensweg erleuchtete, sondern nur den Holzstoß anzündete, auf dem sie wie die hindostanische Witwe freiwillig endete; – dem die Treue nicht zum stützenden Anker ward, sondern zum Dolch, durch den sie verblutete, und die den Gedankenausdruck einer Idee, die sich wie eine finstere Felsmasse über alles Leuchtende in ihrer Seele legte, nicht widerstehen konnte und mit reiner Seele sündigte, weil sie aus mißverstandenem Pflichtbegriff einen Menschen Gott vorzog. In diesen drei Frauen ist eigentlich das Gesamtwesen der Nationalität deutscher Frauen abgespiegelt; alle tragen den Stempel deutscher Individualität und bezeichnen für Gemüt, Phantasie, Denkkraft und Überspannung gewiß die äußerste Grenzlinie deutscher Frauennatur.

– April, 1839

1838 Leipzig wieder verlassen hat, besucht Kühne sie in Weimar eine Woche lang. Während dieser acht Tage habe er mehr erlebt, schreibt er einer Freundin, als in Leipzig und in ebensoviel Monaten. Leipzig erscheine ihm als ein Arbeitszimmer, Weimar dagegen als Salon und Boudoir, in dem er eine »gereizte, immerfort in erhöhtem Puls erhaltene Nervenstimmung« zu spüren glaube, aber es dürfe in Deutschland nicht leicht noch einen Ort geben, wo man ein solches Universum des Wissens auf den Punkt zusammengedrängt fände.

Das nächste Jahr brachte Ottilie – und ihr zuerst – die Nachricht von Kühnes Verlobung mit einer Sechzehnjährigen. Der ganze

Überschwang seiner Gefühle, der obendrein nicht ihr galt, scheint sie zunächst einigermaßen geschockt zu haben, denn sie schwieg sich aus, und erst als Kühne ihr seine Ergebenheit demonstriert und ihr Seelengröße bescheinigt, »– je älter ich werde, je geiziger mit heiligen Gütern, desto höher wird mir Ihr Wert stets erscheinen, desto seltener wird mir die Seelengüte Ihres Wesens vorkommen –«, ringt sie sich einen pathetischen Glückwunsch ab. Zwei Jahre später heiratet Kühne. Ottilie erfährt es durch seine und seiner Frau Visitenkarte, die er für Ottilie der Post eines Freundes beigefügt hat. Obwohl doch hinlänglich darauf vorbereitet, reagiert sie nun melodramatisch, indem sie die Karte mit der Scholle Erde gleichsetzt, die auf einen Sarg herabrollt, denn für ihn habe sie in ihrem Herzen ein Totenkreuz errichtet. »Mit etwas mehr Wahrheit, Worthalten und Gutmütigkeit von Kühne seiner Seite wäre es nicht nötig gewesen, mich zu verlieren; – – und verloren hat er mich für Zeit und Ewigkeit«, vertraut sie ihrem Tagebuch an. Die eigene Niederlage nicht eingestehend, sondern verdrängend, transportiert sie diese auf den Partner. Gustav Kühne dürfte das anders gesehen haben. Die Zukunft strafte außerdem Ottilie Lügen, denn nur zu gern spielte sie noch für Jahrzehnte seine Muse und ging seine Roman- und Dramenpläne mit ihm durch. Seiner Prosa war Erfolg beschieden, seinen *Klosternovellen* oder den *Portraits und Silhouetten*. Ein dramatisches Talent war er mit Sicherheit nicht, was Friedrich Hebbel einmal zu dem poetischen Sarkasmus verleitete: »Wenn ihr Freund auf jedem der Millionen Sterne unseres Sonnensystems millionenmal gelesen würde, so bekäme er doch keinen dramatischen Funken!« Das tat jedoch seinem regen literarischen Gedankenaustausch mit Ottilie keinen Abbruch, auch politisch trug er ihr seine Ansichten vor, je mehr sich die Entwicklung von jungdeutschen Idealen entfernte und ihn deprimierte. Zwei seiner Verdienste rechtfertigen die Erinnerung. Von 1846 bis 1859 verantwortete er das von ihm aufgekaufte Kulturmagazin, die keineswegs unpolitische Zeitschrift *Europa*, vorwiegend Chronik der gebildeten Welt. 1840 organisierte er als erster Zusammenkünfte Leipziger Schriftsteller in Verbindung mit Wohltätigkeitskonzerten, deren Einnahmen notleidenden Künstlern und Literaten zuflossen, seine erste überregionale Schriftstellerversammlung konnte unter metternichscher Wachsamkeit nur einmal stattfinden, dafür gelang ihm schließlich die Gründung der Deutschen Schillerstiftung mit einem Fonds für bedürftige Literaten. Kühne blieb bis an sein Lebensende, 1888, Vorstandsmitglied und Spiritus rector dieser sozialpolitischen Pioniertat, Vorläufer heutiger Schriftstellerverbände.

Die Freundschaft zu Ottilie von Goethe hielt in bestem Einvernehmen viele Jahrzehnte. Nach Ottilies Tod erbat Ulrike von Pogwisch die Briefe ihrer Schwester im Tausch gegen seine zurück, so auch die Abschiedszeilen der Freundin, die sie sterbenskrank mit zitternder Hand an ihn gerichtet hatte. Ulrike kannte ihn von einem Besuch in seinem Haus am Stadtrand Dresdens. Ottilie verdankte ihm manche Anregung und Kenntnis der jungdeutschen Avantgarde und erlebte so intensiv die Wachablösung innerhalb der literarischen Szene nach dem Tode Goethes. Gustav Kühne dagegen drang mit ihrer Hilfe in die Probleme des irischen Freiheitskampfes und in irische Kultur und Literatur ein. Vor allem fand er in ihr eine aufmerksame Briefpartnerin, der er seine schriftstellerischen, journalistischen und politischen Erfahrungen wie auch Pläne unterbreiten konnte. Eine Beziehung, die jene mit des Voeux noch übertraf. Ottilie begegnete in Gustav Kühne endlich wieder einem Manne ihres eigenen intellektuellen Niveaus und ihrer eigenen idealistischen Gesinnung, an dem sich ihre Vorstellung von partnerschaftlicher Ehe prächtig aufhängen ließ. Mit seiner Verlobung zerrann erneut eine Illusion, ein Traum, eine fast zaghafte Hoffnung. Nach Leipzig zog es sie nun ebensowenig wie nach Weimar.

Flucht aus Weimar

Die schon Monate zuvor Adele Schopenhauer mitgeteilte Absicht, vielleicht in Wien seßhaft zu werden, bekam 1839 schärfere Konturen. In Wien gab es für Ottilie ein Grab, zu dem es sie zog, und – nicht zu vergessen – in Wien wohnte Romeo Seligmann. Eine Begründungskette, die Anna Jameson zu dem Stoßseufzer veranlaßte: »Only for God's sake, do not make another beginning at Vienna to end in the same tragedy – – –«.

Doch damit hatte es noch etwas Zeit. Zunächst mußte sich klären, ob Walther dort eine musikalische Karriere beschieden war oder nicht.

Walther von Goethe war im April 1839 in Wien eingetroffen, »krank und trüb«. Noch trüberen Sinnes sollte er werden, als er Robert Schumann, den er hier hatte sprechen wollen, gerade abgereist fand. So tröstete es ihn kaum, in wenigen Tagen eine Anzahl wesentlicher Mitglieder der Wiener musikalischen und literarischen Gesellschaft kennengelernt zu haben. Dazu gehörten Namen, die jedem Österreicher äußersten Respekt einflößten, wie Franz Grillparzer, der dreizehn Jahre zuvor bereits seinen Großvater mit Verehrung in Weimar besucht hatte. Franz von Schober kannte man als Musikverleger und Kritiker, vor allem aber als engsten Freund Franz Schuberts, der erst neun Jahre zuvor gestorben war. Der Arzt Eduard von Feuchtersleben teilte mit Eduard von Bauernfeld erfolgreich das Steckenpferd der Dichtkunst. Goetheverehrer waren sie alle und Freunde Romeo Seligmanns, des Vertrauten von Walthers Mutter Ottilie. Mit Seligmann wollte sich der Kontakt nicht so leicht einstellen, so daß Walther das Gefühl nicht los wurde, ihm möglicherweise unsympathisch zu sein, wie überhaupt auch sein späteres Verhältnis zu Seligmann nie ganz ungetrübt war.

Von der Baronin Henriette Pereira-Arnstein, der Freundin seiner Mutter und zur Spitze des neuen Wiener Geldadels gehörend, fühlte er sich ungleich herzlicher aufgenommen. Schließlich, noch im Monat seiner Ankunft, lernte er den für ihn wichtigsten Menschen in Wien kennen, Ignaz Ritter von Seyfried, einen ehemaligen Schüler Mozarts, jetzt Kapellmeister am *Theater an der Wien*. In dem Dreiundsechzigjährigen spürte Walther von Goethe endlich einen kompetenten, im Fachlichen wohl scharfen Kritiker, der aber – im Gegensatz zu Mendelssohn-Bartholdy – seine Funktion als Lehrer mit menschlicher Wärme und großer Liebenswürdigkeit verband. Nur drei Tage nach der ersten Begegnung absolvierte er auch schon die erste Stunde in Kompositionslehre bei ihm, und es wurden fast hundert daraus, bis Seyfried 1841, zu früh für Walther von Goethe, starb.

Seyfried arbeitete mit ihm die Partitur seiner Oper *Anselmo Lancia* durch, und Walther geriet erneut in den Streß schöpferischer Unruhe bei ernster, fleißiger Arbeit, »als verfolge mich jemand mit der Hetzpeitsch«.

Loewes Empfehlung zur Aufführung der Oper wurde offenbar von Seyfried bestätigt, und nun trat Mutter Ottilie energisch auf den Plan. Sie vermittelte eine Aufführung mit namhaften Künstlern am großherzoglichen Theater in Weimar. Damit nicht genug, kümmerte sie sich intensiv um das Libretto, das sie mit Adele Schopenhauer zusammen anfertigte, die seit einiger Zeit mit ihrer Mutter in Jena wohnte. Auch Ottilies musikerfahrene Mutter, Henriette von Pogwisch, arbeitete zeitweilig daran mit. Der angesehene Schauspieler Eduard Genast sah das Ganze dann noch einmal auf die bühnenreife Sprechbarkeit der Dialoge durch, während der ehemalige Hauslehrer Rothe eine zweite Reinschrift anfertigte. Jetzt war es Ottilie, die in diesem hektisch arrangierten Familienunternehmen die »Hetzpeitsch« schwang.

Wenn Walther die Angst vor einem Debüt vor Weimars Publikum auch bereits in sich hochsteigen fühlte, so verdrängte er sie doch noch für einige Wochen. Die Reise nach Weimar konnte Walther nicht mehr verhindern und ebensowenig die Uraufführung der Oper *Anselmo Lancia* im Theater des Großvaters.

Am 15. Oktober 1839, dem Geburtstag der Großmutter Henriette, sah Weimars Gesellschaft einem Spektakel ersten Ranges entgegen: Goethes ältester Enkel versuchte sich auf der Bühne, auf der sein »Apapa« über ein Vierteljahrhundert unübersehbar Theatergeschichte gemacht hatte, weit über den Rahmen der Provinz hinaus. Für die Familie wurde es eine Feuerprobe, aus der mindestens Walther versengt herauskam. Daß seinem Operneinakter das Schauspiel in einem Akt *Die Geschwister* seines Großvaters vorausging, besaß sinnfällige Logik, aber auch einen eigentlich unerwünschten Verdopplungseffekt: Die Meßlatte zum großen Sprung war gelegt. Walthers Angstneurose nahm skurrile Formen an. So wohnte er, um nicht im Ort aufzufallen, nicht im Haus am Frauenplan, sondern in Erfurt in einem Gasthof, nur für die Nacht der Aufführung in Weimar bei Freunden. Natürlich ist er schon vor der Aufführung vom Mißerfolg überzeugt und bereut es, sein Einverständnis gegeben zu haben. Der Beifall, durchaus respektabel, hinterläßt in ihm zwiespältige Empfindungen, die von dem Souper, das Ottilie in den Räumen der »Amama« für vierzig Personen arrangiert hat, nicht verdrängt werden können und auch nicht vom fröhlichen Tanz, der bis morgens drei Uhr dauert. Als er am Morgen aufwacht, ist Adele Schopenhauer schon wieder zurück nach Jena gefahren. Kein gutes Zeichen, daß er sie erst vier Wochen später fragen muß, wie es ihr gefallen habe. Bis dahin hatte es am 21. Oktober noch eine Wiederholung, die letzte und einzige, gegeben, die Walther vollkommen befriedigte, nachdem Tempi, Dialoge und Szenerie noch Straffung erfahren hatten. Loewe meinte er mitteilen zu können, sein Debut sei »ein vollkommen gelungenes« zu nennen, lediglich die Unnatürlichkeit des Sujets werde getadelt und man mache es ihm zum Vorwurf, daß er »nicht auf Effekt geschrieben« habe, aber gerade das, der Stil der »jetzigen Opernkomponisten« sei ihm »wahrhaft verhaßt«.

Walther von Goethe komponierte gegen den nach mehr Dramatik ausgerichteten Trend seiner Zeit, die bereits Franz Liszt feierte und Richard Wagner entgegenkam. Die Kritiken der Fachleute in den wesentlichen Zeitungen brachten es an den Tag. Es begann mit dem Korrespondenzbericht Robert Schumanns vom 17. Oktober: »Vom jungen *Walther v. Göthe,* Göthes Enkel, der unter Mendelssohn und C. Loewe Studien gemacht, ging vorgestern zum ersten Mal hier eine Oper in Scene, und erhielt aufmunternden Beifall, wenn sie auch natürlich nicht mehr als ein mit Lust und Liebe gewagter Versuch genannt werden kann. Namentlich fehlte es an richtiger Auffassung der Situationen, während sich andererseits oft eine freundliche melodische Ader zeigte.« Empfand Walther das schon fast als eine Art Freundesverrat, so registrierte er die übrigen Kritiken nur widerwillig. Im *Nürnberger Correspondenten* konnte er am 1. November lesen, was man von der Hamburger *Staats- und Gelehrtenzeitung* wörtlich übernommen hatte, man wünsche seiner Komposition mehr Energie, »und Begeisterung in seine Töne«. Schließlich schrieb einige Tage später eine Zeitschrift ohne jede Bemäntelung, seine Musik sei »gefällig und lieblich, wenn auch ohne tieferen Gehalt« und die Behandlung der Instrumente verrate noch den Anfänger.

Walter von Goethe.
Ölgemälde von Gustav Jäger, 1835.

Walther reagiert empört und zutiefst verletzt wie nach der ersten Unterrichtsstunde bei Mendelssohn. Adele läßt er wissen, daß er am liebsten den Tag der Aufführung aus seinem Leben gestrichen haben möchte und sofort die Druckplatten aus Dresden habe zurückholen wollen. Aber das habe seinen Stolz verletzt, schließlich sei er doch einmal wenigstens aufgetreten und wolle seine Feinde nicht triumphieren lassen. Adele möge raten, was zu tun sei; nach Wien gehen oder gleich nach Italien und »eine melodiöse und leidenschaftliche Oper« schreiben oder erst zu »meinem lieben Loewe«. Also Flucht nach vorn oder zurück hieß die Parole, wobei letztere ihm vielleicht die Möglichkeit gäbe, etwas Neues zu schreiben oder darüber nachzudenken, ob er nur noch für sich und seine Freunde arbeiten soll. In das Gefühl, gedemütigt worden zu sein, steigert er sich derartig hinein, daß er sich vorkommt wie »gebranntmarkt, ich traue gar nicht auf der Straße den Kopf zu heben«.

Adele Schopenhauer, Vertraute seiner Verzweiflung, schickte diesen Brief an Ottilie. Diese spürte die aufziehende Gefahr sofort und war nicht willens, den Depressionen ihres ältesten Sohnes freien Lauf zu lassen, ihn in Provinzialität versinken zu sehen und darin vielleicht auch ihre eigene Zukunft.

In ihrem Brief vom 10. November 1839 zieht Ottilie alle Register ihrer Überredungskunst, Zuckerbrot mit Peitsche mischend. Sie motiviert ihren ältesten Sohn tatsächlich noch einmal, gegen innere Überzeugung weiterzumachen. Gleichzeitig setzt sie alle Hebel ihrer weitreichenden Beziehungen in Bewegung, um Walthers Opern – deren trübe Beschaffenheit auch ihr kein Geheimnis mehr ist – über Hürden zu bringen. Ausgerechnet sie liefert in ihrem Tagebuch den kürzesten Kommentar zur Uraufführung: »Wir waren in der ehemaligen Loge des Vaters. Es schien allgemein zu gefallen; wir fanden es sehr gut.« Nichts sonst, aber man spürt, was Ottilie verschweigt.

Auf ihren Wunsch fühlte Walther bei Brockhaus in Leipzig wegen einer Neuausgabe der Werke Goethes vor. Eckermann, durch Goethes Testament Verwalter seines literarischen Erbes, führte schon seit einiger Zeit deswegen Verhandlungen mit namhaften Verlegern, besonders mit Cotta, der 1825 die vierzigbändige Ausgabe übernommen und zwölf Jahre hindurch insgesamt 82 500 Taler gezahlt hatte. Kurz vor Goethes Tod waren noch einmal fünfzehn Bände nachgelassene Werke erschienen, und Eckermann vertrat nun die Interessen der Familie Goethe, indem er um das Datum der Vertragsbeendigung kämpfte, ob nach dem vierzigsten oder nach dem fünfzehnten Band. Natürlich blieb Ottilie am frühestmöglichen Termin interessiert, um noch vor dem zu erwartenden teuren Leben in Wien das Familienkonto aufzufüllen. Walther brachte aus Leipzig kein Angebot mit, das jenes von Cotta überboten hätte. Auch der Verkauf der Goetheschen Sammlungen und der des Hauses gerieten zu Beginn der vierziger Jahre in die Familiendiskussion und auch als Spekulation in die Gazetten. Ottilie blieb vorläufig bemüht, aus der Vermietung des ersten Stockwerkes an den Diplomaten Freiherrn von Maltitz und einiger Räume der Mansarde an Madame Voß sich zusätzliche regelmäßige Einkünfte zu verschaffen.

Die Reise nach Wien zu Beginn des Jahres 1840 erhielt so immer mehr den Charakter einer unumgehbaren Notwendigkeit: Das Haus am Frauenplan konnte nicht mehr alle Mitglieder der Familie aufnehmen, Walther brauchte die Nähe seines Lehrers Seyfried zu weiteren musikalischen Studien, Ottilie konnte Weimar nicht länger ertragen. Ottilie knüpfte an diese Reise aber auch einen Hoffnungsstrahl, sei er auch noch so klein: In Wien kann alles besser werden. Walther brachte aus Dresden seine dreizehnjährige Schwester Alma und deren Erzieherin Constanze Scheibe mit, als er sich am 31. Januar 1840 in Prag der Mutter anschloß. Noch am gleichen Tage vermerkte Ottilie in ihrem Tagebuch: ». . . – die neue Lebensepoche wird hauptsächlich in dem Zusammenleben mit Walther bestehen . . .«

Die Familie trifft gemeinsam in Wien ein, und schon kurz darauf besucht Ottilie das Grab ihres jüngsten und eigentlich unerwünschten Kindes: »– – – ich lebe noch! aber wie? – –«. Mit der schöneren Jahreszeit kommt auch ihre Mutter Henriette in Begleitung der Malerin Louise Seidler nach Wien. Henriette von Pogwisch und Romeo Seligmann verstehen sich auf Anhieb. Ottilie dagegen fühlt sich oft von ihm vernachlässigt und führt schon fast Buch darüber, wann und wie oft an einem Tage Seligmann bei ihr war und in welcher Stimmung. Sie versucht, die Ernsthaftigkeit und Intensität seiner Gefühle auszuloten, ständig in überspannter Erwartungshaltung, deren Unerfüllbarkeit zu Mißverständnissen führen muß. Wie oft beginnen nicht ihre Tagebucheintragungen mit sinngemäßen Variationen über »Seligmann kam« am Morgen und enden mit »Seligmann kam noch« am Abend. Dazwischen scheint er mit größeren und kleineren Dienstbarkeiten der ganzen Familie gefällig zu sein und beruhigt Ottilie, der schon mehrmals in den Straßen vermeintlich Captain Story wie ein Gespenst erschienen war, vor dem sie erschreckt auswich. Es handelte sich um einen

Doppelgänger, so daß sie nicht »die Welt für eine Lagerstätte am liebsten unter Grund« geben muß. In die Erde versinken, konnte auch kaum mit den Absichten dieser Reise vereinbart werden, deren Ziel es doch wohl war, Wien darauf zu testen, ob es als Wohnort für die Familie Goethe geeignet war.

So ist Ottilie von morgens bis abends in Bewegung. Sie empfängt Besucher oder wird selbst in der Gesellschaft empfangen, unternimmt Ausflüge in die Umgebung oder wohnt abends in der Loge der Baronin Pereira im Kärntnertortheater einer Theateraufführung bei. Man vergnügt sich beim Lanner oder beim Strauß, im Wurstelprater bei Zigeunermusik und lädt die ungarischen Musikanten in die eigene Hotelsuite ein, wo Louise Seidler sie zeichnet. Dann wieder hört man bedeutende Konzerte und Solisten, genießt Karl von Holteis Leseabende oder sitzt in den Wiener Cafés bei Vanille- und Veilcheneis. Zuweilen taucht man im *Elysium* unter, einem seinerzeit spektakulären eleganten Vergnügungspalast.

Dennoch – Ottilie leidet an ihrer Beziehung zu Seligmann. Er wird die große Unruhe ihres Lebens für die nächsten Jahrzehnte und stellt doch die eigentliche Konstante dar. Sie rätselt und grübelt unentwegt, während der vielbeschäftigte und offenbar robuste Arzt darum kämpft, von dieser interessanten und unerhört dynamischen, aber auch kränkelnden und unübersehbar alternden Frau nicht bis zur letzten Zehenspitze vereinnahmt und bis zur letzten Minute des Tages beschlagnahmt zu werden. »Er versichert unverändert der Alte zu sein; ich werde mich also wieder beruhigen; denn ich glaube ihm, und er tut so viel für mich, daß ich kein Recht habe, wollte ich mich an Kleinigkeiten halten.« Hin und wieder schafften sich Ottilies Verstand und Vernunft energisch Bahn durch das Gestrüpp ineinanderschlagender, dornenvoller Emotionen, aber die Erleuchtung edler Einsicht hält nie lange an. Sie schläft entsprechend schlecht; eine Buchhalterin der Seele, der sich die einzelnen Posten aus Vergangenheit und Gegenwart zu Heerscharen in ihren Träumen formieren. Viele, viele Kerzen und hochkarätiges Salonleben vermochten es nicht, die Nachtgedanken aus langen dunklen Abenden im folgenden Winter zu verscheuchen. Zu ihnen gehörte auch die Überlegung, ob Charlotte Heinke wohl die bevorstehende silberne Hochzeit, fünfundzwanzig Jahre Glück, verdient habe, während sie, die so sehr nach häuslichem

Glück lechzte, sich immer wieder »den trüglichen Schein eines häuslichen Verhältnisses« aufbauen müsse.

Seit Monaten schreibt sie Übersetzungen für Seligmann, um ihn wenigstens an sich zu fesseln, aber »was mich noch immer aus der Vergangenheit quälend beschäftigt, interssiert ihn nicht; was überhaupt kann wohl einen Mann interessieren, dem man gleichgültig ist«. Gelegenheiten wie das Weihnachtsfest verraten entsprechend deutlich ihre unglückliche Seelenlage und ihr Verlangen nach Liebe und Zuwendung: sie schenkt, schenkt, schenkt, zu viel, zu groß, zu teuer. Fast kein Tag ohne »shopping«, wie das Kaufen in ihrem Sprachgebrauch heißt, eine Handlung um ihrer selbst willen, Ersatzhandlung und Ersatzbefriedigung, wie beispielsweise Kleidung à la mode, die sie im Tagebuch vermerkt: »dunkelgrün seidenes Kleid mit lg. Ärmeln von Beer, Mütze mit dunkelroter Rose und Tautropfen von Victorine, Blondenkragen aus der Kärntnerstraße«. Die Aktivitäten ihres Sorgenkindes Walther sind nach wie vor musikalischer Art. Im August muß er in der *Allgemeinen Musikalischen Zeitung* die wohl vernichtendste Kritik der Uraufführung vom vergangenen Jahr lesen. Die Oper wird vollkommen abgelehnt. Der Beifall habe der Achtung vor seinem Namen gegolten, er sei durch »wohlwollende, aber der Musik unkundige Freunde« verleitet worden, zu früh mit einer Oper aufzutreten, ihm sei ein erfahrener und strenger Freund zu wünschen, der ihn leite. Unverblümt heißt es weiter, daß er von einer Schar »lobhudelnder Gönner« unklug beraten worden sei.

Insgesamt ein Pressenachtrag, der um so mehr zu einem Tiefstand der Gemütsverfassung führte, als er immerhin in der führenden deutschen Musikzeitschrift zu lesen war. Was zählten dagegen kleinere Erfolge mit Liedkompositionen oder daß er seine zweite Oper *Enzio* fertiggestellt hatte. Walthers Fleiß rettete ihn nicht vor Trübsinn und nervöser Reizbarkeit, unter der die ganze Familie litt. Das wiederum spürte er und versank in noch größere Melancholie.

Die Gegenwart der Mutter, früher als so lebensnotwendig empfunden, trug keineswegs dazu bei, das Zusammenleben harmonischer zu gestalten.

Im Juni 1841 stand Walther schließlich vor dem seelischen und körperlichen Zusammenbruch. Romeo Seligmann riet zur Abreise der Familie und bot seine Begleitung an. Er werde nach Paris weiterreisen, und Walther könne vielleicht in Nassenheide bei Bertha von Schmeling Genesung finden: Wenn Seligmann von Paris zurückkehre, werde er einige Tage in Weimar Station machen und Ottilie helfen, des Vaters Naturalienkabinett zu ordnen. Hieß das unter Umständen auch, auszusortieren, was verkauft werden könnte?

Ottilie wartete verabredungsgemäß in Weimar auf seine Wiederkehr. Es will ihr nicht mehr so recht gelingen, sich in Weimar heimisch zu finden. Der Vogel ist zwar seinen Käfig los, aber sein Revier ist enger geworden. In Weimar stellt man die Uhren nicht mehr nach denen im Hause Goethe.

Unter Tränen bekennt Ottilie von Goethe in ihrem Tagebuch, als Seligmanns Ankunft sich um mehr als eine Woche verzögert: »Ich fresse mich selbst auf, allein für die Aktivität meiner Natur bietet sich hier kein Stoff. Kann man mit Handeln nicht aktiv sein, nun so muß man es wenigstens mit Gedanken sein, aber mir wird hier nichts geboten. Aber ich will schweigen bis ich zusammensinke. Alle finden diese Unnatur schön, in die sie mich seit Jahren gezwungen, Kühne, Seligmann, meine Söhne. Ein irländischer Hauch täte meinem Herzen wohl.«

So recht sie hat, so sehr ist sie im Unrecht. Sich selbst nicht zwingen zu können wird ihre Tragik. Sie ist nicht Herr ihrer eigenen Entschlüsse und erkennt offenbar auch ihre Abhängigkeit von den genannten Männern nicht wirklich, sondern lastet sie ihnen noch als Schuld an. Riefe in dieser Situation etwa Sterling, sie führe bis an die Pole dieser Erde, ihm zu begegnen. So ist es nur Kühne, den sie zu sehen bekommt. Er schreibt darauf einen Brief, von dem sie sagt, daß er »alle Dämme meines Herzens niederriß« und fühlt sich ganz als Märtyrerin seines Glückes. Sogar ihre weißer werdenden Haare lastet sie ihm an und hat somit für den Augenblick wieder eine Rolle, die ihr maßgeschneidert sitzt. Je näher sich das Jahr auf ihren 45. Geburtstag zubewegt, desto kampfesfreudiger zeigt sich Ottilie. Als Kanzler Müller sie wegen der Sammlungen Goethes sprechen will, ihre Söhne aber nicht in Weimar sind, lehnt sie ein Gespräch ab. Gegen ihre Söhne lasse sie sich nicht gebrauchen, kommentiert sie diesen erneuten Schlagabtausch, ordnet neue Baumpflanzungen im Hausgarten an und besucht schließlich am Geburtstagsabend eine Aufführung von *Richard Löwenherz*. Das

Tagebuch hält ihren Wunsch fest, der Himmel möge ihr im nächsten Lebensjahr ein Löwenherz geben zum Kämpfen und Ertragen. Darum muß sie den Himmel nicht einmal bitten – sie hat es, und sie wird es auch gebrauchen können.

Alle Versuche in Hannover, London, Dresden, Walthers Opern unterzubringen, scheitern, seine Lieder werden wegen mangelnder Nachfrage von Breitkopf und Härtel nicht mehr gedruckt. Genießt Walther auch gegenwärtig die Natur, ob Morgen-, Mittag- oder Abendstimmung, alles will ihm das Herz brechen. Wo soll er in Zukunft seine Zelte aufschlagen? In Weimar? Da wäre man keinen Moment unbeobachtet und »das Zusammensein mit Dir, liebe Mutter, könnte ich ohnehin nicht genießen«. Er sieht schon alle vor sich, die ihn stören würden: die Klagen der »Amama«, Tante Ulrike und ihre Szenen, der Kanzler, Dr. Vogel, alle die vermeintlichen Jugendfreundinnen und »zwischen allen mitleidig lächelnd, mehr schwebend als schreitend – Adele«. Aber er sieht auch, was er möchte. Wien ist ihm der einzige »Ort für Musik« geworden, und er meint es sich vorstellen zu können, mit der Mutter in einer Vorstadt *»still, gemütlich und höchst anständig«* ohne Luxus leben zu können, also ohne den gesellschaftlichen Rummel und die Ablenkungen der Weltstadt, aber zum Troste für die Mutter standesgemäß. Zu finanzieren wäre das, wenn Kunst- und Naturaliensammlungen des Großvaters verkauft und Haus und Garten an Wolfgang abgetreten werden, aus den Zinsen des Kapitals. In den Details dürfte Ottilie andere Vorstellungen hegen, aber in der Haupttendenz sind sich Mutter und ältester Sohn einig: weg von Weimar und die zurücklassenden toten Werte in arbeitendes Kapital verwandeln. Noch ehe diese finanzielle Seite in irgendeiner Weise geregelt ist, befindet sich Walther von Goethe Ende November 1841 wieder in Wien, einer Stadt, die er eigentlich nicht mag, die sich ihm aber doch darstellt als die einzige, in der es sich leben ließe. Nur war es damit im Winter 1841 noch nicht weit her, und Ottilie bekam Zeilen zu lesen wie »ich habe mich als Künstler auch ganz aufgegeben« oder »Ich möchte so gern mit der Vergangenheit abgeschlossen haben« und, noch deutlicher, »mein verpfuschtes Leben«.

Ottilie fühlt sich nun auch körperlich unwohl. Es hilft ihren mancherlei Beschwernissen wenig, daß sie im März 1842 über Sibylle

Mertens erfährt, Charles Sterling sei inzwischen Pfarrer in England und werde demnächst heiraten, wobei sie den Namen der Auserwählten nicht erfährt. Das kann ihre Absicht, Weimar zu verlassen, nur beschleunigen und kommt Dr. Vogels Bemühen, ihr Halsleiden italienischem Klima auszusetzen, entgegen. Die zitternde Kompaßnadel schlägt immer wieder nach Wien aus, zumal Walther unter gar keinen Umständen nach Weimar zurückzukehren beabsichtigt. Seinen Abscheu gegen die Unruhe im Haus am Frauenplan hat er seiner Mutter schon schriftlich mit auf den Weg gegeben und seinen Widerwillen gegen »Euer ewiges *Schweben über* der Erde, statt auf ihr zu *gehen*. Eure stets wechselnden Pläne, Eure Unruhe und das ganze Durcheinander...«. Nur die »höchst anständige, stille« Idylle würde sich wohl auch nicht machen lassen. In den Plänen seiner Mutter nimmt diese kaum Raum ein. Anfang Juni teilt sie Sibylle mit: »Wann ich hier abreise, hängt von einem Brief von Wien ab, kann ich dahin, das heißt, sind meine Verhältnisse dort unverändert geblieben, so daß ich das alte Glück zu finden glaube, so verlasse ich Weimar in 14 Tagen...«

Der schwarze Peter lag also wieder bei Romeo Seligmann, der sich dazu äußern sollte. Die Antwort fiel offenbar nicht eindeutig bejahend aus, und Ottilie erhob gegen ihn den Vorwurf mangelnden Vertrauens. Das wiederum hatte eine recht forsche Antwort Seligmanns zur Folge: »Sie klagen über Mangel an Vertrauen, ich weiß nicht, ob meines gegen Sie oder Ihres gegen mich; was das Ihrige gegen mich betrifft, so ist das töricht, da Ihnen Vertrauen hilft; wenn Sie aber das Meine verlangen, so haben Sie's dadurch verloren. Ich bin da, den Leuten zu helfen; wer mir aber helfen will, soll warten, bis ich darum bitte. Übrigens brauche ich mich niemanden zu vertrauen, weil es mir nicht hilft . . .« Ein paar Tage später hielt er es dann doch für angemessen, das näher zu erklären und Ottilie zu besänftigen: »Sollte ich in meinem letzten Brief hart gegen Sie gewesen sein, so bitte ich Sie noch einmal um Verzeihung. Ich fühle es recht gut, daß mir ein zeitweiliges Beisammensein mit Ihnen geistig vorteilhaft ist, daß ich Ihnen zu Gefallen mehr arbeiten würde zum Beispiel, denn ich tue leichter irgend Jemand zu Gefallen als mir selbst. Aber die Wichtigkeit der Bedeutung, die Sie für sich daraus schufen, schreckte mich von jeher...«

Romeo Seligmann spürt, mit welchen Hoffnungen Ottilie einen künftigen Aufenthalt in Wien bereits belastet, bevor er beginnt, und weiß sehr genau, daß er diese Hypothek nicht wird einlösen können, ». . . es wäre ein großes Unglück für Sie, wenn ich zu den Dingen gehörte, die für Sie unentbehrlich sind; ich war nie ungenießbarer (als eben jetzt). Seit einiger Zeit stecke ich den Kopf in Arbeit und das hat angefangen, mich zu erheitern. Vor den anderen rettet man sich nur durch sich selbst; vor sich selbst rettet man sich nur durch Arbeit. Merken Sie sich das!«

Ottilie merkt sich vor allem das, was sie sich zu ihren Gunsten auslegen kann, und da sie es in Weimar sowieso niemandem ganz recht machen kann, beschließt sie, nur noch auf sich selbst Rücksicht zu nehmen. In der Anlage zur *Weimarischen Zeitung* Nr. 63 vom 10. August 1842 können Weimars Bürger das Thema des Tages aus der Annonce 787 beziehen: »Durch Kränklichkeit verhindert, persönlich Abschied zu nehmen, empfehle ich mich dem hiesigen Andenken meiner Freunde und Bekannten hierdurch ergebenst. Ottilie von Goethe, geb. von Pogwisch.«

Dieser Abschied ist endgültig. Die Familie Goethe wohnt nicht mehr in Weimar.

Zweiter Teil

Da leben wir also in Weimar, Jena, Wien und Italien, und wenn man mich fragt: Wo ist Ihr Aufenthalt?, so muß ich antworten: Nirgends! Wo ist Ihr Home? Nirgends!«

Walther von Goethe am 9. November 1845
an seine Mutter

In Wien

Reisende aus Richtung Prag fuhren, wie Ottilie von Goethe 1842 mit Sohn und Tochter, durch das Schottentor in die Innere Stadt Wien ein, die noch bis über die Jahrhundertmitte hinaus von Festungswallen und Basteien umschlossen war. Ehe man dieses imposante Festungsbollwerk erreichte, hatte man an einer der Torzufahrtsstraßen den Gürtel aus 34 Vorstädten durchfahren und das zwischen ihnen und den hohen Befestigungen gelegene unbebaute Glaçis, Esplanade genannt. Ein Spaziergang auf den Wällen der Inneren Stadt mit Blick auf Wiener Wald oder Donauauen gehörte für die Wiener ebenso zu den Annehmlichkeiten wie das Vergnügen einer Kutschfahrt oder eines Fußmarsches durch die Alleen der Esplanade. Die Innere Stadt zählte damals 1 217 Häuser, die Vorstädte fünfmal soviel, und beide zusammen wurden von rund 300 000 Einwohnern aus allen habsburgischen Ländern bevölkert. Um die Vorstädte zog sich eine viele Kilometer lange einfache und niedrige Wallanlage, die »Linie«; sie reichte von St. Marx im Osten bis Liechtental im Norden. Der Donaukanal wiederum bildete im Nordosten zwischen Innerer Stadt und Leopoldstadt sowie dem Oberen Prater eine Schutzzone. Das daran anschließende Gebiet der Donauauen stellte den natürlichen Schutz für die gesamte Anlage aus dieser Richtung dar. Alles zusammen zeigte sich als Muster militärtechnischer Ingenieurarbeit, schien doch sein Nutzen allein dadurch bewiesen, daß die Festung in ihrer Geschichte zweimal Angriffen aus dem Osmanischen Reich standgehalten hatte.

Residenzstadt seit 1683 und Erzbistum seit 1722, so bot Wien den Habsburgern in ihren Mauern wenigstens scheinbar noch immer Sicherheit und den Fremden schon bei der Einfahrt ein Weichbild von eindrucksvoller Schönheit, vom Stephansdom überragt.

Vier Jahre napoleonischer Besatzung in Wien, schwere Gebietsverluste, der Verlust der böhmisch-deutschen Kaiserkrone hatten nicht vermocht, den Glanz der habsburgischen Krone zu trüben, heiratete doch 1810 Napoleon eine österreichische Kaisertochter: Tu felix Austria – und der Wiener Kongreß 1814/15 bot hinreichend Genugtuung. Der Kaiser von Österreich hatte die ehemals abgetretenen Erblande zurückerhalten, auch Dalmatien, und für die Königskrone Venetiens und der Lombardei sowie den Präsidentensessel im Deutschen Bund verzichtete man schließlich leicht auf das Elsaß und andere westeuropäische Kleinigkeiten.

Fürst Metternich hatte das ausgehandelt und seine Sache gut gemacht. Nun sollte er sehen, wie die auseinanderstrebenden Nationalitäten – in Neapel hatte es 1820 und in Ungarn 1830 Unruhen gegeben – zusammenzuhalten wären. Metternich saß in Wien wie die Spinne im Netz und fing die großen wie die kleinen, die möglichen, die scheinbaren und die unscheinbaren Revoluzzer: Bespitzelung, Zensur, Polizeistaat, Unterdrückung jeglicher liberalen und verdächtigen Bewegung, lautete die Devise im Bund, im Kaiserreich und in seiner Hauptstadt. Nur 30 Prozent ihrer Bewohner konnten sich überhaupt gebürtige Wiener nennen, 40 Prozent der Bevölkerung arbeiteten als Dienstpersonal in herrschaftlichen, großbürgerlichen und adligen Haushalten, dreiviertel von ihnen waren weiblichen Geschlechts. Die Polizei erfreute sich der Vollbeschäftigung angesichts dieser potentiell unzuverlässigen Menschenansammlung. Die Prostitution sollte man auch noch im Auge behalten und, nicht zu vergessen, die schillernde Szene der Intellektuellen und Künstler. Fast neun von zehn Bauten der Inneren Stadt gehörten dem Adel oder reichen Großbürgern. In ihren Palais und in den Kaffeehäusern gingen Maler, Musiker, Schauspieler und Literaten aus und ein. Sie waren Zierde der führenden Salons und nicht selten in ihrem Schutz. Hier trafen sich die namhaften Vertreter von Kultur und Politik, sogar Angehörige des adligen höheren Offizierskorps. Alteingesessener Adel bildete die Kulisse, aber noch mehr die liberale Schicht der neuen Reichen: Geymüllers, Sinas,

Arnsteins, Eskeles und Pereiras. Häufig waren sie »tolerierte« Juden, denen erst seit dem Toleranzedikt Kaiser Josephs II., 1782, gegen ein Schutzgeld der Aufenthalt in der Stadt erlaubt war. Inzwischen saßen sie im Direktorium der Österreichischen Nationalbank und hatten den Habsburgern die Kriegskredite beschafft. Das hatte ihnen Adelsbrief und Bürgerrechte eingebracht. Reichtum und Glanz der wenigen mehrte aber auch zugleich das Ansehen der fast zweihundert jüdischen »tolerierten« Familien Wiens, die sich als Speerspitze des allgemeinen Fortschritts betrachten durften. Ihr wirtschaftlicher Einfluß und ihre geistige Liberalität ließen ihre Palais zu Schutzburgen der Meinungsfreiheit werden. In den gerümpften Nasen des etablierten Hochadels roch das zu sehr nach Geld, um wahrhaft von Adel zu sein, aber das Bestehen der Monarchie hing letztlich sogar von weitaus weniger bildungsbeschwerten Familien ab, wie etwa den hemdsärmeligen Rothschilds.

Auch Seligmann gehörte zur jüdischen Kolonie Wiens. Ottilie verband seit 1835/36 eine enge Freundschaft mit den jüdischen Pereiras, als sie Seligmann im *Römischen Kaiser* kennenlernte und selbst dort Quartier genommen hatte. Baron Pereira war der Schwiegersohn des Hauses Arnstein, seine Frau die Tochter der berühmten Fanny von Arnstein, die in Wien den glänzendsten Salon geführt hatte. Die Fusion der Häuser Arnstein & Eskeles hatte der Stadt ein weiteres bedeutendes Bankhaus gebracht und ihrer aller Finanzgewalt die erste Dampfeisenbahn.

Adels-, Bank- und Handelshäuser, Großbürgertum, sogar die Vermögensverwaltung hocharistokratischer Familien stiegen ein in das Eisenbahnaktiengeschäft und sahen mit Freude der schnellen Entwicklung zu. Wiens Gründerzeit hatte Ende der dreißiger Jahre des Jahrhunderts begonnen, und die sogenannten »Neuen Reichen« trieben den Fortschritt voran. Außerhalb der »Linie« siedelten sich Industrien mit ihren Fabriken an, innerhalb etablierten sich wie seit eh und je das Handwerk und die Leichtindustrie, vorwiegend Textil- und Tabakfabriken, Ziegeleien, Bierbrauereien, Zuckerfabriken. In der Inneren Stadt wimmelte es von kleineren und mittleren Kaufleuten, niederen, mittleren und hohen Beamten, Geistlichen und dem Heer der dienstbaren Geister, von der Köchin und dem Kutscher bis hin zu der unendlichen Armut bei den sogenannten Demoralisierten, wie man Obdachlose und Arbeitslose bezeichnete. Von der Basteienpromenade fiel der Blick oft genug auf Elendsquartiere, Hinterhöfe, Slums von fragwürdiger hygienischer Beschaffenheit. Die Wohnungsnot zerrieb sich an den Festungswällen der Inneren Stadt, doch noch konnte niemand die Habsburger überzeugen, daß es an der Zeit sei, die militärisch veraltete Bastei schleifen zu lassen, um Bauland zu gewinnen.

Aber in London, Paris und Berlin sah es nicht anders aus. Gerade erst hatte Bettina von Arnim ihr *Königsbuch* vorgelegt, um auf soziale Mißstände aufmerksam zu machen, und sie sammelte öffentlich Material für ein Armenbuch. Ihr Zeitungsaufruf brachte mehr Dokumentationsmaterial zusammen, als sie hätte in einem Buch drucken lassen können, wäre ihr nicht ohnehin der Weberaufstand von 1844 zuvorgekommen. Die Industrialisierung schuf ein Proletariat von bisher nicht gekannter Größe, und in allen Hauptstädten Europas ging damit kräftiges Spekulantentum einher. Straßen- und gassenweise kauften Grundstücksspekulanten Häuser auf und trieben die Mieten in die Höhe.

Industrialisierung und revolutionäre, nationale wie soziale Unruhen fegten die Biedermeieridylle hinweg wie der Herbstwind die Blätter.

1842, als Ottilie von Goethe mit ihren Kindern nach Wien kam, um hier für unbestimmte Zeit zu wohnen, deutete erst ein Säuseln den später jedoch unüberhörbaren Sturm an. Wohnungsnot und Mietwucher, Nährboden des weitverbreiteten Unmuts über soziale Mißstände, bekam Ottilie selbst zu spüren. Sie logierte anfangs teuer und möbliert am Freyung im *Römischen Kaiser* an der Renngasse, doch war das unmöglich lange zu halten; so mietete sie von April bis zum 1. Oktober 1843 eine halbmöblierte, billigere Wohnung im dritten Stock des Hauses Hohe Brücke 144. Doch nun mußte sie Möbel und Geschirr kaufen, und das hieß, von Sibylle Mertens, der sie ohnehin noch 600 Reichstaler schuldete, Geld zu erbitten. Walther durfte davon nichts erfahren, denn er hatte das kostspielige Wohnen der Anfangszeit bereits bezuschußt und sollte für sich unbedingt finanziell beweglich bleiben. Zusätzlich hoffte Ottilie noch 100 Reichstaler aus dem Verkauf wertvoller Kleider ihrer Großmutter Henckel von Donnersmarck zu bekommen, die im Februar des Jahres hochbetagt in Weimar gestorben war. In Weimar lebten nun nur noch die inzwischen pensionierte Mutter und

Alma von Goethe.
Pastell von Louise Seidler, 1832.

die unverheiratete Schwester Ulrike im gemeinsamen Haushalt der geräumigen Wohnung an der Esplanade.

Für drei Monate würden beide nach Wien kommen und auf der Rückreise Alma wieder mit nach Weimar nehmen. Sie sollte die bei ihrer Großmutter und Tante eingekehrte Melancholie vertreiben helfen. Nichts könnte der inzwischen Sechzehnjährigen willkommener sein. Sie tanzt so gern, und alle ihre Tanzpartner und

Freundinnen leben in Weimar! Sie hat Heimweh. Auch Ottilie ist nicht frei davon. Soll sie »wäre es auch nur manchmal nach Weimar« oder nach Italien ziehen, wie Dr. Vogel es gern sähe?

Wien wurde der tragische Fluchtpunkt aller Lebensperspektiven, niemals Heimat, eher eine Oase, von der ein Beduine weiß, daß er sie wieder verlassen wird. An Sibylle schreibt sie, das Schlimme sei, »daß einem nicht gestattet wird, auf einer Oase zu leben und zu sterben – möchte mir dann wenigstens das Letztere beschieden sein und ich nicht wieder in die Lebenswüste hinausgestoßen werden«.

Was sie an Wien fesselt, sie vieles ertragen und in den nächsten dreiundzwanzig Jahren immer wieder hierher zurückkehren läßt, »es ist das Gefühl der Zufriedenheit, was mich hier jetzt erfüllt; ich weiß, daß es nicht so bleiben kann und wird, denn der größte Teil dieses Glückes kommt auf die Rechnung von Seligmann, den ich täglich sehe, und der mir dadurch den geistreichen Umgang bietet«.

Es ist ihr klar und kommt zugleich einem Alptraum nahe, daß Seligmann früher oder später heiraten könnte. Dann wird sie Wien verlassen, und warum sollte sie nicht nach Italien gehen? Vielleicht fände sie dort die ihr zugedachte Pyramide des Cestius, hatte sie schon einmal in tiefer Depression philosophiert mit Anspielung auf das Grab August von Goethes, das auf dem angrenzenden Friedhof lag. Sie brauchte in der Tat eigentlich dringend einen längeren Aufenthalt in mildem Klima, um ihre immer wiederkehrenden Affektionen der Atemwege, derentwegen sie bei ungünstiger Witterung oft tagelang nicht ins Freie kann, abheilen zu lassen.

Eine alte paracelsische Weisheit besagt, daß krank macht, was kränkt, und Ottilie leidet zutiefst an der Unerfülltheit ihres Lebens, an der Ziellosigkeit, die so ganz gegen ihre Natur ist. Die mangelnde Fortune ihres ältesten Sohnes bedrückt sie um so mehr, als alle ihre Hilfestellungen seiner Musikkarriere nichts nützen, und Walther sich von Jahr zu Jahr tiefer in ein Schneckenhaus zurückzieht, in dem er für seine Probleme und für seine Mutter unansprechbar wird. Dazu beängstigt sie die Sorge um die labile Gesundheit ihres Sohnes Wolfgang.

Die Wiener Jahre Ottilie von Goethes, 1842 bis 1866, von zahlreichen Reisen unterbrochen, stellen sich als eine einzige Via dolorosa dar. Ihr gequälter Körper verrät die gequälte Seele. Leichtere Gesichtsneuralgien behandelt Seligmann mit Eis und Kirschlorbeer, schwerere mit einem Pulver aus Morphium und Chininsulfat im ein- bis zweistündigen Abstand. Eine heftige Gemütserschütterung, ein extremer Wetterwechsel, Zugluft oder Kälte können ihr gesamtes Nervensystem in Aufregung versetzen, und eine Leidenskette mit tagelanger Bettruhe beginnt mit katarrhalischen Zuständen und Seitenstechen; Galle und Leber revoltieren, Brechreiz tritt auf, und schließlich endet der Aufstand des gesamten Körpers in erschöpfender Diarrhö. Eine solche Polykolik kann ebenso in umgekehrter Reihenfolge stattfinden. Auch hier helfen Kirschlorbeer und, nebst warmen Breiumschlägen, schließlich kleine Mengen Morphium, um die Kranke endlich zu beruhigen. Müßig, auch noch von Migränen oder Kopfschmerzen als Folge eines Sturzes im Jahr 1850 in Berlin zu sprechen, gegen die Seligmann mit geeistem Eau de Cologne zu Felde zieht oder zwölf Stunden lang Blutegel an den Schläfen ansetzt. Daneben muß er Zahnfleischreizungen lindern, eigentlich litten alle Menschen ihres Alters damals unter Zahnbeschwerden; er bekämpft die Neigung zur Schilddrüsenüberfunktion mit Jodsalbe und beobachtet immer häufiger auftretende Brustbeklemmungen. Ein ständig überreiztes Nervensystem führte bei Ottilie schließlich zu Organschwächen, deren letzte, eine Herzinsuffizienz mit Angina-pectoris-Anfällen, auch eines Tages ihren Tod herbeiführen wird.

Es bleibt erstaunlich und wurde auch von Zeitgenossen bewundert, mit welcher Energie Ottilie von Goethe ihrem Körper immer wieder Höchstleistungen abverlangte. Beschwerlichste Fahrten mit der Postkutsche, später lange Eisenbahnfahrten und sonstige Unbequemlichkeiten verstand sie mit starkem Willen zu ertragen. Sie konnte ihren Gesundheitszustand der Umwelt kaum verbergen: Unter der modischen Haube sahen weißwerdende Haarlocken hervor, ihr Gesicht wirkte verwelkt und zeigte den gelblichen Teint der Leber- und Gallekranken, die Lippen erschienen oft bläulich wie bei Herzkranken. Eduard von Bauernfeld hinterließ in seinen Erinnerungen die Erklärung für ihre dennoch nie sich abschwächende Anziehungskraft und vitale Ausstrahlung. Sie trage ihre Übel und Gebrechen mit beispielloser Engelsgeduld, »dabei nimmt sie unter Schmerzen und Entbehrungen jeder Art unausgesetzt den lebhaftesten Anteil an allem, was geeignet ist, Geist und Gemüt in Bewegung zu setzen. Für das geringste Gute oder Freundliche, das man ihr erweist, in hohem Grade dankbar, in der Freundschaft verläßlich und ausdauernd, hat sie sich eine gewisse Jugendfrische, Empfänglichkeit und Begeisterung für alles Schöne und Gute bis in ein Alter zu bewahren gewußt, welches gewöhnliche Menschen abstumpft, so ideellen Naturen aber, wie es scheint, nichts anzuhaben vermag. Die immer liebenswürdige und zugängliche Kranke, die sich selbst und ihre Zustände vergißt, die, aufmerksam auf Personen und Verhältnisse, einen jeden mit Interesse anhört, die über ein neues Gedicht in Entzücken geraten kann, wie über eine schöne Blume – sie könnte wahrhaftig mit Voltaire sagen: ›La santé seule me manque; mais il n'y a point de malade plus heureux que moi.‹« Romeo Seligmann gebührte wahrlich nicht geringer Dank für ihr vitales Stehvermögen. Der Leib- und Seelenarzt, wie Ottilie selbst eingestand, vermochte oft genug auch mit wenigen einfühlsamen Worten ihre vibrierenden Nerven zu beruhigen, und er genoß ihr absolutes Vertrauen, ebenso das der Familie und der Freundinnen, außer offenbar das Walthers, der sich schon 1841 aus unerfindlichen Gründen, über die Seligmann schweigen müsse und er schweigen werde, mit ihm überworfen zu haben schien. Sehr zum Kummer seiner Mutter natürlich, für die Seligmann unentbehrlich wurde, denn er avancierte auch zum Berater in finanziellen Angelegenheiten. Er mußte gelegentlich Pfandgegenstände in ihrem Auftrag wieder einlösen oder in Papieren angelegtes Geld freimachen, auch Aktien verpfänden und ähnliche Geschäfte für sie erledigen. Ottilie von Goethe hatte anscheinend einen Teil ihres Vermögens in Wien angelegt, so daß Seligmann, wenn sie verreist war, die Miete ihrer Wohnung, Handwerkerrechnungen und sonstige laufende Unkosten begleichen und ihr auf Wunsch auch Bargeld nachschicken konnte, das sie ansonsten auch über Obstfelder, den Vermögensverwalter ihres ältesten Sohnes in Weimar, erhielt. Sie kannte ihre leichte Hand im Umgang mit Geld und schrieb 1857 einmal aus Dresden an Seligmann: »Von Ihnen einen Brief zu bekommen, scheint mir nur möglich, wenn man Sie um Geld plagt; so würde ich also, selbst wenn ich keines brauchte, was mir freilich ein so fabelhafter Zustand erscheint, daß meine Phantasie nicht so weit reicht, Sie doch um welches bitten, wenn ich es auch nicht brauchte, um von Ihnen zu hören!« In der Tat verließen sie die Geldsorgen nie. Noch in ihrem Testament ergab sich ein Kuriosum: Sie hatte ihr in Wien befindliches Tafelsilber Seligmann vermacht, und dieser mußte dann feststellen, daß es schon seit einiger Zeit verpfändet und nun verfallen war, weil sie keine Zinsen darauf gezahlt hatte. Ironischer Abschluß eines Handlungsstranges ihrer Vita, der ihr und ihren Angehörigen viel Unannehmlichkeiten bereitete, aber auch Zeugnis ablegte von ihrer Unbekümmertheit gegenüber allem Materiellen.

Über mehr als drei Jahrzehnte hin blieben Ottilie und Seligmann dennoch verläßliche Freunde und waren immer wieder imstande, auch ernsthafte Verstimmungen ihres Verhältnisses wieder aufzufangen. Der vielbeschäftigte Arzt und Gelehrte,[13] der in den fünfziger Jahren zum Professor ernannt und dem an der Berliner Universität sogar der Lehrstuhl für Geschichte der Medizin angeboten worden war, gab sich redlich Mühe, der kränkelnden, übersensiblen Ottilie das Leben in Wien erträglich zu gestalten. Schon zwei Jahre nach ihrer Ankunft aus Weimar überfiel sie denn auch bei einer vorübergehenden Trennung von Romeo Seligmann die Furcht, Tod oder Leben könnten sie auf ewig voneinander entfernen. Gleichviel habe sie den Wunsch, »daß Sie dann beiliegendes Andenken, das ich Ihnen gerade heute gebe, erinnern möge, wieviel Sie für mich getan, wie ich durch Sie wieder zuerst den Blick tränenlos auf das Leben gerichtet. Ihre dankbare Ottilie«. Die wenigen Zeilen begleiteten einen Siegelring Goethes mit einer altrömischen Gemme aus blau-schwarzem Achat mit Doppelmaske. Die Bemerkung »gerade heute«, am 20. Februar 1844, bezog sich aller Wahrscheinlichkeit nach auf Seligmanns unvergessene Dienste angesichts der Geburt Annas am 15. Februar 1835. Dankbarkeit empfinden und sie auch zeigen zu können, gehörte zu Ottilies besten Eigenschaften. So verging keiner von Seligmanns Geburtstagen, ohne daß sie eine kleine Antiquität, ein Bild, ein Buch, eine Handarbeit für ihn gehabt hätte, auch wenn in ihrer Beziehung stets eine Distanz gewahrt, das »Sie« neben der Anrede festgehalten wurde. Romeo Seligmanns immer umfangreichere beruflichen Verpflichtungen, sein Engagement für Arme und Kranke bei bürgerkriegsähnlichen Zuständen im Wien der Jahrhundertmitte oder bei Epidemien, wie der häufigen Cholera, ließen Ottilie oft seine Nähe vermissen. Ihre Tagebücher sind voll von ungerechtfertigtem Selbstmitleid oder von Anklagen gegen Gott, die Welt und Seligmann, der sich zu wenig um sie kümmere, obwohl ihr Salon zuweilen einem Taubenschlag glich.

Zu den geistvollen Männern ihres nahezu täglichen Umgangs gehörten während ihrer Wiener Jahre Diplomaten, Wissenschaftler, Politiker, Literaten, Schauspieler, Musiker und Maler, deren Namen in Österreich wie in Deutschland unbestritten hohen Rang besaßen. Man traf sich, eingeladen oder nicht, bei ihr zum Tee, zur Soiree im kleinen Kreise, erkundigte sich am Vormittag nach dem Befinden der Frau Baronin, bot seine Begleitung zu einer Spazierfahrt an und genoß es, absoluter Verschwiegenheit der Hausherrin gewiß, sich hier aussprechen zu können. Beengte Häuslichkeit und frugale Bewirtung sowie die gewinnende Aufmerksamkeit der geistsprühenden Ottilie von Goethe nahmen den Begegnungen die Steifheit mancher gesellschaftlich aufwendigeren Salons und schufen eine ungezwungene, fast familiäre Atmosphäre des Vertrauens. Hätte man bei Ottilies Aufenthalt in Wien 1840/41 noch den Verdacht hegen können, die zahllosen Verbindungen des verstorbenen Schwiegervaters zum Wien des Hochadels, der Literatur, Wissenschaft und Kunst hätten ihr ohne eigenes Zutun wie selbstverständlich Tür und Tor geöffnet, gesellschaftliche Neugier habe wie ein Magnet gewirkt, so war dieser Effekt inzwischen sicher abgeklungen, und Ottilie verdankte ihre Beliebtheit ganz allein sich selbst. Ihre Unvoreingenommenheit und Kontaktfreudigkeit machten es möglich, daß Liberale wie Konservative oder sozialkritische Fast-Republikaner sich bei ihr gut aufgehoben fanden.

Friedrich (Fritz) Fürst zu Schwarzenberg, der »Lanzknecht«, blieb einer ihrer vertrautesten Freunde bis zu seinem Tod. Sie kannte den um drei Jahre Jüngeren schon seit 1833 und aus ihrer Zeit in Leipzig 1837, da er mit Gustav Kühne befreundet war, und begleitete sein abenteuerliches Leben wie seine schriftstellerischen Erfolge mit Anteilnahme. Mehrere Frauengestalten seiner Erzählungen hielten ihr Wesen literarisch fest. Er war der Sohn des legendären Feldmarschalls Karl Philipp Fürst zu Schwarzenberg, der die verbündeten Truppen in der Völkerschlacht bei Leipzig 1813 zum Sieg gegen Napoleon befehligt hatte, und Vetter des umstrittenen Fürst Felix zu Schwarzenberg. Für Ottilie umgab den »Lanzknecht« auch die romantische Aura der Zeit, die sie am intensivsten miterlebt hatte. Wenn beide in Wien wohnten, sahen sie sich oft täglich. Ottilie wiederum verkehrte im literarischen Salon seiner Mutter, wo man Friedrich Hebbel und Adalbert Stifter treffen konnte, der dieser ein literarisches Denkmal in seinem Roman *Der Nachsommer* setzte. Als 1867 in Wien das Denkmal des Feldmarschalls Karl zu Schwarzenberg enthüllt werden sollte, wurde Friedrich, obwohl ältester Sohn, nicht mit geehrt, ein Affront, den er sich mit unbekümmerten und provokanten politischen Meinungsäußerungen zugezogen hatte. Es traf und verletzte ihn sehr, wie »der unwürdige Sohn eines gefeierten Vaters« behandelt zu werden. Ottilie von Goethe schrieb ihm daraufhin verständnisvoll, trostreich und couragiert wie stets. Ihre Charaktere begegneten sich in gleicher Offenheit, und Lauterkeit verband die Sympathie der Wahlverwandten im unkonventionellen und unerschrockenen Lebensstil.

Ottilie verheimlichte niemandem, daß sie gern Untertanin des Großherzogs von Sachsen-Weimar gewesen war und sich zugleich als eine in der Wolle gefärbte Preußin empfand, noch dazu als eine von 1813, aus Preußens großer Stunde, die ihr Leben geprägt hatte. Es versteht sich von selbst, daß jeder, der diese Zeit miterlebt hatte oder gar unmittelbar auf dem Schlachtfeld in Leipzig dabeigewesen war wie der österreichische Feldmarschall Hess, bei ihr einen besonderen Vorzug genoß. Toleranz und Vertrauenswürdigkeit waren die Basis, auf der in ihrer Gegenwart Männer verschiedenster politischer Richtungen miteinander sprechen konnten, die Erörterung oft sehr heikler Tagesereignisse in ihrem Salon nicht scheuten, wie der Hausprälat des Papstes und päpstliche Geheimkämmerer Monsignore Robert Graf Lichnowsky in den Zeiten des heftig umstrittenen Konkordats der österreichischen Krone mit Papst Pius IX. Sie empfing ihn in Wien und Rom häufig und freute sich auch seiner später selteneren Besuche, als er nur noch als Domdekan in Olmütz lebte, »... es hat etwas Erfrischendes, wenn er kommt. Es gibt Leute, nach deren Besuch man sich ganz ermüdet hinsetzt und sich die Augen auswischt, als wenn ein Sandwirbel hineingeflogen, während nach Fürst Lichnowskys Visite man die Empfindung eines erfrischenden Spazierganges nach einem

Gewitter hat, selbst wenn auch – da natürlich Meinungsverschiedenheit oft eintritt – es aus der Ferne manchmal noch ein wenig donnert«.

Ganz ohne Donnergrollen, weil völlig eins in der politischen Richtung, verliefen die Besuche des Maximilian Freiherrn von Gagern, jüngerer Bruder des Präsidenten der Frankfurter Nationalversammlung von 1848, selber deren Mitglied und ab 1854 in Wien Hof- und Ministerialrat im Ministerium des Auswärtigen. Er kam gern zu einem Gespräch herauf in ihre Wohnung oder bot seine Begleitung ins Theater an, wo immer irgend jemand aus Ottilies Sternschnuppenschwarm von Freunden seine Loge für sie freigab.

Fast täglich konnte man bei ihr den Freiherrn von Biegeleben sehen, großherzoglich-hessischer Geschäftsträger in Wien und später Referent für deutsche Angelegenheiten im Außenministerium. Mit seiner Familie verband Ottilie enge Freundschaft. Biegeleben lernte seine Frau, Maria Freiin von Buol-Bernburg, in Ottilies Salon kennen, denn auch Franz Freiherr Buol von Bernburg, österreichischer Kämmerer und Geheimrat, kümmerte sich mit Frau, Söhnen und Töchtern fast täglich um sie, besonders die Tochter Nanny aus der ersten Ehe des Freiherrn freundete sich mit Ottilie an.

Unentwegt taucht in ihren Tagebüchern der Name August Daniel Freiherr von Binzer nebst Frau Emilie auf, ein schriftstellerndes Ehepaar. Sie ließ ihre Arbeiten unter männlichem Pseudonym erscheinen wie das große Vorbild der Zeit, George Sand. Bei allen handelte es sich um Familien, deren Freundestreue verläßlich und greifbar Ottilie Tag für Tag zur Verfügung stand, die aber auch ihre familiären Sorgen bei ihr abladen konnten in der Gewißheit, ein aufmerksames Ohr und einen Rat zu finden. Bei Licht besehen, lebte Ottilie von Goethe kaum einen Tag allein. Ihre Wohnung glich eher einem Taubenschlag, in dem Wiens Prominenz aus- und einflog. Verreiste sie, so verabschiedete man sich, als ginge es für immer an das Ende der Welt, kehrte sie nach Wien zurück, umfing sie die Herzlichkeit der Freunde wie ein wärmender Mantel. Wenn sie trotzdem zuweilen heftig fror, dann traf die Schuld daran gewiß nicht die Freunde, die alles taten, um ihr Herz zu wärmen. Dieses jedoch zog sich, tief verwundet und arg strapaziert, mehr und mehr in Tiefen zurück, die nicht mehr jedermann erreichbar waren, höchstens Sibylle Mertens, Anna Jameson und natürlich dem Tagebuch. Nur selten erlebte sie noch Stunden oder gar Minuten reinen Glücks, so wenn Seligmann die Mahlzeiten bei ihr einnahm und gesprächig, aufgeschlossen von seiner Arbeit erzählte.

Der oft poltrige, unbequeme und doch so herzlich bemühte Seligmann füllte ihr Traumbild von einem Mann, der zugleich Geliebter, Partner und Paterfamilias war, nicht aus. Aber zuweilen geschah es, daß sie an ihm ihre Wunschvorstellungen aufhängen konnte. Sibylle Mertens legte ihr nahe, ihm doch nicht Bagatellen als Vernachlässigung anzurechnen, wie eine Nachtmütze, die er offenbar manchmal in ihrer Gegenwart trug. Sie möge ihn vielleicht nicht kleiden, aber er bedürfe ihrer wohl und lasse sich im Vertrauen auf ihre Freundschaft ein wenig gehen. »Daß Seligmann jeden Tag eine Stunde findet, um zu Dir zu kommen, ist eminent! Ärzte, gelehrte Ärzte wie Seligmann, finden mitunter in der ganzen Woche keine Stunde, um etwas anderes zu denken, als daß sie Ärzte sind, und wären sie auch Söhne, Brüder, Gatten, Vater oder Liebhaber: daß der Freund Dich ganz als Freundin behandelt, ist Dir das Peinliche, er soll auch der attentive, immer geistvolle, immer impressionierte Freund sein: das kann er nur in den ersten Jahren der Freundschaft; denn jede Freundschaft so wie jede Liebe wird zuletzt eine Art von Ehe, in welcher man di tempo a tempo sich in der moralischen Nachtmütze sieht!« Von Zeit zu Zeit braucht Ottilie die Zurechtweisung, um sich wieder auf dem Boden der Tatsachen zurechtzufinden, der allerdings nicht so erbaulich ist. Was einer Sibylle Mertens nicht so ohne weiteres einleuchten will, kommt Ottilie häufig nur als der Umtausch des einen Käfigs mit dem anderen vor, empfindet sie sich doch als Gefangene des Schicksals ihrer Söhne und ihrer eigenen körperlichen Beschwerden, ihres Alters.

Zu Ottilies häufigen Besuchern zählte auch Joseph Freiherr von Hammer-Purgstall, Diplomat und Hofdolmetscher, berühmter Orientalist, dessen Divan-Übersetzungen schon Goethe benutzt hatte. Sternstunden ihrer abendlichen Einladungen zum Tee bilden Zusammenkünfte, ähnlich dem »Tee der 4 Fakultäten«, wie sie scherzhaft eine Runde nannte, zu der sich Professor Bratranek, österreichischer Goetheforscher, Professor Ahrens, Rechtsphilosoph, Professor Aschbach, Historiker, und Seligmann in seiner Rolle als Mediziner und Orientalist einfanden. Franz Grillparzer kannte sie von seinen Besuchen in Weimar am 29. September und 3. Oktober 1829; sie verband die gemeinsame Erinnerung an Haus und Hausherr. Grillparzer nahm bekanntlich tiefe, ihn bewegende Eindrücke aus dem Goethehaus mit nach Wien. Seitdem 1838 sein Lustspiel *Weh dem, der lügt!* jedoch ein Mißerfolg geworden war, begegnete man ihm nur noch selten im Kreis der alten Freunde, zu denen auch Romeo Seligmann gehörte, aber bei Ottilies Wienaufenthalt 1840/41 hatte er ihr seine Aufwartung gemacht und besonders ihre jugendliche Tochter Alma ins Herz geschlossen. Der immer etwas griesgrämige Archivdirektor der Hofkammer – vom Dichten allein konnte in Österreich nicht einmal Grillparzer leben – verfolgte die Geschichte der Goethe-Nachfahren mit Anteilnahme, wie sich noch zeigen wird, auch wenn er anscheinend nicht mehr persönlich in Ottilies Salon erschien.

Friedrich Hebbel hatte Goethe zwar nicht mehr persönlich kennenlernen können, aber Ottilie führte ihn schon in den dreißiger Jahren durch die Privaträume ihres Schwiegervaters, und auch Hebbel beeindruckte die Atmosphäre dieser kargen Zimmer zutiefst. Er begegnete Ottilie und Walther von Goethe häufig, seit er nach 1845 in Wien seinen Wohnsitz gefunden hatte. Ottilie wiederum lud ihn mehrfach, aber wohl ohne Erfolg, zu ihren Teestunden ein. Dafür suchte ein anderer Dichter Österreichs, Eduard von Bauernfeld, ihre Nähe um so lieber. Im Berufsleben kannte man ihn als Lottodirektor, im zivilen als den erfolgreichen Autor des Burgtheaters, der die Bühne zwischen 1830 und 1840 fast allein beherrschte. Über tausend Aufführungen seiner Werke konnte er im Burgtheater spielen lassen. Viele Jahre hindurch ging er bei Ottilie von Goethe ein und aus, engster Freund Seligmanns und einer Gruppe von Schriftstellern wie Ernst Freiherr von Feuchtersleben, Graf von Auersperg, der sich als Dichter Anastasius Grün nannte, Franz von Schober, dem bekannten Schubert-Intimus, und Nikolaus Niembsch Edler von Strehlenau, den die Literaturgeschichte als Nikolaus Lenau kennt.

Ernst Freiherr von Feuchtersleben stand Grillparzer und Hebbel nahe, arbeitete seit 1844 an der Universität als Privatdozent für ärztliche Seelenkunde, ein Pionier der psychosomatischen Medizin, dessen populärwissenschaftliche Bücher auch Ottilie las. Der »pathologische Zustand der Gegenwartsliteratur« veranlaßte ihn

Der österreichische Dichter Eduard von Bauernfeld.
Porträtaufnahme, um 1870.

zu zahlreichen Essays. Mit einem kleinen eindringlichen Text, den Felix Mendelssohn vertonte, blieb er bis heute in der Erinnerung: »Es ist bestimmt in Gottes Rat, daß man vom Liebsten, das man hat, muß scheiden.« Die Vorgänge des Vormärz und späterer Revolutionsjahre widersprachen derart seinen Vorstellungen, daß er schon nach wenigen Monaten sein Amt als Unterstaatssekretär für öffentlichen Unterricht – den Ministerposten hatte er abgelehnt – wieder verließ. Enttäuscht in seinen Hoffnungen, starb er 1849. Ottilie betrauerte in ihm den vielleicht liebenswürdigsten ihrer Wiener Freunde, zudem Hausarzt neben Seligmann und vor allem Goethe-Verehrer und früher Goethe-Forscher.

Über Seligmann und Bauernfeld erfuhr Ottilie von den oppositionellen politischen Strömungen, die sich vorwiegend gegen die unerträgliche Pressezensur richteten. Nicht einmal Anastasius Grün und Nikolaus Lenau durften unter Pseudonym ihre Lyrik veröffentlichen. Bezeichnend für die allgemeine Stimmung war ein großes Souper für 160 Personen aus Hochfinanz, Handel und Verwaltung nebst einigen Literaten, das im Spätherbst 1844 zu Ehren von Friedrich List, dem Vater des Deutschen Zollvereins, in Wien gegeben wurde. Bauernfeld trug sein Gedicht *Zollverein* vor, in dem es zum Schluß heißt:

Und wenn die Gedanken erst zollfrei sind,
Dann laßt uns weiter sprechen!

Der Beifall wollte kein Ende nehmen, und prompt erhielt der Verfasser eine »väterliche Verwarnung« in Gestalt der Belehrung, daß er durch sein öffentliches Auftreten die Pflichten und seinen Eid als Beamter verletzt habe. Er trat aber weiter aktiv für die »Preßfreiheit« ein. Am 20. Juli 1845 versammelten sich die gleichnamigen Freunde bei Hammer-Purgstall zum literarischen Tee, um eine Petition zu verfassen, gleichsam im Namen von Wissenschaft und Kunst. Bauernfeld als Initiator und Organisator brachte 99 Unterschriften zusammen, darunter Grillparzers und Stifters. Ein Petitionsrecht sah die geltende Verfassung überhaupt nicht vor, und so war es für die Gegenseite eine Kleinigkeit, die Schrift, deren Existenz sich durchaus herumsprach, gar nicht erst bis zu Metternich gelangen zu lassen.

Sie zeigte aber doch, wo die Intellektuellen der Schuh drückte, und welche politischen Vorstellungen sie diskutierten. Viele von ihnen dachten »großdeutsch«, wie man es nannte, wenn von einer übergreifenden Staatsform für alle Bundesländer die Rede war. Unter ihnen gab es keine Republikaner, keine Revolutionäre, eher Liberale aller Schattierungen, bürgerliche Demokraten. Keiner von ihnen wollte einen Fürsten umbringen, wohl aber dessen Rechte in eine Verfassung einbinden, die den Volkeswillen zur Basis hätte. Die konstitutionelle Monarchie genügte ihnen.

Eine politische Tendenz, der Ottilie von Goethe schon deshalb nahestand, weil der bürgerliche Liberalismus des Goethehauses ihr Denken geprägt hatte, ganz zu schweigen von den politischen Konzeptionen, deren romantische Verklärung sie in ihrer Jugendzeit miterlebt hatte und für die ihre Generation sich 1813 begeisterte.

Die Forderung nach einer politischen Erweiterung des Zollvereins dürfte mit zu den Themen gehört haben, die man im *Juridisch-politischen Leseverein* diskutierte, einer Art Herrenklub, dem neben Standesherren, Staatsbeamten und anderen bürgerlichen Oppositionellen auch Bauernfeld und Seligmann angehörten. Neue politische Bücher und Ideen wurden vorgetragen, Meinungen ausgetauscht, und manche Anregung soll von hier aus eine Rede in der österreichischen Ständeversammlung initiiert haben. Selbstverständlich kannte die metternichsche Polizei diese Zusammenkünfte, aber Teilnehmer mit respektheischenden Namen und einflußreichen Ämtern schützten vor ihrem Zugriff.

Im Carltheater in der Leopoldstadt schaffte sich Volkesunwillen in Nestroys Possen ein Ventil. Er selbst gab auf der Bühne dem Dialog die aktuellen Stichworte. Eine ungute Stimmung breitete sich in der Zeit des sogenannten Vormärz in allen Volksschichten Wiens aus.

Ottilie von Goethes Wiener Freundeskreis war identisch mit hervorragenden Persönlichkeiten österreichischer Zeitgeschichte, die sich angezogen fühlten von der geistvollen Atmosphäre quasi weimarischer Teestunden, in denen die Gastgeberin und Freundin den Stil des Goethehauses fortsetzte, offen zu sein für jeden, der etwas zu sagen hatte. Temperamentvoll, auch leicht exaltiert, doch mit nie versagender Liebenswürdigkeit verkörperte sie ein Stück Alt-Weimar in Wien, intellektuell anspruchsvoll, liberal. Ihre häufig beengten Wohnverhältnisse störten keinen der Gäste, unter welcher der wechselnden Adressen man sich auch begegnen mochte.

In ihrer überströmenden ehrlichen Menschlichkeit, in ihrer nie ermüdenden Fähigkeit, an den Erfolgen, aber auch an den Sorgen und Problemen der Freunde teilzunehmen, lag das Geheimnis von Beziehungen, die über Jahrzehnte hin meist bis an ihr Lebensende dauerten. Sie hätte an vielen Kaminen ein wärmendes Feuer finden können, empfand sich jedoch als zutiefst einsam. Noch immer fiel es ihr schwer, sich Realitäten zu beugen, wenn sie nicht in ihr Konzept paßten, noch immer forderte sie vom Schicksal, was sie für rechtens hielt. Zu keiner Zeit ihrer Wiener Jahre war Ottilie ohne Freunde, und für jeden, der ihre Hilfe begehrte, schlug sie aus Steinen labendes Wasser, aber sie erwartete auch ständig, daß sich die ganze edle Hohe Schule der Freundschaft um sie drehe. Sie kannten alle die unter äußerer Heiterkeit verborgenen Melancholien, die sich steigernde Verzweiflung, mühte sie sich doch unverdrossen, aber vergeblich wie Sisyphus, den Felsen zu bewegen, als welcher die Sorge um die Karriere ihrer Söhne auf ihr lastete.

Walthers Talent und seinen Fleiß, so meinte sie, sollte man doch unterstützen, ihm Gelegenheit geben, seine Werke auf der Bühne hören und sie korrigieren zu können, und sie glaubte auch, die Umwelt an ihre Pflichten den Goetheenkeln gegenüber erinnern zu dürfen: »... hätte denn mein Schwiegervater nicht verdient, daß die Bühnen doch soviel Dankbarkeit für sein Andenken zeigten, um dem Enkel wenigstens die Möglichkeit des Gelingens zu geben.« In Frankfurt werde jetzt, 1843, wieder einmal Goethes Geburtstag gefeiert. Das sei doch eine solche Gelegenheit, den Enkel zu prüfen, welches Anrecht er an seinem Namen habe. Weder Ottilie noch Seligmann oder Sibylle gelingt es, trotz glänzender gesellschaftlicher Beziehung, die zweite Oper Walthers, *Enzio*, auf die Bühne zu bringen. Nicht in Köln, nicht in London und auch nicht in Weimar, wo Franz Liszt inzwischen Operndirektor ist, kommt eine Aufführung zustande, was Ottilie besonders Liszt übelnimmt, dem sie persönlich geschrieben hatte. Allzu offensichtlich sind die Mängel der Komposition. Nicht nur, daß Walthers Stil gegenwärtig nicht gefragt ist – Meyerbeer, Wagner und Liszt beherrschen die Szene –, die Gesangsstimmen sind nicht auf die Stimmlage in Frage kommender Sänger eingerichtet, so daß niemand sich motiviert fühlt, dieser Oper seine Aufmerksamkeit zu widmen. Auch in Dresden muß Walther die Ablehnung hinnehmen.

Tiefe Depression legt sich wie Mehltau auf sein Gemüt und Talent. Keines der führenden Opernhäuser bot ihm etwa ein Volontariat an, so daß er die Bühnenerfahrungen hätte sammeln können, die ihm offenkundig fehlten. Aber – hätte er ein solches Angebot überhaupt angenommen? Wahrscheinlich ist das nicht, und so blieb es bei kleineren Musikstücken und Liedern, zuletzt böhmisch-mährischen Volksweisen, die er *Slawische Bilder* nannte und aus einem Aufenthalt 1844 im winterstillen Karlsbad und in Brünn mitbrachte. Reisen beleben ihn im allgemeinen nicht. Rom und die Adria könnten ihm getrost gestohlen bleiben. Als sei eine schwarze Markise vor seinen Augen heruntergezogen worden, überinterpretiert er sein persönliches Unvermögen als den Untergang der Familie und sieht sie als die »Überbliebenen von Tantalos Haus«. Das Reich der Eumeniden gehe zu Ende, schreibt er an Christian Schuchardt, der die goetheschen Sammlungen betreut und sich als einziger in Weimar seines Vertrauens erfreut. Walther schließt sich ab vor nahezu jedermann. Seinen plötzlichen Einfall, die eigene Mutter mit Redewendungen und Grußformeln wie »Verehrungsvoll Dein ergebenster Sohn Walther von Goethe« anzureden, verbittet sich diese und bekommt zu hören, die Steifheit seiner Briefform müsse sie schon entschuldigen, da sie zu eng mit seinem Wesen zusammenhänge. Er weiß, warum er leidet, und leidet weiter, von niemandem aus dieser selbst provozierten Vereinzelung zu retten, von der die tief getroffene Ottilie mit Recht sagt, daß er daran zugrunde gehen werde. Zwar verschont er seine Mutter in Zukunft mit solchen Distanzierungen, schreibt nach einer Weile weiter auch launige Briefe, aber das Visier ist endgültig herunter, als er Ende 1845, wie einst sein Vater in einem Gedicht, seiner Frustration Ausdruck gab: »Als Goethes Enkel, als Dein Sohn, als der Bruder des genialen Pippi [Wolfgang] will ich von den Menschen nicht mehr behandelt werden. Wo aber wäre das zu vermeiden, und deshalb wollen wir die Rolle der Rebe, die sich um den Ulmenbaum rankt, nicht länger probieren, da dieses Stück keinesfalls zur Aufführung kommt«.

Walther entzog sich brüsk und ein für allemal der mütterlichen Steuerung, feierte seine Geburtstage nicht mehr, schrieb Rezensionen in Fachzeitungen oder für das Feuilleton der *Wiener Zeitung* und für Kühnes *Europa*. Jeder ihn bindenden Tätigkeit wich er aus,

Wolfgang von Goethe.
Ölgemälde von Karl Begas, um 1854.

vor allem wenn Ottilie sie vermittelt haben sollte, auch eine Dirigentenstelle nahm er nicht an. Zwar suchte er eine »kleine selbständige Existenz«, eine »kleine Lebensbeschäftigung«, aber die Angst vor vielleicht nicht zu bewältigenden Anforderungen blieb stets größer als das ihm unbehagliche Gefühl, von des Großvaters Geld zu leben. Es darf alles nicht zu belastend, verpflichtend und erschöpfend sein – eben nur »klein«. Zwölf Jahre lebte er als Untermieter, sogenannter Zimmerherr, in Wien, allerdings häufig im Jahr auf Reisen, mal zu Treffen mit Teilen der Familie, mal zu Kuren und vorwiegend Angelegenheiten der Haus- und Nachlaßverwaltung in Weimar. Haus und Ort erwecken in ihm Grauen, Öde und Leere lassen ihn hier ständig an Körper und Seele frieren. Von den Zimmern der Mansarde im Goethehaus wählt er für sich das kleinste, das Henriette von Pogwisch respektlos »Loch« nannte und ehemals Wolfgang gehörte. Hier in Weimar vermißt er seine Mutter, in Wien muß er zum Kommen gebeten werden. Selbst der geliebten Großmutter Henriette und der Tante Ulrike gelingt es nur selten, ihn mit Mahlzeiten zu versorgen, wenn er in Weimar wohnt. Er sehnt sich nach Häuslichkeit, heiratet aber nicht – auch in dieser Angelegenheit in seinem Selbstvertrauen gebrochen.

Ottilie leidet unsäglich unter seiner Verschlossenheit, seiner seelischen Unerreichbarkeit und er unter dem Gefühl, auch vor ihr ein Versager zu sein. Als Walther im Mai 1855 seine Mutter in Wien besucht, wird ihre spontane Freude schon bei der Begrüßung gedämpft. »Ich habe mich herzlich gefreut, Walther zu sehen, aber ich habe nie jemand gesehen, der so das Talent hat, eine Art Gefrierpunkt eintreten zu lassen, man ist mit einem Gefühl der Hoffnungslosigkeit erfüllt, nie eine Änderung zum Glück und zur Freude in ihm hervorbringen zu können, die eine Empfindung der Verzweiflung in mir hervorruft, wie ich sie in den letzten Jahren nicht mehr gehabt.« Dabei kann er amüsant und geistvoll die Mutter und auch deren Gäste unterhalten, liest aus neuester Roman- und Theaterliteratur vor, daß Ottilie in ihrem Tagebuch festhält, nie einen gescheiteren und geistreicheren Menschen gesehen zu haben, dessen Beobachtungen scharf sind, treffend poetisch, und »er ist voll Mitleid und Hilfe für alle Armen, die frieren und hungern, aber weil er so leidet, so hat er keine Spur von Mitgefühl für uns ...«. Ottilie möchte zweifeln, ob er jemals Liebe zu ihr empfunden habe, was natürlich unsinnig ist, denn gerade Walther kann im Grunde ohne seine Mutter nicht leben und nicht sterben, opfert Zeit, Ruhe und Geld, wenn er damit ihr das Leben erleichtern kann und war von Anfang an der mutterbezogenere Sohn. Dennoch bleibt verständlich, daß Ottilie ihren ältesten Sohn gern existentiell gesichert sähe, beruflich und menschlich zufrieden, mit sich selbst im reinen. »Ich habe jahrelang alles getan, was ich nur wußte, aber er hat eine Art, daß man nicht an ihn herankommen kann, es ist, als wenn er gleich alle Zugbrücken aufzöge, wenn er nur bemerkt, daß man sich seinem Herzen nähern will. Hilft mir Gott nicht, weiß ich nicht mehr, was tun«, klagt sie. Vielleicht aber geschah von ihrer Seite schon viel zuviel. Seligmann sagt ihr einmal recht unverblümt: »Sie wissen, daß ich überhaupt dagegen bin, daß Sie Ihre Söhne, welche nicht einmal mehr junge Männer sind, stets noch besorgen wollen. Walther hat sich dem brüsk entzogen, und Wolf geengt es; ich zweifle, ob es ihm nützt ... Wer mit seinem Berufe nicht eins ist, dem ist nicht zu helfen. Da können weder Sie noch irgendwer eine Brücke schlagen, und der Fehler ist, daß Sie stets diese Brücke bauen wollen, während ein Mann, dem es mit dem Leben ernst ist, sie selbst bauen muß, wenn es not tut. Ob krank oder gesund – man muß in einem gewissen Alter seine Angelegenheiten selbst tun – wie Essen und Trinken.«

Ein volles Jahrzehnt und mehr verbrachte Ottilie damit, wenigstens ihrem zweiten Sohn Wolfgang zu helfen, der schon 1845, noch vor Beendigung seiner akademischen Ausbildung als Jurist und vor der Promotion, seine physischen und psychischen Leiden quasi bündelte und sich nicht imstande sah, in den weimarischen Staatsdienst zu gehen, was ihm der Erbgroßherzog bereits angeboten hatte. Ihn quälen Gesichtsneuralgien, rheumatische Beschwerden, vegetative Störungen, die ihn in Erregungszustände bringen können, wie sie der Großvater und der Vater kannten und seiner Mutter noch in der Erinnerung mit Schrecken verbunden sind. Wolfgang, während der Studienzeit in äußerster Zurückgezogenheit, fast unstudentisch lebend, beseelte der Anspruch, nicht nur das Studium glanzvoll beenden zu wollen, sondern gleichzeitig als Dichter hervorzutreten, dem großen Familiennamen zur Ehre. Er veröffentlichte 1844 einen Aufsatz *Der Mensch und die elementarische Natur* bei Frommann in Jena, 1845 seine Doktorarbeit *De fragmento Vegoiae* in Heidelberg und ein dramatisches Gedicht, *Erlinde,* an dem er schon seit Jahren arbeitete, bei Cotta in Tübingen. Schon 1842 hatte er anonym ein Heftchen *Studentenbriefe* erscheinen lassen. Sie klangen so unstudentisch wie nur denkbar und verschwanden in Frommanns Makulatur. Philosophisch, wissenschaftlich und poetisch hatte er 1844 und 1845 versucht, die romantische Vorstellung von der Einheit der Natur, von Mensch und Natur auszudrücken. Romantische Verklärung, frühgoethesche Empfindsamkeit standen bei Walther wie bei Wolfgang in deutlicher Diskrepanz zum Trend der künstlerischen Aktivitäten, die ihre Zeit bewegten. Sie lebten beide gegen ihre Zeit, und beiden fehlte es an der geistigen Kraft, sich neuen Strömungen zu öffnen, sie in sich aufzunehmen und zu verarbeiten. Statt dessen verbrauchten sie ihre ohnehin begrenzten Kräfte mit dem Widerstand gegen die Wellen. Zunächst reagierte Wolfgang auf Überarbeitung und angesichts seiner erfolglosen Veröffentlichungen mit einem Ausbruch »körperlicher Verzweiflung«, wie er die gelegentlichen Häufungen seiner Leiden später einmal nannte und flüchtete nach Capri zur Kur im mütterlichen Geleitschutz. Als sich sein Zustand lebensgefährlich zuspitzte, empfahl Romeo Seligmann, den Winter in Rom zu verbringen. Schließlich ließ sich Wolfgang 1847 auf eine Kaltwasserkur in Meran ein, die ihn erneut an den Rand des Grabes brachte, so daß Ottilie die Familie um Hilfe bat. Großmutter, Tante und Bruder begaben sich auf den beschwerlichen Weg nach Südtirol, um ihn wieder reisefähig zu pflegen, so daß er den Winter noch einmal in Rom verbringen und im Frühjahr 1848 nach Freiwaldau im österreichischen Schlesien zu einer Prießnitzkur aufbrechen konnte, die er 1849 und 1850 wiederholte. Endlich schien dann eine sechsjährige Leidensphase ihrem Ende entgegenzugehen. Ulrike, die ihn mit Ottilie begleitet hatte, schrieb an die Großmutter in Weimar: »Wäre ich nicht abergläubisch, so würde ich von Wolfs Gesundheit und gutem Aussehen melden.«

Inzwischen blieb Ottilie nicht untätig, sondern baute an einer »Brücke«, wie Seligmann sie ablehnte, indem sie in Berlin Alexander von Humboldt bemühte, von dem alle Welt wußte, daß er seine Stellung am preußischen Hofe gelegentlich dazu nutzte, begabten jungen Menschen in den Sattel zu einer Karriere zu verhelfen. Seiner Vermittlung hatte es Wolfgang wohl zu verdanken, daß seine Bewerbung um Aufnahme in den preußischen diplomatischen Dienst im Frühjahr 1852 angenommen und er der preußischen Gesandtschaft in Rom als Attaché zugeteilt wurde. Er war nunmehr zweiunddreißig Jahre alt. Im gleichen Jahr ließ er ein Bändchen Gedichte bei Cotta erscheinen; noch immer wollte er sich auch als Dichter beweisen. Nur sein einziger enger Freund und späterer Biograph Otto Mejer erfuhr die Selbstzweifel: »Bin ich denn einer? Bin ich denn das, was Plato von ihm sagt: ein leichtfertig Ding, hat Flügel und ist heilig –?« Er mußte sich die Frage ehrlicherweise selbst verneinen und handelte dementsprechend konsequent, indem er fortan nichts Poetisches mehr veröffentlichte. Auch er litt darunter, dem Anspruch des großen Namens nicht gerecht werden zu können und empfand schmerzlich die Last des großväterlichen Schattens. Auch ihn hatten eigener Ehrgeiz und mütterliche Programmierung in eine Erwartungshaltung gedrängt, die unerfüllbar blieb. Im Gegensatz zu seinem älteren Bruder verfügte er jedoch über hinreichende Selbstkritik und schob niemandem außer sich selbst die Schuld an eigenem Versagen zu. Wenig später fand er ein kirchengeschichtliches, wissenschaftliches Thema, in das er sich vergrub und für das die archivalischen Quellen in Rom reichlich sprudelten – Sachbuchautor aus Verzweiflung, aber auch zur Selbsttherapie.

Eigentlich mußte Wolfgang von Goethe wie zum Diplomaten geboren erscheinen. Er gefiel durch Eleganz der Erscheinung, ernste Liebenswürdigkeit des Wesens, eine fast italienisch anmutende Physiognomie, lebhafte schwarze Augen und einen modischen Backenbart. Seine Vorgesetzten beeindruckte er mit außergewöhnlichen juristischen und historischen Kenntnissen, und Verwaltungsarbeit schien ihm zu liegen. Dennoch: Diplomat und Privatgelehrter zu sein, nach zwei Jahren zum Legationssekretär avanciert und mit der vorübergehenden Vertretung des Gesandten beauftragt zu werden, erfüllte nicht seine Vorstellungen von sich selbst. Er akzeptierte sich in dieser Rolle nicht, was unterschwellig seine Gemütsverfassung und seine physische Konstitution untergrub.

Schließlich lastete auf Mutter und Söhnen und bedrückte die Familie der frühe Tod Alma von Goethes, die vier Wochen vor ihrem siebzehnten Geburtstag 1844 in Wien einer Typhusepidemie zum Opfer fiel. Im rosafarbenen Moireékleid, einen Rosenkranz im vollen blonden Haar, wie Louise Seidler den anmutigen Eindruck in einem Pastellbild festgehalten hat, so hatte Alma auf dem Hofball zu Ehren des soeben vermählten Erbgroßherzogpaares, ihrem ersten großen Ball, eindeutig Furore gemacht. Mit ihr eröffnete der Erbgroßherzog den Tanz unter den Klängen eines damals beliebten Walzers. Im gleichen Jahr fiel sie in einem weißen Atlaskleid auf, in das Ottilie 150 Reichstaler investiert hatte, so daß die Großmutter belustigt an Ottilie schrieb, »hätte ich das gekauft, oh Himmel, wie wäre es mir da ergangen«. Sie liebte ihre Enkelin über alles, ohne sich jedoch den kritischen Blick verstellen zu lassen. Wenn einst der »Apapa« in der Kleinen schon »ein echt geborenes Frauenzimmerchen« gesehen hatte, »allerliebst« und »incalkulabel«, so klärte Henriette ihre Tochter in Wien darüber auf, Alma sei beileibe keine »idelle Person«, habe nichts als Ballerlebnisse und Hofbegebenheiten im Kopf und sei geistig wenig fortgeschritten, ihr Klavierspiel geradezu »greulich«. Großmutter Henriette verstand nun gerade davon eine Menge, hatte aber ihre Enkelin auch tiefergehend beobachtet und schrieb Ottilie: »Dich *liebt* sie warm und wahr. Wenn sie also mal mit ihrem Leichtsinn und Beschäftigtsein von allerhand Unnützem nicht schreibt, so kannst Du immer die Nacht ruhig schlafen und vergiß nicht, daß Ihr sie mit Stunden überhäuft. Übrigens *liebt* Alma wenig, und von Deiner Herzens*wärme* hat und wird sie nie etwas haben, wie sie überhaupt der Himmel unter ihren Geschwistern am wenigsten mit Kopf und Gemüt begabt. Sie wird aber eine rechtliche brave Frau sein können, nur fehlt ihrem Gemüt und ihrem Kopf für mich das Bestechende, was der Frauen bester Schmuck ist.« Sie werde aber leider sehr »leidenschaftlich« werden, fährt die Großmutter in ihrem Bericht fort und vergißt nicht zu erwähnen, daß in Weimar lebende Engländer bereits ein Auge auf das junge Mädchen, das so gut tanzt, werfen und überhaupt Damen der Gesellschaft wie Frau von Groß ihr diesbezüglich Flöhe ins Ohr setzen.

Ein junges Mädchen also, im heiratsfähigen Alter, nach dem man sich umdrehte, mit dem auch der Erbgroßherzog Karl Alexander gern ein wenig flirtete, waren sie doch Jugendgespielen gewesen. Wie einst die Mutter vor ernsterer Zeitkulisse hatte auch Alma in Weimar ein Wohltätigkeitskränzchen gegründet, trieb an jedem Mittwoch von den Freundinnen und auch sonstwie Spenden ein, um für Arme zu nähen. Angesichts der erschreckenden Armut in Weimars Bevölkerung und der katastrophalen Zustände in den Siechen-, Armen- und Waisenhäusern der Stadt sicher ein winziger Tropfen, schnell verzischend auf einem lokalpolitisch heißen Eisen, aber er beruhigte das Gewissen und gab den jungen Töchtern der Oberschicht das Gefühl, eine christliche gute Tat vollbracht zu haben. Alma wurde so unmerklich nicht nur in die Hofgesellschaft, sondern auch in die des gehobenen Bürgertums integriert. Sie wohnte bei der geliebten Großmutter und Tante Ulrike an der Esplanade und hätte es gern noch lange so ausgehalten, als ihre Mutter, hochgeschreckt von den Träumen Almas, vielleicht einmal Hofdame werden zu wollen, und den Berichten Henriettes vom umworbenen, aber geistig anspruchslosen Töchterlein, die Rückkehr nach Wien verlangte. Immerhin gab es hier die attraktiveren

Möglichkeiten, am letzten gesellschaftlichen Schliff zu polieren, einen qualifizierteren Unterricht auch besser kontrollieren zu können und natürlich bessere Aussicht auf eine standesgemäße Heirat. Wer wollte es Ottilie verübeln, daß sie nicht willens war, ihre Tochter in Weimar einem völlig indiskutablen Heiratsmarkt zu überlassen. Wenigstens einem Mitglied der Familie sollte doch auch vergönnt sein dürfen, in einer glücklichen Ehe zu leben, standesgemäß und nicht kleinstädtisch. Die Freundinnen, allen voran Therese Thon, spätere Böhlau, behielten sie in Erinnerung als ein fröhliches Mädchen von mittlerer Größe, unter dessen weißem Battisthut füllige goldblonde Haare eine breite, sehr gewölbte Stirn umgaben und große hellbraune Augen geradezu feurig strahlen konnten über einem energischen vollen Mund und kräftig entwickeltem Kinn – ein ausgelassenes Mädchen, das gern und übermütig lachte.

Der Abschied aus dem vertrauten Milieu nahm Alma zunächst alle Lebenslust und Heiterkeit. Oberjägermeister von Fritsch, alter Freund der Goethes, brachte sie über Regensburg nach Linz, wo Ottilie und Luise Stadelmann sie in Empfang nahmen, und das Dampfschiff, von der Mutter als ablenkender Trost gewählt, die kleine Reisegesellschaft nach Wien brachte. Dort stand für sie in der neuen Wohnung der Mutter auf der Mölkerbastei ein freundliches geräumiges Zimmer bereit. Das Heimweh verließ Alma dennoch nicht, auch wenn sich nun eine Weltstadt mit tausenderlei Eindrücken vor ihr öffnete, die, umworben und verwöhnt vom großen Freundes- und Bekanntenkreis der Mutter, sich Mühe gab, es dieser recht zu machen. Zu den befreundeten Gästen an Ottilies Teetisch gehörte auch der Botaniker und Sinologe Endlicher. Alma zu Ehren veranstalteten er und seine Familie Ende September 1844 ein Gartenfest. Sie fand es »herrlich« und beschwatzte Luise, die sie abholte, zu Fuß nach Hause zu gehen, um beschwingt die Lichter der Stadt genießen zu können. Zu Hause angekommen, klagte sie über Kopfschmerzen und verbrachte eine unruhige Nacht. Am darauffolgenden Tag nahmen die Anzeichen einer schweren Erkrankung zu, und vierundzwanzig Stunden später zeigten sich Symptome typhösen Fiebers und Delirium, währenddessen sich die Kranke in schönen Gärten oder auf dem Hofball in Weimar wähnte. Seligmann und Feuchtersleben versuchten gemeinsam

Alma von Goethe.
Porträt von Wilhelm Kemlein.

alles, den Verlauf der Krankheit günstig zu beeinflussen, wobei gesagt werden muß, daß Feuchtersleben wohl zuerst am Krankenbett war und Seligmann später hinzukam. Ottilie, die am Bette ihres Kindes die Nachtwache hielt, erkannte erst früh am dritten Morgen, daß Alma für immer eingeschlafen war – am 29. September 1844, einen Tag nach Wolfgangs Geburtstag. Der gleiche Pfarrer, der Almas Konfirmation nach Augsburger Konfession in Wien vollzogen hatte, nahm nun auf dem Währinger Friedhof, gegenüber den Gräbern Beethovens und Schuberts, die Beisetzung vor, zutiefst erschüttert wie die Familie.

Eine breite Öffentlichkeit überschüttete Ottilie von Goethe, vor der sich ein Abgrund an Trostlosigkeit auftat, mit übler Nachrede und dem Vorwurf, Alma überhaupt nach Wien geholt zu haben. Sicher bedrückte dieser Gedanke Ottilie, auch ohne daran erinnert zu werden. Aber die Zeitungen und der Gesellschaftsklatsch beschäftigten sich ausgiebig mit der Art des Todes der Goetheenkelin, als zweifle man, dieses Mädchen könne eines natürlichen Todes gestorben sein. Ein Student habe sie aus Eifersucht erstochen, lautete ein Gerücht, das auch in der Wiener *Neuen Presse* zu lesen war. Man habe die Leiche exhumieren wollen. Das sei zwar nicht geschehen, aber aus der Hofburg sei der Befehl zu strenger Untersuchung der Todesursache gekommen. Da diese Forschungen, die sich schließlich nur gegen die behandelnden Ärzte richten konnten, kein Resultat erbrachten, war das Gerücht in sich zusammengefallen. Länger hielt sich dafür die weitaus gefährlichere Rede, Ottilie habe der Erbschaft wegen ihr Kind vergiftet. Friedrich Hebbel behauptete, Dr. Feuchtersleben selbst habe sie in diesen ungeheuerlichen Verdacht gebracht. Auf einer Gesellschaft, so hielt er in seinem Tagebuch am 10. Februar 1863, neunzehn Jahre nach Almas Tode fest, habe man sich in Anekdoten der ärztlichen Künste Feuchterslebens erinnert, dessen diagnostischer Blick umstritten gewesen sei. »Bei solcher Schärfe des medizinischen Blickes begreift sich's, daß er, als er Goethes Enkelin am Schnupfen-Fieber behandelte, sein bestes tun und trotzdem, als das arme Kind infolge seiner Methode wider alles Menschengedenken starb, die Mutter in den Verdacht bringen konnte, sie habe ihre eigene Tochter, der Erbschaft wegen, in schwerer gläubiger Bedrängnis vergiftet.« Mochte auch Feuchtersleben die richtige Diagnose zu spät gefunden haben, so erscheint es doch völlig undenkbar, angesichts seiner ausgeprägten Sensibilität und seines allseits bekannten charakterlichen Anstandes, daß er etwa eine solche Vermutung ausgesprochen haben könnte. Eher erscheint es möglich, daß Feuchtersleben mit seinen psychosomatischen medizinischen Theorien und den Erfolgen seiner populärwissenschaftlichen Bücher die Neider aus den Rattenlöchern geholt hatte, wie Ottilie alle jene, die ihr die neue Freiheit nicht gönnten. Gerade zu jener Zeit hatte die Familie Goethe eine ausgesprochen schlechte Presse, nachdem Einzelheiten der häßlichen Feilschereien um den Verkauf des Goethehauses, das der Deutsche Bundestag erwerben wollte, durchgesickert waren. Feuchtersleben hatte zudem politische Gegner aus konservativen Kreisen, denen jedes Mittel recht war, ihn aus dem Sattel zu heben. Das Ganze stellte eine Infamie dar, die sich besonders lange hielt, denn am 31. Juli 1845 berichtete bereits Annette von Droste-Hülshoff mit der sicher wenig respektierten Bitte um Verschwiegenheit ihrer Freundin Elise Rüdiger, daß sie erschreckt worden sei durch eine Geschichte »von Adelens Freundin, der Frau von Goethe«. Man sehe mal wieder, wie weit Eitelkeit und eine »liebessieche Natur« eine Frau herunterbringen könne, außerdem sei ihr Lebensstil ja bekannt. Dann erzählt die Droste lang und breit die Giftmordstory, vergißt aber nicht zu erwähnen, daß Ottilie einem Juden »mit Namen Selig, einem höchst widrigen, innerlich gemeinen Kerl, Spieler, Verschwender«, aufgesessen sei, der sie beredet habe, Alma nach Wien kommen zu lassen. »... acht Tage in Paris angekommen, war sie wirklich tot, die Mutter Erbin ihrer sechzigtausend Taler, und in Weimar zweifelt niemand, daß sie zu diesem Zweck vergiftet worden ist. Das Publikum hält die Goethe dieser Tat fähig und würde sie (wie jene Dame sagt) mit Kot und Steinen werfen, wenn sie's wagen sollte, zurückzukommen.« Abgesehen davon, daß Ottilie niemals in ihrem Leben in Paris war, entwickelte diese Sumpfblüte eines Gerüchts doch reichlich barocke Ranken unter der Feder der Droste, nicht frei von Antisemitismus. Die Wurzel darf man wohl in Weimar vermuten, wo es hinreichend Damen der Gesellschaft gab, verheiratet oder nicht, die, wenn sie hätten schwören sollen, den Neid auf ein Frauenleben außerhalb der Konventionen und das stattliche Erbe nicht hätten verbergen können. Bigotte Empörung über »die Goethe«, die sich weigerte, im Weimarer Glashaus ihr Leben zu enden, färbte eindeutig Drostesche Klatschereien. Die Droste, nur ein Jahr jünger als Ottilie, blieb ihr Leben lang in der Abhängigkeit ihrer Mutter, Ottilie hingegen lebte in einem völlig außergewöhnlichen, fast freundschaftlichen Mutter-Tochter-Verhältnis, was seit eh und je in der Weimarer Gesellschaft beanstandet worden war.

Annette von Droste-Hülshoff.
Gemälde von Wilhelm Stiehl, 1820.

Die schwatzhafte Entgleisung der Droste-Hülshoff entbehrte durchaus nicht der Pikanterie, war sie doch eng befreundet mit Adele Schopenhauer und schon seit einiger Zeit zuvor mit Sibylle Mertens, den engsten Freundinnen Ottilie von Goethes. Der Mertens war die Droste 1825/26 bei einem mehrmonatigen Besuch ihres Onkels begegnet. Beide verband ihre musikalische Begabung und das Sammeln von Münzen, auf welchem Gebiet Sibylle über exklusive Kenntnisse und Preziosen verfügte. Von allen Freundinnen meinte Annette von Droste-Hülshoff in ihr die »wohlhabendste, kunstverständigste und phantasievollste« zu finden. Sie besuchte des öfteren Sibylle auf ihrem Gut Auershof, 1830/31 pflegte sie die Freundin sechs Wochen lang nach einer Gehirnerschütterung, die sich Sibylle zugezogen hatte. Adele Schopenhauer löste sie in der Krankenpflege ab. Sie hatte die Droste im Mertenschen Kreise kennengelernt, und die drei bedeutenden Frauen verband fortan Freundschaft, die sich um so inniger gestaltete, als vor allem Adele und Annette, im Naturell einander eher verwandt, sich in ihren literarischen Neigungen förderten. Von Adele Schopenhauer heißt es, sie sei zeitweilig »das literarische Gewissen« der Droste gewesen.

1840 hatte Adele, 1843 Sibylle eine Zeit auf Rüschhaus verbracht, dem Witwensitz von Annettes Mutter, ungeachtet einer bereits spürbaren Entfremdung zwischen der weltläufigeren Mertens und der egozentrischen Droste-Hülshoff. Mit Rücksicht auf diese Beziehungen sollte denn auch die Empfängerin des Droste-Briefes die mitgeteilten Ungeheuerlichkeiten schweigend aufnehmen, »um des Adels willen, sprechen Sie doch nicht davon«.

Erst dieser Blick auf eine Welle häßlichen Klatsches, dem Rufmord nahe, die Alma von Goethes unverhoffter früher Tod für die Mutter auslöste, macht deutlich, wieviel Mut und Energie Ottilie von Goethe hatte aufbringen müssen, um sich trotz aller Niederlagen die Selbstachtung zu bewahren, schließlich Weimar zu verlassen und für sich und die Folgen ihrer Prinzipien einzustehen, letztlich, nach dem Tod der Tochter, »mit erhobenem Antlitz weiterzuschreiten, damit der Blick sich wieder frei erhebt. Die Last wird dadurch nicht leichter, der Weg nicht weniger freudenleer, aber dennoch soll es so sein, fühle ich wohl, wenn ich auch bis jetzt es nicht erlangen konnte«.

Kein geringerer als Franz Grillparzer gab seiner Erschütterung über den Tod Almas in einer Totenklage Ausdruck. Erstaunlicherweise wagte es Ottilie, die sich zwar sofort bei ihm bedankte, doch erst sechzehn Jahre später, ihn um das Autograph dieser Nänie zu bitten. Leider ist nicht bekannt, ob ihr die Bitte erfüllt wurde.

Das Grab Almas, eine Doppelgrabstätte auf dem Währinger Friedhof gegenüber den Ruhestätten Schuberts und Beethovens, in der auch Ottilie später beigesetzt zu werden wünschte, wurde ihr Ziel für viele Stunden der Besinnung. Es banden sie nun zwei Gräber an Wien. In Rom bestellte sie ein Denkmal aus Carrara-Marmor, das ein Schüler Thorvaldsens, der dänische Bildhauer Jens Adolf Jerichau ausführte, indem er unter Benutzung der Totenmaske die liegende Gestalt Almas auf dem Marmorsockel darstellte. Diese Bildhauerarbeit kam jedoch nie auf den Währinger Friedhof. Zu Lebzeiten pflegte Ottilie zunächst die Grabstätte, auf der kein Stein und kein Kreuz den Namen preisgab, selbst. Darüber hinaus stattete sie jährlich am Todestag Almas ein armes junges Mädchen in Weimar völlig aus. Therese Thon, Almas engste Freundin, überbrachte jeweils den Korb mit Kleidungsstücken, auf dem eine blühende Rose, Sinnbild Almas, lag. »Sie war eine gute Weimarerin«, hatte Ottilie dem Erbgroßherzog auf seinen Kondolenzbrief geantwortet, ein wenig und vielleicht unbewußt ihre indirekte Schuld eingestehend. 1880 ging in Wien die letzte Zahlung für die Grabpflege auf weitere drei Jahre ein, 1885 – beide Brüder Almas waren inzwischen ebenfalls verstorben – erfüllten die Erben, Dr. Vulpius und Graf Leo Henckel von Donnersmarck, den Wunsch der Familie, im Tode mit Alma vereinigt zu sein. Am 9. Juni 1885, einundvierzig Jahre nach ihrem Tode, erfolgte die Überführung der Leiche Almas nach Weimar, wo Mutter und Brüder bestattet lagen. Graf Leo gestattete den ehemaligen Jugendfreundinnen, noch einen Blick auf die Tote werfen zu können, deren fülliges goldblondes Haar noch wie einst das Antlitz umgab. Das Denkmal Jerichaus kam erst 1910 auf die Familiengrabstätte in Weimar.

Ottilie von Goethe ergriff noch nach Jahrzehnten der Kummer zu Tränen, wenn das Gespräch auf Alma kam. Von allen Niederlagen ihres Lebens blieb der frühe Tod Almas die schwerwiegendste. »Einen Augenblick gibt es, in dem Gott nicht allwissend ist – wenn er einer Mutter ihr Kind nimmt, denn kennte er den Schmerz – er würde ihn keiner Seele zu tragen geben!« vertraute sie nach Jahren ihrem Tagebuch an.

Der Umzug der Familie aus Weimar nach Wien 1842 mochte aus mancherlei Gründen notwendig gewesen sein, Glück und Zufriedenheit brachte er keinem von ihnen. Gewann Ottilie auch durch ihn die Befreiung aus provinzieller Enge, die Abnabelung vom Goethehaus, an das sie fünfundzwanzig Jahre gebunden gewesen war, so war doch der Preis dafür entschieden zu hoch. Ihrem ältesten Sohne gestand sie nach dem Tode Almas: »Die letzten Jahre haben zu gewaltsam meine Kräfte und die geistige Lebhaftigkeit und Phantasie, die ich früher hatte, verlöscht. Es strengt mich alles an und erschöpft mich zu Tode und der Anspruch, den man an mich noch macht, wie sonst zu sein, quält mich, denn ich fühle zu sehr die Unmöglichkeit.«

Selten hatte Ottilie so wenig übertrieben.

Erschütterungen

Erdbeben kündigen sich an, Wirkungen beruhen auf Ursachen, und die kannte jeder im Wien von 1848. Der Druck metternichscher Restaurationspolitik drohte, in Staatsstreich oder Revolution sich Luft zu verschaffen. Das Bürgertum drängte nach demokratischer Mitverantwortung in einer konstitutionellen Monarchie. Ohne Gefahr für das herrschende System konnte man diesen Ruf nicht länger überhören, wie es denn auch unklug war und sich rächen sollte, die gemäßigten nationalliberalen Kräfte Italiens und Ungarns noch immer zu ignorieren. Gegen die ganz West-, Mittel- und Südeuropa überrollende Wirtschaftskrise boten die metternichschen Strukturen einfach kein griffiges Instrument. Verarmung und Proletarisierung im Kleinbürgertum und in der Lohnarbeiterschaft, die immer wiederkehrenden und Tausenden den Tod bringenden Epidemien infolge schlechtester hygienischer Wohnverhältnisse in den Großstädten, Verteuerung der Grundnahrungsmittel und schließlich der rapide Geldverfall vertieften den Graben zwischen der Monarchie und ihren Untertanen, die sich bereits als freie Bürger empfanden. Es gehörte nicht übermäßig Phantasie und Gespür dazu, das nahende politische Erdbeben zu fühlen.

Ottilie von Goethe befand sich im Mai 1847 noch in Italien, als ihr Seligmann schrieb: »Wissen Sie, daß ich endlich dazu gelangt bin, meinen Suppenverein zu gründen und daß es etwas Großartiges werden wird! Speisenverteilung, Erbauung von Schlafstellen, Verfertigung von Kleidern, kurz, womöglich: Schutz dem Proletarier! Der Verein heißt: allgemeiner Hilfsverein.« Die Suppe, die er zu kochen und auszugeben gedachte, hieß »Rumford-Suppe«, eine Kraftbrühe aus Blut und Knochen, deren Grundrezept aus englischen Bergwerksdistrikten kam und auch von anderen Suppenvereinen in Wien – sprich: Armenspeisungen – benutzt wurde. Seligmann erfand dazu auch eine Art Gulaschkanone. In den Unruhen des folgenden Jahres fand man ihn im Spitaldienst und bei intensiver Aufklärung der Öffentlichkeit über Schutzmaßnahmen angesichts drohender Cholera. Er war beileibe kein Anhänger radikalsozialer Gruppierungen, die es auch noch kaum gab. »Proletarier« hießen im Wiener Sprachgebrauch der Lohnabhängige und der Arbeitslose, das hatte mit Marx nichts zu tun, der wiederum noch kaum jemandem bekannt war. Seligmann handelte als ein Mann der hilfreichen Tat, Arzt ohne Dienstschluß und immer da zu finden, wo die Ärmsten der Armen billige Opfer des politischen Geschehens wurden. Den Titel eines außerordentlichen Professors brachte ihm sein Engagement noch 1848, den Lehrstuhl erst drei Jahre später. Sein Brief an Ottilie von Goethe gibt jedoch Einblick in die labile politische Situation des sogenannten Vormärz, wie man die Zeit vor Ausbruch der Revolution nennt. Seligmann sowie seine und Ottilies Freunde stellten deren beste Vertreter dar.

Am Morgen des 13. März 1848 riefen Bürger, Studenten und Proletarier gemeinsam vor dem Landhaus, dem Parlament der 127 stimmberechtigten Standesherren in der Herrengasse, nach Pressefreiheit und Konstitution, am Mittag ließ Erzherzog Albrecht, nachdem er von einem Stein getroffen worden war, in die aufgebrachte Menge schießen und erstickte ihre Aggressionen mit Bajonetten, am Abend schossen Bürger und Studenten auf die Proletarier in den Vorstädten und draußen vor der Linie, wo sie Fabriken in Brand gelegt, Maschinen zertrümmert und Läden geplündert hatten. Dies war deutlich noch nicht der Tag des Proletariats. Es war der Tag der bürgerlichen Revolution, wie schon im Februar in Paris, wo man den König Louis Philippe in die Flucht gejagt, die zweite Republik ausgerufen und einen Neffen Napoleons zum Präsidenten erhoben hatte. Dort lag das Epizentrum des politischen Erdbebens. Ausläufer der Erschütterungen hatten nun die Monarchie der Habsburger in deren Hauptstadt Wien erreicht, eine Woche später spielte sich dasselbe auch in Berlin und München ab, mehr oder weniger heftig dann in den übrigen Fürstentümern des Deutschen Bundes. Der Bundestag in Frankfurt mußte sich fügen und hißte die Fahne der demokratischen Revolution mit den neuen Bundesfarben: Schwarz-Rot-Gold.

Metternich gab auf. Ständische Abgeordnete, die sich Eingang zu ihm verschafft hatten, forderten ihn schon am ersten Tag zum Rücktritt auf. Niemand widersprach. Der Fünfundsiebzigjährige bewies die Noblesse seiner Herkunft aus rheinischem Uradel, indem er die Herren wissen ließ: »Es ist die Aufgabe meines Lebens gewesen, für das Heil der Monarchie von meinem Standpunkt aus zu wirken; glaubt man, daß das Verbleiben auf solchem dieses Heil gefährde, so kann es für mich kein Opfer sein, meinen Posten zu verlassen.« Sprach's und entfernte sich – zu Schiff nach England.

So einfach konnte man in Österreich zuweilen personelle Probleme lösen. Am Ende des Jahres ließ sich auch der gutmütige, epileptischen Anfällen ausgesetzte und nicht regierungsfähige Kaiser Ferdinand zur Abdankung bewegen. Sein neunzehnjähriger Neffe, Franz Joseph I., wurde im Dezember 1848 Kaiser von Österreich und ein Vierteljahr später, nach militärischer Niederwerfung Ungarns mit Hilfe russischer Truppen, auch König von Ungarn.

Hatte Metternich quasi als Abschiedsgeschenk an die Bürger noch schnell die Pressefreiheit Gesetz werden lassen, so hinterließ Kaiser Ferdinand noch rasch die Proklamation der ersehnten Verfassung. Diese entpuppte sich als ein Hohn auf die Forderungen der Bürger. Zwar enthielt sie sämtliche demokratischen Grundrechte, sah jedoch ein völlig unannehmbares Zwei-Klassen-Wahlrecht vor, gebunden an die Steuerpflicht. Damit waren unterer Mittelstand, Kleinbürger und Arbeiter nicht wahlberechtigt. Zu allem Überfluß behielt der Kaiser ein absolutes Vetorecht gegenüber dem Parlament, was die Konstitution zu einer Farce werden ließ. Erst ein bewaffneter Aufstand erzwang im Mai 1848 das allgemeine Wahlrecht. Die schon im März spontan gebildete Nationalgarde zum Schutz öffentlicher Gebäude und zur Wiederherstellung von Ruhe und Ordnung hatte sich inzwischen verstärkt um die in einer akademischen Legion zusammengeschlossenen Studenten, Jungakademiker, Intellektuellen und Künstler sowie um eine 20000 Mann starke Hilfsarmee aus den Proletariern der Vorstädte. Die Arbeiterschaft wollte höhere Löhne, billigere Ware, niedrigere Mieten und sofortige Maßnahmen gegen die Arbeitslosigkeit nach dem Vorbild der nationalen Werkstätten in Paris. Ihr lag das Hemd wirksamer sozialer Hilfen näher als der feine Rock einer maßgeschneiderten Konstitution oder gar das Korsett aus Ruhe und Ordnung. Von einem Klassenkampf konnte trotz ungleicher Kampfziele noch keine Rede sein. Auch Karl Marx, der im Sommer 1848 vor Arbeiterversammlungen Vorträge hielt, oder Mitarbeiter seiner Gesinnung änderten daran einstweilen nichts, ein Klassenbewußtsein fehlte vollkommen. Wenn es der bürgerlichen Front gelang, die Forderungen der Proletarier in ihre eigenen zu integrieren, konnte sich noch immer aus der bislang bescheidenen Revolution eine umfassende Evolution entwickeln, konsequente Demokratisierung des Systems vorausgesetzt und umfassende soziale Reformen inbegriffen.

Die bürgerliche demokratische Revolution geriet jedoch aus den Gleisen, als die Zustände im gesamten Kaiserreich chaotisch ausuferten.

Am 18. Mai konstituierte sich in der Frankfurter Paulskirche die erste deutsche Nationalversammlung mit Heinrich von Gagern als ihrem Präsidenten und, was den Österreichern wichtig war, Erzherzog Johann als Reichsverweser, bis ein gemeinsames Staatsoberhaupt gewählt sein würde.

»Erste Sitzung der Nationalversammlung in der Frankfurter Paulskirche«. Holzstich, um 1890.

Inzwischen krachte es im Gefüge des Vielvölkerstaates bedenklich. Um den Aufstand der Italiener in Oberitalien niederzuwerfen, brauchte Feldmarschall von Radetzky immerhin Monate; bis zur endgültig wiederhergestellten österreichischen Oberherrschaft verging gar ein Jahr. Der ungarische Reichstag löste sich im Oktober 1848 auf, Kossuth führte den Freiheitskampf gegen Österreich, und auch hier war die Monarchie nicht sogleich in der Lage, sich gegen den Abfall Ungarns zu wehren. Im April 1849 bedurfte es russischer militärischer Unterstützung, um den Widerstand zu brechen, ein Prestigeverlust Österreichs, den der junge Kaiser nie recht verwinden konnte.

Den demokratischen Kräften in Wien dämmerte es, daß ihr Schicksal mit der Existenz des Kaiserreichs verknüpft war, denn ein Sieg österreichischer Armeen in Ungarn und Italien konnte das Ende der bürgerlichen Revolution sein. Nun radikalisierte sich der Kampf in Wien. In einer Studentenzeitung erschien anonym ein Gedicht mit den Zeilen:

»... weil denn die Herrn vom bess'rem Blut
die neue Zeit nicht lernen,
so hängt die Herren kurz und gut
hoch, hoch an die Laternen!«

Dies geschah denn auch dem siebzigjährigen Kriegsminister beim bewaffneten Oktoberaufstand. Der kaiserliche Hof floh nach Olmütz, die Menge bewaffnete sich plündernd aus dem Zeughaus in der Renngasse. Der Stadtkommandant – ein volles Bataillon war zu den Aufständischen übergelaufen – erhielt Verstärkung, und unvermittelt sah sich die Stadt kaiserlichen Truppen in 70 000 Mann Stärke und dem neuen Oberbefehlshaber Fürst Windischgrätz gegenüber, der im Eiltempo aus Ungarn heranrückte. Am 28. Oktober 1848, nachdem die weit unterlegenen Belagerten die bedingungslose Kapitulation abgelehnt hatten, begann ein Artilleriebombardement auf die Hauptstadt des Kaiserreichs durch kaiserliche, vorwiegend kroatische Truppen. Es soll schlimmer gewesen sein als das Bombardement Napoleons, an das sich Wiener Einwohner noch erinnern konnten. Mit mehr als zweitausend Toten und Verletzten aus den bürgerkriegsähnlichen Kämpfen, vorangegangenen Aufständen und den folgenden Todesurteilen der Schnellgerichte gegen die Aufrührer und diejenigen, die man dafür hielt, versank die bürgerliche Revolution in einem Blutbad, gegen das die ähnlichen Vorkommnisse in Berlin, München und anderswo fast unbedeutend wirken mußten.

Von den Männern des Vormärz, den Freunden Ottilie von Goethes, war niemand mehr dabei gewesen. Ihr liberaler Idealismus zerbrach an den Bajonetten habsburgischer Überlebensstrategie und ward zuvor schon zerschlissen im Gerangel um Regierungsbildungen. Keine Zeit für Lyrik und literarische Gesellschaften am Teetisch oder gar für freisinnige politische Gespräche! Mißtrauen machte sich breit.

Ottilie war noch 1848 fest »entschlossen, nicht wegen politischer Meinungsverschiedenheit allen Umgang mit irgend jemand abzubrechen, wenn man sich natürlich zu denen mehr gesellt, mit denen man überein denkt; da aber auf alle Punkte beinah niemand mit den andern einverstanden, so würde man zuletzt ganz einsam stehen.« Doch schon im nächsten Jahr mußte sie bekennen: »Mein Kreis wird immer kleiner und kleiner, Endlicher fehlt nun auch.« Das bislang so harmonische Verhältnis zu Friedrich zu Schwarzenberg litt vorübergehend erheblich, denn er, Vetter des neuen Ministerpräsidenten Felix zu Schwarzenberg, kämpfte zeitweise unter dem Befehl Radetzkys in Tirol und Mailand oder unter dem seiner Brüder in Ungarn und ebenfalls in Mailand gegen die Aufständischen. Er vertrat ständischen Konservativismus, die alten Landtage und den Erhalt der monarchischen aristokratischen Struktur des Kaiserreichs und kritisierte scharf seinen Vetter, der einen großösterreichischen Einheitsstaat anstrebte, gestützt von Armee und Kirche und gleichzeitig auf der Basis einer Konstitution, die einen österreichischen Reichstag vorsah. Der »Lanzknecht« hielt solchen liberal erscheinenden Absolutismus schlicht für Zynismus, aber als der Vetter 1852 starb, und Friedrich als hochdekorierter Staatspensionär die Güter der Familie verwaltete, gab es schon keine Konstitution mehr, keine Grundrechte bis auf die Gleichheit vor dem Gesetz. Der Abschluß eines Konkordats kündigte sich an, und – Wien befand sich immer noch im Belagerungszustand.

Die Revolution war tot. Das aufkeimende Pflänzchen des bürgerlichen Liberalismus hatte die Erschütterungen nicht überstanden.

Österreich wie Preußen standen, durch militärische Macht gefestigt und zentralistisch regiert und verwaltet, so autoritär da wie ehedem. Der preußische Vertreter beim wiedererstandenen Bundestag in Frankfurt, royalistischer, erzkonservativer Nationalist, hieß Otto von Bismarck. Die Bundesstaaten flaggten wieder jeder für sich, nachdem Friedrich Wilhelm IV. die angebotene Kaiserkrone abgelehnt und die Nationalversammlung sich aufgelöst hatte – Schwarzgelb mit Doppeladler und Schwarzweiß mit preußischem Adler für die rivalisierenden deutschen Großmächte.

Noch ein Phänomen der Zeit schien unverändert: das grenzenlose Elend des Proletariats. Die Armen waren noch genauso arm – und die Reichen genauso reich.

Von diesem Aspekt zeigte sich besonders Walther von Goethe betroffen und startete seinen ersten und letzten literarischen Versuch, weniger um der Literatur als um der Verbreitung seiner patriarchalisch-sozialen Gesinnung wegen, mit der er das Ohr der Reichen, besonders aber der »Vornehmen«, der Angehörigen seiner eigenen Gesellschaftsklasse, zu erreichen hoffte.

Schon unmittelbar vor Ausbruch der Revolution hatte er Ottilie gegenüber zu verstehen gegeben, daß er angesammelte Kostbarkeiten für »Kunstkinkerlitzchen« halte, die ihm ein Greuel seien. Am Ende der Revolution will er keine Weihnachtsgeschenke mehr sehen: »Daß ich selbst für mich nichts besitze, wäre mir ganz gleich, aber oft Not und Elend zu sehen, und wenn man es oft auch nicht sieht, doch zu wissen, daß beides da, ohne helfen zu können, das ist eine bittere Last.« In drei Erzählungen unter dem Sammeltitel *Fährmann, hol' über* prangerte er 1848 das soziale Mißverhältnis zwischen Arm und Reich an und bedauerte, daß es dem Volk nicht gelungen sei, sich »die Liebe der höheren Kreise, die Sympathie und Teilnahme der Vornehmen« zu erringen, und keine Brücke geschlagen worden sei »zwischen Hohen und Niedern«. Die »Kluft zwischen Adel und Volk« sei nicht ausgefüllt worden, im Gegenteil verstünde man unter »Volk« nur noch zügellose Massen, Haufen roher Plünderer. Viele Rechte seien bereits errungen, das Recht auf die Liebe der Höhergestellten sei nicht erkämpft worden, und deshalb rufe er auch weiter »Fährmann, hol' über!« In romantischer Verkennung politischer Zusammenhänge hatte er seine Geschichten kurz vor Ausbruch der Februarrevolution in Paris 1848 geschrieben und ließ sie im Mai des Jahres in Berlin, den »Vornehmen« gewidmet, erscheinen. Zwei Jahre später waren von den gedruckten 1 000 Stück erst 175 verkauft, der Rest wurde zu Makulatur, und Walther von Goethe konnte froh sein, daß niemand mehr Zeit und Lust empfand, sentimentale soziale Trivialliteratur zu lesen, und die Leserzielgruppe gar nicht erst erreicht worden war. In den Fängen der Literaturkritik wäre Walther zerrissen worden, wovor weder Name noch edle Absicht ihn geschützt hätten. Respektabel blieben sein Engagement, sein soziales Verantwortungsgefühl, seine Sensibilität. Was er von den »Vornehmen« erwartete, tätige Barmherzigkeit, stellte längst keine Lösung der sozialen Probleme seiner Zeit mehr dar, war aber charakterisierend für ihn selbst, der unauffällig aus eigener Schatulle armen Familien in Weimar half oder später als Kammerherr den Großherzog auf diese oder jene Not aufmerksam machte. So handelte seine Mutter, und so hatte sein Großvater gehandelt, wenn er auf seinen Spaziergängen diesem oder jenem eine Münze in die Hand gegeben oder regelmäßig ihm persönlich bekannte Familien unterstützt hatte. Dahinter steckte kein sozialpolitisches Problembewußtsein, auch keinesfalls der Wunsch oder Wille zur Veränderung sozialer Strukturen, es war und blieb die unpolitische noble Geste eines einzelnen aus humanem Mitleid.

Ottilie von Goethe verfolgte mit weitaus mehr Intensität und Reflexion das sich fast vor ihrer Haustür abspielende politische Zeitgeschehen. Ihr Quartier in der Renngasse im *Römischen Kaiser* lag unweit der Herrengasse und dem Landhaus, dem Versammlungshaus der Stände, wo die Revolution begonnen hatte. Natürlich traf ihr Ausbruch sie nicht unvorbereitet, denn durch Seligmann und die Freunde wurde sie stets gut informiert und wußte, daß die Erfolge der ersten Tage, einschließlich der Abdankung Metternichs in jahrelangem täglichem Bemühen von liberalen Patrioten vorbereitet worden waren. Eine Revolution, so Ottilie in Briefen an Sibylle Mertens und Adele Schopenhauer, hätte man immer noch verhindern können, wenn Pressefreiheit und Abdankung Metternichs auch nur einen Tag vorher und gleichzeitig erfolgt wären. Obwohl von Anfang an Studenten zu Wortführern geworden seien, habe es sich doch zunächst noch um ein »Gemisch von Revolution und Loyalität« gehandelt. Man habe dem Kaiser

Revolution in Wien. »Barrikade am erzbischöflichen Palast am 26. Mai«. Holzstich, 1848.

immerhin noch am dritten Tag Spalier gebildet und dieser habe dann auch die Konstitution verkündet, »und das geschah glücklicherweise, obgleich spät genug, um daß wir uns überzeugen konnten, daß dieselben Menschen, die Vivat gerufen, entschlossen waren, die Burg in der Nacht zu stürmen, und es nicht an Vorbereitungen dazu fehlte. Als Dienstag die Sache auf den Punkt kam, daß jeder honette freisinnige Mann in sich die Verpflichtung fühlen mußte, daß er sich von der einen Seite bewaffnen müßte, um der freisinnigen gesetzlichen Forderung nach Konstitution Gewicht zu leihen, von der anderen Seite den Ausbruch des Gesindels zu verhüten, wurde die Bildung einer Nationalgarde ausgesprochen, und Walther entschloß sich gleich beizutreten. Vergebens lief er noch am Abend nach einem Gewehr umher, und ich wandte mich an alle Freunde, es war keins zu schaffen. Mittwoch früh konnte er erst bewaffnet werden. Es ist keine Frage, daß, hätte der Kaiser nicht nachgegeben, Mittwochabend ein gleiches Blutbad wie in Berlin würde stattgefunden haben.« Daraus erklärte sich auch »die größte Indignation gegen den König von Preußen«, die Ottilie von Goethe in ihrer Umgebung feststellen mußte und der sie sich anschloß.

Friedrich Wilhelm IV. war bereits als später zu wählendes kaiserliches Staatsoberhaupt im Kreis ihrer Freunde im Gespräch, jedoch, »Wenn 14stündiges Schießen sein kaiserliches Probestück war, scheint es mir, kann er nicht so sehr auf Vertrauen rechnen.« Als die Radikalisierung zunahm und Provokateure versuchten, die Arbeiterschaft in ihr radikales Lager zu ziehen, ersuchte Ottilie, vermutlich von den Freunden dazu angeregt oder gebeten, ihre Freundin Sibylle gewissermaßen um Amtshilfe, damit man einen Dr. Schütte aus Westfalen fände, der hier in Wien »Volk, Arbeiter und solche Leute« durch Reden aufwiegele und zu Schritten zu verleiten suche, die traurigste Folgen haben würden. Im Juridisch-Politischen-Lese-Verein habe man ihm schon jeglichen Zutritt verboten, »und dieser Verein arbeitet seit Jahren an der Befreiung Österreichs, aber nicht für die Anarchie«. Wenn man ihm Unrecht tue, so möge Sibylle ihn rechtfertigen, »denn wir wollen nur Wahrheit natürlich«. Sollte sich aber herausstellen, daß Dr. Schütte als Provokateur nur Werkzeug sei, »so helfen Sie, ihn unschädlich zu machen«. Sibylles umgehende Erkundungen bei einflußreichen Bekannten in Münster führten zu keinen anderen Auskünften, als man sie aus Zeitungen inzwischen erfahren hatte, nämlich, daß besagter Schütte ausgewiesen und wieder rehabilitiert worden sei. In den Wochen des Chaos wechselte so mancher deutschsprachige Demagoge über die Grenzen, um dem Proletariat von Wien das noch fehlende Klassenbewußtsein im Schnellkurs zu verpassen. Sibylle sorgte nicht zu Unrecht: »Übrigens will ich hoffen, daß in Österreich das freie Element mit Macht die verschiedenen Klassen durchdringen und dadurch assimilieren möge, sonst kann es dorten noch sehr bös ablaufen«. Sie sah auch die Probleme, die Österreich und einem künftigen Gesamtstaat erwachsen könnten, wenn seine ausscherenden nichtdeutschen Völker mit in eine österreichisch-preußische Ehe gelangten. Sie blieben, nach Sibylle Mertens Meinung, am besten außerhalb des neuen Verbundes, dessen Oberhaupt weder ein österreichischer noch ein preußischer Fürst sein sollte. Sie wünschte sich dazu, daß man den »würdigsten deutschen Mann wählte! Und der fände sich«. Besondere Schwierigkeiten erwartete sie auch vom Zusammentreffen zweier christlicher Konfessionen, der katholischen und der evangelischen, welch letztere in Preußen »mehr feine Hofreligion« geworden sei, während in der »puritanisch-lutherischen« Konfession ein gewaltiges Element der Freiheit enthalten sei, die geistige Unabhängigkeit. Diskutabel fand sie es, ob der neue Bundestag es den Regierungen der Länder freistellen solle, ein direktes oder indirektes allgemeines Wahlrecht einzuführen. Sie hielt Deutschland »für direkte Wahlen noch nicht reif« und fragte sich außerdem, warum nicht auch Frauen wählen könnten. Übrigens sei das eine Frage, die Herren in Diskussionen ihr auch stellten. »Jedenfalls mag manche Frau mehr Judicium haben, als viele einundzwanzigjährige Herren der Schöpfung!«

Interessanterweise lehnte sie jedoch das passive Wahlrecht für Frauen ab mit der ironisch formulierten Behauptung, daß Frauen hierfür noch am wenigsten vorbereitet seien. Man kann annehmen, daß Ottilie von Goethe hierin mit ihr übereinstimmte. Leider sind direkte Äußerungen zur Frage des Frauenwahlrechts von ihr nicht überliefert. Gerade Persönlichkeit und Bildung der Sibylle Mertens-Schaaffhausen waren geeignet, einen Frauentyp der Zeit zu demonstrieren, der durchaus fähig gewesen wäre, Mitglied eines deutschen Nationalparlaments zu sein. Es gab in ganz Deutschland hinreichend Frauen ihres Niveaus, denen nur eins fehlte, genügend Selbstbewußtsein. Ihre Erziehung und die äußeren Umstände ihres Lebens ließen die Vorstellung gar nicht erst aufkommen, man könne als Frau schließlich auch selbst gewählt werden.

Während Sibylle über die abstrakten Modalitäten einer Wahl spekulierte, beschäftigten Ottilie mehr die praktischen Auswirkungen revolutionärer Vorgänge in Wien. Es erbitterte sie, daß die Regierung mit der Realisierung weiterer Versprechen nicht recht vom Fleck kam und derweil kostbare Zeit verlorenging für die gemäßigten Kräfte. Ihr ausgeprägtes Rechtsempfinden revoltierte, wenn sie zusehen mußte, wie die Revolution in Illegalität abzurutschen drohte und eine latent unbefriedigende Situation den Bodensatz für die radikale Beeinflussung der Massen darstellte. Im größten Vergnügungspalast der Stadt, dem *Odeon*, der für fünftausend Menschen Platz bot, saßen Tag und Nacht Arbeiter und Arbeitslose aus den Vorstädten, hielten das Gebäude besetzt und hörten sich die Reden radikaler Einpeitscher, vielleicht auch die des Dr. Schütte, an, eine dumpfe Masse, jederzeit zu irrationalen Handlungen bereit.

Symptomatisch erscheinen ihr die seit Wochen anhaltenden sogenannten Katzenmusiken der Studenten. Ein schnell aufgeputztes aktuelles Durchschnittsstück im Theater an der Wien, das von Studenten ebenso wie die Aula der Universität besetzt gehalten wurde, hatte hierzu den Anstoß gegeben. An jedem Abend spielten die Studenten zu ihrer Gaudi mit und veranstalteten auf der Bühne vor der Fensterkulisse mißliebiger Reaktionäre einen Höllenlärm mit Heulen, Jaulen und Kreischen. Dieser Effekt verlängerte die Vorstellungen ständig bis nach Mitternacht und wurde schließlich auf die offene Straße verlegt. Das erste Opfer war der alte Erzbischof Vinzenz Milde, der eigentlich ein fortschrittlich christlicher Sozialpolitiker war. Dann vertrieb die Meute aus Studenten und Proletariern der Vorstädte Ordenspatres aus ihren Stadtklöstern und brachte auch noch den Justizminister um Schlaf und Nerven. Ihm wurden zusätzlich die Fensterscheiben eingeschlagen und Türen eingetreten. Er stellte am nächsten Tag sein Amt zur Verfügung und eine Regierungskrise war die Folge, deren es absolut nicht auch noch bedurft hätte, um das Chaos in der Hauptstadt auszubreiten.

Ottilie von Goethe urteilt auf ihre Weise, jedoch streng auf dem Boden der Legalität: »Diese Katzenmusiken, die nicht einmal Mut erfordern, weil gar keine Gefahr dabei ist, da die Tobenden nicht einmal arretiert werden, bringen eine große Mißstimmung und eine Spaltung unter der Bevölkerung hervor. Es ist kindisch, es ist roh, und überdem unkonstitutionell, denn einen Minister klagt man an, überfällt ihn aber nicht auf diese Weise. Die Studenten, die früher die Helden des Tages, sind jetzt bei den meisten in Mißkredit, so daß sie sich heute gegen die Zurechnung einer Menge kleiner ähnlicher Vorfälle durch Maueranschlag verwahrt haben. Man sagt, es wären unbedeutende Dinge, die man nicht so hoch anschlagen müsse, es wäre gut, weil dadurch die Regsamkeit erhalten würde und das Ministerium nicht einschliefe, es ist aber gerade das Gegenteil. Man tadelt, daß man nicht die Garnison Wiens nach Italien sende, nicht die Burg, sowohl wie die Stadt allein dem Schutz der Nationalgarde übergebe. Wie kann man aber das, dazu müßte doch erst längere Zeit die Ruhe durch nichts gestört sein, und den Leuten, unter denen viele beabsichtigten, der Kaiserinmutter eine Katzenmusik zu bringen, kann man am Ende doch nicht die Burg gerade übergeben. Ich glaube, es war vollkommen recht, Ligurinner, Jesuiten, Büßerinnen aufzuheben und ein Teil der Geschichten, die sich hinter ihren Mauern sollen zugetragen haben und von denen man behauptet, die Beweise gefunden zu haben, mögen auch wahr sein, aber es hätte gleich durch Regierungsbeschluß müssen geschehen, nicht auf diese ungesetzliche und frevelhafte Weise, wie mir ganz wahrheitsliebende Personen versichern, die Vertreibung geschehen ist, und wenn der Erzbischof seine Pflicht gekannt hätte, so wäre es an ihm gewesen, gleich tags darauf anzufragen beim Gouvernement, wo denn die Vertriebenen hinsollten, und namentlich für ihre Erhaltung zu sorgen, bis über ihre Besitztümer bei dem Landtag entschieden wäre: denn zuletzt sind sie so übel dran, wie die armen sogenannten Kappel-Buben (die Leute ohne Arbeit, die eine Mütze statt eines Hutes tragen). Es ist traurig, daß bei der Unkenntnis des Volkes im allgemeinen und bei der politischen Unkenntnis der Gebildeten, jetzt noch ein jeder die Meinung der Menge wie auf einer Wippschaukel in die Höhe schnellen kann, indem die eben vorher gefaßte eben so tief sinkt.«

Auch die nationalen Krisen und Kriege, die Österreich gleichzeitig schüttelten, nehmen in Ottilie von Goethes Briefen lange Passagen ein. Das von den Tschechen in Böhmen einberufene slawische Parlament bringe die dort lebenden Deutschen in größte Verlegenheit, so meinte sie, zumal man annehmen müsse, »daß die russische Knute zuletzt durch ihre Majorität siegen könnte ...« Für Italien, so berichtete sie Sibylle Mertens, sei man in Wien der Meinung, vor allem wohl unter ihren Freunden, daß Österreich die Lombardei mit Mailand freigeben müßte, vielleicht auch Venedig. Den Ungarn unter Kossuth wirft sie ihren Nationalegoismus vor, der ethnische Minderheiten wie Slawen und Kroaten unterdrücke.

Inzwischen waren zur Nationalgarde alle Männer zwischen neunzehn und fünfzig Jahren eingezogen worden. Sie bewachten nachts im wesentlichen öffentliche Gebäude, vor allem die Banken, und sicherten Geschäfte vor Plünderungen. Tagsüber probten sie den Umgang mit der Waffe. Sie verteidigten »law and order«, die bürgerliche Ordnung und die Funktionsfähigkeit der Großstadt. Damit löste sich zunehmend die Solidarität mit Arbeiterschaft und Studenten. Man bewegte sich auf eine Konfrontation zu. Aus Liberalen wurden ungewollt Konservative. An Adele Schopenhauer, die in Florenz festsaß, sich kunsthistorischen Studien widmete und auf eine Gelegenheit zur Rückkehr nach Deutschland wartete, schrieb sie, man halte selbst sie jetzt schon für »eine alte eingefleischte Aristokratin«. Sie sei von Anfang an nicht damit einverstanden gewesen, »daß Jünglinge, Studenten die Revolution machten, wo es hätte von den Männern ausgehen müssen, denn es war gleich vorauszusehen, daß diese nicht wissen würden, wo aufhören«. Sie meint, es falle den Studenten schwer, statt Helden wieder fleißige Schüler zu sein. Ottilie von Goethe denkt konstitutionell und vertraut darauf, daß nun der legale Weg in einen demokratischen Staat und einen Verbund der beiden Großmächte Österreich und Preußen beschritten würde, fühlt jedoch, daß es da politische Widerstände zu geben scheint und der Idealismus ihrer Freunde immer verzagter wird.

Es belastete sie auch, zusehen zu müssen, wie Walther durch seinen Dienst in der Nationalgarde völlig überanstrengt wurde, und so seiner Arbeit als Komponist und Musiker unendlich viel Zeit verlorenging. Ein wenig hatte sie gehofft, daß der Zwang in die Öffentlichkeit ihren ältesten Sohn aufschließen und er seine Isolierung aufgeben werde. Allzu großen Illusionen hatte sie sich dennoch nicht hingegeben, »ich wußte, daß es beinahe gar keine innere Wirkung haben würde, und so ist im allgemeinen wieder wahr, was ich bei meinen Söhnen immer wußte, es ist gleichgültig, ob man sie in Feuer oder Wasser steckt, man zieht sie doch als dieselben wieder heraus.« Der Stolz auf Walthers respektablen Entschluß, der Nationalgarde beizutreten, verflüchtigte sich, wenn er zwar »der allerpünktlichste Korporal« genannt zu werden verdiente, aber nicht einmal dazu kam, einen Marsch für die Nationalgarde zu beenden. Es lag ohnehin eine gewisse Tragik darin, daß er »seine originellsten Schöpfungen«, die slawischen Lieder, gegenwärtig als Deutscher nicht gut herausgeben konnte. Eigentlich sollte er bald um Urlaub ersuchen, um sich in Weimar dringenden Angelegenheiten zu widmen, vermutlich den Verhandlungen um den Verkauf der Sammlungen und des Hauses.

Sein Bruder Wolfgang verstand sowieso nicht, was Walther dazu getrieben haben konnte, der Nationalgarde beizutreten. Aus Freiwaldau, im Juli 1848, als Ottilie zu Besuch weilte, schrieb er ihm: »Seit den vierzehn Tagen, daß wir hier sind, haben wir aus Wien nicht eine Silbe erhalten, und die Mutter ist darüber in einer solchen Verzweiflung, daß ich fürchte, sie wird ernstlich krank. Sie sieht Dich immer in Szenen wie den letzten Pariser in Gedanken. Tritt doch aus! Für wen? Für welchen Gedanken setzt Du Dich denn ein? Wenn ich auch wünsche, daß Du hierher kämst, so äußere ich es doch nicht, damit Du nicht Rücksichtslosigkeit darin sähest, ich sehe gar nichts Wohltuendes in Deinem Wiener Aufenthalt ...«

Am 13. August traf Walther denn auch in Weimar ein, wo es ebenfalls Unruhen gegeben hatte und eine Bürgerwehr gebildet worden war. Einige Tage später erschien er bei deren Befehlshaber. In seinem Tagebuch vermerkte er dazu: »... demselben, die von mir und meiner Familie zur Bewaffnung der Weimarer Bürgerwehr bestimmten 30 Reichstaler übergeben und unser Haus zugleich dem Schutz derselben empfohlen ...«. Die Familie Goethe kaufte sich sozusagen frei von revolutionären Ausschreitungen. In diesem Sinne exerzierte ein Bataillon der Bürgerwehr zu des Großvaters Geburtstag in Sichtweite seines Enkels und zeigte sich kampfbereit, republikanische Erhebungen zu verhindern, was auch geschah. Die Liberalität der Goethes zeigte deutliche Grenzen, wenn ihr Eigentum in eine Zone gefährlicher politischer Erschütterungen zu geraten drohte.

Diese Grenze lag bei Ottilie eindeutig dort, wo politische Prozesse die konstitutionelle Legalität verließen. In einem Brief an den Freund ihres jüngeren Sohnes aus dem Juli 1849 faßte sie ihr politisches Credo zusammen: »Zuerst also bin ich gegen jedes Standrecht, und begreife nicht, wie die zweite Silbe des Wortes hineinkommt. Sie werden sich erinnern, wie ich nie zugegeben habe, daß man überhaupt ein Todesurteil aussprechen dürfe. Dann hasse ich die Anarchie, weil sie die größte Feindin der Freiheit ist; ich will aber von gar niemand tyrannisiert werden, weder von den Königen noch vom Volk. An Republik glaube ich nicht, denn in Deutschland ist niemand dazu befähigt. Ich will also monarchisch sein, wenn man mir vernünftige Freiheit gibt und meiner Entwicklung nichts in den Weg legt. Hauptsächlich aber verlange ich Ehrlichkeit des Gouvernements. Ich will weder schwarzweiß, noch schwarzgelb sein, sondern mich immer als Deutsche fühlen; und komme es wie es wolle, so wird, und wäre es nach einem Jahrhundert, doch noch ein einiges Deutschland sich bilden. Die Fürsten haben es noch einmal in ihre Hand bekommen, und gebrauchen sie ihre Macht wie ich sagte, so sind sie sicher und wir mit ihnen; mißbrauchen sie sie, so haben wir in vier bis fünf Jahren eine blutige Revolution«.

Ihre Mutter, Henriette von Pogwisch, dürfte zu keiner Zeit liberalen Träumen nachgehangen haben, war sie doch im absolutistischen preußischen Militärstaat aufgewachsen und hatte viele Jahrzehnte ihres Lebens an Fürstenhöfen gedient als Mitglied der privilegiertesten Gesellschaftsschicht ihrer Zeit, des Adels. Sie sah die Ereignisse, besonders die Berliner, aus der Perspektive einer inzwischen über 70jährigen preußischen Offizierstochter und -witwe und weimarischen Hofdame, die besorgt war, ihre Pension zu verlieren, wenn die Revolution siegen sollte. Auch ihre österreichischen Staatspapiere sah sie nicht unbegründet in Gefahr.

Henriette, die Tochter und Enkel immer auf dem laufenden hielt mit den neuesten Nachrichten aus Weimar, bedauerte, Ottilie am 16. Mai 1849 mitteilen zu müssen, daß Adele Schopenhauer in jämmerlichem Zustand am vergangenen Tage in Weimar angekommen sei. Ihr war es im Mai des Vorjahres noch gelungen, aus Florenz nach Bonn zu Sibylle Mertens zurückzukehren, auf den Tod erkrankt, von Schmerzen geschüttelt. Eine Geschwulst im

Unterleib hatte sich rasch und hoffnungslos, weil zur damaligen Zeit noch inoperabel, bösartig entwickelt. Von Sibylle fürsorglich gepflegt, glaubte sie sich aber doch leidlich reisefähig, begleitete die Freundin bis Frankfurt, wo sie ihren Bruder Arthur traf, suchte dann Freunde in Berlin und Jena auf und hatte nun – mehr tot als lebendig – Weimar erreicht, wo Henriette sich um eine passende Bedienung in ihrem Privatquartier mühte. Der Zustand, in dem Adele sich den alten Freunden in Weimar zeigte, erschütterte Ottilies Mutter tief. »Eine so schreckliche Veränderung, wie mit Adelens Äußerem vorgegangen, kannst Du Dir gar nicht denken. Ich habe recht an mich halten müssen, um nicht laut zu weinen, wie ich Lust hatte – sie sieht wie die komplette Auszehrung aus, ist von erschreckender Magerkeit, und die Augen stehen weit hervor. Sie hat von Berlin nichts als Kosten gehabt und war dort auch mehrere Wochen krank. Daß ihr Übel ein Polyp ist, weißt Du. Habe ich recht verstanden, so hat sie dort wieder Abgänge gehabt, und da das immer mit schrecklichen Schmerzen verbunden und wegen der Blutungen eine Hebamme notwendig ist, so kann man die Ermattung und Abzehrung wohl begreifen. Übrigens ist sie im Gespräch aber doch munter und angenehm.« Immerhin schöpfte Adele neuen Mut, sich einen künftigen Italienaufenthalt vielleicht mit Ottilie denken zu können. Diese winkte jedoch ab und vertröstete auf später, um erst eine Stabilisierung der Verhältnisse in Österreich und Italien abzuwarten, und sie fand es auch nicht angemessen, als möglicherweise verhaßte Deutsche zu diesem Zeitpunkt dort zu erscheinen.

Nicht nur, daß Rücksichten auf die noch ungewisse Zukunft ihrer Söhne sie zurückhielten, das Verhältnis zur Jugendfreundin hatte Sprünge bekommen wie altes, wenn auch kostbares Porzellan. Obwohl Ottilie den Zustand der Freundin hinreichend kannte, gewährte sie ihr dennoch nicht die Schonung, Wahrheiten unausgesprochen zu lassen, sondern schrieb im Juni 1849 an Adele in Weimar: »Du hast mich, seit wir beide aus Italien sind, oft gekränkt und mich gewöhnlich behandelt, als gehörten wir nicht mehr zusammen.« In diesem Sinne deutete sie eine zwei Jahre zurückliegende Szene bei der Abreise aus Rom: »Du stiegst in das hintere Cabriolett, und da unser Wagen dicht dahinter fuhr, konnte ich Dich noch lange Zeit beobachten; unverwandt hingen meine

Augen an Dir, immer erwartend, daß Du noch einmal heraussehen würdest, aber Du beachtetest es nicht. Es betrübte mich damals, und noch jetzt tut mir die Erinnerung weh. Als Du mir neulich schriebest, Du würdest unter keiner Bedingung nach Italien gehen, wenn nicht Sibylle mitginge, fuhr ich zusammen, als hättest Du mit einem Schwertstreich das Band durchhauen, was uns so lange verbunden – Du rechnetest mich also gar nicht mehr zu Deinem Leben gehörend. Ich zürnte Dir nicht, ich fand es auch natürlich, selbst wenn Deine Neigung zu mir noch die alte wäre. Du dachtest, ich wäre nicht mein eigener Herr, Mutter, Schwester und Söhne bedingten doch oft mein Kommen und Gehen. Und dann, was wußtest Du von meinen Plänen, wie ich mit Dir nach Florenz gehen wollte, damit Du dort Dein Werk fertig schriebest, wie ich vielleicht mich in Venedig ansiedelte, wenn ich fühlte, daß es hier gar nicht mehr ginge, etc. – Sehen wir uns noch einmal im Leben, wie mein innigster Wunsch ist und ein Hauptzweck dieser Zeilen, erzähle ich Dir dies alles.« Mit fast schon unverfrorener Wahrheitsliebe setzte sie noch am nächsten Tage die Analyse ihrer Beziehungen zu Adele und Sibylle fort, indem sie behauptete, durch Kühne und Seligmann habe sie schon bei ihrer ersten Ankunft in Italien ihr Selbstvertrauen verloren gehabt, und der Tod Almas habe auch noch den Rest von geistiger Elastizität in ihr unterdrückt. »Wenn Du uns, Sibylle mir, hättest helfen wollen, hättet ihr das Vertrauen, und dadurch vielleicht das Bewußtsein, daß doch noch einiges in mir erwachen könnte, stärken müssen. Ihr behandeltet mich aber nach dem, was ich in dem Moment leistete, und das konnte freilich wohl kein Interesse wecken.«

Diese scharfe Attacke muß als Flucht nach vorn, aus ihrem bedrückten Gewissen heraus verstanden werden. Es kränkt sie, der einst vertrautesten Freundin offenbar nicht mehr genug zu bedeuten, und so stellt sie ungeheuerliche Schutzbehauptungen auf zu ihrer seelischen Entlastung. Kann ein Mangel an freundschaftlichem Empfinden die Entfremdung herbeigeführt haben, so liegt dieser gewiß nicht bei ihr, sondern bei den anderen, denn sie war doch wenigstens guten Willens. »Sehen wir uns noch einmal im Leben ...« –, das war zu diesem Zeitpunkt eine taktlose Fehlformulierung, der Schreiberin sicher kaum bewußt, aber geschrieben mit der Wut der Hilflosigkeit, mit der sie einige Zeilen später zugeben muß, in diesem Jahr wohl aus finanziellen Gründen nicht mehr nach Italien reisen zu können. »Sollte Dir aber eine Summe wünschenswert sein in diesem Jahr, die nicht 500 Taler übersteigt, so steht sie Dir vollkommen zu Gebot, ohne daß es mir eine Unbequemlichkeit ist«, lenkt sie dann wieder in bewährter freundschaftlicher Hilfsbereitschaft ein.

Die todkranke Adele, von Sibylle zurück nach Bonn geholt und gepflegt, beendete diesen Disput mit beeindruckender Schlichtheit. Sie werde nie wieder nach Italien gehen ohne Schutz und Pflege durch Sibylle: »Auch verlasse ich sie, da sie keine Kinder mehr um sich hat, nicht mehr – ist denn das nicht ganz einfach?«

Ottilie erinnerte in ihrem Brief noch einmal daran, daß sie sich nach Almas Tod zu ihrem Trost damit beschäftigt habe, vermutlich aus dem dadurch ihr zugefallenen Kapital, eine Art Damenstift zu gründen, davon habe sie ihr bereits in Italien erzählt. In diesem Stift solle es eine sogenannte Erinnerungshalle geben, in der Gegenstände aus dem Vermächtnis der Stiftsdamen und von Freunden und Verwandten, besonders Porträts, aufbewahrt würden. Indirekt forderte sie Adele jetzt noch einmal auf, dafür etwas aus ihrem Besitz zu bestimmen. »Ob es mir möglich sein wird, je den Gedanken auszuführen, weiß ich nicht, denn natürlich müssen erst meine Söhne und die, die mir so nahestehen wie Ulrike, bedacht sein, aber ich gebe es nicht ganz auf, und wären es auch nur ein paar Stellen, denn ob ich z. B. Ulrike und Dir etwas vermache, oder das Kapital als Stiftsstellen für Euch bestimme, ist ja einerlei.« Ganz sicher hatte Ottilie Almas Vermögen überschätzt, als sie in ihrer Freigiebigkeit hochherzige Pläne schmiedete, um ihr etwas die Zeiten Überdauerndes zu widmen, und ganz sicher hätte sie die Hilfe ihrer Söhne nicht dazu gefunden. So blieb es für sie bei der »Wanderung ins Land der Kunst«, wie sie Adele erzählt, nicht um nach wissenschaftlichen Maßstäben zu sammeln, sondern zum Trost und zur geistigen Belebung in Dürreperioden ihres Daseins.

Von Sibylle über die Aussichtslosigkeit des Zustands der gemeinsamen Freundin verständigt, besuchte sie diese in der ersten Augustdekade 1849 und verließ sie unter Tränen, um in Heidelberg den Bruder zu informieren. »... ich weinte über mich«, beruhigte sie die Todkranke, »Dir nicht durch meine Pflege beweisen zu können, wie gern ich alles mit Dir teilen möchte, was Du zu tragen.« Dann berichtete sie in ihrem letzten Brief an Adele vom 16. August 1849 von den Vorbereitungen zum bevorstehenden 100. Geburtstag Goethes in Weimar, wohin sie auf dem Wege nach Freiwaldau einige Tage gefahren war, wohl um die Ausschmückung des Hauses am Frauenplan mit Walther zu besprechen. Sie erzählte unter anderem, daß man Walther aufgefordert habe, zur Festaufführung von Goethes *Tasso* die Zwischenaktmusiken zu schreiben, während Franz Liszt bereits die Ouvertüre komponierte. Man habe Walther jedoch nur eine Frist von vier Tagen gelassen. Damit sei seine Absage sicher gewesen. Ottilie vermutete durchaus eine Absicht hinter diesem nicht zu erfüllenden Angebot. Sie selbst habe man für den Tag eingeladen, aber natürlich werde sie nicht daran teilnehmen. Sie wünschte nicht Kanzler Müller zu begegnen, auch denen nicht, die ihren Söhnen keine Chance gaben, sich des Namens angemessen zu profilieren. So versteckte sich die ganze Familie Goethe im entlegenen schlesischen Kurort und leckte ihre Wunden.

Am 25. August 1849 starb Adele Schopenhauer in den Armen ihrer Freundin Sibylle und wurde drei Tage später an Goethes 100. Geburtstag in Bonn beigesetzt. Unter den Jugendfreundinnen aus dem alten Weimar war keine, die wie Adele Goethe so nahe gekommen wäre, daß sie seine umstrittene Farbenlehre gelesen und in ihrem Tagebuch mit erstaunlicher Klarsicht beurteilt hätte, keine auch, die sich derart intensiv bemüht hätte, ihn in seiner Alterseinsamkeit mit ihren Briefen zu trösten. Die Briefe Goethes an Adele Schopenhauer führten in ihrem Nachlaß eine Reihe namhafter Korrespondenzen an wie mit August Wilhelm Schlegel, Sulpiz Boisserée, Karl Immermann, Levin Schücking, Anette von Droste-Hülshoff. Im Gegensatz zu Ottilie von Goethe hatte Adele Schopenhauer, dem Vorbild der Mutter folgend, sich der literarischen Öffentlichkeit gestellt und sich schriftstellerisch betätigt, allerdings wohl weniger der literarischen Ehren als der finanziellen Sorgen wegen. Aus dem Nachlaß ihrer Mutter hatte sie *Jugendleben und Wanderbilder* und mit besonderem Erfolg 1844 eigene *Haus-, Wald- und Feldmärchen* veröffentlicht, von denen Ferdinand Heinke Ottilie gegenüber versicherte, sie mehrfach gelesen zu haben. 1845 legte sie den Roman in zwei Bänden *Anna* vor mit dem Untertitel *Ein Roman aus der nächsten Vergangenheit*, autobiographisch geprägt und Ottilie von Goethe gewidmet. Zwei Jahre später erschien ihr Roman *Eine dänische Geschichte*. Ihr dreibändiger Führer durch die historischen Besonderheiten, Kunst und Bauwerke von Florenz, war ein Torso geblieben.

Neun Tage nach Adeles Tod erhielt Ottilie die Nachricht, zwei weitere Tage brauchte sie, die eigene Erschütterung aufzufangen. Ihr schien es, als habe sie Kindheit und Jugend nun erst verloren. Lag es wirklich fast drei Jahrzehnte zurück, daß sie mit Adele unbeschwert zwei oder drei Bälle in einer Woche besucht und Adele in ihr Tagebuch geschrieben hatte: »Ottilie schwärmt mit mir von Ball zu Ball«? Aus Freiwaldau schrieb Ottilie der Freundin Sibylle in Bonn – beide duzten sich seit Ottilies letztem Besuch am Krankenbett Adeles –: »Mir ist, als könne ich an meine Jugend und Kindheit nicht mehr denken, als hätte ich sie mit Adelens Tod verloren, mir ist, als käme ich in ein altes Haus zurück, wo ich früher heimisch war, der Flügel aber, wo ich meine Zimmer hatte, wo ich Glück und Unglück erfahre, wäre abgebrochen. Warum wähnte ich ihren Tod nicht so nah, zwölf Tage nur, und ich hätte bis zum letzten Hauch ihr nahe sein können und mit euch tragen und sterben. Ja, sterben, ich weiß, wie man mitstirbt. Ich komme mir wie ein Feiger vor, wie ein kalter Egoist. Du Sibylle, hast den Trost und den Ruhm, daß Du ein Leben, was äußerst einsam dastand, so umgeben hast, so getragen durch Deine Liebe, daß sie das bitterste Gefühl, das der Einsamkeit, nicht hatte.«

Ottilie bemühte sich rührend, Sibylles Schmerz damit zu beruhigen, daß sie ihr versicherte, ihr werde ewig bleiben, was von Adeles Geist und ihren Ansichten in sie eingedrungen sei. Es sei doch ein schöner Gedanke, zu wissen, daß es auf diese Weise ein ewiges Festhalten von dem, was man liebend besessen habe, gebe. Sie anerkennt die Freundschaftsvorrechte Sibylles, nicht ohne dieser selbst ihre Hand zu bieten: »Ich bin doch eine Art Vermächtnis Adelens für Dich, denn durch sie haben wir uns kennengelernt. So laß uns fest aneinanderhalten. Kann ich Dir auch nicht viel geben, nun so kann ich doch viel von Dir empfangen, und das wird Dir auch etwas sein.« In der Tat rückten beide Frauen enger zusammen.

Walther von Goethe versuchte, in der *Allgemeinen Zeitung* mit einem Nachruf am 27. September 1849, einem »Erinnerungsblatt«, wie Ottilie es nannte, der Verstorbenen gerecht zu werden. Ottilie machte Sibylle deutlich, daß sie ihrem Sohn nicht darein geredet habe. Nur als Walther gefürchtet, es könne Sibylle nicht recht sein, namentlich als die genannt zu werden, in deren Armen Adele starb, habe sie darauf bestanden und das auf sich genommen. »Dein Name ist von Adelens Namen nicht zu trennen, und ich denke mir, Du möchtest es auch nicht.« Ottilie selbst muß gestehen, daß sie sich wie Schlemihl vorkomme, als er seinen Schatten verloren hatte, denn auch sie habe das Gefühl, als hätte sie keine Vergangenheit mehr und käme sich seitdem geradezu »unvollständig« vor.

Aber sie sollte sich noch bei weitem elender fühlen, als sie am 15. Juni 1851 von der für sie schmerzlichsten Erschütterung getroffen wurde, dem Tod ihrer Mutter.

Henriette von Pogwisch war der einzige verläßliche Fixpunkt in Ottilies Leben gewesen, ein Mensch, der sie uneingeschränkt geliebt hatte, beileibe nicht kritiklos. Sie aber war bei allem sarkastischen Witz und aller Burschikosität und Ehrlichkeit – spürbar in jeder Zeile eines Briefes – immer die verstehende, liebende Freundin und Mutter gewesen. Schon beim Tode der intimen Jugendfreundin Adele hatte Ottilie bestätigt, daß diese sie genau gekannt habe und gewußt, »wie viele der Fehler, die jetzt in meinem Charakter sind, sich auf Grund meines Unglücks entwickelt haben ...« Wieviel mehr konnte sie das von ihrer Mutter behaupten! An deren drittem Todestag trug sie in ihr Tagebuch ein: »Meine Mutter! Warum bist Du mir genommen, die Du nicht nur Erbarmen, nein, Vergebung für mich in Deinem Herzen trugst – und die ich wissend und unwissend oft kränkte, und die nur das eine Unrecht hatte, zuweilen an meiner Liebe zu zweifeln, die sich doch gleichgeblieben war in allen Stürmen meines Lebens.«

In wieviel finanziellen Nöten war nicht Henriette von Pogwisch mit barem Geld und Wechseln auf Aktien ihrer Tochter zur Seite gesprungen, oft ungebeten wie 1847, als Ottilie um 2 000 Gulden verlegen zu sein schien, und der Mutter zu Ohren gekommen war, sie wolle zu teuren Konditionen leihen. »Die zweitausend Gulden werde *ich* Dir leihen ...«, stand in der Mutter Brief zu lesen. Bedingung: Vier Prozent Zinsen und an den Zweck gebunden, den Ottilie genannt hatte, den wir heute leider nicht mehr rekonstruieren können; möglich, daß er mit ihrem Quartier im *Römischen Kaiser* zu tun hatte. Bei allen ähnlichen Geldgeschäften nahm Henriette Zinsen und erhielt damit der Tochter die moralische Unabhängigkeit, ließ sie das Gesicht wahren. Scherzhaft fügte sie der Überweisung hinzu: »Wenn Du mir nur 4 pct gibst, so mußt Du mir noch ein Präsent machen, denn meine schöne Wiener Aktie trägt mehr. Vor Juli [man schrieb November] hast du mir keine Zinsen zu bezahlen. Also beruhige Dich nur und schicke mir einen Schuldschein – hast Du Deinen Sinn geändert, so schicke das Ganze zurück.«

Das ungewöhnlich herzliche und vertrauensvolle Mutter-Tochter-Verhältnis spiegelt sich allein schon in den zahlreichen Varianten der Anrede, die Henriette in ihren Briefen zu Beginn oder am Schluß für Ottilie fand: »Liebe, gute Ottilie! – Geliebte Ottilie! – Liebe Ottilie! – Deine alte Mama – Adieu, meine gute Ottilie! – Von Herzen die Deine – Adieu, liebe Tille – Grüße Adele, pflege Dich und liebe mich, Henriette –.« Da bedankte sich die Mutter für Geburtstagsgeschenke, 1847: »Wo soll ich beginnen, wo endigen, geliebte Ottilie, um Dir für die schönen und hübschen Sachen zu danken, die Deine Güte mir gegeben hat. Ich kann Dir nur sagen, daß es mich tief rührt und jedes einzelne mir unendlich Freude macht. Die Echarpe zu behalten, ist eigentlich eine Torheit, denn ich werde so wenig gebeten, daß ich wenig Gelegenheit habe, sie zu benützen. Allein da ich weiß, daß Du sie schon in Rom für mich bestimmt und sie in der Absicht weben lassen, kann mein liebebedürftiges Herz sich nicht von ihr trennen. Deine Söhne würden mich recht auslachen, wenn sie dieses hörten und es sentimental nennen, allein diese Bedürftigkeit hat das Leid meines Lebens ausgemacht, warum soll es mir nicht mal Freude gewähren?? Der wunderliebliche Äpfelkorb wird erst im Sommer seine eigentliche Geltung erhalten, jetzt steht er im Kabinett, wo er mir im Sommer sehr nützlich sein wird. Ich wiederhole recht von Herzen tausend, tausend Dank!«

Auch Walther und Wolfgang von Goethe verloren in der »Amama« eine Persönlichkeit, der sie viel zu danken hatten, namentlich Walther, zu dessen musikalischer Bildung Henriette den Grundstein gelegt hatte und der ihrem Herzen vermutlich ein wenig näher stand. Wenn Ottilie ihrer Verzweiflung oder auch ihrem Zorn über Walthers Verhalten einmal freien Lauf gelassen hatte, wußte die Großmutter Henriette sofort, ihn zu verteidigen: »Der Grundzug von Walthers Charakter ist edel, wenn er auch zuweilen ihm schlechte Hüllen umtut, daß man ihn kaum erkennt. Man muß ihn nie verlassen, wenn man auch Lust hätte, ihn zu prügeln.«, schrieb sie der Tochter noch 1847.

Walther dankte es, indem er in einem mehrseitigen Nachruf, einem Privatdruck, liebevoll der Vita seiner Großmutter nachging.

Ulrike von Pogwisch mußte die Wohnung der Mutter aufgeben. Sie gehörte nunmehr zum Troß von Schwester und Neffen. Mehrfach machte sich Ottilie in ihren Tagebüchern ein Gewissen daraus, so in das Leben der Schwester eingegriffen zu haben, aber selbstverständlich war die große Wohnung an der Esplanade in Weimar nicht mehr zu finanzieren. Ulrike begleitete fortan die Familie oder hütete in der Mansarde ein, bis sie acht Jahre später den ihr reservierten Platz im Damenstift des St. Johannisklosters beanspruchte, wo sie ein eigenes Häuschen erwarb und später Priörin wurde. Der Tod der Mutter schloß beide Schwestern wieder so eng zusammen wie einst als Kinder.

Nach dem Tode Henriettes und Ulrikes Auszug aus der Wohnung in Weimar hatte Wolfgang in Wien eine gemeinsame Wohnung für alle gesucht und gefunden, von der Ottilie an Sibylle in Bonn berichtete: »... wir suchen alle 4 uns in der wunderlichen Wohnung, die an Annehmlichkeiten und Unannehmlichkeiten gleich reich ist, einzurichten. Sie ist durchaus auf die größte Harmonie des Familienlebens berechnet, denn einer muß immer durch die Stube des andern, ja jeder hat nur einen Raum, also eine Art Futteral über sich. Mein Salon aber, obgleich er auch zugleich mein Schlafzimmer sein muß, würde Dir gefallen mit seinen bunten Girlanden und Kränzen, seinen vier tiefen Fenstern und seiner gewölbten gotischen Decke. Trotz dieser gotischen Sitzbögen behauptete ich zum Schrecken aller Kunstverständigen dennoch, daß der Eindruck der eines antiken Tempels ist. Ringsum habe ich alles mit Büsten geschmückt gefunden, denn Wolf hatte wirklich den ganzen Umzug besorgt und meinen Salon so gut eingerichtet, daß ich nichts zu ändern brauchte. Dieser Salon ist aber das Prachtstück der Wohnung, und Du kannst Dir denken, wie peinlich mir ist, Ulriken nicht eben so gut logieren zu können. Sie scheint aber zufrieden zu sein, ihre beiden Neffen zu beiden Seiten zu haben.«

Zum Glück war jedoch immer einer der beiden Söhne verreist, manchmal befanden sich auch beide für längere Zeit nicht in Wien, so daß Ulrike dann mehr Raum zur Verfügung stand und sie doch Erleichterung verspüren mochte. Ganz ohne Zweifel mußte sie es als tiefen Einschnitt in ihrem Leben empfinden, nunmehr im dreiundfünfzigsten Lebensjahr so weitgehend abhängig von der älteren Schwester zu sein.

Anna Jameson hatte aus der Distanz von Kontinent und englischer Insel, 1849, anläßlich der Hundertjahrfeier von Goethes Geburtstag, nicht ganz zu Unrecht festgestellt: »How little has your all-glorious name done for your happiness, or the happiness of those whom you love.«

Dennoch steckte in dieser lapidaren Bemerkung eine gewisse Verkennung der Situation Ottilies.

Noch immer umschloß der Name wie ein schützender Schleier die Existenz der Schwiegertochter Goethes. Nur der »Baronin von Goethe«, uradeliger Herkunft, verzieh man ungereimte Exaltiertheiten und nicht gesellschaftskonforme Ansichten über die Ehe, und nur mit Rang und Namen konnte sie sich ihre Widersacherinnen auf Distanz halten. So genoß sie doch das Glück, daß Name und Adel ihre Freiheit garantierten wie eine Art unsichtbarer zusätzlicher, international gültiger Paß.

Im novemberlichen Berlin des Jahres 1851 war es ihr sehr gut gegangen, wie sie Sibylle Mertens wissen ließ. Mehr und mehr erwachte in ihr der Wunsch, vielleicht ganz dorthin zu ziehen, was sicher vernünftig gewesen wäre. Aber wann war Ottilie von Goethe jemals in ihrem Leben vernünftig? So schränkte sie sich auch gleich ein: »Zuerst aber möchte ich noch einen vollen Becher italienischer Luft und Leben trinken.«

Italienreisen 1845 bis 1859

Mehr als fünf Jahre ihres Lebens, verteilt auf vier Aufenthalte unterschiedlicher Länge zwischen ihrem 49. und 63. Lebensjahr, verbrachte Ottilie von Goethe in Italien.[14] Jahre, die trotz mancher Unbill einen Gewinn darstellten, einen Zuwachs an Lebensqualität – gewünscht, gesucht und auch gefunden. »Italienische Luft und Leben«, das bedeutete die wohltuende Ausstrahlung unkomplizierter südeuropäischer Lebensart, Geselligkeit in einem auch mit Wien nicht zu vergleichenden weltläufigen Rahmen, die Einwirkung geschichtsträchtiger Kulturlandschaft auf ein empfindsames Gemüt und nicht zuletzt den intensivsten Kunstgenuß.

Besonders dieser entwickelte sich in ihr zu einem lebensbegleitenden Bedürfnis, dessen Motivation tief mit ihrem Schicksal verwurzelt war, wodurch es ihren italienischen Kunststudien an intellektueller Systematik absolut fehlte, jedoch nicht an Intensität.

Schon unmittelbar vor ihrem Umzug aus Weimar nach Wien gestand sie der Freundin Sibylle Mertens-Schaaffhausen, als diese sie mit einer kleinen antiken Venus erfreute: »... ich kann Ihnen nicht genug sagen, wie moralisch mir Kunstgegenstände helfen«. Jahrzehnte später bekräftigte sie noch einmal diese Eigenart ihrer Beziehungen zur Kunst: »Alles, was Kunst heißt, ist für mich eine Erquickung. Ich habe oft gedacht, wie Du gar nicht wissen kannst, wie mir Kunstgegenstände moralisch helfen. Deine dunkle Madonna hat mir oft in meiner Gedankennot beigestanden wie einem frommen Katholiken. Ich muß manchmal meine Erinnerungen gewaltsam unterbrechen, und dafür ist die Kunst mir immer die wirksamste Trösterin gewesen ...« Kunst sei ihr immer »wie eine barmherzige Schwester« erschienen, äußerte sie bei anderer Gelegenheit. Diese emotionale Reaktion auf ein Kunstwerk blieb bis an ihr Lebensende dominant, obwohl sich im Laufe ihre Kenntnisse mannigfach erweiterten, und sie Kriterien anzuwenden lernte, die ihr zuvor verschlossen gewesen waren.

Kaum, daß sie im Oktober 1845 Rom betreten hatte und noch während ihrer Suche nach einem passenden Logis für sich und Wolfgang, nahm sie Adeles Anerbieten entgegen, den hannoverschen Residenten in Rom, August Kestner, von ihrer Anwesenheit zu informieren, das Versäumnis einer Visite bei ihm zu entschuldigen und ihm »eine große Bitte« zu übermitteln. Adele, zu der Zeit gerade in Rom ansässig, ließ Kestner daher wissen: »Wir bedürfen einer Erlaubnis zur Ludovisi, und Sie haben vielleicht die große Güte, dieselbe auf meinen oder Frau von Goethes Namen uns zu schaffen«. Aus dem Junozimmer des weimarischen Goethehauses kannte Ottilie die Monumentalbüste der Juno Ludovisi, den Gipsabdruck eines antiken stilisierten Frauenkopfes aus Marmor, den ihr Schwiegervater 1823 geschenkt bekommen und »täglich und immer wieder mit neuem Eindruck« betrachtet hatte. An diesem Oktobertag des Jahres 1845, in Begleitung von Kestner und Adele, muß es sich um Ottilies erste Kunstbegegnung in Rom gehandelt haben, denn sie war gerade erst von Neapel zurück, von wo sie ihren schwerkranken jüngsten Sohn auf Romeo Seligmanns Empfehlung und mit seiner Hilfe geholt hatte. Sie verband ihre eigenen Erinnerungen mit dem Junokopf, wie sie acht Jahre später bei einem erneuten Besuch in der Ludovisi gestand: »Als ich dann zu meiner Allherrscherin ging, die so streng auf das kleine Weh des Lebens blickte, da mußte ich oft denken, wie oft ich ihr das Leid meines Herzens klagte, wie ich die Hände rang, und mich kräftig zu sammeln suchte vor dem Antlitz voll Würde und hoher Ruhe. Was für Tränen hat sie gesehen, welche Verzweiflung, als sie meine Stubengenossin war; – – – Schweig Vergangenheit. – – – « Gewiß konnte es ihr 1845 noch nicht gelingen, die Vergangenheit zum Schweigen zu bringen, blickte sie doch auch jetzt als Verzweifelte und Bedrückte in das Antlitz der Göttin, zutiefst besorgt, nach Alma im vergangenen Jahr vielleicht nun auch den Sohn zu verlieren. Noch bewegte sie sich wie in einer Art Trance auf italienischem Boden. »Man sagt mir, daß ich in Italien bin«, hatte sie dem Erbgroßherzog Karl Alexander auf ihrem Weg nach Neapel geschrieben, »aber kaum weiß ich es, so schnell hat die Sorge um Wolf mich reisen lassen und mir nicht gestattet, mich zu verweilen. Träfe nicht ein unverständliches Geschrei mitunter mein Ohr, was mir der ruhigen, schönen See gegenüber, die nur wie ein fortgesetzter Himmel erscheint, um so wunderlicher vorkommt, und zöge nicht der Wein am Weg seine Girlanden von Baum zu Baum, ich würde es sogar bezweifeln. Nur in Venedig, wo ich mich von Mrs. Jameson trennte, blieb ich einen Tag, und ich glaube nicht, gnädigster Herr, daß irgendein anderer Ort mir denselben Eindruck machen kann. Es war dasselbe Gefühl von Sympathie, was ich hier für Häuser und Paläste hatte. Der Zauber Venedigs scheint in der Physiognomie zu liegen, die jedes Gebäude hat. An anderen Orten sieht man die kalten, unbeweglichen Mauern und sagt sich: wieviel mag darin gelacht oder gelitten worden sein! Aber man muß das dazu denken, es spricht sich nicht aus. In Venedig hingegen scheint jeder Stein eines Gebäudes von dem Unglück, das er ummauerte, durchdrungen zu sein, und als Beweis, wie sehr dies der Fall ist, führe ich Ew. königlichen Hoheit an, daß, als wir in unsrer melancholischen Gondel dahinschwammen, ich mit einer Art von Furcht und Entsetzen nach dem Namen eines Palastes frug, dem das Gepräge des Unglücks an die steinerne Stirn geschrieben schien. Der Name der Foscaris tönte mir als Antwort entgegen.« Kein geringerer als Lord Byron hatte einst das tragische Schicksal der Foscaris, des Dogen Venedigs und seines Sohnes, literarisch behandelt, und beide Briefpartner kannten als Kinder der Romantik ihren Byron hinreichend. Für Ottilie sprach zu Stein gewordenes menschliches Leid aus jahrhundertealten Mauern, das Dämonische rätselhafter Vergangenheit rührte sie an.

Sie brauchte die ganz persönliche Beziehung zu einem Kunstwerk, damit es sich ihr erschlösse, ihr Kunstverständnis benötigte das eigene Herz als Medium und Schlüssel. So geschah es ihr 1852 an einem Sonntagmorgen, als sie den Weg fand zum Atelier des damals bedeutendsten Malers in Rom, des Deutschen Friedrich Overbeck, des »Nazareners«, Vorbild zeitgenössischer religiöser Malerei. »Ich war in der Kirche nicht erwärmt worden, fuhr also zu Overbeck, da war wirklich Kirche. Man sprach nur flüsternd vor den Bildern, wo wirklich die reinste Frömmigkeit den Beschauer ergreifen und erheben mußte, weil sie von einem solchen Gefühl ausgeströmt waren. Was redet man von alten Strahlen, Fiesole etc. Was ihre Bilder schön macht, vermißt man wahrlich nicht in dem von Overbeck. Sie sind so fromm, so aus dem Glauben herausgeströmt, so aus dem Gemüt hervorgegangen, daß man dächte, sie bedürfen es nicht, so geistreich zu sein wie sie sind, und so geistreich gedacht, daß man wähnen könnte, sie bedürften des Gemütes nicht, um so schön zu sein. Nie habe ich das Erbarmen, was Chri-

Johann Friedrich Overbeck.
»Selbstbildnis mit Gattin Nina und Sohn Alfons«, 1830.

stus für die Menschen hatte, so deutlich ausgedrückt gesehen. Er ist der Maler der christlichen Liebe. Zu meiner Verwunderung erkannte mich Overbeck, und doch war ich nur einmal vor fünf Jahren da. Er zeigte und erklärte mir alles selbst, und ich war so beschämt darüber, daß ich gar nicht zu sprechen wagte, denn ich mußte mir immer sagen, wie verschieden ist doch meine Denkweise von der seinen, obgleich er nichts sagte, wo ich im Moment anderer Meinung gewesen wäre. Er betrachtet diese Sonntagmorgende wie eine Mission, ja, nur so oder als Buße begreift man, daß er sie aushalten kann.«

Ottilie, die jugendliche Intoleranz auf diesem weiten Felde längst abgeschüttelt hatte, stand der Konversion, wie sie Overbeck und viele seiner Freunde und Anhänger in Rom eingegangen waren, dennoch stets mit innerer Ablehnung gegenüber. Das hinderte sie jedoch nie, ihrer Bewunderung für ihn oder den gleichrangigen, ihm befreundeten Peter von Cornelius – zu jener Zeit in Berlin –

spontan Ausdruck zu geben und weitere Atelierbesuche vorzunehmen.

Wo immer sich Ottilie von Goethe in Italien aufhielt, besuchte sie nicht nur die öffentlichen oder privaten Galerien, sondern sah sich auch gern in den Ateliers und Werkstätten junger Maler oder Bildhauer um, ließ sich Gipsabdrücke fertigen und sammelte, ganz ihrem Geschmack und Empfinden folgend, Terrakotten und Kupferstiche.

Antike oder altitalienische Antiquitäten und gediegenes Kunsthandwerk fanden fast täglich ebenso ihr Interesse wie die Gemälde alter Meister in den zahllosen Privatsammlungen von Rom und Florenz, im Vatikan und in den Uffizien. Es ist ihr nicht darum zu tun, einen Maler, eine Stilrichtung oder eine Epoche vollständig in Kupferstichen beisammenzuhaben. Sie will Augenblicke festhalten, in denen ein Kunstwerk sie angesprochen hat, und sich ihrer bei späterem Blättern wieder erinnern.

Das schloß nicht aus, daß sie nicht nur stets die jüngste Ausgabe eines Kunstführers bei sich trug, sondern sich auch gern, wie vor allem in Rom, von kompetenten Freunden aus der deutschen Kolonie begleiten ließ. Auch ein kunstbeflissener Abate oder ein Künstler waren ihr recht für einen Ausflug in die italienische Kunstgeschichte.

Außer August Kestner, der bereits 1853 starb, gehörten Alfred von Reumont, preußischer Geschäftsträger in Rom und Florenz, bekannt durch Veröffentlichungen über Rom und die Toskana, und vor allem der vielseitige Archäologe Dr. Emil Braun zu ihnen. Dieser arbeitete als Erster Sekretär am Archäologischen Institut in Rom, unterhielt aber so nebenher noch eine Naturheilpraxis, eine galvanoplastische und eine photographische Anstalt, ließ künstlichen Marmor herstellen, betrieb eine Eisengießerei und eine Holzschneiderei und popularisierte das antike Rom und seine Kunst in Veröffentlichungen und Vorlesungen, die Ottilie von Goethe 1852 fast regelmäßig besuchte. Sein maßstabgetreues Modell des antiken Rom beeindruckte sie: »Was am Interessantesten mir dabei erscheint, ist, daß man dadurch zum ersten Mal einen Begriff von den Größenverhältnissen der Gebäude gegeneinander erhält. Niemand hat auch nur eine entfernte Idee, wie ungeheuer groß das Colosseum im Vergleich zu den Triumphbögen, Säulen etc. ist.

Wenn ich je 100 Scudi ausgeben kann zu meinem Vergnügen, muß ich es besitzen!«

Oft bot auch der dänische Maler Lassoe seine Dienste an. In seiner Begleitung konnte sie im Palast Colonna das Porträt der Vittoria sehen, das man Michelangelo zuschreibt, der sie verehrte und ihr in seinen Sonetten ein Denkmal setzte. Ottilie zeigte sich tief beeindruckt: »... welch ein Bild! Sie ist im Alter dargestellt, man sieht an dem eingefallenen Teil zwischen Nase und Lippen, daß das Alter ihr schon den Schmuck der Zähne genommen. Ein schwarzes Kleid, ein weißes fest zugestecktes Tuch, und ein weißer Schleier, der nicht nur die Stirne durchschimmern läßt, sondern auch mit seinen Falten von dem ordentlichen Zusammenlegen, wodurch er in der Mitte noch einen Bruch hat, bewunderungswürdig gemalt ist; und unter diesem Schleier, der die Stirne nur halb bedeckt, ein Antlitz so majestätisch groß, so durchforschende Augen, daß wenn man es in einer Gerichtsstube aufhängte, ich wirklich den Menschen sehen möchte, der diesem Gesicht gegenüber falsch Zeugnis ablegen könnte. Mir ist das Ganze zu streng, man denkt an jüngstes Gericht, aber Gott Vater wird milder und erbarmender bleiben, das weiß ich.« Hier fand Ottilie von Goethe nicht die Möglichkeit einer Identifikation, war aber bemüht, das Bild auf sich wirken zu lassen und einen Zugang zu finden. Bis unter die Nase, so meinte sie, gleiche die Vittoria Goethe, »so gewaltig imposant, aber viel ernster und härter«.

Religiöse Gemälde, aus denen sie nicht die Barmherzigkeit christlicher Interpretation ansprach, drangen nicht an ihr Herz. Eine rein intellektuelle Begegnung mit einem Bild widersprach ihrer Veranlagung und sicher auch ihrer Absicht, ein Kunstwerk nicht analysieren zu wollen, sondern sich von ihm ergreifen zu lassen.

In Florenz fahndete sie nach den Fresken von Giotto in einer erst kurz zuvor wiederentdeckten und restaurierten Kapelle von S. Croce. Sie beschrieb ihren Eindruck: »Es ist die Kapelle des St. Franciscus von Assisi, namentlich ist schön St. Franciscus auf seinem Sterbelager, umgeben von seinen Ordensbrüdern. Der Heilige selbst ein junger Mann, edles Profil, rührend aber im Ausdruck, ein junger Mönch, der ihm zunächst und mit dem unendlichen Ausdruck von Liebe und Sorge spähend in sein

Antlitz blickt, als suche er einen Hoffnungsstrahl dort. Ich muß noch einmal hingehen …« Giottos Fresken erwirken in ihr eine Betroffenheit, der sie sich gern zu wiederholten Malen aussetzt.

Die Subjektivität ihrer Kunstbetrachtung machte sie zur eigentlich naiven dilettierenden Kunstliebhaberin, die für sich selbst hohen Gewinn aus Kunstbetrachtung und Kunstgespräch mit kenntnisreichen Freunden zog und keinesfalls dazu neigte, hochgelobte Gemälde berühmter Maler nur deshalb mitzuloben, weil es vielleicht so üblich war. Sie nahm das Recht einer eigenen Meinung generös für sich in Anspruch und hob sich damit vom leeren Kunsttourismus ab. Wo alle Welt den schiefen Turm von Pisa bestaunte, erlaubte sie sich, ihn schlichtweg geschmacklos zu finden: »… ganz abscheulich aber ist der schiefe Turm, und man fragt sich umsonst, wie es möglich war, daß man, umgeben von solchen Baumustern, wie sie sich in Italien überall finden, auf eine solche Geschmacklosigkeit kommen konnte.« Sie befand sich mit dieser rigorosen Ablehnung durchaus in bester Gesellschaft mit dem ihr und weithin bekannten Schriftsteller Adolf Stahr, dem der Anblick körperlich wehtat und der das Bauwerk als eine »Augenschmerz erregende Kuriosität« empfand. Besser gefiel Ottilie dann doch die Aussicht aus dem Fenster ihres Quartiers, für die sie einige Unbequemlichkeiten hinnahm: »Der breite Arno mit einer leicht darüber hingeworfenen Brücke unten quer vor; dahinter die stattliche Häuserreihe des belebten Quais und am Horizont, sich darüber erhebend, die Berge mit ihren schönen Formen und dem wunderbaren Dunkelblau, was in verschiedener Beleuchtung Walther und mich immer wieder ans Fenster zieht. Ich schrieb später einmal an Kühne, die Altäre, die sich Gott selbst erbaut, sind doch die schönsten, und wohl ist es wahr, zumal wenn man daran denkt, daß diese wenigstens unentweiht von Aberglauben, Grausamkeit und falschen Götzen bleiben.« Längst hatte sie sich reiche Kenntnisse erworben, als sie 1855 nach Venedig zurückkehrte, um dort monatelang zu wohnen. Sie erkannte inzwischen eine Anzahl der bedeutendsten Maler altitalienischer Schule an ihrem Stil und ihrer Thematik und hatte Vorlieben entwickelt für Maler wie Giotto oder Giorgione, zu deren Arbeiten sie immer wieder den Weg fand. Im Leiden Christi und denen der Mutter Maria, hundertfach dargestellte Themen der Renaissancemalerei, fand die Fünfzigjährige auch ihren eigenen Kummer ausgedrückt. Darstellungen des Sterbens überhaupt, besonders aber einer leidenden Mutter neben ihrem sterbenden Kind, lösten bei ihr sofort die Erinnerung an eigenes schmerzliches Erleben aus. Die Trauer um den Verlust ihrer Töchter, wobei sie die kleine Anna immer mit einbezog, verließ sie niemals, ebensowenig die Sorge und Angst um das Leben ihrer Söhne.

Ob sie im Lauf der Jahre durch intensive Betrachtung religiöser Gemälde und deren Assoziation mit eigenem Erleben auch wirklich selbst religiöser wurde, wie zuweilen angenommen wird, sei dahingestellt. Ganz sicher aber gaben einzelne Stücke dieses Genres ihr Trost. So in der Kunstakademie von Venedig, wo sie an Tizian und anderen Berühmtheiten vorbeieilte und ihr Blick auf eine Arbeit von Rocco Marconi fiel, die sie ansprach und mit der sie sich intensiv auseinandersetzte: »Mein Liebling aber, ein Bild, das einem mit jedem Beschauen tiefer und tiefer ins Gemüt geht, und vielleicht gerade deshalb nicht auffällt, ist von Marconi Rocco. Ich kannte den Maler nicht, und er scheint sehr wenig gemalt zu haben. Sein Bild ist la Deposizione della croce con due Santi. Wer es weiß, welche heilige Scheu man hat, in Gegenwart eines geliebten Toten lärmend und in wilden Ausbrüchen selbst den herzzerreißendsten Schmerz zu äußern, der wird dies Bild begreifen, wo es ist, als wenn keiner es wagte, sich hinreißen zu lassen, um nicht die göttliche Ruhe zu stören des, der ausgelitten. Ob aber nicht doch ein Aufschrei den gehaltenen Schmerz durchbrechen wird, das ist nur wahrscheinlich, und Maria ist zu gefaßt, zu sehr die Göttin, die Frau konnte es nicht. Christus aber ruht anmutig, als wenn noch ein Lebenshauch die Brust bewegte, und es ist, als wenn sie diesen Atemzug, der wohl nur eine Täuschung, noch belauschen. Maria Magdalena ist wunderschön, das feine blonde Haar verschleiert ihr Antlitz nur leicht und läßt seine Lieblichkeit durchschimmern. Das Bild ist vortrefflich gemalt, aber fein, zart, nicht glühend, ich hätte nicht geglaubt, daß es aus der Venetianischen Schule. Auf welche Art ich eine Copie möchte, weiß ich selbst nicht, aber ich wünsche sie sehr.«

Der Abate Valentinelli, Bibliothekar von San Marco, gewann schnell das Vertrauen der allem Schönen so aufgeschlossenen Frau, deren Begeisterung denn auch kaum Grenzen kannte, als er ihr den

Einblick in seine Schätze gewährte: prächtige alte Bucheinbände, kunstvolle Schriften und Miniaturen.

Abate Valentinelli, Carl von Binzer, Sohn der alten Wiener Freunde und als Maler in Rom und Venedig, schließlich Rawdon Brown, seit 30 Jahren ansässiger Privatgelehrter und Sammler und nicht zu vergessen ihr Arzt, Dr. Friedländer, trugen dazu bei, daß Ottilie von Goethe sich in der Lagunenstadt umsorgt fühlte. Die ehrgeizigen Arbeiten des jungen Binzer verfolgte sie mit Anteilnahme und blieb stets bemüht, ihm in der zahlungskräftigen Ausländerkolonie Kontakte zu verschaffen. Er gehörte schon fast zur Goethefamilie als Vertreter der Generation ihrer Söhne und mit ihnen befreundet. »Er ist ununterbrochen von der großen Anhänglichkeit, ja von dem liebevollsten Benehmen gegen mich gewesen«, hielt Ottilie in ihrem Tagebuch fest, als sie im Juli 1856 Venedig verließ, und er bis tief in die Nacht »alles besorgend und überall helfend« die Abreise mit organisiert hatte. Wie Cherubine der Freundschaft bewachten diese vier Männer nahezu jeden ihrer Schritte in Venedig. Sie begleiteten sie auf Gondelfahrten, zu Kunstgalerien, veranstalteten Ausflüge und nahmen jede Unbequemlichkeit auf sich, um ihr dienlich zu sein, lasen ihr englisch oder deutsch vor, wenn ihr Befinden sie an Häuslichkeit und Bett fesselte, erledigten manche Besorgung, unabhängig davon, daß auch Walther, für Monate von Romeo Seligmann auf die Reise geschickt, seiner Mutter half oder, wie beim letzten Venedigaufenthalt, 1858/59, die Schwester Ulrike.

Für Rawdon Brown, »ein schmächtiger, ziemlich großer Mann von vielleicht 50 Jahren, vielleicht auch jünger, perfect gentleman und lebhaft unterhaltend«, wie Ottilie ihn beschrieb, empfand sie eine besondere Zuneigung, die beiderseits schon bei der ersten Begegnung 1855, als sie ihn mit Anna Jameson in seinem Hause aufsuchte, entstanden war. Er ging in venezianischen Archiven als Privatgelehrter den Spuren nach, die Englands Politik in Venedig hinterlassen hatte. Mehrere Dokumentarbände aus seiner Feder zeigten ihn als Herausgeber. Seine bedeutendste Entdeckung schien der Leichenstein des einst in venezianischer Verbannung gestorbenen Herzogs von Norfolk zu sein. Brown bewahrte ihn in der Kunsthalle seiner geräumigen Wohnung auf, wo auch ein Abguß der Reiterstatue Colleonis, des berühmten Condottiere der

Republik Venedig im 15. Jahrhundert, die Aufmerksamkeit der Besucher auf sich lenkte. In der Bemalung von zwei alten irdenen Tellern, die an der Wand hingen und Ottilie als eine Art roher Majolica erschienen, glaubte der Gelehrte, Lucrezia Borgia nachweisen zu können. Ottilie blieb zwar im Zweifel, ob man diese Theorie überall werde abnehmen können, aber natürlich war sie nicht unempfänglich für diese Auslegung. »Er hat sie photographieren lassen und schenkte dies an Anna, und ich mußte den Kopf wegdrehen, so sehr fühlte ich den Wunsch, sie auch zu besitzen und fand dies doch für eine erste Visite zu viel. Er schien mir aber etwas geben zu wollen, denn auf meine bejahende Antwort auf seine Frage, ob mich Autographen interessierten, schenkte er mir eine Sammlung Faksimiles, die er aus hiesigen Dokumenten gezogen.« Nachdem sie sich eine kleine französische Broschüre über *Werther* von Brown entliehen hatte, und der Kaffee serviert worden war, gab es für Ottilie »keinen Zweifel, daß ich ihn oft zu sehen wünsche«.

Vier Wochen später faßte sie sich dann ein Herz, ihn um Photographen der Majolicateller zu bitten, die er anzufertigen versprach, denn Anna hatte seine letzten Exemplare erhalten. Inzwischen gefiehl er ihr »außerordentlich gut, ist a perfect gentleman, homme du monde, Gelehrter, Sammler, und hat den mir so bekannten und angenehmen englischen Humor«. Stöße von Büchern, die er schickte, hausgemachte Orangenmarmelade und englischer Zwieback, mitgebracht aus seinen Vorräten, dazu zahllose Gespräche mit Ottilie über Politik, Literatur und Kunst knüpften eine Entente cordiale, erheiternd und anregend, bei der ihr nur zu bedauern blieb, daß er immer tagsüber erschien, während abends ihre Gespräche ungestörter sich hätten vertiefen lassen.

An seinen Arbeiten nimmt sie regen Anteil und ist empört, als ein Verleger sein neues Werk nicht drucken will. »Wirklich, man begreift nichts mehr, ein historisches Werk von solchem Wert, solchem Interesse für England – was muß der Grund sein? Und was für Zeug wird gedruckt«, schreibt sie in ihrem Tagebuch, das ihn am 1. Mai 1856, dem Himmelfahrtstag, und noch zweimal an auseinanderliegenden Stellen erwähnt. »Ich habe Brown noch nie so genial und vornehm aussehen sehen wie heute«, heißt es da, und dann findet man noch den etwas verräterischen Einschub: »Brown hat mich schon zweimal bei dem Lesen seines Buches gefunden.« Einen Tag vor ihrer Abreise ließ sie Brown, der stets unangemeldet kam wie fast alle Freunde, um eine feste Zeit bitten, »damit ich ihn endlich einmal ungestört sehen könnte. Leider war es aber auch diesmal nicht der Fall, da Friedländer uns störte. Brown war sehr nett, ich frug ihn noch einmal ernstlich, ob er mir irgend etwas übelgenommen, irgend etwas zwischen uns getreten, er leugnete es und sagte mir nur, lassen Sie aber auch jetzt, wo ich von Ihnen scheide, es nicht geschehen, werden Sie in der Ferne nicht ungerecht gegen mich. Ich danke ihm viel und habe ihn wirklich herzlich lieb, so tat mir der Abschied weh.«

Welcher Schatten könnte über dieser Beziehung liegen, daß Brown ihr etwas übelgenommen haben sollte? Während einer zurückliegenden mehrwöchigen Krankheit – sie führte kein Tagebuch – könnte möglicherweise Brown sie seltener besucht haben, und Ottilie wäre es zuzutrauen, daß sie diese Kontaktpause, wie sonst bei Seligmann, wieder einmal vor sich selbst überinterpretiert hätte.

In Briefen[15] hielten beide während der nächsten zwei Jahre ihre Beziehung aufrecht. Am 14. November 1858 kam Ottilie von Goethe erneut nach Venedig und stieg zunächst im Hotel Vittoria, dem ehemaligen »L'Anglaise«, in dem schon der Schwiegervater und auch ihr Mann gewohnt hatten, ab. Schnurstracks meldeten sich am nächsten Morgen die Freunde, darunter Rawdon Brown, und von nun an heißt es wieder öfter im Tagebuch: »Brown kam«. Schließlich macht sie ihm das schöne Kompliment: »... blieb ziemlich lang. Wenn der Begriff gentleman verloren wäre in der Welt, würde er durch Brown wieder hergestellt.« Mit Hilfe des Gondolieres bringt sie endlich auch seinen Geburtstag heraus. Weil aber nicht recht zu beurteilen war, ob es ihm auch recht sein würde, schickte sie gemeinsam mit ihrer gerade anwesenden Schwester Ulrike einen Blumenstrauß anonym, der aber wohl seinen Urheber deutlich verriet. »Er kam gleich, wo Ulrike leider nicht da war, und sagte, er würde uns verklagen, weil wir Spione unterhielten etc., aber ich sah, es war ihm doch recht gewesen.«

Am 6. Mai 1859 folgte sie schließlich dem Rat und Drängen von Freunden und Verwandten, Venedig noch vor dem Eintreffen französischer Kriegsschiffe und etwaiger beginnender Kriegshandlungen zu verlassen. Mit »Hand und Mund« hatte sie Brown versprechen müssen, ihn mit Giovannis Gondel auf dem Weg zum Bahnhof abzuholen, was er dem Gondoliere auch ohne ihr Wissen noch selbst auftrug. »... dankte ihm herzlich, daß er mich begleiten wollte, denn ich sah ihn gerne bis zum letzten Augenblick, den ich wirklich lieb gewonnen und der so viel getan, um uns zu erfreuen, und in der letzten Zeit selbst, weil er mich verlassen und besorgt dachte, selbst seine Gewohnheiten, seine Arbeiten aufgab, um zu mir zu kommen. Er und Valentinelli und natürlich Friedländer

Ottilie von Goethe.
Zeichnung von S. Dahl, 1859.

kamen tagtäglich, wo das süntflutliche Wetter die anderen abhielt, die entweder wirklich glaubten, daß ich schon abgereist, oder wegen dem schlechten Wetter so tun wollten. Doch zurück zum Abschied von Venedig. Noch einmal blickte ich auf San Marco mit seinen luftigen Spitzen, noch einmal schweifte das Auge nach St. Giorgio hinüber, dann in die Gondel und an den Palästen vorbei, wo Stürmers, Lady Sorell, Ruxtons wohnten, noch einmal Sonne und Luft eingesogen, und wir bogen ein zu Browns Haus. Er war mir doppelt lieb als Begleiter, denn auf der Eisenbahn mußten wir ziemlich lange warten. Gott gebe mir ein frohes Wiedersehen mit ihm ...«

Ein Dreivierteljahr später, als sie diese Tagebuchnotiz nachträglich machte und eben vorher noch einen Brief an Brown geschrieben hatte, gestand Ottilie, sie schreibe »mit bewegtem Herzen, wenn ich an ihn denke. Es ist ein edler Mensch! Mich beunruhigt sein Alter.« Er war um zehn Jahre jünger als sie, die im dreiundsechzigsten Lebensjahr wehmütig von Venedig Abschied genommen hatte!

In Wien wieder angekommen, traf sie Seligmann krank an, und schonend verschwieg man ihr noch einen weiteren Tag den Tod und das Begräbnis der Gräfin Pereira. Die Nachricht traf Ottilie schwer und machte sie wohl auch »grantig«, wie ihre Umgebung das empfand. »Sie wissen nicht, was es ist, wenn man sich nach Jahren wohlgefühlt, und soll nun, nachdem man dies Glück kaum genossen, wieder zurück ins alte Kranksein, und zwar ohne Not, denn ich hätte noch 14 Tage wenigstens in Venedig bleiben können, selbst wenn es wahr ist, daß französische Schiffe vor Venedig kreuzten.«

Hatten denn nicht Sturm, Regen und Kälte, Brustschmerzen, Atemnot und dick anschwellende Füße sie viele Tage am Ausgehen gehindert, von einer mehrwöchigen Infektion ganz zu schweigen? Hatte nicht das Quartier am Markusplatz Nr. 2090, direkt neben dem Turm der Uhr, so manche Beschwernis zu tragen verlangt? Steile Treppe in den zweiten Stock, rauchende Öfen, kalte und dunkle Stuben nach hinten hinaus, Nachtlager auf einem Schlafsofa, den Lärm des Glockengeläuts wie des belebten Domplatzes und den chronischen Kopfschmerz von alledem? Hatte sie nicht noch zuweilen die Monotonie des Tagesablaufs beklagt? Dennoch will sie das Glück genossen haben, sich wohlzufühlen? Unbequemlichkeiten konnte Ottilie übersehen, solange das Ambiente einer Stadt sie entzückte, und ihre körperlichen Leiden ertragen, wenn nur Menschen ihres Herzens sich einfanden und um sie herum das Leben pulsierte. Die Aussicht aus den Fenstern der Frontseite, geradewegs über Piazza und Piazetta, über die Lagune hin bis zum Horizont, »entzückend und vielleicht nirgends so schön« und dazu »das regste Leben, sei es nun Kirchengänger, Ausrufer, Banda, Volkslärm und Kindergeschrei, oder elegante spazierengehende beau monde«, konnten ihr den Aufenthalt vergolden, sie unterhalten. Die Schwester Ulrike und ihr Sohn Wolfgang hatten ihr jeden Wunsch von den Augen abgelesen, ebenso allen Freunden voran und mit Noblesse Rawdon Brown. In ihm war Ottilie von Goethe einem Männertyp begegnet, der ihr wie eine Synthese aus Sterling, des Voeux und Seligmann erschienen sein muß. Einen mitreißenden Gesprächspartner, profund und vielseitig, schenkte ihr das Schicksal zu keiner Zeit, schon gar nicht sind seine gleichbleibende Liebenswürdigkeit und Besorgtheit jemals übertroffen worden. Wie erfreute es sie ein Jahr nach ihrer Rückkehr aus Venedig, daß Seligmann eine Zeichnung aus der Hand Rawdon Browns, um die sie gebeten hatte, wiederfand.

Diese kleine Skizze, ein Cherubinkopf mit acht Flügeln, symbolisierte ihren Namen, und sie könne sich ein Siegel danach stechen lassen, hatte Brown zu ihrem Vergnügen gemeint, als er sie im März 1859 mit dem Blatt aufzumuntern gedachte. In belli Arti habe im großen Saal der Assunta noch der Plafond gefehlt und ein Signore Ottoli schließlich das Geld dazu gegeben, aber nicht genannt sein wollen. So habe man acht vergoldete geflügelte Cherubinköpfe den Plafond bilden lassen. Ottoli, daran sei kein Zweifel, das sei ihr Name »– und so erhielt ich auf diese sehr sinnige Weise ein sehr hübsches Compliment als Achtgeflügelte ... Binzer, der abends kam, legte es als beflügelt 8fach aus – ... als ich 17 Jahr war und wirklich poetisch, hätte es wohl so sein können, jetzt aber schwerlich.« Ottilie durfte auch mit dreiundsechzig noch unbenommen das Kompliment annehmen, so wie einst die Bemerkung Sorets, sie müsse Quecksilber in den Schuhen haben.

Während ihres Aufenthalts in Neapel vom Frühjahr 1846 bis zum Frühjahr 1847, unterbrochen von der Kur mit Wolfgang in Ischia, gewann Ottilie von Goethe die Freundschaft einer Frau, Anna Gargallo, die ein Vierteljahrhundert überdauerte. Anna Gargallo stammte aus einer in Sizilien ansässigen uradligen Familie, deren Mitglieder – drei Schwestern und drei Brüder – zu jener Zeit ihren Wohnsitz in Santa Lucia hatten. Die Brüder betätigten sich als Diplomaten, Wissenschaftler und Schriftsteller und standen in

Briefwechsel mit vielen wissenschaftlichen Vereinigungen in ganz Europa. Auch Anna, älteste der Schwestern und fünf Jahre jünger als Ottilie, betrieb umfangreiche Korrespondenzen mit berühmten Zeitgenossen, ihre jüngeren Schwestern pflegten die schönen Künste, indem sie talentreich malten, musizierten und schrieben. Im allgemeinen öffneten sich die Türen der italienischen Hocharistokratie den Fremden aus dem Norden Europas nicht, sie blieben weitestgehend unter sich. Die Gargallos, eigentlich spanischen Ursprungs, konnten europhil genannt werden, zumal sie sich seit Generationen der deutschsprachigen Kultur besonders verbunden zeigten. Der Vater der Geschwister übersetzte die Dichtungen des Königs Ludwig I. von Bayern ins Italienische. In dieser Familie fand Ottilie von Goethe offene Arme und freundete sich besonders mit Anna Gargallo an. 1850 und 1854 begegnete sie ihrer italienischen Freundin in Wien und Dresden, und ihre Tagebücher belegen, daß mindestens bis 1860 der briefliche Kontakt weiter bestand, auch wenn vermutlich die anfangs florierende Korrespondenz in späteren Jahren größere zeitliche Lücken gehabt haben dürfte. Nichts deutet darauf hin, daß der Kontakt zu Ottilies Lebzeiten ganz abgebrochen worden wäre, zumal Anna die deutsche Freundin um vier Jahre überlebte. Die Österreicherin Henriette von Pereira-Arnstein und die Italienerin Marchesa Anna Gargallo di Castel Lentini erreichten in ihrer Beziehung zu Ottilie zwar zu keiner Zeit den Grad von Vertrautheit, wie er Adele Schopenhauer, Anna Jameson und Sibylle Mertens-Schaaffhausen, die bürgerlichen Intimfreundinnen, mit ihr verband, aber sie repräsentierten jeweils eine Art standesbezogenen freundschaftlichen Miteinanders. Um den Unterschied auf den Punkt zu bringen: Eine Sibylle Mertens konnte man um Geld bitten, eine Pereira oder Gargallo nicht, man hätte dadurch das Gesicht verloren.

Ihres gesellschaftlichen Stellenwertes aufgrund hochrangigen Geburtsadels war sich Ottilie absolut bewußt und immer darauf bedacht, ihn respektiert zu wissen. Bezeichnend dafür ist eine Szene, die sich am 20. Mai 1853 in Rom abspielte und von ihr ausführlich im Tagebuch festgehalten wurde. An diesem Tage fuhr sie zu einem »musikalischen Frühstück« bei Frau von Arnim-Sukow, der Gattin des preußischen Legationssekretärs in Rom. Die Arnims wurzelten im märkischen Uradel, Frau Elise von Arnim-Sukow war die illegitime Tochter des Prinzen August von Preußen, was zu wissen für das Verständnis des Geschehens wichtig ist. Die kleine Matinee begann damit, daß die Gastgeberin Ottilie nicht begrüßte. »Als ich ins Zimmer trat und mich dem Sofa näherte, wo Mrs. Sartoris und, ich glaube, es war Doc. Braun, saßen, stand sie auf und ging auf die andere Seite des Zimmers. Ich ließ mich durch die Ungezogenheit nicht irre machen, und als sie sehr schön gesungen hatte, Kompositionen von Felix, die in England herausgekommen waren und die ich nicht kannte, redete ich sie an, und erklärte ihr meine Freude, sie einmal wieder singen gehört zu haben, worauf sie nur spitz und schnöde antwortete. Überhaupt bedurfte es wirklich meines ganzen Aplombs, um mich nicht in Verlegenheit zu fühlen, denn Fr. v. Arnim schien wirklich nicht zu wissen, daß ich am Ende so vornehm wie die anderen war. Als Fr. v. Usedom kam, wurde die Sache anständiger, um aller Verlegenheit von allen Seiten ein Ende zu machen, bat ich Fr. v. Usedom, mich Lady Fullerton vorzustellen, und Fr. v. Usedom tat es auf eine schmeichelhafte Weise für mich, daß ich ganz zufrieden sein konnte.« Als sich ihr dann auch noch die beiden Prinzen von Holstein vorstellen ließen, war vermutlich die Welt der Ottilie von Goethe, geborene Freiin von Pogwisch, wieder in Ordnung, eine Welt, in der es Stände gab und mindestens ungeschriebene Gesetze, deren Einhaltung sie bewahren halfen. Nur mangelte es nach wie vor an Fürsten, von deren Weisheit und Güte, Verantwortungsgefühl und Verantwortlichkeit Ottilie ebenso romantisch-irreale Vorstellungen hegte wie Bettina von Arnim in Berlin.

Im Salon der Sibylle Mertens-Schaaffhausen im römischen Palazzo Poli über der Fontana Trevi fand sich dienstags abends bei Tee und Eis eine weniger standesbetonte, dafür jedoch geistig anspruchsvollere Gesellschaft zusammen, in der man Ottilie von Goethe im Winter 1845/46 zusammen mit Adele Schopenhauer und 1853 mit ihrer Schwester Ulrike sah. Der Ruf dieser Zusammenkünfte, wissenschaftlich-literarisch-künstlerisch ausgerichtet, drang sogar bis Leipzig, wo am 5. Januar 1846 die *Allgemeine Zeitung* darüber berichtete. In diesem Kreis selbstbewußter und respektierter Frauen machte Ottilie die Bekanntschaft der Schriftstellerin Fanny Lewald, die in ihren Romanen bereits frauenrechtliche Forderungen vertrat und sich in ihrem eigenen Leben einige Liberalität erkämpft hatte. Ottilie machte sie auf Wunsch des Schriftstellers Adolf Stahr in Sibylles Salon mit diesem bekannt. Eine leidenschaftliche vielbeachtete Liebe erfaßte die beiden, die aber erst nach langen Jahren des Wartens auf Stahrs Scheidung zu einer glücklichen Ehe führte. Ottilie von Goethe, Patin von Stahrs jüngstem Sohn aus erster Ehe, aus der er fünf Kinder hatte, war gewiß die letzte, eine solche Liaison zu verurteilen, gehören doch die freie Gattenwahl, die Gleichstellung der Frau mit dem Mann für sie seit langem zur persönlichen, gelebten Emanzipation, stellten sozusagen ihre intimsten Grundrechte dar. Dem Recht auf Liebe durfte nach ihrem Empfinden keine Ehe im Wege stehen. So viel Liberalität erklärte sich nicht nur aus romantischer Verklärung von Leidenschaft, die ihr allein die »echte« Liebe zu sein schien, sondern auch aus dem Erfahrungshintergrund, daß Ehen zu ihrer Zeit keinesfalls aus Liebe geschlossen wurden. Nur jede zweite Frau war zur Mitte des 19. Jahrhunderts überhaupt verheiratet und damit versorgt, was im allgemeinen – nur eben nicht bei Ottilie – als der Hauptzweck einer Ehe galt.

Unter den Gästen, die sie im Salon von Sibylle kennenlernte, vertrat Fanny Lewald bereits den Typ der bürgerlichen Schriftstellerin, die von ihren Einkünften aus literarischer Arbeit leben konnte, Gräfin Orfei dagegen, »beste Dichterin Roms« nach Sibylles Meinung, repräsentierte den italienischen Hochadel, dessen weibliche Mitglieder meist zu ihrem Vergnügen schrieben. Aus dieser Gesellschaftsschicht, die sich im allgemeinen sehr selten in den Salons ausländischer Rombesucher einfand, kam ebenfalls der Prinz Caëtani Sermoneta, berühmter Dante-Forscher und Bildhauer. Künstler wie der Däne Jerichau, mit dem Ottilie die Gestaltung der Grabstätte Almas besprach, Wissenschaftler, Diplomaten, Geistliche hoher Grade und einflußreiche Kaufleute, vorwiegend deutscher, italienischer oder englischer Herkunft, bildeten den Kern zwangloser Abende, regelmäßiger Mittagsgesellschaften und großer Bälle wie sonstiger Festivitäten in Sibylles römischem Haus. Aber auch Ottilie von Goethes Gästeliste bei einem Tee zu Ehren des Erbgroßherzogpaars von Weimar, das sich am 9. November 1852 in Rom befand, konnte sich sehen lassen: Herzöge, Prinzen, Diplomaten. Lediglich der greise August Kestner als Vertreter der britischen und hannoverschen Krone, ein Herr seiner Begleitung und einige wenige Damen und Herren konnten nicht mit einem Adelsprädikat aufwarten. Ottilie selbst wurde akkompagniert von ihrem Vetter Leo Graf Henckel von Donnersmarck.

Keinesfalls wäre es Ottilie möglich gewesen, wie Sibylle regelmäßig ein »großes Haus« zu führen. Rom galt zu Recht als ein teures Pflaster und war allein deshalb schon nicht geeignet, zur Heimstätte der Familie Goethe zu werden, die dann einen völlig unangemessenen Repräsentationsaufwand hätte treiben müssen.

Der Winter 1845/46 gab Beispiele römischen Gesellschaftslebens, bei dem es der staunenden Fanny Lewald schleierhaft blieb, wenn sie Ottilie neben Adele Schopenhauer beobachtete, wie »Ottiliens geistvolle und oft bis zur Unvorsichtigkeit gehende Natürlichkeit, ihre auf das Belieben des Augenblicks, auf die Eingebung der Minute gestellte Leichtlebigkeit mit der feierlichen, auf eigene Gelehrsamkeit und auf den Zusammenhang mit einer großen Vergangenheit gebauten Pedanterie von Fräulein Adele sich jemals hatten zusammenfinden können.« Die bereits eingetretene partielle Entfremdung zwischen den beiden Freundinnen mag sie nicht bemerkt haben. Dennoch fanden sich Ottilie, Adele und Sibylle im Salon der letzteren 1846 anläßlich des Festes der Heiligen Drei Könige zu einem geselligen »Bohnenkuchenessen« mit zahlreichen Gästen zusammen. Der Zufall wollte es, daß Fanny Lewald die Bohne im Kuchen fand und nun mit rotem Schal zur Bohnenkönigin deklariert wurde. Ottilie, Adele und Sibylle als Gastgeberin erschienen sodann im Kostüm der Heiligen Drei Könige und veranlaßten die Gekrönte, kleine Geschenke aus mitgeführten Körben unter die Gesellschaft zu verteilen. Diese mußten immer wieder nachgefüllt werden, so begehrt waren die kleinen Nippessachen, wie Ansichten von Rom, kleine Marmor- und Alabastergegenstände von geringem, aber liebenswürdigem Wert. Als für die letzten drei Personen nichts mehr übrig geblieben war, nahm Fanny Lewald schließlich die Kamelien, die sie im Haar und am Dekolleté trug und verteilte sie an die letzten Gäste. Diese spontane Geste fand so recht den Geschmack der Gesellschaft, die nun ausgelassen tanzte. So gab es in Sibylles Salon nicht nur gelehrte Gespräche, sondern auch festliche Veranstaltungen zum Karneval, ein Wohltätigkeitskonzert oder ähnliche fröhliche Begegnungen. Ottilie wird die willkommene Anregung und Ablenkung genossen haben, brachten sie doch Abwechslung in ihren Tagesablauf. Der Karfreitag des gleichen Jahres brachte dagegen der deutschen Kolonie in Rom ein besonders Ottilie zutiefst erschütterndes Ereignis: Im Nachbarhaus von Sibylle war eben eine Dame mit ihrer noch jugendlichen Tochter angekommen, als beide, erschreckt von einer Katze, die Treppe hinunterstürzten. Das junge Mädchen verunglückte tödlich, die Mutter blieb zunächst bewußtlos; sie erlitt eine schwere Gehirnerschütterung. Sibylle, Ottilie und Adele teilten sich sogleich die Nachtwache bei der Mutter. Weil während der Ostertage in Rom keine Beerdigungen stattfanden, legte man das Begräbnis auf den Ostersonnabend vor Mitternacht. Ottilie von Goethe und Adele Schopenhauer folgten dem Sarg, begleitet von Otto Mejer, auf den evangelischen Friedhof, wo auch August von Goethe seine letzte Ruhestätte gefunden hatte. »... wie da die Tränen der armen Frau, welche durch die jugendliche, von den Frauen mit Blumen und Grün geschmückte Gestalt da drüben im Scheine der Lichter an ihre verstorbene Alma gemahnt war, unaufhaltsam flossen, vergesse ich nicht«, berichtete Mejer.

Weilte Ottilie in Wien, geschah es häufig, daß sie den Währinger Friedhof aufsuchte, um ihre höchsteigene »Via appia«, wie sie den Weg zu den Gräbern ihrer Töchter nannte, entlangzugehen, wenn ihre Gesundheit das erlaubte. Im fernen Italien genügte es, daß, wie in Rom 1853 geschehen, ein Familienmitglied zur Rückreise nach Wien verabschiedet wurde, um in Ottilie spontan den Wunsch aufkommen zu lassen, Blumen für Almas Grab mitzugeben, »wenn sie auch welk hingekommen wären, so hätte *ich* sie doch gerne geschickt, da ich ja keine frischen hinsenden könne.« Ulrikes überstürzte Abreise im Mai des Jahres verhinderte jedoch, daß noch in der Eile ein Strauß hätte besorgt werden können. Ottilie erfaßte Trauer und Bedauern so sehr, daß sie sich spontan hinsetzte, um ihre Gefühle in einem Gedicht aufzufangen. Im Tagebuch findet sich die ursprünglich nicht in Strophen gegliederte Fassung vom 12. Mai 1853 und deren Übersetzung ins Englische, wobei sie das Ganze in einen Dialog zwischen Mutter und Tochter faßte. Später verbesserte Walther noch die Versfolge und verkürzte den Reim.

Ehe sie mit dem letzten Augusttage 1853 Rom verließ, besuchte sie noch einmal den Friedhof an der Pyramide des Cestius. »Dann auf den Kirchhof gefahren und von meinen Schläfern Abschied genommen. Frl. Richter ihr Grab ist 114. Ich ließ nachsehen, um ganz sicher zu sein, und bestellte, daß es mit Rosen bepflanzt werden sollte.« Obgleich hier auch indirekt August von Goethe angesprochen ist, so doch mit keinem einzigen Wort des Bedauerns. An ihre Ehe und deren dunkelste Passagen erinnerte Ottilie sich nicht gern und konnte mit Sicherheit weder 1830 noch 1853 noch irgendwann auch nur ein Gran Trauer empfinden. Der Todestag ihres Mannes war für sie der Tag ihrer Befreiung aus einer völlig unerträglich gewordenen Ehe gewesen. Wenn Reisende, wie Adolf Stahr 1846, an der Stelle mit dem Reliefporträt August von Goethes einen Blumenstrauß fanden, hätten sie eher einen der Söhne als in Liebe gedenkendes Familienmitglied vermuten dürfen.

Dennoch holte die Vergangenheit auch in Italien Ottilie von Goethe zuweilen ein oder lief ihr quasi nach. Das geschah, als sich im Februar 1853 wie aus heiterem Himmel Edmund Phipps bei ihr meldete, um einige Zeit in Rom zu bleiben. »Welche wechselnden Empfindungen beherrschten mich«, ließ sie ihr Tagebuch wissen. Ihn fand sie »viel verjüngt und verschönt vor; die Augen glänzten ihm so und auf den Wangen war eine Röte. Er fand mich natürlich sehr verändert, wenn er es auch nicht sagte.« Verständliche Verlegenheit legte sich schnell, wozu die zahlreichen gesellschaftlichen Ablenkungen beitrugen. Schon nach wenigen Tagen konnten beide einen gemütlichen Abend allein zusammensitzen, »ohne Koketterie, wie alte gute Freunde«, und Phipps erzählte von seiner Familie. Eines anderen Abends las Phipps aus Byrons *Lara* vor, und Ottilie erinnerte sich nach siebenundzwanzig Jahren noch, wie seinerzeit des Voeux ihr daraus vorgetragen, »ich sehe noch des Voeux' Blick, ich höre noch seine vibrierende Stimme«, und vor ihrer Seele gewann ein Bild wieder an Klarheit, das sich ihr unauslöschlich eingeprägt hatte. Phipps benutzte als Vorlage ein kleines zerlesenes Büchlein, »in dem ich mit Sterling meine ersten byronschen Studien gemacht. Sterling las besonders schön *Child Harold*. Dies kleine Exemplar begleitet mich überall.« Anschließend sprachen sie über geistliche Themen, und Ottilie meinte feststellen zu müssen, daß sie nicht glaube, er sei darüber mit ihr zufrieden, »ich bin frömmer, als ich spreche, nicht aus Heuchelei und sehr unpassender Bravade, aber bei diesen Gesprächen, zumal wenn es ein Engländer ist, entwickelt sich in mir ein Schmerz und eine Bitterkeit. Welch Unrecht ward mir zugefügt gerade von dem Augenblick an, wo Sterling kirchlich fromm wurde. Ach, es schmerzt noch! –«

Charles Sterling, das blieb eine offene Wunde, die sich niemals schloß. Solange Ottilie lebte, befand sich diese Wunde in ihrem Bewußtsein. Kein Wunder, daß ein Wiedersehen mit Phipps in Assoziationen zu Sterling überleitete. Wie immer in emotionaler Erregung, verschaffte sich Ottilie Luft in einem Gedicht. »Wie viele Jahre sind verflossen, und ich schrieb nie mehr einige Zeilen poetischer Form. Es ist das Wiedersehen von Phipps, was dies hervorgerufen hat. Wir sind so ruhig, so freundlich miteinander, aber die Schleusen der Vergangenheit sind geöffnet, und sie überschwemmen manchmal die Seele. Adele sagte, ich wäre wie die Nachtigall der Orientalen, von der sie sagten, daß sie nur sänge, wenn der Dorn der Rose ihre Brust wund ritzte. Das war wohl sonst, aber wenn man älter wird, sind es Dornen ohne Rosen, die verwunden.« Aber nicht nur ihre poetische Reaktion auf seelische Erschütterungen, die sie zurückgedrängt hatte, ohne sie jedoch verhindern zu können, zeigte sich, sondern unvermeidlich auch ihre psychosomatische. Als die Abreise des Freundes nahte, besorgte sie ein kleines Geschenk für Phipps und seine Kinder. Unvermittelt überfiel sie ein Anfall von Gesichtsschmerzen, »wie nur in meiner frühsten schlimmsten Zeit. Ich konnte nicht den Kopf erheben, nicht die Augen öffnen, kein Wort vor Schmerz und Betäubung sprechen.« Schließlich schickte sie ein Billett mit zwei Zeilen und den kleinen Gaben in sein Quartier, von wo er bereits abgereist zu sein schien. Ihr Anfall hielt nicht nur Stunden in gleicher Stärke an, sondern Ottilie blieb für vier Wochen so krank, daß jeder Versuch, ein Normalleben in Rom wieder aufzunehmen, Rückfälle zur Folge hatte, bis der Arzt der preußischen Gesandtschaft sie mit Aprilbeginn wieder an die Menschheit zurückgab, der er sie offenbar mit Schlaf- und Beruhigungsmitteln, vielleicht den weißen, morphinhaltigen Tropfen aus Seligmanns bewährter Hausapotheke, entzogen hatte.

Ottilie, ein Energiebündel und anscheinend schier unendlich regenerationsfähig, zeigte sich wieder auf dem Posten. Der lange zweite Aufenthalt in Italien durfte keinesfalls vorübergehen, ohne die Spuren ihres einstigen Geliebten Charles Sterling gesucht und gefunden zu haben.

Eine fast zwei Jahrzehnte andauernde Unruhe verlangte nach Klarheit über seinen Verbleib in dieser Welt, wußte sie doch nur von ungefähr, er lebe in Indien als Missionar, eine Vorstellung, die sie – wen könnte es überraschen? – schon zu einem Gedicht veranlaßt hatte. Fast klang ihre blumige Indienversion wie eine unbewußte Vergebung für das nun doch zerstörte Glück, wenn sein Tun nur wirklich Größe hätte und damit ihr Schicksal einen Sinn bekäme. Um ein weniges und Ottilie hätte die Absicht, nach Genua zu gehen, wo sie Sterlings Eltern vermutete, gänzlich aufgegeben. Nach schwierigster zahnärztlicher Behandlung und dem Einsetzen einer Prothese stellte sie fest: »... ich sehe nun noch abscheulicher aus, eine wahre Fratze ist das Gesicht geworden, das doch einst geliebt wurde. So mich sehen zu lassen, ist mir qualvoll«. Zwar fuhr sie am darauffolgenden Sonntag zum Korso, um mit Sibylle das Leben auf der Piazza Popolo von Rom zu beobachten, aber sie war doch im Grunde recht verzweifelt und deprimiert. »Ich begreife vielleicht, warum der Tod sein muß, damit nur wieder angefangen werden kann, wenn auch nur einen Schritt weiter vor wie der andere aufgehört hat; aber das Alter begreife ich nicht, nicht diese allmähliche Verstümmelung von einem selbstgeschaffenen Werk. Nun ist auch der letzte Wunsch, der nach Genua zu gehen, in mir vernichtet. Nein, ich konnte alt Sterling gegenübertreten, aber nicht als Fratze, als Karikatur.«

Die Kiefergeschwulst ging zurück, und Ottilie von Goethe, damals achtundfünfzig Jahre alt, kam in Genua an, wo sie schon ein Jahr zuvor hatte sein wollen. Sonnabend, den 20. Mai 1854 begann sie in Genua ihr Tagebuch mit dem Vorspruch »Begun in folly closed in tears« und fügte eine sechszeilige Strophe hinzu:

Du Stadt, wo einst für mich so warm
Ein jugendliches Herz geschlagen,
Bis des Geschickes starker Arm
Es in ein fernes Land getragen,
In Dir lag Glück und tiefer Schmerz,
Ein Doppelkern in einer Schale.

Sibylle Mertens-Schaaffhausen, in Genua so wellknown wie überall in Italien, hatte die Freundin, deren Absicht sie kannte und unterstützte, mit einem Kredit auf das Haus Schaaffhausen versehen und mit einer Reihe von Empfehlungsbriefen an wichtige »Marquis« und »Chevalier«, Anna Gargallo empfahl sie dem italienischen Hochadel, der amerikanische Schriftsteller Washington Irving, mit dem sie in Florenz bei mehrfachen Begegnungen bekannt geworden war, nannte ihr eine Landsmännin in Genua. Die Liste dieser Empfehlungen reichte entschieden, um in Genua auch noch Kontakte anzuknüpfen für den Fall ihrer Wiederkehr, denn dieser Aufenthalt sollte zunächst nur vier Tage in Anspruch nehmen bis zur Weiterfahrt nach Verona, wo Wolfgang sie erwartete. Erst am letzten, dem vierten Tag, gab es für Ottilie von Goethe keine Möglichkeit mehr, mit der Hektik unablässiger Besuche in diesem Palast und in jener Galerie die Angst zu verdrängen, die sie zu übermannen drohte. Angst, sich unverhofft Charles Sterling gegenüberzusehen, Angst vielleicht auch, von seinem Glück zu viel, von seinem Tod zu wenig zu erfahren. »Ich verschob von Tag zu Tag, mir Gewißheit zu verschaffen, selbst der qualvolle Zustand des Unbestimmtsein über das Schicksal eines geliebten Wesens, kam mir nun noch glücklich vor«, erinnerte sie sich ein halbes Jahr später, als sie ihre Genua-Odyssee ins Tagebuch eintrug und alles noch einmal nachvollzog, als sei es erst eben gewesen.

Sie fragt sich durch und begegnet schließlich der älteren Schwester Sterlings. Stückweise und anhand eines Briefes von Charles, erfährt sie nun, daß er von Indien bereits lange fort ist und auf einer kleinen Landpfarre in England lebt, »sehr unzufrieden, sehr arm, sehr unruhig wie immer und zusammen mit seiner sehr kränklichen Frau und einer kleinen elenden Tochter, vermutlich drei Jahre alt, aber im Wachstum erheblich zurückgeblieben.« Als Ottilie sich aus der Bedrückung so unerfreulicher Nachrichten zurückziehen will, fügt Charles' Schwester zwischen Tür und Angel noch hinzu, sie wisse sicher, daß Sterling drei Jahre in Frankfurt am Main englischer Prediger gewesen sei. Es verschlägt Ottilie nun endgültig die Sprache, »der Schlag war zuviel – kein Lebenszeichen, nicht einmal gefragt, was aus ihr geworden?, und Frankfurt, Gott, es war hart«.

Zu allem Überfluß stellte sich dann auch noch heraus, daß sie während der Jahre der Ungewißheit sich nur aus der Loge der Pereira in die der Gräfin Palfy hätte beugen müssen, um die gleiche

Auskunft zu erhalten, deretwegen sie zitternden Herzens nach Genua gekommen war, denn die Palfy erwies sich als verwandt mit Sterlings Schwester und wäre somit wohl orientiert gewesen.

Am folgenden Morgen verließ Ottilie von Goethe mit ihrer Schwester Ulrike Genua und kehrte nie mehr dorthin zurück. Sibylle erfuhr weniger als das Tagebuch, nämlich zehn Tage später aus Venedig nur den einen kommentarlosen Satz in verräterischer Kürze: »Charles lebt, ist von Indien zurückgekehrt, bekleidete 4 Jahre die engl. Predigerstelle in *Frankfurt* und ist nun in einer kleinen schlechten Landpfarre in England.« Im gesperrt geschriebenen Namen der Stadt lag für Sibylle die Enttäuschung der Freundin zum Greifen nahe. Im Tagebuch endete Ottilie ihren Bericht mit der Aufzählung von Gründen, die dafür sprachen, Genua am nächsten Morgen den Rücken zu kehren, und beschloß die Passage: »– und der Hauptzweck ist erreicht, ich weiß, daß Sterling lebt. –« Am 1. Juli beginnt sie den Tag mit der Notiz: »Sterlings Geburtstag! Das war mein erster Gedanke, Gott gebe ihm alles Gute!«

Das Kapitel Sterling scheint von nun an für Ottilie abgeschlossen, nicht mehr mit Unruhe belastet, nicht mit eigenen Wünschen, schon gar nicht mit einem Blick zurück im Zorn verbunden. Der nun in ärmlichen Verhältnissen in England lebende Reverend war nicht ihr Charles Sterling, nicht der hochstilisierte Missionar. 1856 kam ihr in Venedig zu Ohren, daß Sterling für eigene Manuskripte einen Verlag suchte, und sie sprach mit Anna Jameson ab, wie das zu bewerkstelligen sei. Schließlich schreibt sie ihm, wohl ihr letzter Brief an Sterling, und empfiehlt ihm, sich mit Anna in Verbindung zu setzen, »and you can be persuaded, that she will do all that is in her power, to have your work published ... and it is with her permission that I write to you. Your happiness wishing as I always did Ottilie von Goethe.« Am Ende ist sie selbst entsetzt, wie nüchtern und sachlich dieser Brief nach so langen Jahren ausgefallen ist. »Ach, es ist jammervoll! – mir war, als schriebe ich an einen Fremden, solche gleichgültige Worte, konnten sie für ihn sein?« Ottilie ist ernüchtert. An diesem Tag im Februar 1856 geht sie in ihrem Tagebuch ohne weitere Reflexionen zur Tagesordnung über und krönt den außergewöhnlich sonnigen Tag mit einer Gondelfahrt auf dem Canale Grande. Erst als sich Sterlings Geburtstag 1857 wiederholt, bekennt sie sich mit zwei Sätzen zur Wahrheit ihrer nunmehr erkalteten Gefühle. »Ob denn wohl wirklich nie mehr ein Gedanke zu uns schweift? Auch ich denke seiner nicht mehr so freundlich wie früher, seit ich seine Schwester in Genua sah und weiß, daß er in Frankfurt so lange lebte und nie ein Lebenszeichen mich erreichte!«

Die große Liebe ihres Lebens scheint bis auf die letzte Asche in sich zusammengesunken. Vielleicht gibt es so etwas überhaupt nicht mehr zwischen zwei Menschen? Die Liebe, »die aus der großen Welt verschwunden«, so meint sie zwei Jahre später bei ihrem letzten Italien- und Venedigaufenthalt sarkastisch, scheine sich zu den Gondolieri geflüchtet zu haben, »denn Giovanni schien es ganz in der Ordnung zu finden, daß sein Schwager, der Gondolier ist und keine andere Erwerbsquelle hat, ein Mädchen heiratet, das in einer Tabakfabrik arbeitet. Er müsse aber das Pranzo zum Fest bestellen und auch größtenteils bezahlen.«

Wäre Venedig nicht von Kriegswirren und ihr Portemonnaie nicht von der endgültigen Auszehrung bedroht gewesen – dort hätte sie wohl weiterhin leben mögen.

Unfreiwillige Stationen

Den 1. Mai 1854 möchte Ottilie von Goethe gern als einen glücklichen Tag in sich aufnehmen: Wolfgang, vierunddreißig Jahre alt, seit zwei Jahren beim preußischen Gesandten in Rom attachiert, ist zur Beförderung und Festanstellung als Legationssekretär vorgeschlagen. Ottilie, leiderfahren angesichts der labilen physischen wie psychischen Struktur ihrer Söhne, zögert spürbar, sich uneingeschränkt einem aufkommenden Glücksgefühl hinzugeben. »Gott gebe seinen Segen und lasse Wolf mit Freude und Befriedigung auf diesen Tag zurückblicken, der ihm alles gibt, was jetzt nur möglich. Ich bin noch betäubt und kann noch nicht zu dem eigentlichen Gefühl des Glückes kommen. Wer hätte vor einigen Jahren für möglich gehalten, daß Wolf noch irgendeine äußere Stellung in der Welt erreichen könnte.«

Welch einer Nervenanspannung waren nicht alle Goethes monatelang ausgesetzt gewesen, bis nun endlich honoriert zu werden schien, daß Wolfgang einige Zeit den Gesandten selbst hatte vertreten dürfen und seine Kenntnisse, Geschicklichkeit und die schriftlichen Berichte sogar das Interesse und Wohlwollen des Königs gefunden hatten. An wie vielen Fäden hatten nicht einflußreiche und wohlmeinende Menschen geknüpft, um Ottilies jüngstem Sohn ein Netz beruflicher Sicherheit zu spannen, ihm, der seinem Freund Mejer wenig zuvor bekannt hatte, daß er eine Seele habe, die einfältig mitunter »weint wie ein Kind«, und schließlich fortfuhr: »Sie fragen, ob ich gesund bin? Nie – Ob ich glücklich bin? – Nie!«

Schriftlich wie mündlich hatte Ottilie sich an jeden Menschen gewandt, der ihr nach Rang und Namen geeignet schien, das diplomatische Parkett für ihren Wolfgang zu polieren und zu verhindern, daß etwa noch ein anderes Mitglied der Botschaft den begehrten Posten erhielte. Den Löwenanteil familiärer Schützenhilfe leistete ihre Schwester Ulrike, die eigens in Berlin bei Prinz Wilhelm von Preußen um Audienz ersuchte, um eine Protektion ihres Neffen zu erwirken. Der Thronfolger, mit der Prinzessin Auguste von Sachsen-Weimar verheiratet, als deren Vorleserin und Vertraute noch Alwina Frommann fungiert hatte, fuhr nächstentags höchstselbst bei Ulrike vor, um deren Wünsche zu hören. Darüber hinaus sprach sie mit dem inzwischen nach Berlin beorderten Gesandten Usedom und mit Heinrich Abeken, dem ehemaligen Prediger der preußischen Gesandtschaft in Rom und nunmehrigen vortragenden Rat im auswärtigen Ministerium. Den kränkelnden Wolfgang informierte sie in Wien auf der Rückreise nach Italien, wo sie in Pisa Ottilie erreichte.

Wolfgang litt mit seinem ganzen Körper an seinem im Grunde ungeliebten Beruf, der ihm nun dadurch nicht erleichtert wurde, daß der ihm und der Goethefamilie wohlgesonnene Usedom nicht mehr nach Rom zurückkehren sollte.

Ottilie von Goethe nutzte im Spätsommer 1854 einen eigenen zehntägigen Berlinaufenthalt, um sich bei Prinz und Minister in aller Form für die tatkräftige Anerkennung ihres Jüngsten zu bedanken, aber auch gleichzeitig neue Sorgen vorzutragen. Beim sechsundachtzigjährigen Alexander von Humboldt konnte sie eine Audienz erwirken und knüpfte an den Dank für seine Unterstützung das neue Anliegen, für das der Unermüdliche sich umgehend bei König und Minister einsetzte.

Eine Art »Lex Goethe« stand zur politischen Entscheidung, denn im folgenden Jahr würde die 30jährige Schutzfrist gegen unerlaubten Nachdruck der Werke Goethes in der Mehrheit der Bundesländer ablaufen. Goethe hatte 1825 für seine *Vollständige Ausgabe letzter Hand* in 40 Bänden nach eigenem Antrag auf Veranlassung des Deutschen Bundestags in Frankfurt von 39 Bundesländern Privilegien von unterschiedlicher Länge erhalten.

Noch am Tage vor ihrer Abreise ließ Minister Manteuffel die zu Recht besorgte Ottilie wissen, daß Preußen gewiß eine Verlängerung der Schutzfrist beim Bundestag befürworten werde, es dazu aber einer Gesetzesvorlage bei den Kammern bedürfe.

Ottilie erfaßte die grundsätzliche Bedeutung der Angelegenheit sofort und bombardierte ihre Söhne im entscheidenden Jahr 1855 mit Vorschlägen und Argumenten, die über eine bloße Verlängerung der Schutzfrist hinausgingen. Kinder und Enkel der vier Weimarer Dichter – Wieland, Herder, Goethe, Schiller – sollten den Großherzog gemeinsam veranlassen, meinte sie, beim Bundestag nicht die Verlängerung der Privilegien, sondern die »Abschaffung eines unbilligen Gesetzes« zu erheischen. Dem Stückwerk immer wieder zu erneuernder Privilegien, von fürstlicher Gnade abhängig, setzte sie das solidarische Vorgehen der betroffenen Familien entgegen, denen der grundsätzliche Schutz und die Verwaltung kapitalwertigen geistigen Eigentums zuzusprechen sei. Wenn, beispielsweise, ein Bauer erfolgreich arbeite und ernte, so käme doch niemand auf die Idee, dreißig Jahre nach seinem Tod andere Männer zu berechtigen, das Gut in Besitz zu nehmen. »Wenn ein Handelshaus seine reichbelasteten Schiffe mit doppelten Gewinn heimbringt, seine Geschäfte und Firma auf Sohn, Enkel und Urenkel forterbt, wer ergreift wohl Besitz davon nach dreißig Jahren im Namen des Gesetzes, wer dürfte seine Magazine plündern, wer seine Schiffe mit Beschlag legen? Niemand, denn der Staat schützt das Erbe des Kaufmannes. Der Staat schützt ein jedes Erbe, jeder Vater hat das Recht, die Früchte eines vielleicht müheseligen Lebens den Seinen, seinen Geschlechtern für alle Zeiten zu hinterlassen. Es gibt nur einen unterschätzten Stand, nur einen Geächteten und Verstoßenen oder vielmehr nur einen Stand, dem man keine Berechtigung zuerkennt, ein Erbe zu haben ...«, eben den Stand der Schriftsteller und Dichter benachteilige man mit der Phrase, seine Werke seien das Eigentum der Nation, was nur heiße, Eigentum der Buchhändler, denen die Privilegien am meisten zu Nutze seien. »Entweder muß man an Kommunismus glauben, an eine Gleichberechtigung aller am Eigentum, oder dieses Gesetz bleibt eine Monstrosität.« Trotz der starken Rhetorik vergaß sie nicht, ihre Söhne realistisch zu erinnern, daß man suchen müsse, Cotta auf seiten der Goethes zu halten.[16]

Zu einem so radikalen Umdenken, bis hin zu juristisch voller und unbefristeter Anerkennung des Begriffes vom geistigen Eigentum konnten sich zu jener Zeit noch nicht alle Bundesländer verstehen, so daß es noch eine Weile bei fristgebundenen Verlängerungen der Klassiker-Privilegien (Goethe, Schiller) blieb. Sie erloschen erst 1867. Nicht nur Cotta als Verleger, auch Walther und Wolfgang von Goethe waren ständig damit beschäftigt, Fristen zu beachten oder Fristverlängerungen zu erwirken.

Mit Jahresbeginn 1856 bereits sollten sich Ottilies Zweifel, ob Wolfgang für das Glück begabt sei, bestätigen. Er wünschte seit geraumer Zeit schon seine Versetzung aus Rom. Mit dem neuen Gesandten ließ es sich schlechter auskommen, als anzunehmen gewesen war. Man schilderte ihn als einen nüchternen, tüchtigen und klugen Mann, aber Ottilie fürchtete sofort, daß dieser dann weniger Verständnis für Wolfgangs Übermaß an Phantasie haben werde, denn das seien oft die, »die mit phantasiereichen Menschen gar keine Brücke finden können, gar kein Verstehen haben und sie als eine Kategorie von Wahnsinnigen betrachten.«

Im Hintergrund aller Wenn und Aber muß man sich bei Wolfgang den Traum von einem völlig anderen Berufsbild denken. Mochten seine Begabungen zum Dichter nicht reichen, so doch sicher zum Privatgelehrten. Aus Rom schrieb er am 5. Januar 1856 an seine Mutter: »Im Hintergrunde meiner früheren Pläne, hier zu arbeiten, lag noch eine größere, meinen ganzen Besitz in Deutschland aufzulösen und hier einen neuen zu gründen, wo Wohnung, Kunstwerke, Sammlungen, eine Bibliothek das ausdrücken sollten, was in mir lag, und die harmonische Umgebung zu einem der Ausführung bestimmter Pläne gewidmeten, der Arbeit und Schönheit geweihten Leben bilden sollten, und ein Leben, durch dessen Stoffe zugleich auch andere hierher pilgernde Strebende mit Hilfsmitteln unterstützt würden, die sie sonst nirgends fänden.« Bar jeglicher Verpflichtung und Verantwortung ungestört seinen Neigungen nachgehen zu können war ihm ein ersehnenswertes Lebensziel, zu dessen Verwirklichung er gern über mehr Geld verfügt hätte.

Zur Jahresmitte 1856 finden wir Ottilie mit ihrem jüngsten Sohn in Dresden, wo dieser der preußischen Gesandtschaft beim König von Sachsen zugeteilt worden war. »Wolfs Anwesenheit, die Nähe von Weimar, wo ich doch auf Walther ab und zu rechne, und wenn man gesund ist, sehr viel, was keine Stadt so bieten kann wie Dresden, Kühnes Aufenthalt hier, das alles ist mir lieb; mich beunruhigt nur das Klima, und ich vermisse sehr ungern Seligmann. Wenn ich aber bedenke, daß Wolf ja so leicht einmal nach Länder versetzt werden kann, die mir unerreichbar sind, dann kann ich mich doch nicht entschließen, die Möglichkeit, mit ihm wieder einen Winter zusammen zu sein, aufzugeben«, schrieb Ottilie der Freundin Sibylle, nicht ohne hinzuzufügen, daß diese sich doch bald einmal hier sehen lassen möge. »Meine liebe Alte, richte Dich ein, nicht gar zu kurz hierzubleiben, denn ich werde recht wieder eine kleine Auffrischung und ein Kunstgespräch bedürfen.«

In der Tat, beide Dresdenaufenthalte – Juli 1856 bis Oktober 1857 und Juli 1859 bis Juni 1860 – brauchten die seelische Stärkung durch Kunst und Freunde. So sehr Wolfgang die Anwesenheit der Mutter auch wünschen mochte, so sehr ging sein hypochondrisches Wesen ihr auf die Nerven. Kleinste Anforderungen genügten, ihn »übel, müde und verstimmt« aussehen zu lassen. Zehntägige Verhandlungen der Brüder mit Cotta wegen der beabsichtigten Herausgabe des Goethe-Schiller-Briefwechsels in erneuter Auflage kamen nur durch Ottilies Einwirken in die rechte Bahn. Cotta zögerte in Anbetracht der noch ungeklärten Privilegienfrage, die Brüder brachten ihm fast nur Mißtrauen entgegen. »Walther und Wolf sind ganz niedergedrückt und mutlos – das ist zu früh! Ich glaube es wohl, daß ihnen die Menschen zuviel sind, aber es ist besser, als daß sie allein sind mit mir.« Sie muß zugeben, daß es ihr schwerfällt, sich ihretwillen aufrecht zu erhalten. Sie sehnt sich manchmal nach nichts mehr, als »einmal von irgend jemand zu hören: Du hast es gut gemacht.« Immer wenn sie glaubt, an den täglichen Querelen mit Wolfgang fast ersticken zu müssen, geht ihr Unmut in den Stoßseufzer über: »Was für ein Mann war mein Papa, er allein war großartig, gut und sorgend wie eine Frau, helfend und fördernd, die anderen alle so kleinlich, neidisch, trivial.« Versteht sich, daß sie vom Schwiegervater Goethe spricht.

Ottilie gewinnt mehr und mehr kritische Distanz zu ihrer Umwelt, zu ihren Söhnen und auch zu sich selbst, indem sie so weit geht, sich wesentliche Schuld am Fiasko ihrer Söhne zuzuschreiben. Seligmann gegenüber gibt sie zu, ihre Söhne hätten »das größte Unglück, das man haben kann, und es bricht oft hervor, Hofmann und Diplomat zu sein, beides nicht zu ihnen passend, weder ihrer Natur noch meiner Erziehung nach. Was ihnen denn also in dieser Karriere auch zuteil wird, kann sie nie befriedigen, denn es befriedigt nur, was zu einem paßt, nicht, was die Verhältnisse aufgedrungen – und meine Söhne haben weder moralische Resignation genug noch sind sie gesund genug, um dieses Kreuz zu tragen, ohne daß es sie zerstört. Wolf sucht immer einen Ausweg noch und wird ihn hoffentlich finden, aber Walther? Das Schlimmste ist, daß ich das Bewußtsein habe, statt ihnen zu helfen, *ich* es gerade bin, die es verhindert, daß sie zu einer Ruhe kommen. Was den Stammbaum betrifft, so wäre es kleinlich, wenn sie nicht darüber hinwegkämen, für *sich*!«

Sie ist wohl bereit, die Erkenntnis auf sich zu nehmen, daß ihre Erziehungsprinzipien nicht dazu beigetragen haben, Walther und Wolfgang widerstandsfähiger und damit lebensfähiger zu machen, aber daß sie schon allein über den ererbten ehrenvollen Namen stolpern könnten, ohne wieder aufzustehen, will partout nicht in ihren Kopf. Ottilie selbst fühlte sich zu keiner Zeit, nicht in ihrer Jugend und nicht im Alter vom Namen Goethe erdrückt. Wenn ihrem eigenen Leben der »Rat- und Baumeister« fehlte, um die Erfüllung letzten Lebensglückes zu erleben, so kreidete sie dieses Manko allein dem Schicksal an, nicht einmal sich selbst. Ihr Selbstbewußtsein verdankte seine Stabilität nicht erst Goethe, es wurzelte tief in ihrer Herkunft aus den Familien Pogwisch und Henckel von Donnersmarck. Die geborene Freiin von Pogwisch, als die sie so häufig ihre Briefe unterzeichnete, wußte, wer sie war. Der unbewußte Stolz auf die Lebensleistung vieler Generationen hatte schon der Mutter und der Großmutter geholfen, unerfreuliche Wechselfälle des Lebens mit Anstand und Würde zu ertragen und auch zu überwinden. Das Anderthalbjahrzehnt unter Goethes Schirm und Dach vermochte diese Haltung nur zu verstärken. Ottilie war niemals Goethes Geschöpf. Es überstieg ihre Vorstellungskraft deshalb ernsthaft, der Schatten des Großvaters könne den Enkeln das Licht nehmen.

Mit grenzenloser Trauer konnte sie daher den Vitalitätsabbau ihrer Söhne nur registrieren, kaum verstehen.

Wie oft trat Wolfgang, erschöpft von geringen Verpflichtungen, ins Zimmer, und Ottilie erkannte mit einem Blick: »Krank an Körper und Seele; er müßte alles einsetzen, um sein Ziel zu erreichen, dazu kann er sich nicht entschließen, weil er zu lebensmüde ist.« Hatte Wolfgang überhaupt noch ein Ziel? Wenige Jahre zuvor hatte noch Ottilie in einem seiner Briefe lesen können, daß »es« sogleich mit siebzehn Pferden mit ihm durchgehe, wenn er glaube, geliebt zu werden und um diesen Wunsch ihm doch eigentlich allein alles sich drehe. Könne er nur einmal geliebt werden, auf der Stelle lasse er sich die Zunge dafür ausreißen und für einen Blick nur gäbe er den kleinen Finger der rechten Hand. Schon in Rom scheint eine unerfüllbare Liebe ihm die Flucht in ein Versetzungsgesuch erleichtert zu haben. In Dresden ereignete sich dasselbe: Mit Graf Redern, dem ihm vorgesetzten Gesandten, blieb der Kontakt förmlich, reserviert und kühl. Von der schönen Tochter bekam Ottilie dafür um so mehr zu hören. Sein Freund Mejer meinte, eine »so gut wie hoffnungslose und dem Gegenstande, soviel ich weiß, auch niemals bekannt gewordene Herzensneigung lag ihm im Gemüte; immer doch nicht so gänzlich hoffnungslos, daß er sich nicht die Frage der Kindererziehung aus gemischter Ehe ernsthaft überlegt hätte; denn die Dame war katholisch, und Kinder dieses Bekenntnisses zu haben, wollte ihm nicht ein. Wir haben den Punkt ausführlich erörtert.«

Zu Ottilies Hoffnungen gehörte es, die Söhne, inzwischen Mittdreißiger, in eine Ehe zu steuern, ehe sie den Makel des Hagestolzes trügen. Sie belegte jede noch so gering erscheinende Sympathieadresse mit neuen Spekulationen, drängte zuweilen auch recht massiv, fest überzeugt, daß die Bindung an eine Familie sich bei beiden Söhnen wohltätig auswirken könne. Tante Ulrike tat ein übriges, dieses Eisen stets warmzuhalten, sogar Alma hatte die Familie um das geflügelt gewordene Wort bereichert: »Den kleinen Gefallen zu heiraten, könnten die Brüder mir doch tun!« Sie hatte sich für den Gedanken begeistert, Walther heirate vielleicht ihre beste Freundin. Die so offensichtliche und an Beispielen ohne Zahl zu beweisende Scheu beider Brüder, irgendwie Verantwortung zu übernehmen, sich mit menschlichen Beziehungen zu belasten, erweckt eher die Vermutung, daß ihr Instinkt sie schützte, das Unverantwortliche zu tun, dem sie nicht gewachsen gewesen wären. Vermutlich gehörte auch die Tatsache des niedrigen Gehaltes als Legationssekretär zu den Schutzfunktionen, die Wolfgang hinderten, eine Heirat energischer anzugehen, denn in Ottilies Tagebuch findet sich unter dem 25. November 1856 die Zeile: »Wolf sah sehr übel aus, ganz gelb und matt und müde und war auch sehr melancholisch. Ich nehme es ihm nicht übel, denn er kann freilich mit dieser Summe nicht heiraten.« War Marie von Redern das unerreichbare »Ziel«, das Wolfgang nur Sehnsucht erlaubte?

Am 1. März 1857 kam Dresdens Gesellschaft mit über fünfzig geladenen Gästen in Ottilies zum Theatersaal umfunktionierter Wohnung zusammen, um einem kleinen Empfang mit Laienaufführung beizuwohnen, an ihrer Tête Graf und Gräfin Redern mit Sohn und vielgepriesener Tochter Marie. Ottilies erfahrener Blick erfaßte geschwind »eine schlanke Gestalt und ein wunderlicher schwarzlockiger Kopf mit offen und heiter blickenden Augen trafen mich. Im ersten Augenblick nicht hübsch, ja, vielleicht häßlich, war doch die blendend weiße Stirn, die weißen Zähne und ein entschiedener Ausdruck von Originalität, Lebhaftigkeit und Natürlichkeit ihr eigen. Das war also der Zauber, von dem sie mir gesprochen und den sie nicht erkannten. Originalität und Natur wirkten so noch unbewußt auf Menschen, die doch wohl kaum ahnten, daß dies Gottheiten waren, denen man huldigen könne.« Drei Tage darauf erschien zur Dankvisite die Gräfin mit ihrer Tochter, und Ottilie stellte erfreut fest: »Comtesse Marie erschien mir heute reizend, keine Spur mehr von Häßlichkeit. Im Gegenteil, armer Wolf, da wird es nicht an Freiern fehlen.« Nach noch einmal drei Tagen meldete sich der Graf selbst an, und Ottilie brachte das Gespräch sofort auf Marie, »die ich pries und von deren Zauber ich sprach«. Der Graf stimmte zu, nicht ohne zu bemerken, daß Marie im Elternhause streng gehalten werde und keine großen Ansprüche zu stellen habe. Natürlich wußte er Wolfgangs »feinen Sinn und viel Zartheit, viel Verstand« zu rühmen, wollte aber auch von Ottilie wissen, ob etwas in Wolfs Charakter läge, was ihn nicht glücklich sein lasse, und sagte, ob er nicht sehr gewissenhaft wäre, vielleicht zu sehr, ... »ich gab das nicht nur für ihn zu, sondern auch für Walther. Er sagte, das wäre sehr schön für mich«. Wenn das die verbrämte Kritik an Wolfgangs buchhalterischer Kleinlichkeit hatte sein sollen, so hatte Ottilie diesen Vorwurf als Kompliment zu nehmen verstanden und gerecht auf beide Söhne verteilt. Warum das Verhältnis Wolfgangs zu seinem Vorgesetzten in Rom so wenig gut gewesen sei, wollte der Graf noch wissen. Ottilie antwortete der Wahrheit entsprechend, daß beider Individualität einander wohl entgegen gewesen sei. Die mangelnde Anpassungsfähigkeit ihres Sohnes ließen beide auf dem Boden dieser diplomatischen Anhörung zurück, als sie das Gespräch beendeten.

Die Neigung Wolfgangs zu ihrer Tochter war den Rederns kaum unbekannt, der freiherrliche Adelsstand gewiß nicht unangenehm, sondern Voraussetzung. Es steht zu vermuten, daß Graf Redern die Angelegenheit ein wenig abklopfte und dann einschlafen ließ, aus welchen Gründen auch immer. Marie von Redern erkrankte für viele Wochen. Auf Ottilies Wunsch besuchte Graf Redern sie noch einmal im Juli des Jahres. Angeblich wollte sie seine Unterstützung in der Privilegiensache erbitten und vergaß nicht, darauf hinzuweisen, daß es der Familie dabei um hunderttausend Taler gehe. Er fand auch die Summe beachtlich und versprach, wenn je es eine Gelegenheit gäbe, alles dafür zu tun. »Sein Gesicht blieb aber sehr marmorn, und als ich ihn bat, der Gräfin und Gräfin Marie mich zu empfehlen, und wie sehr ich bedauert habe, sie nicht zu sehen, beantwortete er nur den ersten Teil meiner Rede und sagte mir, daß er den Auftrag habe, von der Gräfin sehr zu grüßen. Ich ging sogar zum ersten Mal etwas weiter, sprach von meinem Wunsch, meine Söhne etabliert zu sein [= sehen?], und wie Wolfgang wohl gar nicht abgeneigt, ja et. et. Ich glaube, er weiß, worum es sich handelte, und es tat mir daher sehr leid, daß ich aus seinem Benehmen glaubte anzunehmen, daß er nicht wollte. Es betrübte mich sehr ...«

Für Wolfgang zerstob erneut ein Luftschloß, ohne seine ganze Pracht entfaltet zu haben.

Blieben Ottilies Bemühungen als Heiratsvermittlerin auch ohne Erfolg, so gelang es ihr doch immer wieder, bedeutende Männer an sich zu ziehen, die Tage mit anregenden Abenden hohen geistigen Niveaus zu beschließen und darüber eitel Glück zu empfinden. »Auch ihre Erscheinung selbst bot des Eigenartigen und des Anziehenden noch in hohem Grad. Ihre zarte Gestalt, die Art, wie sie sich hielt, der charakteristische Kopf mit den herrlichen, geistvollen Augen und den nicht schönen, aber energischen Zügen, umrahmt von einer Fülle weißer Locken, mußte jeden, auch bei der flüchtigsten Bekanntschaft, für sie interessieren. Ebenso war die Art, sich zu kleiden, ungewöhnlich – ein wenig bunt und phantastisch, aber dieses wieder ausgeglichen durch ein Hauptstück ihrer Toilette: die immer in tadelloser Frische sich von dem schönen Silberhaar abhebende Haube, die durch ein gewisses Etwas an vergangene Tage erinnerte, so daß man immer bei ihrem Anblick ein Bild aus alter, schöner Zeit vor sich zu haben meinte«, so schilderte Jenny von Gerstenbergk den Eindruck aus eben jener Zeit.

Fast allabendlich kam der treue Gustav Kühne, über dessen Heirat sie einst so erbost gewesen war. Inzwischen war der Groll verflogen und sein Wiederaufflackern auch schon deshalb nicht zu fürchten, da Kühne fast immer allein erschien, im Laufe des Tages aus irgendeinem aktuellen Anlaß, nachmittags zum Vorlesen und selten länger als bis acht Uhr am Abend blieb, es sei denn, Ottilie hatte ihn mit seiner Frau zu einer Soiree eingeladen. Kühne fand in Ottilie wieder die bewährte Gesprächspartnerin und war selbst ein vorzüglicher Vorleser, wie auch Walther und Wolfgang, die darin noch vom »Apapa« unterrichtet worden waren. Zu mancher dieser Lesungen lud Ottilie weitere Gäste ein, so wenn Kühne seine Fortsetzung von Schillers *Demetrius* vornahm. »Es ist durchaus nicht möglich, genau zu unterscheiden, wo Schiller aufhört und Kühne anfängt«, notierte sie, »und ich bin überzeugt, daß es den meisten wie mir ergangen ist, die sich sogar bei ein paar Stellen entschieden geirrt haben.« Großes Vergnügen bereitete eine Satire aus der Feder Achim von Arnims: »Kühne las ganz vortrefflich, und wir lachten alle so ungeheuer, wie uns selten beschieden ward. Ein sehr gelungener Abend.« Das anregende geistreiche, niveauvolle Gespräch blieb ihr unverzichtbares Lebenselexier bis in die letzten Lebenstage. Über eine noch sehr junge Bekannte hielt sie einmal fest, diese habe nun endlich gelernt »zu schweigen, wenn kluge Männer reden«. Ottilie besaß die Gabe, bedeutende Klugheit zu erkennen und zuzuhören, nachzufragen, um ihr eigenes Verständnis zu vertiefen und die außergewöhnliche Leistung anerkennend zu bewundern. Darüber hinaus versuchte sie mit geradezu missionarischem Eifer, Menschen solchen Formats ein Forum in der Gesellschaft zu verschaffen. So gab es auch Vorlesungen zu bestimmten Kunstwerken, die der berühmte Arzt, Philosoph, Maler und Kunstsammler Carl Gustav Carus in ihrer Wohnung hielt. Er war königlicher Leibarzt in Dresden und betreute als alter Freund der Goethes auch Ottilie medizinisch, hatte er doch schon vor einem Menschenalter in Weimar Goethe besucht und sich an dessen naturphilosophischen Arbeiten orientiert.

Wie überall, wo sie lebte und wohnte,[17] glich Ottilies Domizil auch in Dresden zuweilen einem Taubenschlag, so daß ihre Korrespondenz zu kurz kam und sie sich sogar bei Sibylle entschuldigen mußte: »Ich habe zwei Briefe von Dir bekommen und trotz meines Wunsches, Dir zu schreiben, es doch nicht gekonnt, weil ich eben gar nicht mehr dazu komme. Zu allen gewöhnlichen Hindernissen sind neue getreten, nämlich daß bei schönem Wetter ich doch ein paar Stunden ausgehe und dann ein paar Stunden mich ausruhen muß, mehr aber noch, daß die Welt im Sommer auf der Wanderung nach Dresden erscheint. Freunde, die kommen, weil ich ihnen einmal wieder nahegerückt bin und Freunde, die ihr Weg durchführt, sowie Fremde, die Briefe mitbringen, wechseln, und wenn man für jeden auch nur etwas tun will, so geht eine große Menge Zeit und Kräfte darauf, zumal dazu Unwohlsein wie jetzt gerade bei mir seinen Hemmschuh dazwischenschiebt, wenn mein Briefwagen fortrollen will.«

Wenige Wochen später, August 1857, befand sich auch endlich Seligmann auf dem Wege zu einem Kongreß in Paris und erlaubte sich den Umweg über Dresden für wenige Tage. Je näher seine Ankunft rückte und je mehr Ottilie sich schonte, um für kurze Zeit in guter gesundheitlicher Verfassung zu sein, desto ärger wurde ihr Befinden, so daß Seligmann sie mit den Worten »also wirklich im Bett« begrüßte. Sie wollte mit ihm Pläne für den kommenden Winter besprechen und manches andere, wohl auch finanzielle Probleme. Vergeblich, Seligmann schien auszuweichen und war unentwegt wie in einer großen Hetzjagd auf den Beinen zu Menschen, die ihn sehen, und Kunstdenkmälern, die er sehen wollte. Als sie ihn endlich einmal festnageln kann, bekommt sie auf die Frage, ob sie Dresden noch einen Winter aushalten werde, die Antwort: »Ich glaube, Sie können ganz gut dableiben.«

Ottilie ist empört. Sie, die sich in diesen Tagen bei Leibweh und Diarrhö »schwach und krank wie ein altes Mütterchen« fühlt, sieht sich im Stich gelassen, hat doch Seligmann nach ihrem Befinden nicht einmal gefragt, sie nicht untersucht und seine Meinung auch nicht begründet. Die Notizen ihres Tagebuches verraten, wie sehr sie sich, zutiefst gekränkt, in eine gewisse Hysterie hineinsteigerte. »Es war mir sehr unangenehm, daß Wolf sehr bald darauf hereinkam, denn wer hätte nicht dem Beben meiner Stimme angehört, daß ich mit großem Schmerz kämpfe. Auf mich selbst hat Seligmann dabei gar keine Rücksicht genommen, das weiß Gott, denn selbst die Leiden, für die ich ihn so sehr um Abhilfe bat, nahm er lächerlich auf, indem als ich über den stets geschwollenen Fuß klagte, er mir sagte, mein Fuß würde wohl fetter geworden sein, und das nähme ich falsch auf.«

Dresden erscheint ihr nun als »Gefängnis«, Anna Jameson in Rom nicht wiedersehen zu können wie eine Verbannung, Seligmanns ruppige, schnöde Objektivität als ein Todesurteil. Spräche dagegen Seligmann etwa den Wunsch aus, den Winter mit ihr in Italien verbringen zu wollen, wäre Ottilie von Stund an gesund und strafte ihren dicken Fuß mit Nichtachtung. Noch immer machte sie sich abhängig vom Freund und reagierte auf seine Aktionen unangemessen überdimensional.

Nun mußte die Kunst wieder Trösterin sein.

Ob Kupferstichkabinett, Galerie oder Privatsammlung, Ottilie von Goethe nutzte das Kunstangebot Dresdens und ging außerdem gern am Elbufer spazieren.

Dennoch, das Jahr 1857 sollte zu einer entscheidenden Wende in ihrem Leben werden. Menschen, denen ihre Liebe gehört hatte, verließen sie. Ihr hatte das Schicksal aufgegeben, sie zu überleben.

Am 17. März 1857 starb Ferdinand Heinke.

Aus seinen Briefen, vor allem dem von 1855, zwanzigseitig, den sie stets bei sich trug, wußte sie, wie eng unsichtbare Fäden der Verbundenheit ihre Ideale miteinander verknüpft hatten. Seine schwere Erkrankung hatte sie fern von ihm gespürt. In der Erschütterung erinnerte sie sich an Verse aus vierundvierzigjähriger Vergangenheit, die ihr Heinke 1813 gewidmet und die sie kurz vor ihrer Heirat Adele Schopenhauer zur Aufbewahrung gegeben, aber nie mehr wiedergesehen hatte. Natürlich nahmen Anna Jameson und Sibylle Mertens-Schaaffhausen verständnisvollen Anteil an ihrer Trauer, die sich beide zu der Zeit in Rom aufhielten. Daß Heinke, einer der edelsten Menschen, sein ganzes Leben hindurch versucht habe, in Harmonie mit sich selbst zu leben, nun zur ewigen Harmonie zurückgekehrt sei, werde sie schon wissen, schrieb sie an Sibylle und knüpfte daran eine erstaunliche Reflexion: »Es bedarf keines Wortes, welches meine Empfindungen waren – ich habe die Prüfung schlecht bestanden, auch ohne ihn etwas zu werden, und Du rechnest es mir wohl nicht als eine Eitelkeit aus, wenn ich mit Schmerz auf die Baumaterialien sehe, die mir die Natur gegeben hatte und die zerstreut liegengeblieben, weil mir der Bau- und Ratmeister versagt war, der sie zu einem Ganzen gefügt.«

Was hätte sie aus sich machen wollen? In jeder Silvesternacht seit ihrer Trennung hatte sie seiner gedacht und beim Jahreswechsel

1854 auf 1855 schrieb sie ihm nach einundvierzig Jahren, den Glückwunsch zu einer Ordensverleihung zum Anlaß nehmend. Ihrem Tagebuch vertraute sie schon damals Reue an: »Mein armes, armes Leben, was wäre aus mir als seine Frau geworden, mein Gott, Du kannst nicht zu streng mit mir ins Gericht gehen, nachdem Du mir ihn gezeigt – und mir ihn genommen.« Im Grunde klagte sie nie sich selbst an, etwa es am eigenen Mut haben fehlen zu lassen, um sich gegen Familie und Gesellschaft für Heinke zu entscheiden. Sie verwand es niemals, daß das Schicksal ihr nicht den Mann – nach Heinke, versteht sich – gegeben habe, der, ihren Vorstellungen entsprechend, sich die Entfaltung ihrer Begabung zur Aufgabe gemacht hätte, wobei in ihr das Erstaunen darüber fast die Melancholie überwog, jedoch nicht den Zorn über das also erkenntnisschwache männliche Geschlecht, das nicht zur Freundschaft mit Frauen bereit sei. Dieser Gedanke hatte sich schon vor Jahren in ihrem Tagebuch ein Ventil geschaffen: »Die Männer halten sich durch kein Verhältnis gebunden als durch die Ehe. Daß man von der Freundschaft annehmen könnte, sie müsse ein dauerndes Band sein, fällt ihnen nicht ein; das Wort Freundschaft ist für sie die Contermarke, die man sich geben läßt, um heraus- und hereinzugehen nach Belieben, ohne den fünften Akt abwarten zu müssen.« So könnten auch Mutter und Großmutter ihre Erfahrungen umschrieben haben. In drei Frauengenerationen Pogwisch wie Henckel von Donnersmarck hieß der Multiplikator der Lebensbuchführung immer Enttäuschung und Zertrümmerung des übernommenen, anerzogenen idealen Bildes von einem Mann in der ehelichen Führungsrolle und als Bewahrer des Guten, Edlen und Schönen schlechthin. Großmutter und Mutter waren darüber in Sarkasmus und Verbitterung verfallen. Ottilie erlitt den gleichen jämmerlichen Schiffbruch, auch ihre Fata morgana löste sich auf. Nur – bei Heinke hatte das durch Verzicht veredelte Passepartout eines Bildes, von dem Ottilie niemals ließ, gestimmt.

Wenige Tage vor ihrem 61. Geburtstag, gegen Ende des Jahres 1857, verlor Ottilie von Goethe die zweite der drei Intimfreundinnen, Sibylle Mertens-Schaaffhausen, die am 22. Oktober in Rom nach kurzer Krankheit gestorben war.

So wie die Gerstenbergks und Serres in Dresden zuweilen mit einem Mittagessen und mit Würsten Ottilies schmaler gewordenes

Portemonnaie zu entlasten suchten, so hatte Sibylle zwanzig Jahre lang freundschaftlich und generös Ottilies Lebensstil und »Gesicht« in der Gesellschaft zu wahren gesucht, indem sie mit kräftigen Finanzspritzen den hypertonen Geldkreislauf der Schwiegertochter Goethes stützte. Ihre Beziehungen zueinander, durchaus herzlich und aufrichtig, entbehrten nicht des gegenseitigen Respekts, der sie nie die tiefe Verbundenheit erreichen ließ, die Sibylle mit anderen Frauen zeitweise verband. Zu konträr muß man sich beider Naturen denken: Sibylle beherrscht, zurückhaltend, herb, sich schwer gegen andere erschließend, dagegen Ottilie extravertiert und auch exaltiert, spontan bis hin zu gefährlicher Offenheit, ganz Gefühl.

Sibylle, nach jahrelangen unerfreulichen Erbschaftsprozessen der Stiefkinder gegen sie, endlich erschöpft, hatte ihre Häuslichkeit aufgelöst, Möbel in Godesberg und im Gartenhaus Goethes in Weimar untergebracht und wollte so schnell wie möglich die rettende Oase in Rom erreichen. So blieben für einen Aufenthalt in Dresden im Dezember 1856 nur wenige, von Ottilie sehr ersehnte Tage. »Du warst wie ein Vogel, den man schweren Herzens ziehen sieht, doch nein – plötzlich, wo wir schon unsere Augen anstrengten, um seinem Flug zu folgen, kreist er plötzlich über unsern Häuptern und sieh, er setzt sich auf einen nahen Baum und singt uns sein Abschiedslied. Und das Zeugnis muß ich Dir geben, liebe Sibylle, Du hast recht lieblich und schön während der zwei Tage Deines Hierseins gesungen.«

Unglaublich viel war in die kurze Zeitspanne ihres Besuchs gelegt worden, der ihre letzte Begegnung sein sollte: Über den literarischen Nachlaß Adele Schopenhauers hatte man sich abgesprochen, Wolfgang besorgte einen gültigen Auslandspaß, Geschenke wurden ausgetauscht, Kupferstiche betrachtet und beredet, Sibylle mixte wie ein Zauberlehrling aus ihr bekanntem Rezept Eau de Cologne, mit Carus und Kühne hatte es interessante Gespräche gegeben, bis in die Abreisenacht hinein war diskutiert worden. Man hätte viele Tage füllen können.

Mit keiner Zeile ließ Ottilie in ihrem Tagebuch die Betroffenheit und Trauer erkennen, die sie nach dem Tod Sibylles erfaßt haben mußte. Aber drei Tage nach dem Ereignis – vielleicht hatte Ottilie nun erst davon erfahren – bricht es abrupt ab und schweigt sich bis zum letzten Venedigaufenthalt aus. Die Erben Sibylles brachten in fast unziemlicher Eile ihre Hinterlassenschaft, Antiquitäten, Bilder, Sammlungen unter den Hammer, so daß Ottilie noch lange suchen mußte, die Käufer zu ermitteln und von diesen zurückzukaufen, was ihr zugedacht gewesen war.

Als Ottilie im Juli 1859 noch einmal nach Dresden zurückkehrte, empfing sie auch hier wieder die Garde alter Freunde, allen voran Gustav Kühne, aber auch der neue preußische Gesandte, Karl Friedrich von Savigny, Sohn des berühmten Berliner Rechtsgelehrten und Neffe der Bettina von Arnim, sogar Clara Heinke. »Es rührt mich sehr, wie all meine Freunde herbeieilen, und alle sich bemühen, mir Freude zu machen. Mein Tisch ist mit Blumen bedeckt, als wenn es mein Geburtstag wäre.« Das Wohlwollen des neuen Gesandten sollte noch benötigt werden, denn Wolfgang schien inzwischen noch weniger Freude an seinem Dienst zu haben als seinerzeit in Rom, fühlte er sich doch schon einige Male zu Unrecht bei Beförderungen übergangen, was sich Ende des Jahres gleich dreifach wiederholen sollte und entsprechend zu denken gab.

Zunächst aber beschäftigte es die Familie, daß Ulrike, nunmehr im 61. Lebensjahr, gewillt war, ihren seit einem halben Jahrhundert freigehaltenen Platz im Damenstift des Klosters St. Johannis vor Schleswig einzunehmen, mithin sich einen eigenen festen Wohnsitz zu schaffen. Am 5. August traf sie dort ein. Die Damen des Stifts waren keineswegs gehalten, ständig im Kloster anwesend zu sein, sondern genossen die Vergünstigung, in der Regel nur zu besonderen Anlässen zu erscheinen, wenn wie damals der Konvent zusammentrat, um eine neue Priörin zu wählen und zwei neue Konventualinnen einzuführen. Ihr Neffe Walther und Anna Jameson nahmen an der Feierlichkeit teil, die auch für Ulrike von Pogwisch stattfand. Die angemessene Kleidung und die Ausstattung des Frühstücks, das für alle Anwesenden zu geben war, was Ulrike übernommen hatte, schufen akute Probleme, die Ottilie aus Dresden mit tausend Kleinigkeiten erledigte, zumal sie bei der Schwester noch in der Kreide stand. Ulrikes lebhafte und unkomplizierte Kontaktfreudigkeit erleichterten ihr schnell das Einleben und das Verhältnis zu den übrigen Damen, die, den Regeln entsprechend, alle aus schleswig-holsteinischem Adel stammten. Bei Einladungen auf benachbarten adligen Gütern oder bei sonst renommierten Familien trank man gern auf das Wohl der Zurückgekehrten und vergaß nicht, dabei zu erwähnen, »... daß ich dem ältesten Geschlecht Holsteins angehört, jetzt dahin zurückgekehrt, mich heimisch fühlen möchte.« Auch am Spieltisch des Propstes und beim Klostervogt erfuhr sie eitel Lob, wie sie überhaupt mit beiden im besten Einvernehmen stand und ihren Rat gern bedachte. Solchen erbat sie auch von allen Familienmitgliedern, und zwar einzeln, für das größte Problem, dem der Ansässigkeit.

Sollte sie bei jedem Wiederkommen im Gasthaus wohnen müssen, so überstieg das bei weitem ihre Einnahmen aus Weimarischen Bankaktien, die sie aus dem mütterlichen Erbe erworben hatte, und aus der Präbende, auf die sie künftig Anspruch haben würde. Sie konnte aber auch eines von drei ihr angebotenen Häusern mieten. Die Unbestimmtheit ihres Kommens und Bleibens und die mögliche Zwischenvermietung an eine andere Konventualin stand dem jedoch entgegen. So entschied sich Ulrike von Pogwisch nach einigem Zögern doch für den Alternativvorschlag, für 600 Taler (ohne Tapezierarbeiten), die ihre Erben einmal zurückerhalten würden, auf einem vom Kloster bereitgestellten Bauplatz selbst zu bauen. Erben sollten die jetzt und später im Kloster lebenden Konventualinnen sein, schrieb sie an Ottilie und fügte hinzu, »da Deine unartigen Söhne unverheiratet« seien und sie doch »jemand in der Welt eine Freude machen möchte.«

Am 27. September 1859 erteilte der Konvent dem Klostervorstand die Vollmacht, mit Ulrike wegen eines Bauplatzes übereinzukommen, und schon zwei Jahre später konnte sie an Ottilie schreiben: »Mein Haus gefällt mir sehr gut und jedesmal, daß ich es sehe, besser.« Von ihrer Gartenseite aus sah sie Sonnenuntergänge, wie sie schöner nicht einmal in Venedig sie beeindruckt hatten, konnte die ein- und ausfahrenden Schifferboote beobachten, die Klosterkirche und zur Rechten auch Schloß Gottorf bewundern. Die jüngste der Pogwischs hatte eine Heimstatt gefunden. Die Neffen waren fortan ihre Gäste, besonders ihr Patenkind Walther.

Den Winter von 1867 auf 1868 verbrachte schließlich Ottilie selbst bei der Schwester in Schleswig, die am 29. August 1864 im 66. Lebensjahr zur Priörin gewählt worden war, in diesem Amte die zweite Pogwisch. Zweihundert Jahre zuvor, 1654, war Abel von

Ulrike von Pogwisch als Priörin.

Pogwisch bereits Priörin geworden, Tochter eines Benedikt von Pogwisch, der 1630 verstorben war.

Ulrica von Pogwisch, wie sie meist unterschrieb, hatte in der Gemeinschaft der Stiftsdamen einen Ort gefunden, von dem sie bald sagen konnte, hier zu Hause zu sein. Eine Empfindung, die Ottilie fremd geworden war. »Ihre alte Vagabundin«, diese Unterschrift unter einem Brief an den Freund Fürst Friedrich zu Schwarzenberg, war niemals ernster zu nehmen als 1860 in Dresden.

Nicht nur die finanzielle Situation der Familie und die Ottilies besonders verschlechterte sich zusehends und ließ keine großen

Sprünge, keine Italienreisen mehr zu oder Zuschüsse aus Freundeshand erwarten, auch Wolfgangs Lage in Dresden stand auf dem Spiel. Ottilie fürchtete seine neue Versetzung und fand sich »kummermüde« und »totmatt«. An seine Karriere glaubte sie nicht mehr, sondern war schon froh über den Zeitgewinn, der dadurch entstanden war, daß man ihm bedeutet hatte, vorerst noch in Dresden zu bleiben. Ein Zeitgewinn, nichts sonst. Dieser zweite Dresden-Aufenthalt vermehrte die Anzahl ihrer unerfüllten Hoffnungen. Erstmals nahm Resignation in ihrem Herzen einen Platz ein.

Wenn ihr Tagebuch im Frühjahr 1860 plötzlich eine neunmonatige Lücke aufweist, so liegt der Grund klar auf der Hand: Erschöpfung und Depression, dazu eine neue Hiobsbotschaft: Am 17. März verlor sie die letzte der schicksalhaft miteinander verbundenen Freundinnen, neben Seligmann die einzige unmittelbare Zeugin ihrer dunkelsten Stunden, Anna Jameson.

Diese warmherzige, couragierte, noble und bedeutende Frau hatte ihr über ein Vierteljahrhundert nicht nur eine Hand zu tatkräftiger Hilfe geboten, sondern beide Hände und sich selbst, als Ottilie von Goethe die Talsohle ihres Lebens erreicht hatte. Im Vergleich mit Anna stellte Ottilie fest, daß diese ihr ganzes Leben lang fleißig gewesen sei, »und ich ein ganzes Leben faul …«. Um als »lady of leisure«, wie der Herausgeber ihrer Tagebücher Ottilie einmal nannte, durchs Leben zu gehen, fehlte es Anna Jameson an Vermögen, aber auch an Talent. Als älteste von fünf Schwestern in Irland zur Welt gekommen, wanderte sie kurz vor der irischen Rebellion mit den Eltern nach England, und zwar zunächst nach Cornwall, aus, wo der Vater, Miniaturmaler von Beruf, schon nach wenigen Jahren ein Arbeitszimmer bei Princess Charlotte in Windsor Castle bezog, um in ihrem Auftrag Miniaturkopien von Lelys Porträts der Damen am Hofe von Charles II. anzufertigen. Nach dem frühen Tode der Auftraggeberin begann für die sechzehnjährige Anna Jameson eine lebenslange Berufstätigkeit; als Gouvernante, über fünfzehn Jahre hinweg, und danach als freie Schriftstellerin. Heirat und Selbständigkeit sollten sie aus dem als unwürdig empfundenen Gouvernantendasein erlösen, aber auch in den Konflikt zwiespältiger Gefühle zu ihrem Mann bringen, mit dem sie schon zweimal verlobt gewesen war, ehe sie ihn 1825, bereits

31 Jahre alt, doch heiratete. Ähnlich wie in Ottilies Ehe kam es sehr schnell zur Entfremdung der Partner, obwohl Robert Sympson Jameson of Ambleside seine Frau, die er im Freundeskreis ihres Vaters kennengelernt hatte, anders als August von Goethe, ermutigte zu schreiben und zu veröffentlichen. Ihre schriftstellerischen Erfolge waren bereits in Europa bekannt, als sie 1833 in Begleitung ihrer jüngsten Schwester nach Weimar gelangte und Ottilie von Goethe begegnete.

Ottilies verblüffende Ungezwungenheit bezauberte die zurückhaltendere Anna Jameson, der als geborener Irin und versehen mit einer Empfehlung eines Vetters der Lady Byron, Tür und Tor im Hause am Frauenplan geöffnet wurden. Das wurde der auslösende Funke zu einer tiefen inneren Verbundenheit. Ottilies Ausstrahlung von Freiheit bei gleichzeitiger Prinzipientreue und Begeisterungsfähigkeit für alles Gute und Edle, für hohe Ideale, faszinierte Anna Jameson so spontan, daß sie bereit war, ihr Leben mit dem Ottilies zu verbinden. Als Robert Jameson zum »Upper Canada's first Vice-Chancellor and the first Speaker of the Legislative after the union of the Upper and Lower Canada« berufen und die Anwesenheit seiner Frau am Dienstsitz wünschenswert wurde, fuhr diese über den Atlantik mit dem Vorsatz, drüben eine Bleibe auch für Ottilie und ihre Kinder zu suchen. Sie war fest überzeugt, »we must spend our existence together. This is my hope, my wish, my thought, my dream.« Ottilie teilte diese Vorstellung kaum mit gleicher Leidenschaft, beeinflußte aber, ohne es zu wollen, Annas Entschluß, ihren Mann zu verlassen und nach Europa zurückzukehren. Das Ehepaar war übereingekommen, die Ehe aufrechterhalten, aber getrennt leben zu wollen, wofür Robert Jameson seine Frau mit einer jährlichen Apanage versah. Es kam jedoch nie zu einem dauernden Zusammenleben Annas mit Ottilie von Goethe, die ohne viel Federlesens im Interesse der Familie 1842 Wien zum endgültigen Wohnsitz bestimmte. Anna sorgte hingegen aufopferungsvoll und verantwortungsbewußt über Jahre für ihren kranken Vater, beim Tod der Mutter für zwei unverheiratete Schwestern und adoptierte schließlich gar ihre Nichte Gerardine, zu der auch Ottilie später in Rom engen Kontakt pflegte. Es blieb bei Besuchen Annas in Wien, Weimar oder Dresden sowie Treffen in Italien. Anna Jameson gelang mit zahlreichen, vorwiegend kunstorientierten Büchern der Aufstieg in die Reihe der populärsten, erfolgreichsten Schriftstellerinnen Englands. Zwischen ihrem 45. und 55. Lebensjahr unterhielt sie freundschaftliche enge Beziehungen zu Lady Byron und begleitete das berühmteste Liebespaar des Jahrhunderts, Robert Browning und Elizabeth Barrett Browning, nach Italien, woraus eine lebenslange Freundschaft erwuchs. Außerdem wurde sie zur federführenden Stimme der nichtmilitanten Bewegung für die Rechte der Frau in der Gesellschaft. Als ihr Mann 1859 starb und nicht sie, sondern seine verheiratete Freundin testamentarisch begünstigte, wäre eine Radikalisierung ihrer feministischen Forderungen durchaus verständlich gewesen. Sie focht jedoch das Testament nicht an, sondern zahlte seine Schulden, bis ihr nichts mehr blieb. Die Königin, Prince Albert und Lord Lansdown organisierten zusammen mit namhaften Freunden eine großzügige finanzielle Verdienstprämie, so daß sie für ihre Schwestern sorgen und selbst finanziell unabhängig weiter arbeiten und leben konnte.

Die Zeiten, in denen Ottilie und Anna sich nicht sehen konnten, zogen sich oft über Jahre hin, dafür florierte ihr brieflicher Gedankenaustausch, in dem Anna besonders die politischen Ereignisse leidenschaftlich kommentierte, keineswegs immer einer Meinung mit Ottilie. Krimkrieg und italienischer Freiheitskampf bewegten sie sehr. Natürlich schlug ihr Herz für den Grafen Cavour und für Garibaldi. Ottilie mußte so, 1859, kurz vor der Niederlage der Österreicher in Solferino, sich von ihr fragen lassen: »How is it, dearest, that you can remember 1813 and not feel for the Italiens who are now struggling for their national freedom as the Germans were in 1813? ... Let Germany be for the Germans and Italy for the Italiens.« Ottilies politischer Anschauungsunterricht in revolutionären Aufständen hatte einen unauslöschlichen Abscheu in ihr hinterlassen und ein gerüttelt Maß an Mißtrauen gegenüber allen Bestrebungen, Freiheit mit Gewalt erzwingen zu wollen. Gegensätze in politischen Meinungen ließen jedoch die Freundschaft niemals Schaden nehmen. Im August 1860 schrieb die bereits kranke und von Todesahnungen erfüllte Anna Jameson an Ottilie: »... but I have no other hope of happiness than in being with you, dearest!« Im Spätsommer konnten sich beide doch noch einmal für einige Wochen in Dresden sehen. In ihrem Buch *Visits and Sketches at Home and Abroad* setzte sie der Freundin ein literarisches Denkmal, nicht ohne mit Bewunderung festzuhalten, was ihr erster Haupteindruck von Ottilie gewesen sei: die Fähigkeit, fünfzehn Jahre hindurch mit Goethe in täglichem Kontakt zusammengelebt zu haben, ohne die eigene Persönlichkeit zu verlieren, die Schlichtheit ihres Charakters sich bewahrend. Sie war ihr als das »poetischste und echteste Geschöpf meines eigenen Geschlechts« erschienen, das durch kein Unrecht mißtrauisch und durch keine Kränkung verbittert geworden war. In ihrer Gegenwart sei die Verleumdung erloschen, und Böses habe sie einfach nicht zur Kenntnis genommen. Sie sei in Wirklichkeit alles das gewesen, was andere Frauen zu erscheinen suchten und habe mit sorgloser Unabhängigkeit verraten, was jene am meisten zu verbergen wünschten.

Die kleine Anna Story, Alma, die Mutter Henriette, der Jugendfreund Heinke und ihre drei Freundinnen Adele, Sibylle und Anna – um sieben Gräber kreisten in ungezählten schlaflosen Nachtstunden Ottilies Gedanken, die Misere der lebensuntüchtigen Söhne des Tags vor Augen und die Melancholie aus eigenen Lebensniederlagen noch nicht mitbedacht. Ihr Leben war ärmer geworden, einsamer. Auch ihre letzte Hoffnung, Wolfgangs Karriere, sollte sich nicht erfüllen, eher bestätigten sich ihre Zweifel.

Mitte Juni 1860 verließ Wolfgang von Goethe Dresden und verbrachte zunächst einen dreimonatigen Erholungsurlaub in Karlsbad, Franzensbad, Weimar und im Hofdienst in Wilhelmsthal, bis er von Wien aus, »wohin Mama definitiv zurückgekehrt ist«, um die Erlaubnis bat, nicht nach Dresden zurückkehren zu müssen und bei seiner Mutter seine Unabhängigkeit genoß, »und sorge mich wenig darum, diese Unabhängigkeit mit einer Abhängigkeit zu vertauschen, wenn sie nicht einen befriedigenden Inhalt hat.« Die Genugtuung der so ersehnten Beförderung zum Legationsrat verschaffte man ihm nachträglich.

So wie Walther als quasi Kustos des großväterlichen Erbes sich in Weimar vergrub, so Wolfgang, von schweren Depressionen begleitet, in seine Studien, deren Veröffentlichung doch Bedenken im Wege standen, die an Reaktionsweisen des älteren Bruders in seiner Leipziger und Wiener Zeit erinnern. »Ein großes Hindernis für die Vollendung aller meiner Arbeiten ist der Umstand, daß ich seit meinem langen Kranksein täglich nur ein bestimmtes, sehr eng bemessenes Quantum Arbeitskraft mit der Feder in der Hand habe. Ist es ausgegeben, sei es, wofür es sei, dann versagt der Körper für den betreffenden Tag jede weitere ähnliche Tätigkeit. Dazu kommt ein innerer geheimer Widerwille gegen alles Veröffentlichen, gegen das Lob und den Tadel, die unser Leben beschränken und unsere Stellung mehr oder weniger verfälschen, wenn wir etwas veröffentlicht haben.« Noch ärger, aber fast präziser kennzeichnet ein anderer Ausspruch gegenüber Mejer seine Stimmung: »Man stirbt lange, selbst wenn man einmal damit angefangen hat.«

Ottilie hatte mit dankbarem Herzen von Dresden Abschied genommen, besonders Carus möchte sie gern einmal wiedersehen, »es ist ein edler Mann, und er hat viel getan, mich aufrecht zu erhalten«. Auf ihrem Weg zum Eisenbahnanschluß führten sie »die Geister der Lokalität« zurück in die Vergangenheit. Hier in der Sächsischen Schweiz war sie 1838[18] mit Sterling in Schandau gewesen und erkannte nun den Gasthof des Forsthauses wieder, wo sich damals die kleine Reisegesellschaft verspätet und den Dampfer versäumt hatte. »Hatte die Seele nun einmal diesen Weg der Empfindung eingeschlagen, so war es natürlich, daß nun mit ganzer Macht die Erinnerung mich überkam, wie ich fröhlich denselben Weg nach Dresden gezogen, um Anna zu sehen, und wie nun kein Weg auf dieser Erde mich mehr zu ihr führen könnte.«

In Wien angekommen, »gut und herzlich« von Seligmann begrüßt, fand sie aus der Auktion des Besitzes von Sibylle Mertens-Schaaffhausen ein etruskisches Urnengefäß, ein Ölbild und eine Handzeichnung vor, stellte eine mitgebrachte Majolika und ein Terrakotta-Gefäß auf und ordnete alles ihren in Wien zurückgebliebenen Kunstschätzen hinzu, kaum daß sie angekommen. Wie könnte sie ohne den »moralischen Trost«, den Gegenstände der Kunst ihr zu geben vermochten, leben in der Enge des Wiener Standquartiers. Kaum dürften die Söhne nachempfunden haben, was es für die vierundsechzigjährige Mutter bedeutete, vom Schicksal wie auf eine Sandbank angeschwemmt worden zu sein, ohne am Horizont ein rettendes Boot zu sehen. Sollte es denn niemandem in der Goethefamilie vergönnt sein, einen eigenen ehelichen Hausstand zu gründen? Noch aus Dresden hatte sie zum wiederholten Male Walther erinnert, daß er doch nicht an den Mädchen vorüberblicken möge, »als wären sie ein Regiment, wo ein Soldat wie der andere erscheint, und als wäre es eine Sorte Geschöpfe, die Dich nichts angingen.« Natürlich vergeblich, wie alle ähnlichen Anstöße.

Ottilies Lebensgrundstimmung hatte sich nach 1860 total verändert. Was den Lebenden nicht gelungen war, die Beeinflussung ihrer seelischen Struktur, das vermochte nun die Trauer um ihre Toten: Melancholie und Resignation. So schrieb sie 1863 in einem Brief an den Großherzog Karl Alexander: »So will ich denn wie Sie es wünschen, denken, ich säße Ihnen gegenüber und Sie befrügen mich, wie es uns ergangen? Ich habe viel Sorgen, viel Kummer, viele innere Unruhe gehabt, würde ich Ihnen, mein fürstlicher Herr, antworten. Mir ist von den vergangenen Jahren eine Müdigkeit geblieben, die ich eine Herzensmüdigkeit noch mehr wie die des Geistes nennen möchte. Ich bin ärmer geworden, denn mir ist, als liebte ich die Menschen viel weniger, und was mir oft als Güte, vielleicht als Schwäche ausgelegt wird, hat einen ganz anderen Grund: es entspringt weit mehr aus Mitleiden, als aus Wohlwollen bei mir. Ich sehe, wie die Menschen die Liebe verschwenden, die ihnen geboten wird und die einen festen Boden bilden könnte für einen Bau, der allen Zeiten trotzen würde. Sie verschwenden sie wie Staub, der unnütz ist, der keine Beachtung verdient und werden einmal darben aus Mangel an Liebe ...«.

Wenn sie sich einen Menschen vorstellen sollte, der nur Liebe und Güte ausgestrahlt und gegeben hatte, so blieb nur der »Vater« übrig, den sie dreißig Jahre nach seinem Tode nur noch zu loben weiß. Einstige Querelen, die sie zeitweilig zum Doppelspiel ihm gegenüber veranlaßt hatten, waren völlig aus dem Erinnern verdrängt, als sie sich 1861 bei Bernhard Abeken, dem Germanisten, für eine Schrift über Goethe bedankte. »Überall haben Sie gezeigt, wie der großartige Charakter meines Schwiegervaters aus Leidenschaft und Irrtum, Kampf und Reue siegreich hervortritt – und so war es auch in der Wirklichkeit. Ich habe fünfzehn Jahre mit meinem Schwiegervater zusammengelebt, mit einem jungen, warmen – törichten Herzen, mit einer großen Dosis Phantasie und ebensoviel Unvernunft, und nie habe ich auch nur einmal gefunden, er sei kalt oder gar herzlos; und welche Ansprüche macht man doch in der Jugend nicht nur an das Gefühl, sondern selbst an die äußeren Zeichen davon, aber er stellte sich immer auf den Standpunkt des andern, und so war er mild verstehend und bei Irrtümern erbarmend.«

Wie viele engste Freunde, auf deren Verstehen sie wie auf das des Vaters hätte rechnen dürfen, deckte nicht schon die Erde. Würden ihre Söhne sie einmal schelten, ob ihrer Fehler und Irrtümer, oder doch Gnade vor Recht ergehen lassen? 1866 las Walther in den Glückwünschen seiner Mutter zu seinem Geburtstag: »... wenn Du später vielleicht mit Recht oder Unrecht leidest an den Folgen meines Unverstandes und meiner Fehler, oder doch glaubst, daß ich die Schuld trage, so glaube wenigstens nie, daß es Mangel an Liebe zu Dir war, was die Veranlassung.«

Keinem ihrer Söhne wäre das jemals eingefallen.

Im Sommer 1862 weilte Ottilie von Goethe einige Wochen in Eisenach und Weimar, jedoch für sich und Wolfgang an Wien als ständigem Wohnsitz festhaltend, wohin sie auch im Herbst des Jahres zurückkehrte.

In den Zeiten ihrer Abwesenheit seit 1857 hatte sich viel verändert.

Weihnachten 1857 hatte Kaiser Franz Joseph II. seiner Hauptstadt ein neues Kleid geschenkt, indem er die Erweiterung der Inneren Stadt, die Auflassung der Wälle und Gräben, das Schleifen der Basteien sowie rings um das Zentrum einen Gürtel, 40 Klafter breit, als Fahrstraße mit beidseitigen Fuß- und Reitwegen anordnete mit dem Wunsch, »daß dieser Gürtel eine angemessene Einfassung von Gebäuden abwechselnd mit freien zu Gartenanlagen bestimmten Plätzen erhalte.« Die Geburtsstunde des neuen Jahres wurde damit auch die der Ringstraße und eines neuen Wien, was zunächst bedeutete, einen Riesenbauplatz – Arbeitszeiten bis zu achtzehn Stunden täglich – und den Wahnwitz unendlich steigender Grundstückspreise, Mieten und Lebenshaltungskosten zu ertragen bei gleichzeitigen politischen und militärischen Desastern.

Auch der Ringstraßenbau konnte nicht darüber hinwegtrösten, daß Österreich schon zwei Jahre später mit der Niederlage von Solferino die Lombardei verlor, keinen friedlichen Ausgleich mit Ungarn schaffte und damit auch die Doppelmonarchie ein offenes Ziel blieb. Italien wurde 1861 ein Königreich, dem nur noch Rom mit weiterer Umgebung und Venetien fehlten. Ein Jahr später krönte man in Berlin Wilhelm I. als Nachfolger von Friedrich

Wilhelm IV. zum König von Preußen und die weimarische Prinzessin Augusta zur preußischen Königin. Im Jahr darauf hieß der Ministerpräsident Preußens Otto von Bismarck, und Österreich bekam den kalten politischen Nordwind zu spüren, als auf Bismarcks Rat hin der preußische König nicht zum Fürstentag in Frankfurt, vom österreichischen Kaiser einberufen, erschien, so daß eine Reform des Deutschen Bundes nicht stattfinden konnte.

Die wachsende Rivalität der beiden deutschen Bruderstaaten und Großmächte konnte niemand mehr übersehen. Eher mußte man mit erheblichen Zweifeln betrachten, daß Österreich 1864 an preußischer Seite Schleswig wieder von Dänemark zurückerkämpfte und es dafür ein Jahr später zur Verwaltung erhielt. Ein neuer Konflikt schien nicht nur unvermeidlich – er war es. Im Juni 1866 brach er offen aus: Preußen mit Italien verbündet, Österreich mit den meisten deutschen Mittel- und Kleinstaaten und nach kaum vier Wochen die Niederlage Österreichs und seiner Verbündeten bei Königgrätz. Aus den Siegen Österreichs über Italien ließ sich kein politisches Kapital schlagen, so verzichtete Österreich auf Venetien. Zur Jahresmitte konnte man das Schicksal des Deutschen Bundes als besiegelt bezeichnen – es gab ihn nicht mehr. Österreich gehörte nicht mehr zu Deutschland. Die »kleindeutsche Lösung«, Bismarcks Vorstellungen entsprechend, feierte Triumphe. Einem Norddeutschen Bund standen fortan der König von Preußen als erblicher Bundespräsident und sein Ministerpräsident als Bundeskanzler vor.

Die politischen Ereignisse mochten dazu beigetragen haben, daß Ottilie von Goethe 1866 in ihrem siebzigsten Lebensjahr Wien verließ und anscheinend auch nicht wieder dorthin zurückkehrte.

Ihr Tagebuch schweigt.

Mit dem Tag ihrer Rückkehr aus Dresden endeten ihre Aufzeichnungen bereits für zwei Jahre, füllten 1862 lediglich fünf Tage im Januar und Juni, um dann für weitere fünf Jahre auszusetzen. Drei Februartage, ein Tag im Mai und ein nicht näher datierter, beschließen 1867 alle bisher bekannten Tagebücher Ottilies.

»Seelen- und körpermüde« beschrieb sie ihren Zustand noch am 16. Februar 1867. Vier Monate später verließ Wolfgang, der mit ihr aus Wien angereist war, wieder Weimar. Ungeklärt bleibt, warum diese Zeit »in jeder Beziehung zu den peinlichsten« seines Lebens gehört haben soll, wie er Mejer schrieb. Die Erörterung nicht mehr vorhandener finanzieller Perspektiven könnte eine Erklärung abgeben für monatelange Depressionen. Immerhin bedeutete die Mansarde im Goethehaus weder für die Söhne noch für die Mutter das Nonplusultra eines Daueraufenthaltes. Wolfgang absolvierte seine fast alljährliche Rheumakur in Franzensbad mit Nachkur in Baden bei Wien. Ottilie verlebte die Zeit vom Winter 1867 bis in den Sommer des folgenden Jahres bei ihrer Schwester im klösterlichen Damenstift St. Johannis vor Schleswig, wo diese seit schon vier Jahren als Priörin tätig war.

Von Dezember 1867 bis Anfang März 1868 hielten sich beide Brüder in Wien auf, um eine »den Nachlaß des Großvaters betreffende Angelegenheit« zu regeln, von der zu erwarten stand, daß »unsere ganze pecuniäre Lage würde möglicherweise eine viel sorgenfreiere werden.« Die Sache, deren präzisen Kern wir nicht kennen, zerschlug sich, und Wolfgang stellte resignierend fest, es gehöre schon »fabelhaftes Gewohnheitsunglück« dazu, wenn so etwas im Sande verlaufe. Nun, Verhandlungsgeschick konnte niemand den Enkeln Goethes nachsagen und wenn überhaupt, so war es ansatzweise allerdings Wolfgang eher gegeben als seinem älteren Bruder.

Nach Weimar zog es ihn wahrhaftig nicht, aber um des immer kränkelnden Bruders willen doch in die Nähe. So ging er im Frühjahr 1868 nach Jena und nutzte die Universität so gut es ging zur Weiterarbeit an einem Manuskript. Im August traf er seine Mutter, die soeben aus Schleswig kam, in Dresden an. »Mama ist nur wie ein Hauch, Geist und Gemüt aber sind unverändert«, meinte er, zumindest ihre Gemütsverfassung wohl stark überschätzend. Die obligatorische Kur mußte er jedoch in diesem Jahr abbrechen, als Ottilie ihm mitteilte, daß Walther ernstlich erkrankt sei. Schon zum Jahresbeginn hatte ihn die angegriffene Gesundheit seines Bruders besorgt werden lassen. Nun aber war ein Ortswechsel mit der Hoffnung auf ein positives Einwirken milderen Klimas angezeigt. Die Richtung schrieb das Portemonnaie vor, das die Brüder wie ihre Mutter zu äußerster Sparsamkeit aufforderte, zumal offenbar Einigkeit darüber bestand, aus dem Goethe-Nachlaß in Weimar nichts mehr zu veräußern. Vor allem Walther dürfte sich strikt gegen solche Vorstellungen gewehrt haben.

Die von Sachwerten unabhängigen Einkommen der Familie ließen den Radius ihrer Beweglichkeit immer enger werden. So zogen die drei Goethes im September 1868 nach Jena, um Walther einen »leidlichen Winter« zu ermöglichen. Gerade er scheint spätestens seit Mitte der fünfziger Jahre von eigenem Kapital unauffällig immer wieder abgezweigt zu haben, was der Mutter weiterhin erlaubte, in Italien zu leben oder kleinere Kunstwerke zu erwerben.

Vom Jenaer Aufenthalt, finanziell und wohnungsmäßig beengt, dürftig eingerichtet und ohne jede Geselligkeit, konnte Ottilie nur an Jenny von Gerstenbergk schreiben: »So lange ich lebe, habe ich nicht so eine monotone Existenz gehabt wie hier.« Von den Jenaer Professoren stellte sich der Germanist Kuno Fischer des öfteren zum Vorlesen ein, das Haus Frommann bot ab und an Kontakte, wenngleich Alwina noch in Berlin weilte. Seit 1860 glich Ottilies Existenz einer Spirale, deren anfangs weite Bogen sich mehr und mehr verengten, um schließlich auf den Punkt zusammengezogen zu werden. Vielleicht erscheine sie undankbar, meinte sie in einem Brief an Carus, das sei ein Irrtum. »Es ist eben kein wohltuendes Gefühl, wenn man das Schicksal gleichsam mit seiner Lebensrechnung neben sich eifrig beschäftigt sieht, und es von allen Plänen, von allem, was man noch immer besitzt, keine andere Rechnungsform anzuwenden für nötig hält als abzuziehen. Das Addieren kommt selten vor ... Wohl aber bleibt das Kapital der Liebe für meine Freunde unverändert.«

Den Sommer 1869 konnte sie anscheinend außerhalb Jenas verbringen, mußte aber dann um Walthers willen noch einen zweiten Winter in Jena »addieren«, den Ottilie »noch einsamer, die Studenten vorübergehend, die Kinder spielend – alles viel spärlicher« beschrieb.

Noch einmal unter südlicher Sonne, umgeben von lieben Freunden, sich der tröstenden Kunst hingeben und an Leib und Seele gesunden zu können, dürfte die vorletzte ihrer unerfüllten Hoffnungen gewesen sein, mit Alwina zusammenziehen zu können, wie sie zwei Jahre später dachte, die letzte.

Mit leichtem Gepäck, so wie sie vor achtundzwanzig Jahren ausgezogen war, so zog Ottilie von Goethe 1870 wieder in Weimar ein.

Die Goethes wohnten wieder und endgültig im Haus am Frauenplan.

1872

»Ja wohl, lieber Seligmann, alte Jugenderinnerungen sind mit doppelter Gewalt aus der Vergangenheit mir nahegetreten, und als die Glocken erklangen, und die zwei Flaggen unseres Hauses ans Fenster schlugen, da setzte ich mich auf einen kleinen Lehnstuhl wie 1813 vor das Bild des Herzogs von Urbino, das mir immer Ähnlichkeit mit meinem Jugendfreund zu haben schien, und dankte Gott, daß ich zum Lebensschluß Deutschland auch in moralischer Größe wieder sich erheben sah. Es hat mir in letzter Zeit immer den Eindruck gemacht, als wenn die deutschen Charaktere wieder aus einem Bade heraufstiegen, als wenn die Schlacken abfielen und der Gedanke, der Enthusiasmus wieder sein Panier entfaltete. Sie konnten wieder für einen Gedanken sterben, der sich erhob, und setzten das Leben ein, ihn zu verwirklichen ...«.

In der vierundsiebzigjährigen Schreiberin dieser euphorischen Briefzeilen vom 9. September 1870 an Professor Romeo Seligmann schlug noch immer das Herz einer Siebzehnjährigen, das, von Patriotismus und Liebe gleichermaßen erfüllt und erhoben, sich jetzt wie 1813 den Sternen näher wähnte als dem Pflaster. Es war das Herz einer Preußin in Weimar, das Herz Ottilie von Goethes.

In diesen ersten Septembertagen[19] besiegten die vereinten Truppen des Norddeutschen Bundes und der süddeutschen Staaten unter preußischer Führung die französische Hauptarmee bei Sedan. Frankreich kapitulierte. Napoleon III. befand sich in deutscher Kriegsgefangenschaft.

Wieder ließ sich Ottilie mitreißen vom Phänomen des Zeitgeistes, der in der Niederlage Frankreichs eine gerechte Antwort auf die Drangsal napoleonischer Kriegs- und Besatzungszeit in Deutschland sah, den deutsch-französischen Krieg von 1870/71 als eine Fortsetzung der Freiheitskriege von 1813 bis 1815 begriff, einen gemeinsamen Kampf aller deutschen Staaten mit dem Ziel der Einheit einer deutschen Nation. Der allgemeine Enthusiasmus dieser Tage galt einem Erfolg, dessen kalkulierter Zweck die Mittel heiligte, mit denen er vorbereitet und errungen war. Ottilies Reaktion zeigt die Gratwanderung des Zeitgeistes zwischen unbefangenem Patriotismus und beginnendem Chauvinismus. Sie ist so sehr Kind ihrer Zeit, daß sie wie die überwältigende Mehrheit der Bevölkerung den Triumph genießt, das Gefühl erneuter moralischer Größe des Vaterlandes und unbekümmert diesen Krieg einen »heiligen« nennen kann, weil sie die Emotionen von Millionen deutscher Bürger teilt. Sie dankt Seligmann, »nicht daß Sie jubeln – denn das habe ich von Ihnen vorausgesetzt –, wohl aber, daß Sie mir die Hand schütteln wollten in dem gemeinschaftlichen Gefühl des Triumphes der gerechten Vaterlandsgröße« und gibt zu erkennen, daß dieses Gefühl eigene Sorgen und Kummer leichter ertragen lasse. »Ich habe meinen alten Franzosenhaß noch frisch erhalten und schließe, wie ich begonnen: Gott dankend es noch erlebt zu haben, und Ihnen, daß Sie meiner dabei gedachten.«

Das nächste Jahr brachte die Gründung des Zweiten Deutschen Kaiserreiches in Versailles und die Erhebung des zunächst widerstrebenden preußischen Königs zum Deutschen Kaiser Wilhelm I. Die Tatsache der Einigung aller fünfundzwanzig deutschen Staaten und der Reichslande Elsaß-Lothringen, letztere ohne Volksabstimmung und das Ganze ohne Österreich, versteht sich, versetzte die Bevölkerung in einen patriotischen Rausch, der übersehen ließ, daß Frankreich auf seine historische Stunde der Revanche für Schmach und Demütigung warten würde, daß dieses Kaiserreich nur eine »kleindeutsche Lösung« darstellte und daß schließlich diese Monarchie das Militär vor den Bürger, diktatorische Praktiken vor demokratische setzte mit einer Verfassung, die Kaiser und Kanzler der demokratischen Kontrolle entzog, vor dem Parlament nicht verantwortlich. Nationalliberale Deutsche, wozu man Ottilie von Goethe wie viele ihrer Freunde wohl zählen durfte, hatten sich ursprünglich eine konstitutionelle Monarchie anders gedacht, gewissermaßen englischer, mit einem lediglich repräsentativen Staatsoberhaupt und einem parlamentsverantwortlichen Premier. Breite Kreise nationalliberalen Bürgertums verloren unter dem emotionalen Sog des Einheitsgedankens binnen Wochen ihr Staatsverständnis, um es Schwarz-Weiß-Rot statt demokratisch Schwarz-Rot-Gold wiederzufinden, umgefärbt zu Nationalkonservativen. Es blieb in der Bevölkerung weitestgehend unreflektiert, wie Frankreich die Niederlage parierte: Vorzeitige Rückzahlung der

5 Milliarden Francs, so daß die deutschen Besatzungstruppen schon ein Jahr später das Land verließen – Einführung der allgemeinen Wehrpflicht. Das Menetekel an der Wand sahen nur wenige.

Es ist unwahrscheinlich, daß Ottilie von Goethe zu denen gehört haben könnte, die sich der mit dem Mörtel der Begeisterung zugemauerten Risse im Fundament des Kaiserreiches bereits 1872 bewußt gewesen wären. Ihr fehlten die politisch kritischen Gesprächspartner, die sie einst unter anderen Konstellationen gehabt hatte, vor allem jedoch fehlten ihr die Zeit und die Kraft, sich noch einmal einem politischen Denkprozeß zu unterziehen.

1872 war vom Schicksal als ihr letztes Lebensjahr vorgesehen.

Herzanfälle und Schwächezustände häuften sich. Größere Aufregungen suchte man ihr fernzuhalten. Es war genug, daß sie leidenschaftlich an den Zeitereignissen Anteil nahm und diese, sozusagen personifiziert, sogar in ihr Haus kamen, als im April des Jahres die einstige Prinzessin von Sachsen-Weimar und nunmehrige deutsche Kaiserin Augusta sie in ihrer Mansarde im Haus am Frauenplan aufsuchte.

Wenn Ottilie zur Freude auch Genugtuung empfunden haben sollte, und das kann man voraussetzen, dann verstand sie es doch mit unnachahmlichem Understatement, dieses große Ereignis am 20. April Seligmann mitzuteilen. Ihre Kammerfrau Luise werde ihm wohl schon berichtet haben, »daß die deutsche Kaiserin mich besuchte; sie war freundlich und einfach, meine Schwester und der Großherzog gegenwärtig; ich hatte sie lange nicht gesehen. Ich empfing sie wie natürlich, da ich ja keine anderen Zimmer habe in der Mansarde.«

Ottilie beherrschte in hohem Maße die Kunst, sich die Mängel eines jeweiligen Quartiers untertan zu machen, bis sie ihren Vorstellungen von Stil und Wohnlichkeit gehorchten und der Ausstrahlung ihrer Persönlichkeit Raum gaben. Zu keiner Zeit ihres Lebens standen ihr Räume ganz privat zur Verfügung, wie sie ihrem Geschmack und ihrem Repräsentationsbedürfnis, ihrer Fähigkeit, einen »Salon« zu führen, entsprochen hätten, aber zu jeder Zeit war sie imstande, den vorhandenen Raum trotz oft haarsträubender Mängel ihren Stempel aufzudrücken.

Wer die Treppe zur Mansarde erstiegen hatte, betrat ein Vorzimmer, in dem er unweigerlich »Mine« begegnete, Wilhelmine Bachstein, dem zahnlosen unansehnlichen Faktotum des kleinen Haushalts. Nur ein Jahr älter als Ottilie, war sie schon seit ihrem vierzehnten Lebensjahr quasi im Familienbesitz und schlief in einem Wandschrank des Vorzimmers. Sie hatte Ottilies Mutter und Großmutter gedient und schließlich ihr selbst als Kinderwärterin der Goetheenkel. Den Dank der Familie zeigte Walther von Goethe öffentlich, als er sie im Erbbegräbnis der Familie beisetzen und auch eine Gedenktafel für sie dort anbringen ließ. An Minchen kam

Ottilie von Goethe.
Bleistiftzeichnung von E. von Binzer, 1863.

niemand vorbei, ohne von ihr begutachtet und nach dem Zweck seines Besuches befragt worden zu sein, sofern es sich nicht um Freunde handelte. Selbst der Großherzog, ihre Stellung im Hause Goethe kennend, begrüßte sie freundlich und mit Handschlag.

Durch ein weiteres kleines Zimmer mit zwei Glasschränkchen, Sofa und dem Bild des Herzogs von Urbino kam man endlich in Ottilies sogenannten Salon, das Wohnzimmer, den das bekannte Goethe-Porträt Stielers beherrschte. Ein kleineres Porträt August von Goethes hing über der Eingangstür und ein Bild Wolfgangs dem des Großvaters gegenüber. Ein italienisches Renaissanceschränkchen, zwei italienische Stühle, ein einfacher Glasschrank mit Andenken aller Art, ein altersschwacher Ofen und in der Mitte des Zimmers der Teetisch, von Sesseln und einem Sofa umgeben, bildeten das Mobiliar.

Hier fand Ottilie von Goethe ihre täglichen Gesellschafter: die Schwester Ulrike, fast immer ihren Sohn Walther, häufig auch Wolfgang und die Freundin Alwina Frommann, die seit Juni 1872 in unmittelbarer Nähe der Goethes wohnte, um hier ihren Lebensabend in Ottilies Nähe zu verbringen. Sie, die mit allen Familienmitgliedern einzeln eng befreundet war und der jeder in vergangenen Jahrzehnten irgendeine Hilfe zu verdanken gehabt hatte, gehörte mit zum engsten Freundeskreis der Familie Goethe. Häufig kam der Großherzog Karl Alexander zur Teestunde vorgefahren. Auch Amalie von Groß (Amalie Winter) mit ihren Kindern wohnte nicht weit und dürfte oft zugegen gewesen sein wie auch jüngere Damen aus dem Weimarer Bekanntenkreis. An Gesprächsthemen fehlte es nie. Die Söhne stellten wohl ein neues Buch vor, aus zahlreichen Mappen wurden Zeichnungen und Kupferstiche zur Betrachtung angeboten, der Großherzog lieferte die politischen Tagesneuigkeiten aus erster Hand, Alwina berichtete vom Leben und von den Freunden in Berlin. Ottilies Begabung, andere zum Sprechen zu bringen und selbst liebenswürdig zuzuhören, ließ einem jeden die Teeabende zur behaglichsten Zeit des Tages werden. Immer blieb die zarte, weißlockige, nächstens Sechsundsiebzigjährige Mittelpunkt der kleinen Gesellschaft, die bald mit Sorge und Trauer beobachtete, wie verwaist der Teetisch erschien, wenn Ottilie nicht daran teilnehmen konnte, weil Körperschwäche und Herzschmerzen sie im Bett hielten.

Am 5. September 1872, sechs Wochen vor ihrem Tode, erschien, vermutlich als letzter auswärtiger Gast, Otto Mejer und notierte bewegt seine Eindrücke: »Die Vereinsamte begrüßte mich mit alter Güte, jedoch aus ihrem Lehnsessel aufzustehen, vermochte sie nicht mehr. Wolf hatte recht, sie war wie ein Hauch. Aber ihre alte Lockenfülle umgab noch das schmale Gesicht, und auch im Anzuge war ihr Geschmack der alte: Sie trug einen farbigen Umhang mit kleiner Goldborte. Jahre und Krankheit waren ihr sehr anzusehen; als ich aber ihr gegenübersaß, richtete sich im Gespräch das gesenkte Haupt nach wenigen Minuten in die Höhe, und es gab Momente, wo man hätte meinen können, die Zeit sei spurlos an ihr vorübergegangen, so lebhaft waren Anteil, Auge, Rede, Handbewegung. Ihre Söhne und meine Kinder, alte und neue Freunde, Liebe und Haß, Bewunderung und Verwerfen, Kleines, Großes und Größtes bewegte das Gespräch, nicht zum Wenigsten die große Zeit des Krieges, der eben vorüber war und das Eine Deutschland, ihre alte Hoffnung, geschaffen hatte; Schmerz, Freude, Erinnerung, Treue, noch immer Liebe zum Leben, alles klang lebhaft an. Mir war, als erlebe ich den Schlußsatz eines Beethovenschen Musikstückes. Als ich nach einer Stunde Abschied nahm und in der Türe einen letzten Blick zurückwarf, war die alte Frau in sich zusammengesunken, wie der Aschenhaufen vom lodernden Feuer. Ich wußte, ich werde sie nicht wiedersehen.«

Noch im Mai des Jahres hatte sie sich gefreut, einen Garderobenraum zusätzlich benutzen zu können, in dem sich einige Schränke aufstellen ließen, in denen sie ihre bei Freundinnen und Freunden weit verstreuten Kunstgegenstände, Schmuck und Briefschaften aufbewahren konnte. Der treue Seligmann schickte denn auch, was sich in seinem Gewahrsam befand, Almas goldene Kette, eine Kamee und eine »rote lederne Brieftasche, in der alle Briefe von … sind, der Verlust würde mich sehr schmerzen …«. Der Name des Schreibers dieser Briefe wurde nach ihrem Tode offenbar von den Söhnen herausgeschnitten, die auf diese Weise unnötig penibel den Ruf der Mutter schützen wollten und so im gesamten Nachlaß wesentliche Lücken erzeugten. Waren es die Briefe von Ferdinand Heinke oder die von Charles Sterling? Zur Mitte des Jahres flackerte noch einmal der Wunsch in Ottilie auf, Weimar verlassen und mit Alwina Frommann an einem anderen Ort leben zu können. Doch nun verschlechterten sich ihr körperlicher Zustand und ihre Gemütsverfassung rapide, und dieser Wunsch blieb wie so viele in ihrem Leben unerfüllt.

Todesahnungen bedrückten sie. Am 4. Oktober bekam Seligmann den Auftrag, für 16 Taler, die sie mitschickte, einen Grabstein für die 1835 verstorbene Anna Sybille anzulegen mit zwei Buchstaben darauf. »Mein ewiges Herzklopfen und meine Augen hindern mich, heute mehr zu sagen, und ich will nichts verschieben, da ich in Sorge bin, bis alles ausgeführt ist. Ich denke, der gelbliche Stein ist schön, aber welche Farbe sich am besten ausnimmt, müssen Sie, lieber Freund, bestimmen.« Im letzten Brief, zwölf Tage vor ihrem Tode, bekam Seligmann zu lesen: »Ich bin noch kränker geworden ...«.

In den letzten Tagen konnte sie das Bett nicht mehr verlassen. »Abends waren im Nebenzimmer mit den Söhnen die jüngeren Freundinnen mit mir vereint«, berichtete Alwina Frommann, »eins oder zwei von uns saßen dann an ihrem Bett, wo wir wechselten. Da der Anfall nur so war, wie schon viermal diesen Sommer, und ihre Energie wie ihre starke Natur, sie immer heraufgerissen, fühlten wir erst vier Tage vor ihrem Tod, daß es diesmal anders sei. Besonders die Söhne, die sie so oft von den Ärzten aufgegeben wußten, konnten nicht fassen, daß es doch enden könnte.«

Am 25. Oktober schien keine Hoffnung mehr erlaubt zu sein. Ottilie kam jedoch noch einmal zu Bewußtsein und fragte, wer von den Freunden im Haus sei. »Die Nächsten alle«, sagte man ihr. Mit Freude im Antlitz habe sie das zur Kenntnis genommen, wird berichtet, und mit den Worten »Was wäre es auch sonst gewesen« geantwortet, bevor sie einzelne zu sich bat, um ihnen »mit fester, liebender Stimme« ihren Segen zu geben.

Dankbarkeit für die Treue, Gefaßtheit angesichts des Todes – ihr moralischer Mut bewährte sich ein letztes Mal.

Am 26. Oktober 1872 starb Ottilie von Goethe an Herzversagen und wurde neben ihrer Mutter im Familiengrab Goethes beigesetzt.

Wenige Tage später dankte Wolfgang von Goethe auch im Namen seines Bruders dem Großherzog Karl Alexander für die Teilnahme an ihrem Verlust: »In unserer guten, und ich darf wohl sagen großen Mutter verlieren wir für dieses Leben den besten Bestandteil unseres Daseins und können Gott nur bitten, daß er uns die Kraft gebe, diesen Verlust würdig zu ertragen!«

An Würde ließen sie es wahrlich nicht fehlen, die Kraft zu einem eigenständigen Leben außerhalb des Doppelschattens von Großvater und Mutter wurde ihnen nicht zuteil. Weder wuchsen sie über diesen hinaus, noch füllten sie auch nur die Konturen, und – sie wußten das. Wie hatte doch erst vor Jahresfrist Wolfgang von Goethe an Otto Mejer geschrieben, als dieser seinen Vater verlor: »... mit tiefstem Verständnis, daß Sie das Ereignis getroffen hat, vor dem ich seit Jahren Tag und Nacht in Furcht lebe. Ich habe die Überzeugung, daß man von dem Augenblick an, wo man aufhört ein Kind zu sein, d. h. keine Eltern mehr hat, in eine Stellung in der Welt trifft, die man eigentlich nicht auszufüllen vermag.«

Es blieb den Brüdern nicht erspart,[20] drei Jahre nach dem Tod der Mutter auch noch die letzten beiden Frauen aus familiärer Nähe zu verlieren, deren Leben mit dem ihren so eng verbunden war. Am 2. August starb Alwina Frommann, und Wolfgang kondolierte ihrem Bruder: »Es war uns seit dem Tode der Mutter ein Trost, sie in unserer Nähe zu wissen und darauf rechnen zu können, daß wir in schwierigen Lagen Liebe, Rat, Beistand bei ihr finden würden.« Nur sechs Wochen später, am 23. September, verschied die geliebte Tante, Ottilies Schwester Ulrike von Pogwisch in Schleswig, und Wolfgang konnte für sich und seinen Bruder bezeugen: »Ihr Tod war die andere Hälfte des Verlustes, den wir noch machen konnten. Der Tod der Mutter hatte ihn nur angefangen.«

Ottilie von Goethe betrauerten zahllose Freunde in Wien, Venedig und Rom, Breslau, Dresden und Berlin, vielleicht auch Charles Sterling in England, der seine romantische Liebe um acht Jahre überlebte. Gustav Kühne widmete der Freundin einen Nachruf und bestätigte, was jeder, der Ottilie von Goethe gekannt hatte, wußte und Alwina Frommann mit den Worten ausgesprochen hatte: »Ihre Fehler lagen bei ihren schönsten Eigenschaften.« Wer bedenkt, mit welcher Vitalität Ottilie von Goethe seit dem Tode des Schwiegervaters danach gestrebt hatte, Weimar und damit die Vergangenheit hinter sich lassen zu können, wie gern sie in Italien geblieben wäre und wie gern sie schließlich noch in ihrem Todesjahr »irgendwo«, nur nicht in Weimar, mit Alwina Frommann gelebt hätte, der fühlt sich an das Grimmsche Märchen vom *Fischer und seiner Frau* erinnert, starb sie doch letzten Endes in derselben kleinen Mansarde, von der sie ausgezogen war, Geborgenheit für sich, Karriere und Heimstatt für ihre Kinder, Goethes Enkel, zu finden. Nichts davon ward ihr zuteil. Hatte sie zuviel vom Schicksal gefordert, als sie betete: »Herr, der du alles hast, gib mir Liebe«?

Worin bestand die Lebensleistung dieser Frau, daß wir ihrer Erdenspur noch immer folgen? Ihr Jahrhundert war nicht arm an bedeutenden Frauen und ungewöhnlichen, auch tragischen Frauenleben, doch ging gerade von ihrer Persönlichkeit eine Faszination aus, die nicht einfach mit dem berühmten Namen zu erklären ist, vielmehr dadurch, daß es ihr gelang, daneben eigenes Profil zu entwickeln. Die Frau, als dem Manne gleichgestellte und gleichgesinnte Gefährtin und Geliebte, entsprach keineswegs Goethes Idealbild, weder des Vaters noch des Sohnes, dafür um so mehr den Vorstellungen Ottilies, deren ganzes Wesen auf Unabhängigkeit, Anerkennung und Respektierung, auf Emanzipation von herkömmlichen Vorurteilen angelegt war. Wenn Goethe sie in frühen Jahren ihrer Bekanntschaft und des Zusammenlebens zuweilen »das Persönchen« nannte, so schwang da immer ein Unterton zwar amüsierten, aber doch zugleich staunenden Respekts mit. In ihrem Artikel über Rahel und Bettina bekannte sie sich mit hörbarem Stolz zu den Frauen, deren geistiges Mitspracherecht kein Mann mehr bestreiten werde. Des Voeux, Gustav Kühne, Romeo Seligmann, Rawdon Brown waren ihre Zeugen für viele andere, die sie Freunde nennen durfte.

Mit dem Recht auf Liebe, das sie so vehement vom Schicksal einklagte, hatte es dagegen seine Not. Leidenschaftliche Hingabe verträgt sich nur schwer mit geistiger Emanzipiertheit. Jene schließt die Selbstaufgabe ein, während diese geradewegs Selbstbehauptung anstrebt. An diesem Dilemma brach Ottilies Lebensideal, zwischen den divergierenden Kräften zerrieben sich ihre Hoffnungen auf ein individuelles, intimes Glück. Ottilie von Goethes Leben stellt ein exemplarisches Beispiel für die Tragik dar, daß sie zwischen beiden auseinanderstrebenden Polen keine Synthese fand. Ihr historisches Verdienst, dem alternden, vereinsamten Dichter die kritische literarische Instanz personifiziert zu haben, der er seinen *Faust II* vorstellte, vermochte nicht, ihr Leiden an der Unvereinbarkeit beider Prinzipien zu kompensieren.

Literaturhistorisch hinterließ sie mit der Zeitschrift *Chaos* ein unschätzbares und noch nicht hinreichend ausgewertetes Dokument für die späten Goethejahre, wie einst das *Journal von Tiefurt* der Herzogin Anna Amalia die frühe Weimarer Goethe-Ära widergespiegelt hatte.

Den zahlreichen prominenten Wiener Freunden blieb sie in Erinnerung als die letzte Vertreterin des literarischen Salons der Goethezeit, dessen Stil sie original aus Weimar mitbrachte und einige Jahre aufrechterhielt, von den Freunden um die Perspektive politischer und sozialer Zeitphänomene erweitert. Das tägliche Gespräch über einen bedeutenden Gegenstand der Literatur oder der Kunst wurde ihr zum Lebensbedürfnis, auch als der Kreis ihrer Freunde immer kleiner wurde.

Mitansehen zu müssen, wie es ihren Söhnen dagegen an Lebenskraft mangelte und diese im Doppelschatten von Mutter und Großvater ohne eigenes Licht untertauchten, vertiefte die Tragik ihres eigenen Lebens um so mehr, als sie sich selbst eigene Schuld an deren Versagen beimaß.

Muß man ihr vorwerfen, daß sie ihre Söhne zu Edelmut und Größe erzog, deren Konstitution überschätzend und den Druck der Umwelt geringachtend? Wie Otto Mejer über Wolfgang von Goethe urteilte, hätte auch Walther gemeint sein können, wenn er erklärte, in Jahrzehnten niemals einen Zug von Kleinlichkeit oder Engstirnigkeit bei ihm gewahr geworden zu sein. »Er war ein groß angelegter Mensch, von umfassender Bildung, von weitem Gesichtskreise, von eigenen Gedanken, von vornehmstem Charakter, der allzeit gesinnt und gestimmt war, zuerst seiner Pflichten eingedenk zu sein und erst nachher seiner Rechte, voll aufrichtiger Menschenliebe, treu, wahr, arbeitsam, und wieviel Gutes ließe sich noch sagen. Wäre nicht die schmerzende Last seiner Krankheit und die glänzende seines Namens auf ihm gewesen, so würde er nach menschlichem Ermessen ein bedeutender Mann geworden sein … nicht immer liebenswürdig, aber immer gewissenhaft.«

Pflanzte Ottilie von Goethe wirklich aristokratische Überheblichkeit in die Herzen ihrer Söhne, doppelten Adelsstolz, der sie unfähig machte, sich in die bürgerliche Gesellschaft zu integrieren und ihnen den Vorwurf der Arroganz und lebensfremden Eigenbrötlertums einbrachte, sie als schwierig gelten ließ?

War ihr Verhalten schuld, daß Walther sich mit der Rolle des Kustos des Goethehauses überforderte? Oder daß er allen voran, aber auch Wolfgang und Ulrike, diskret je nach eigenem Vermögen, Ottilies Lebensstil auch finanziell bezuschußte, nachdem Almas Hinterlassenschaft und die geringere Henriette von Pogwischs aufgebraucht war? Schwester wie Söhne vergötterten Ottilie fast kritiklos und anerkannten ihre geistige und moralische Überlegenheit. Muß man Ottilie tadeln, wenn sie schwesterlicher Liebe und Sohnespflicht zuviel zumutete?

Schwester und Söhne, intime Freundinnen und Freunde erkannten intuitiv in Ottilie von Goethe die Einmaligkeit einer ungewöhnlichen Frau, ungewöhnlich, nicht des erheirateten Namens wegen, sondern kraft ihrer Persönlichkeit und als Kronzeugin einer Zeit und Kultur, die erst mit ihrem Tod ein unbedingtes Ende fand.

Ein Wort des Dankes

Zahlreiche Institutionen und Personen waren mir behilflich beim Zustandekommen dieses Buches. Für ihre Hinweise auf Primär- und Sekundärquellen, Ratschläge und Anregungen für die Beschaffung und Herstellung von Mikrofilmen, Fotokopien und Fotos, für kritische Durchsicht des Manuskriptes und die langwierigen Schreibarbeiten, für geduldiges Zuhören und Eingehen auf meine stets zeitraubenden Wünsche bin ich zu Dank verpflichtet in:

Berlin: Staatsbibliothek Preußischer Kulturbesitz. *Bonn:* Universitätsbibliothek, Handschriftenabteilung. *Braunfels:* Fürst zu Solms-Braunfels'sche Rentkammer. *CSSR:* Statní Oblastni Archiv v. Treboni und Archivni Sprava (Prag). *Düsseldorf:* Anton- und Katharina-Kippenberg-Stiftung im Goethe-Museum. *Frankfurt/M.:* Freies Deutsches Hochstift, Stadt- und Universitätsbibliothek. *Göttingen:* Gisela Baethge. *Güstrow:* Gemeindebüro d. Ev. luth. Dorfgemeinde. *Hannover:* Niedersächsische Landesbibliothek, Josef Obornik, Stadtbibliothek, Gisela und Rolf Wäßerling. *Köln:* Historisches Archiv der Stadt, Universitäts- und Stadtbibliothek. *London:* Information-Service of the British Library. *Leubsdorf/Thür:* Gisela v. Ruskowsky. *Schleswig-Holstein:* Dr. Dr. Friedrich Graf v. Baudissin, Fotoatelier Ute Boeters, Kiel, Klosterpastorat Bordesholm, Fotoatelier Dölling, Bordesholm, Christian Graf Holck auf Farve, Kieler Nachrichten GmbH, Fotomeister Neuhäuser, Hohwacht, Landesamt für Denkmalpflege Schleswig-Holstein in Kiel, Landesarchiv Schleswig-Holstein (Gottdorf), Gerda Baronin v. Löwenstern, Priörin des Adl. Klosters St. Johannis vor Schleswig, OKR Viktor Otte in Kiel, Graf zu Rantzau'sche Guts- und Forstverwaltung in Breitenburg, Dr. Henning von Rumohr (gest. 1984) auf Drült, Mrs. K. Gregor Smith, Ph. D., in Kronshagen, Schleswig-Holsteinische Landesbibliothek in Kiel, Schleswig-Holsteinisches Landesmuseum (Gottorf), Prof. Dr. Erich Trunz in Kiel. *USA:* Prof. Dr. Heinz Bluhm, Boston College, Massachusetts. *Weimar:* Goethe- und Schiller-Archiv (NFG), Prof. Dr. Karl Heinz Hahn, Dr. Edith Nahler, Zentralbibliothek d. dt. Klassik (NFG). *Wien:* Evangelisches Pfarramt A. B. in der Inneren Stadt, Institut für Geschichte der Medizin der Universität, Museen der Stadt, Österreichische Nationalbibliothek, Österreichisches Staatsarchiv (Kriegsarchiv), Schwarzenbergische Archive in Murnau-Schloß, Wiener Goethe-Verein, Wiener Stadt- und Landesarchiv, Wiener Stadt- und Landesbibliothek.

Anmerkungen

Wenngleich bislang in Archiven unbeachtet gebliebene Quellen ausgenutzt werden konnten, dient dieses Buch nicht dem Goethe-Forscher und Literaturwissenschaftler, sondern fühlt sich eher diesen verpflichtet.

Dem hier angesprochenen Leserkreis sollten Quellenhinweise im Text nicht den Fluß des Erzählens stören und entfielen daher weitgehend. Aus dem gleichen Grunde wurden Orthographie und Interpunktion dem heute üblichen Gebrauch weitestgehend angepaßt. Für die Schreibweise der Eigennamen benutzte der Verlag die Artemis-Goethe-Ausgabe. Die nachfolgenden Anmerkungen sollen dem am Sujet interessierten Leser eine Hilfe zu tieferem Verständnis bieten.

1 Vergl. J. W. v. Goethe; Tagebuch v. 8.1.–29.1.1832. An 12 Tagen bzw. Abenden fanden gemeinsame Lesungen und Aussprachen statt (nur einmal im Beisein Eckermanns), auch zweimal des Tages, die Goethe wenigstens am 18. und 24. zu Änderungen veranlaßten.

2 Die genannten Daten vom 1.4., 18.4. und 17.5.1831 finden sich in Kanzler Müllers *Unterhaltungen* (s. Lit. Verz.) unter den Positionen 105,18 und 206,11 der Anmerkungen. Für die tatsächlich vorgenommene Tilgung der Schulden August von Goethes durch den Vater verfügt das Goethe-Schiller-Archiv in Weimar über die entsprechenden Belege.

3 Henriette von Pogwisch berichtete Adele Schopenhauer (s. Bluhm, Sonderband. Lit. Verz.), daß Goethe ein Barvermögen von 58 000 Rtl. hinterlassen habe, der Goetheforscher Ernst Beutler nannte »ungefähr 30 000 Taler Vermögen, dazu Haus, beide Nebenhäuser und Kunstsammlungen« (*Essays um Goethe*, 5. Aufl., Bremen 1957, S. 398). Nach Recherchen von Wolfgang Vulpius (s. Lit. Verz.) gibt es eine Abrechnung der Vormünder über den bei Eintritt der Mündigkeit Walthers an diesen ausgezahlten Vermögensanteil in Höhe von 20 585 Rtl. Bis auf eine geringe Differenz käme dann das Barvermögen Goethes bei seinem Ableben, unter Berücksichtigung der Teilung unter drei Enkel, dem von Henriette von Pogwisch genannten Betrag nahe. Sie dürfte ihre Information von Ottilie bezogen haben.

4 Eine Redewendung, die sich, leicht ironisch auf Goethe bezogen, in einigen Briefen aus dem näheren Umkreis wiederholt finden läßt.

5 Ottilie ließ Sorét in einem Brief vom 19.10.1832 wissen, daß Naylor mit einem »wunderschönen, liebenswürdigen Mädchen versprochen« sei, die in ihr geradezu ihren Schutzengel sähe. Es hinderte sie nicht, sich dennoch erneut um Naylor zu bemühen. Sorét erfuhr außerdem: »Hätte ich Vermögen, so würde ich gleich in einen großen Ort ziehen.

Zum Glück genügt Einförmigkeit, doch zur Herzensleere braucht man Wechsel. Überdem wird mir das Gefühl gänzlicher Unabhängigkeit jetzt so angenehm, daß ich kaum weiß, ob ich das Gebundensein noch ertragen kann. Ich bin im Reden etwas kühner geworden – denn, wen kümmert es noch –, ich muß ja meine Worte allein büßen, und die zahmen Menschen langweilen mich mit ihren hergebrachten Reden und Formeln zu Tode, so erschrecke ich sie denn wenigstens, um etwas Bewegung zu sehen.«

6 Das Gut, zwischen Stettin und Ueckermünde gelegen, kam nach dem Tode von Ottilies Mutter aus deren Linie Henckel von Donnersmarck zu einem Dritt-Teil an Ottilie von Goethe, Ulrike von Pogwisch, Walther u. Wolfgang von Goethe (1852 und 1854 in die Lehen- u. Nachfolgeregister eingetragen); Bertha von Schmeling war eine eingeheiratete Cousine Ottilie von Goethes. 1855 scheint sich Wolfgang von Goethe für den Erwerb weiterer Besitzanteile interessiert zu haben und erbat von der Mutter den größen Teil ihres Vermögens. Ottilie ließ ihn wissen, daß er erst 1859 über 20 000 Taler verfügen könne, von denen er die Hälfte seinem Bruder sicherzustellen habe. Dieser stellte noch einmal 5 000 Taler in Aussicht (Tgb. B. IV, 8.11.1855/25.4.1856). Ottilie verhehlte nicht, daß die Pläne geeignet seien, ihrer aller finanzielle Lage zu verschlechtern. Damit zerschlug sich dann offenbar das Projekt, denn 1858 wurde Friedrich Otto Maximilian Graf Henckel von Donnersmarck alleiniger Besitzer. – (vergl. Altenburg, Otto: Die Beziehungen der Familie v. Goethe zu Nassenheide. In Zs.: Unser Pommerland, Jg. 15, 1930, Heft 11/12, Stettin, und Vulpius, Wolfgang, s. Lit. Verz.)

7 Seit der Veröffentlichung Max Heckers im Jahrbuch der Goethe-Gesellschaft 1927 (s. Lit. Verz.) ist gesichert, daß Ottilie am 16.11.1813 bei Schopenhauers erstmals Ferdinand Heinke sah. Er gehörte weder zu den Lützowschen Jägern noch hatten ihn Adele und Ottilie verwundet aus dem Gebüsch gezogen und dann gesund gepflegt, wie erstere behauptete. Dieser Tagtraum überreizter Nerven eines zur Schwärmerei neigenden Mädchens geisterte noch bis 1965 durch die biographische Literatur.

8 Walther von Goethe behauptet in seinem Nachruf auf Henriette von Pogwisch (1852), daß diese sich mehr von der englischen Literatur als von der französischen angezogen fühlte, gern Fielding, Swift, Sterne u. a. las und für Byron eine besonders große Neigung empfand, »schon zu einer Zeit, wo derselbe in Deutschland noch fast gar nicht bekannt war. – Wenn Goethe dem großen britischen Dichter seine volle Aufmerksamkeit zuwandte, so geschah dies auf Henriettes Veranlassung, wie er auch ihr durchaus prägnantes Urteil über den Schluß des ›Kain‹ in Kunst und Altertum (Bd. V, Heft 1, S. 101) mitzuteilen sich veranlaßt

sah.« Der im Lit. Verz. aufgeführte Nachruf findet sich im Sonderband der Tagebücher Ottilie von Goethes. Der Herausgeber, Heinz Bluhm, nennt jedoch an keiner Stelle den Verfasser. Diesen läßt Wolfgang Vulpius in seiner Biographie über Walther von Goethe (s. Lit. Verz.) auf den Seiten 164 und 237 erkennen.

9 Ende August 1829 entstand der Plan zu dieser kleinen literarischen Zeitschrift in Ottilies Mansarde im Beisammensein mit einer Reihe von Freunden, u. a. Sorét und Karl von Holtei. Am 13.9., einem Sonntag, erschien die erste Nummer dieses Liebhaberblattes, ausschließlich für den engsten Freundeskreis bestimmt. Auflage: 28 Stück, Umfang: 4 Seiten, Erscheinungsweise: anfangs an jedem Sonntag, später in unregelmäßigen Abständen; die letzte Nummer trägt das Datum des 19. Februar 1832.

Der Titel bezog sich auf die Vielfalt des Inhalts: Gedichte, Reisebriefe, Betrachtungen, Erzählungen, Leserbriefe. Die Beiträge waren anonym. Den jeweiligen Autor kannte nur Ottilie. Bis heute sind nicht alle Mitarbeiter bekannt. Jedoch machten eine Reihe von Erstveröffentlichungen goethescher Gedichte das Blatt ebenso zu einer literarischen Rarität wie Beiträge von Karl von Holtei, de La Motte-Fouqué, Adalbert von Chamisso, Sulpiz Boisserée und William Makepeace Thackeray. Ab Heft 16 wirkten Sorét und Eckermann an der Redaktion mit, außerdem der in Weimar ansässige, mit Ottilie verwandte James Patrick Parry. Sechs englische (creation) sowie drei französische (création) Nebenausgaben und Musikbeilagen, für die Zelter und Felix Mendelssohn arbeiteten, ergänzten die unterhaltsamen Blätter (vergl. Reinhard Fink, s. Lit. Verz. und den Reprint des *Chaos* von 1968, s. Lit. Verz.)

10 Dankenswerterweise konnte die Verfasserin einen noch unveröffentlichten Brief Ottilie von Goethes an ihre Mutter vom 12. Juli 1834 aus der Sammlung Prof. Heinz Bluhms einsehen, der zusätzlichen Beweis dafür liefert, daß Charles Sterling zur in Frage kommenden Zeit sich nicht in Frankfurt befand. Über Sterling fand sie erwähnenswert, daß er seine Gesundheit in einem Schreiben an sie gar nicht erwähnte, die demnach wohl ganz gut sein müsse, denn er schreibe, »daß er nicht nach Deutschland kommen könnte, sondern nach Frankreich ginge, und bis im Januar in Genua bleiben würde«. Außerdem berichtet der Brief von einer unangenehmen Aussprache mit Captain Story, der seither »alle 2 oder 3 Tage eine Visite macht, en forme; kein Wort des Vertrauens, kein Wort der Neigung wird je gewechselt, und ich will einem jeden Zuschauer es auch zu raten geben, daß wir je anders waren.« Diese deutliche Abkühlung ihres Verhältnisses zu Story muß wohl mit dessen Rücknahme eines von Ottilie zumindest als Heiratsversprechen angesehenen Bekenntnisses im Zusammenhang bewertet werden.

Ottilies Depression folgte daraus, daß keine Heirat oder dauerhafte Bindung zustande gekommen war und aus der Schlußfolgerung, nun in Weimar »zu leben und zu sterben. Ich habe Unrecht gehabt, nach des Vaters Tod nicht einen andern Aufenthalt gewählt zu haben, damals hatte ich noch Lebensmut, noch die Mittel, woanders mir einen Kreis zu bilden, denn ich gefiel noch, und man konnte mir noch gefallen – jetzt kann ich beides nicht mehr, muß mich also in dies Fortvegetieren ruhig ergeben.« Biographische Darstellungen bis 1965 verschwiegen oder umgingen die uneheliche Geburt eines vierten Kindes Ottilie von Goethes vom 15.2.1835 mit spürbarer Diskretion, offenbar wissentlich. Erst Elisabeth Mangold (1970) nannte das Ereignis beim Namen, ließ jedoch die Frage der Vaterschaft völlig offen. Ulrich Janetzki (1982) wies als erster darauf hin, daß Charles Sterling nicht der Vater des Kindes gewesen sein könne.

Die Frist vom 17.5.1834 (Ankunft in Frankfurt und Begegnung mit Story) bis zum 15.2.1835, exakt neun Monate, muß im Zusammenhang mit Ottilies Brief an Adele Schopenhauer v. 19.5.1834 und dem an ihre Mutter v. 12.7.1834 gesehen werden bzw. den Eintragungen im Totenprotokoll der Stadt Wien und läßt nur den Schluß zu, daß Capt. Story der Vater ihres Kindes gewesen ist.

11 Ottilie von Goethe hinterließ eine beachtliche Reihe eigener Arbeiten, Lyrik und Prosa, unterschiedlichster Qualität im Manuskript, in Briefen, anonym im *Chaos*, in Veröffentlichungen von Anna Jameson und möglicherweise auch anderswo. Man erfährt von einem *Feuermärchen* (s. Needler, Lit. Verz.), der Novelle vom Kunstreiter (s. Houben, Lit. Verz.), der Erzählung *Die Brillenverkäuferin* (Tgb. Bd. V.), vom Essay *Rahel, Bettina und die Stieglitz* (s. Needler, Lit. Verz.), vom Ein-Blatt-Druck *Traurige Geschichte der Sieben* (Goethe-Museum, Düsseldorf), vier Gedichten im Nachlaß Ferdinand Hiller (Hist. Archiv, Köln) und Gedichten in ihrem eigenen Nachlaß (Goethe-Schiller-Archiv Weimar). Außerdem scheint es in den amerikanischen Ottiliana (Hrsg. Heinz Bluhm, Massachusetts) noch unveröffentlichte Arbeiten zu geben außer der bereits in den Tagebüchern zu findenden Lyrik. In der British Library, London, befindet sich die 2. Auflage der englischen *Tasso*-Übersetzung von des Voeux mit einem Vorwort von Ottilie von Goethe und ihr zugeschriebenem Anhang von deutschen Gedichten der Romantik in englischer Übersetzung.

12 G. H. Needler (s. Lit. Verz.) fand diesen Essay Ottilies über drei deutsche Frauen, den sie für Anna Jameson geschrieben hatte, in deren Nachlaß als handschriftliche Kopie der Jameson.

Das Ehepaar Varnhagen von Ense gehörte 1829 zu den Besuchern Goethes. Rahel und Ottilie lernten sich dabei kennen; es gibt Briefe der Rahel an Ottilie aus der Zeit nach dem Tode Goethes.

Bettina von Arnim befand sich 1807, 1810, 1821, 1824 und 1828 im Goethehaus zu Besuch. Im letztgenannten Jahr verlebte sie auch einige Stunden in Ottilies Freundeskreis in der Mansarde. Bettinas ältester Sohn fand noch acht Tage vor Goethes Tod bei diesem und Ottilie herzliche Aufnahme. 1854, während eines zehntägigen Aufenthaltes Ottilie von Goethes in Berlin, besuchte Bettina sie in ihrem Quartier.

Charlotte Stieglitz war Ottilie vermutlich nicht persönlich bekannt. Sie erregte 1834 großes Aufsehen, als sie sich das Leben nahm mit der öffentlich erklärten Absicht, ihr Tod möge durch den Schmerz über ihren Verlust die dichterische Schaffenskraft ihres Ehemannes, des Schriftstellers Heinrich Stieglitz, neu beleben.

13 Am Institut für Geschichte der Medizin der Universität Wien arbeitet gegenwärtig Dr. Manfred Skopeĉ an einer Habilitationsschrift über den bedeutenden österreichischen Arzt Romeo Seligmann, der 1869 ordentlicher Professor der Wiener Universität wurde und 36 Jahre hindurch Ottilie von Goethes engster Freund war. Er heiratete erst jenseits des 50. Lebensjahres ein 31 Jahre jüngeres Mädchen aus einer Beamtenfamilie in Mähren. Für Ottilie wiederholte sich damit die tragische Erfahrung, daß ihre Freunde stets anspruchslose, erheblich jüngere Mädchen heirateten. 1879 ging Seligmann in Pension und starb am 15.9.1892. Von seinem Sohn A. F. Seligmann haben sich Berichte über die Freundschaft des Vaters mit Ottilie von Goethe erhalten sowie Skizzen der Goethe-Enkel aus der Zeit nach Ottilies Tod.

14 *1. Reise: September 1845 – November 1847*

In Begleitung von Anna Jameson und Dr. Seligmann über Venedig, wo A. J. die Reisegruppe verläßt, nach Rom und per Schiff weiter nach Neapel, um den schwer erkrankten Wolfgang abzuholen; mit diesem im Oktober zurück nach Rom, Seligmann über Florenz zurück nach Wien; Winter 46/47 Mutter und Sohn in Rom, Sommer 47 Meran-Obermais (Kaltwasserkur für Wolfgang muß vorzeitig abgebrochen werden). Wolfgang bleibt auf Anraten Dr. Seligmanns in Italien, Ottilie befindet sich am 14.10.1847 wieder in Venedig, November in Wien zurück.

2. Reise: Oktober 1852 – Juni 1854

15.10. Rom, 2.9.1853 Livorno, 4.9. Florenz, 26.11. Pisa, 29.3.1854 Florenz, 17.4. Pisa, 16.5. Lucca, Carrara, 17.5. La Spezia, 20.5. Genua, 24.5. Mailand, 27.5. Verona, 28.5.Venedig, 21.6. Wien.

3. Reise: Oktober 1855 – Juli 1856

15.10.1855 Abreise aus Wien nach Venedig, 4.7.1856 Abreise aus Venedig nach Wien.

4. Reise: November 1858 – Mai 1859

14.11.1858 Abreise aus Wien nach Venedig, 16.5.1859 Abreise aus Venedig nach Wien.

15 Briefe Ottilies an Rawdon Brown wurden noch nicht bekannt, solche Rawdon Browns an Ottilie (v. Juli 1856 – Juni 1869, nebst Billetts aus gemeinsamer Anwesenheit in Venedig) befinden sich im Nachlaß Ottilie von Goethes im Goethe-Schiller-Archiv Weimar (Nr. II, 2, 11).

16 Bei den in den Tagebüchern Ottilies erwähnten Verhandlungen der Enkel Goethes mit dem Verleger Cotta und der dazu notwendigen moralischen Unterstützung durch Ottilie kann es sich nur um ablaufende Länderprivilegien zum Schutz gegen Raubdrucke gehandelt haben, die eine Frist von 30 Jahren vorsahen.

Goethe hatte die Schutzfrist auf seine Werke (Privilegien) von den Ländern des Deutschen Bundes einzeln und in den verschiedensten Variationen erhalten, z. B. 50 Jahre in Dänemark, 10 Jahre in Kurhessen, aber auch wirklich unbefristete für sich, seine Erben und Verleger, insgesamt 39 Privilegien.

Erst 1835 gab es den Bundesbeschluß, Nachdrucke seien im ganzen Bundesgebiet zu verbieten, schriftstellerisches Eigentum nach gleichen Grundsätzen festzustellen und zu schützen. 1837 einigte man sich in der Bundesversammlung auf eine Frist von 10 Jahren nach Erscheinen, 1845 auf 30 Jahre nach dem Tode. Diese letztere Regelung galt in Preußen schon seit 1837. Im Jahre 1867 erloschen alle Klassikerprivilegien.

17 Ottilies eigenhändige Unterschrift eines Briefes an den Freund Fürst Friedrich zu Schwarzenberg, »die alte Vagabundin Ottilie« (20.4.1844), behielt ihre Aussagekraft auch innerhalb der großen Städte, in denen sie für längere oder auch lange Zeit lebte. Für Wien wären etwa sechs Adressen nachweisbar und in Dresden wenigstens vier, von Quartierwechseln in Italien zu schweigen. Ihre schwierigen finanziellen Verhältnisse waren der Grund, daß sie nie in der sogenannten Bel-Etage, dem 1. Stock, wohnen konnte und auch nie hinreichend Raum zur Verfügung hatte. Hinzu kam ihre instinktive Abneigung gegen das Seßhaftwerden unter Umständen, die sie nur als einen unverbindlichen Übergang zu empfinden vermochte, immer auf dem Wege, nie am Ziel.

18 Ein Tagebuch aus dem Jahre 1838 ließ sich bislang nicht ausmachen. Die Verfasserin konnte dankenswerterweise den noch unveröffentlichten Text eines Briefes Ottilie von Goethes an ihre Mutter Henriette in Weimar, abgestempelt am 2. August 1838 in Dresden, aus den Newberry Goetheana bzw. Ottiliana Prof. Heinz Bluhms einsehen, aus dessen Inhalt ein Zusammentreffen Ottilies mit Sterling hervorgeht.

Sterling war an diesem Tage mit einem Begleiter in Richtung Weimar weitergereist. Ottilie bat ihre Mutter, zuvor schon den Erzieher Rothe, daß man Sterling ihr Zimmer zeigen solle wegen der Porträts, das Büstenzimmer und das mit den Handzeichnungen. Außerdem solle man ihn und den begleitenden Mr. Balfour mit heißer Schokolade, Koteletts u. dgl. bewirten. Ihrer Freude über das Wiedersehen gab sie Ausdruck: »Ich kann Dir nicht sagen, liebe Mutter, wie glücklich ich bin, Sterling wiedergesehen zu haben, auch er betrachtet es so; ich hoffe, es bleibt mir eine gute Wirkung davon.« Tagebucheintragungen von 1860 lassen vermuten, daß es sich damals nicht um ein verabredetes Treffen gehandelt hat, sondern eine zufällige Begegnung in der Dresdner Galerie, wo Sterling, vermutlich mit einer kleinen Reisegesellschaft, unversehens hinter ihr stand. Beide hätten demnach von ihrer gegenseitigen Anwesenheit in Dresden nichts gewußt und haben sich anscheinend danach nicht mehr gesehen.

19 Sanitätsrat Dr. Vulpius, Patenkind Walther von Goethes und Ulrike von Pogwischs, schilderte Ottilies Reaktion auf die historischen Ereignisse aus der Erinnerung: »Ich kann mich ihrer natürlich nur als alte ehrwürdige Dame erinnern mit weißen Puffen-Locken und merkwürdig lebhaften Augen. Aber auch ich verspürte einen Hauch ihres patriotischen Geistes, wenn ich mit den neusten Sieges-Nachrichten aus der Schule nach Hause gestürmt kam und dieselben – zweimal dem Boten vom Schloß zuvorkommend – auch im Goethehaus verkünden durfte. Sie empfing mich dann mit einer Herzlichkeit und Begeisterung, die ich sonst nicht von ihr gewohnt war: ›Horch!‹ – rief sie – ›Alles jubelt, singt und schießt Viktoria auf der Straße. Lauf hin, da mußt du auch dabei sein! Dank dir für die herrliche Nachricht!‹« (vgl. Vulpius: Das Goethe-Haus und seine Bewohner. In: Allgemeine Thüringische Landeszeitung, Deutschland, Weimar, Sonnabend, d. 11. Juni 1927, Nr. 159). Im gleichen Artikel bestätigte der Verfasser übrigens die Stiftung Ottilies und ihrer Söhne zu Ehren der verstorbenen Alma, wonach alljährlich eine Konfirmation ausgesteuert wurde.

20 Nach dem Tode der Tante 1875 müßte man sagen – »nichts« erspart. Sie waren zu äußersten Einsparungen gezwungen. Abgesehen von unauffälliger Unterstützung der Mutter in ihren letzten Lebensjahren, hatten sie erhebliche Mittel aus ihrem Vermögen in die Erhaltung des Goethe-Hauses gesteckt. Nicht erst der Besucheransturm zum 10. Geburtstag Goethes 1849, als eine Treppe eingestürzt war, hatte die Mängel der morsch werdenden hölzernen Stützpfeiler und Balkendecken ans Tageslicht gebracht. Auch die Gärten und Gartenhäuser bedurften regelmäßiger Pflege, wozu für Walther noch das ererbte Gartenhaus der Gräfin Henckel kam.

Ironie des Schicksals hatte es zustande gebracht, daß ausgerechnet an Walther die Kustodie des Hauses und der Sammlungen gefallen war, der das alles nur »Goethe-Gerümpel« nannte und gern schon 1842 an den Deutschen Bundestag verkauft hätte.

Dieser, angeführt von preußischer Initiative, hatte die Umwandlung des sächsischen Nachlasses Goethes in Nationaleigentum per Akklamation beschlossen. Über vierjährige Verhandlungen hinweg war die Familie Goethe darüber in sich uneins geworden und hatte der Nation ein unschönes Theater der Feilscherei um das Erbe des Großvaters geboten, wobei Beträge von 40–80 000 Rtl. ins Gespräch geführt wurden, bis schließlich der preußische Geduldsfaden riß, und die Akten darüber unverrichteter Dinge geschlossen wurden. (Ankauf des Goethe-Hauses durch den deutschen Bund 1842/43, s. Chronik des Wiener Goethe-Vereins XXXIII. Band, Wien 1926). Ein verdientes Spießrutenlaufen durch die Presse hatten die Brüder über sich ergehen lassen müssen, ehe Walther schließlich die Belastung der Verwaltung des Erbes für die Familie auf sich genommen hatte. Zu den finanziellen Sorgen waren inzwischen auch die zunehmenden gesundheitlichen Erschwernisse getreten.

Wolfgangs asthmatische und nervlich bedingten Anfälle nahmen bedrohliche Formen an, aber ein ständiger Kammerdiener zu seiner Hilfe war in der Mansarde nicht mehr unterzubringen, zumal Walther sich weigerte, Minchen Bachstein zu entlassen. Bei einem Besuch in Leipzig fand Wolfgang ein Quartier, für das er nach dem Tode der Mutter das Weimarer Haus und den Bruder verließ, um still und zurückgezogen im 4. Stock als Untermieter des Geschirrführers Seiffried und seiner Frau in dieser »Zelle zum heiligen Franziskus«, wie er sein Exil nannte, zu wohnen und sich seinen Studien zu widmen. Er starb am 20.1.1883 in dieser Behausung und in den Armen des ihm ergebenen Dieners, Pflegers und Freundes Thalmann, den er hier erst kennengelernt hatte.

Walther von Goethe wohnte weiterhin in der Mansarde des Goethehauses mit Minchen, die auf seinen ihn ärztlich versorgenden Vetter Vulpius stets wirkte »wie Mephisto-Phorkias vor dem Palast des Menelaos«. Als diese 1884 starb, blieb er allein, häufig besucht vom ältesten Freund aus Kindertagen, dem Großherzog Karl Alexander. Wenige sonstige Besucher fanden ihn meist zusammengesunken in einem Rohrstuhl sitzen, eingeschlossen von Bücherbergen und wagten nicht mehr, seiner offenbaren Schwäche ein Gespräch zuzumuten. Im Dezember 1884 suchte er Leipzig auf, um Nachlaßfragen des Bruders zu regeln. Hier erkrankte er im April ernstlich und erlitt einen Blutsturz. Der Sohn seines Vetters, ebenfalls Arzt, fuhr mit der großherzoglichen Kutsche dem Schwerkranken entgegen, dem er am 15.4.1885 nur noch die Augen schließen und ihn nach Weimar überführen konnte.

Walther von Goethe vermachte den gesamten schriftlichen Nachlaß der Familie der Großherzogin Sophie, den sächlichen dem Großherzog Karl Alexander.

Aus diesem Erbe entstand die erste wissenschaftlich betreute, sogenannte Sophienausgabe der Werke Goethes. Auch die heutigen Nationalen Forschungs- u. Gedenkstätten der Klassischen Deutschen Literatur in Weimar, namentlich das Goethe-Schiller-Archiv, fanden in diesem Erbe ihren Ursprung.

21 Die Ahnentafel folgt im wesentlichen den Angaben des Danmarks Adels Aarbog von 1931, wurde für dieses Buch von der Verfasserin erstmals zusammengestellt und aufgrund eigener Ermittlungen ergänzt und korrigiert.

Das Wappen der Familie existiert in mehreren Varianten und wurde hier nach dem DAA wiedergegeben. Die reiche Ausstattung und der Vergleich mit älteren Vorlagen lassen vermuten, daß es sich um ein Wappen der preußischen Linie handelt.

Bibliographie

Abeken, Bernhard Rudolf: Goethe in meinem Leben. Weimar 1904

Andersen, Hans Christian: Märchen meines Lebens. Frankfurt/M. 1979

Andics, Hellmut: Gründerzeit. Das schwarzgelbe Wien bis 1867. Wien–München 1981

Anton, Karl: Carl Loewe als Lehrmeister Walther v. Goethes. In: Goethe-Jb., Bd. 34. Frankfurt 1913

Barth, Ilse-Marie: Literarisches Weimar. Stuttgart 1971

Bauernfeld, Eduard v.: Aus Alt- und Neu-Wien. In: Ges. Schriften, Bd. 12. Wien 1873

Beaulieu-Marconney, Carl v.: Erinnerungen an Alt-Weimar. In: Goethe-Jb., Bd. 6. Wien 1885

Belke, Horst: Friedrich Fürst zu Schwarzenberg als Schriftsteller. Düsseldorf 1971

Bergmann, Alfred: Die Kompositionen Walther v. Goethes. Bibliographie. In: Sammlung Kippenberg, Heft 7, 1927/28 (S. 173–190)

Berner, Hans: Ottilie v. Goethe über Franz Schober. In: Wiener Geschichtsblätter 2/1964

Biedermann, Flodoard v. (Hrsg.): Goethes Gespräche (Auswahl). Wiesbaden 1957

Bluhm, Heinz (Hrsg.): August v. Goethe und Ottilie v. Goethe. Briefe aus der Verlobungszeit. Weimar 1962

ders.: Tagebücher und Briefe von und an Ottilie von Goethe.
1. Band: Tagebücher 1839–41. Wien 1962; 2. Band: Henriette v. Pogwisch. Briefe an Ottilie v. Goethe. Wien 1963; 3. Band: Tagebücher 1851–54. Wien 1963; Sonderband: Weimar im Jahr 1832. Henriette v. Pogwisch an Adele Schopenhauer. Wien 1964; 4. Band: Tagebücher 1854–56. Wien 1966; 5. Band: Tagebücher 1856–67. Bern/Frankfurt am Main/Las Vegas 1979

Bobé, Louis: Stamtavle over Slaegterne Pogwisch og von der Wisch. Saertryk af Danmarks Adels Aarbog 1931. Kjobenhavn 1931

ders.: Alma v. Goethe und ihr Grabmal. In: Jahrbuch der Goethe-Ges., Nr. 9. Weimar 1944

Bode, Wilhelm: Damals in Weimar. Weimar 1917

ders.: Goethes Sohn, Berlin 1918

ders. (Hrsg.): Goethe in vertraulichen Briefen seiner Zeitgenossen (Bde. 1–3). Berlin und Weimar 1982

Boehn, Max v.: Biedermeier. Deutschland von 1815–1847. Berlin 1921

Borchmeyer, Dieter: Die Weimarer Klassik, Bde. 1 u. 2. Königstein/Ts. 1980

Brandt, Otto u. Wilhelm Klüver: Geschichte Schleswig-Holsteins. Kiel 1981

Braun, Lily: Im Schatten der Titanen. Stuttgart 1914

Bruford, W. H.: Kultur und Gesellschaft im klassischen Weimar. Göttingen 1966

Carstens, Werner: Christian I. und Henning Pogwisch. In: Zs. der Ges. f. Schleswig-Holsteinische Geschichte, Bd. 64. Kiel 1936

Castle, Eduard: Ottilie v. Goethe in Wien. In: Chronik des Wiener Goethe-Vereins 40. Bd. Wien 1935

Cloeter, Hermine: Ottilie Demelius – ein Kind Alt-Weimars. In: Chronik des Wiener Goethe-Vereins, 37. Bd. Wien 1932

Deetjen, Werner: Goethes tägliche Tafel vom 25. Dezember 1831 bis 15. März 1832. In: Sammlung Kippenberg, Heft 7, 1927/28

ders.: Das Haus am Frauenplan seit Goethes Tod. Weimar 1935

Earsum, Charles V.: Prinz Heinrich von Preußen. Göttingen 1958

Eberhardt, Hans: Goethes Umwelt. Forschung zur gesellschaftlichen Struktur Thüringens. Weimar 1951

ders.: Weimar zur Goethezeit. Gesellschafts- und Wirtschaftsstruktur. In: Weimarer Schriften, Heft 34/1980

Eckermann, Johann Peter: Gespräche mit Goethe. Zürich 1976 (3. Aufl.), Berlin und Weimar 1982

Egloffstein, Hermann v.: Alt-Weimars Abend. München 1923

Falk, Johannes: Goethe aus näherem persönlichen Umgange dargestellt. Hildesheim 1977 (Reprint der Ausgabe Leipzig 1832)

Feuchtersleben, Ernst v.: Sämtliche Werke, Bd. 7. Wien 1853

Fiebiger, Otto: Unveröffentliche Briefe Johanna Schopenhauers an Karl August Böttiger. In: 11. Jb. der Schopenhauer-Ges. Heidelberg 1922

Friedrichs, Elisabeth: Die deutschsprachigen Schriftstellerinnen des 18. und 19. Jahrhunderts. Stuttgart 1981

Frommannshausen, Hermann Vogel v.: Alwina Frommann, eine treue Freundin des Goethischen Hauses. In: Goethe-Viermonatsschrift der Goethe-Ges., Bd. 3. Weimar 1938

Geiger, Ludwig: Dreizehn Briefe Goethes an Adele Schopenhauer, In: Goethe-Jb., Bd. 19. Weimar 1898

Genast, Eduard: Aus Weimars klassischer und nachklassischer Zeit. Stuttgart 1903

Gerstenbergk, Jenny v.: Ottilie v. Goethe und ihre Söhne Walther und Wolf. Stuttgart 1901

Goethe, Johann Wolfgang v.: Tagebücher. Zürich 1964 (Ergänzungsband der Gedenkausgabe)

ders.: Annalen. Zürich 1962 (11. Bd. der Gedenkausgabe)

ders.: Autobiographische Schriften, Bd. IV, 3. Auflage. Berlin, Weimar 1981

Goethe, Ottilie v. (Hrsg.): Chaos. Bern 1968 (Reprint der Ausgabe Weimar 1829–31)

Goethe, Walther Wolfgang v.: »Fährmann hol über!«. Berlin 1911 (Nachdruck)
ders.: Henriette Ottilie Ulrike Majorin Freifrau v. Pogwisch, geb. Gräfin Henckel von Donnersmarck, geboren den 15. Oktober 1776, gestorben den 15. Junius 1851 (Nachruf im Privatdruck bei B. F. Vogt). Weimar 1852
ders.: Adele Schopenhauer. Beilage zu Nr. 270 der *Allgemeinen Zeitung* vom 27. September 1849
Grützkow, Karl: Rückblicke auf mein Leben. Berlin 1875
Hebbel, Friedrich: Sämtliche Werke, 2. Abt., Tagebücher, Bd. 4. 1804–1863
Hecker, Max: Ottilie v. Goethe an den Schwiegervater. In: Jb. der Goethe-Ges., Bd. 13. Weimar 1927
ders.: Ferdinand Heinke in Weimar. In: Jb. der Goethe-Ges., Bd. 13. Weimar 1927
ders. (Hrsg.): Dreizehn Briefe Mariannens von Willemer an Goethe nebst zwei Briefen an Goethes Sohn. In: Jb. der Goethe-Ges., Bd. 2. Weimar 1915
Heinemann, Albrecht v.: Ein Kaufmann der Goethezeit. Friedrich Johann Justus Bertuchs Leben und Werk. Weimar 1955
Hellen, Eduard v. d.: Das Journal von Tiefurt. In: Schriften der Goethe-Ges., Bd. 7. Weimar 1892
Henckel v. Donnersmarck, Wilhelm Ludwig Victor: Erinnerungen aus meinem Leben. Zerbst 1846
Heselhaus, Clemens: Annette v. Droste-Hülshoff. Werk und Leben. Düsseldorf 1971
Hiller, Ferdinand: Künstlerleben. Köln 1880
Hiller, Ferdinand: Goethes musikalisches Leben. Köln 1883
Holtei, Karl v.: Vierzig Jahre. Schweidnitz 1898
ders.: Goethe und sein Sohn. Hamburg 1929
Houben, Hans Heinrich: Ottilie v. Goethe. Erlebnisse und Geständnisse 1832–1837. Leipzig 1923
ders.: Damals in Weimar. Erinnerungen und Briefe der Johanna Schopenhauer. Stuttgart 1929
ders.: Goethes Eckermann. Berlin u. a. 1934
ders.: Die Rheingräfin. Das Leben der Sibylle Mertens-Schaaffhausen. Essen 1935
ders. (Hrsg.): Adele Schopenhauer. Tagebuch einer Einsamen. Leipzig 1921
Hüsch, Günter: Privilegien und Recht von 1775 bis zur Gegenwart. In: Bd. 4 der Geschichte der Schleswig-Holsteinischen Ritterschaft. Neumünster 1966
Huschke, Wolfgang: Die Geschichte des Parks von Weimar. Weimar 1951
ders.: Forschungen zur Geschichte der führenden Gesellschaftsschicht im klassischen Weimar. In: Forschungen zur Thüringischen Landesgeschichte. Weimar 1958

Ilwof, Franz: Ottilie v. Goethe und Ernst Freiherr von Feuchtersleben. In: Chronik des Wiener Goethe-Vereins, 15. Bd. 1901
Jelinek, Oskar: Die Geistes- und Lebenstragödie der Enkel Goethes. Zürich 1938
Jericke, Alfred: Goethe und sein Haus am Frauenplan. Weimar 1959
Jorns, Marie: August Kestner und seine Zeit. Hannover 1964
Kahn-Wallerstein, Carmen: Die Frau vom anderen Stern. Goethes Schwiegertochter. Bern 1948
dies.: Katalog der Sammlung Kippenberg 1824. 1. Bd. Leipzig 1928
Kestner-Köchlin, Hermann (Hrsg.): Briefwechsel zwischen August Kestner und seiner Schwester Charlotte. Straßburg 1904
Klein, Otto: Alma v. Goethe, des Dichters Enkelin. Leipzig-Gohlis 1910
Kluxen, Kurt u. a.: Der Adel vor der Revolution. Göttingen 1971
König-Warthausen, Gabriele v.: Ottilie v. Goethe an Anna Gargallo. Briefe an eine italienische Freundin. Wien 1944
Koopmann, Helmut: Das junge Deutschland. Analyse seines Selbstverständnisses. Stuttgart 1970
Krauel, Richard: Prinz Heinrich von Preußen in Rheinsberg. In: Hohenzollern-Jahrbuch, 6. Jg., 1902
Kretschmann, Lily v.: Weimars Gesellschaft und das *Chaos*. In: Westermanns Monatshefte, Nov. 1891, Braunschweig 1891
Kroeger, Heinz: Aus Alma v. Goethes Brieftasche. In: Jahrbuch der Sammlung Kippenberg, 8. Bd. 1830
ders.: Neue Briefe aus dem Goethe-Kreise. In: Deutsche Rundschau Nr. 230, 1932
Kühn, Paul: Die Frauen um Goethe. Weimarer Interviews. Leipzig o. J.
Kühnlenz, Fritz: Erlebtes Weimar. Rudolstadt 1966
Lewald, Fanny: Römisches Tagebuch 1845/46. Leipzig 1927
Lichtenberger, Elisabeth: Die Wiener Altstadt. Wien 1977
Linden, Ilse: Ottilie v. Goethe. Berlin o. J. (1924)
Littrow-Bischoff, Auguste v.: Erinnerungen an Ottilie v. Goethe. In: Die Dioscuren, Jb. des Österreichischen Beamten-Vereins, Bd. 17, 1888
dies.: Erinnerungen an Goethes Familie – Alma v. Goethe. In: Chronik des Wiener Goethe-Vereins, 2. Bd. 1887
Lyncker, Karl v.: Am Weimarischen Hofe unter Amalien und Karl August. Berlin 1912
Mahngold, Elisabeth: Ottilie v. Goethe, Köln–Graz 1970
Mejer, Otto: Wolf Goethe. Weimar 1889
Menzel, Friedrich: Goethes Haus zu Goethes Zeit. In: Goethe-Almanach auf das Jahr 1967. Berlin–Weimar
Messner, Robert: Wien vor dem Fall der Basteien. Häuserverzeichnis und Plan der Inneren Stadt vom Jahre 1857. Wien 1958

Möhrmann, Renate: Die andere Frau. Emanzipationsansätze deutscher Schriftstellerinnen im Vorfeld der Achtundvierziger Revolution. Stuttgart 1977

dies.: Frauenemanzipation im deutschen Vormärz. Stuttgart 1978

Moser, H. J.: Goethe und die Musik. Leipzig 1949

Müller, Hartmut: Lord Byron in Selbstzeugnissen und Bilddokumenten. Hamburg 1981

Needler, G. H.: Letters from Anna Jameson to Ottilie v. Goethe. Oxford 1939

Noack, Friedrich: Deutsches Leben in Rom 1700–1900. Stuttgart, Berlin 1907

ders.: Der Nachlaß August v. Goethes in Rom. In: Goethe-Jb. 29. Frankfurt 1908

Oberhoffer, M.: Goethes Krankengeschichte. Hannover 1949

Oetting, Wolfgang v. (Hrsg.): Aus Ottilie v. Goethes Nachlaß. Briefe und Tagebücher von ihr und an sie, 1806 bis 1832. Schriften der Goethe-Ges., Bd. 27/28. Weimar 1912/13

Pierson, Edgar: Gustav Kühne. Sein Lebensbild und Briefwechsel mit Zeitgenossen. Dresden, Leipzig 1889

Pleticha, Heinrich (Hrsg.): Das klassische Weimar. Texte und Zeugnisse. dtv-dokumente. München 1983

Pückler-Muskau, Ludwig Heinrich Hermann, Fürst zu: Briefe eines Verstorbenen. Stuttgart 1831

Rademacher, Franz: Goethes letztes Bildnis. Krefeld 1949

Reed, Terence James: Die klassische Mitte – Goethe und Weimar. Stuttgart 1982

Rumohr, Henning v.: Dat se blieven ewich tosamende ungedelt. Festschrift der Schleswig-Holsteinischen Ritterschaft zur 500. Wiederkehr des Tages von Ripen am 5. März 1960. Neumünster 1960

ders.: Schlösser und Herrenhäuser in Schleswig-Holstein und Hamburg. Frankfurt/M. 1960

ders.: Schlösser und Herrenhäuser im Herzogtum Schleswig. 2. veränderte Auflage. Frankfurt/M. 1979

Schneider, Constantin: Carl Loewe über Walther v. Goethes musikalische Begabung. In: Chronik des Wiener Goethe-Vereins 37. Bd. 1932

Schneider, Lina: Kindererinnerungen aus Weimar. In: Gartenlaube Jg. 1891, S. 829ff.

Schopenhauer, Johanna: Jugendleben und Wanderbilder. Danzig 1884

dies.: Ihr glücklichen Augen – Jugenderinnerungen. Tagebücher, Briefe (herausgegeben von Rolf Weber). Berlin, Weimar 1978

Schorn, Adelheid v.: Das nachklassische Weimar unter der Regierungszeit von Karl Alexander und Sophie. Weimar 1912

Schütte, Marie: Das Goethe-National-Museum zu Weimar. Leipzig 1910

Schütze, Stephan: Die Abendgesellschaften der Hofrätin Schopenhauer in Weimar. In: Weimars Album zur vierten Säcularfeier d. Buchdruckerkunst am 24. Juni 1840. Weimar 1840

Schulte-Kemminghausen, Karl (Hrsg.): Die Briefe der Annette v. Droste-Hülshoff. Bd. 2. Darmstadt 1968

Schumann, Detlev W.: Goethe und die Familie Schopenhauer. In: Schriftenreihe der Goethe-Ges. Bd. 61

Schwarzenberg, Fürst Karl zu: Geschichte des reichsständischen Hauses Schwarzenberg. Neustadt a. d. Aisch 1963

Searra, Eda: Tradition und Revolution. Deutsche Literatur und Gesellschaft 1870–1890. München 1972

Seligmann, A. F.: Ein Bilderbuch aus dem alten Wien. Wien, Leipzig 1913

ders.: Aus den Briefen Ottilie v. Goethes an einen Wiener Freund. In: Chronik des Wiener Goethe-Vereins 35. Bd. 1928

ders.: Franz Romeo Seligmann. In: Neue Österreichische Biographie ab 1815. Bd. VI. Nendeln/Liechtenstein 1970 (Reprint der Ausgabe von 1929)

Sietz, Reinhold: Aus Ferdinand Hillers Briefwechsel 1826–1861. Beiträge zu einer Biographie Ferdinand Hillers. In: Beiträge zur Rheinischen Musikgeschichte, Heft 28. Köln 1958

ders.: Ferdinand Hiller. In: Musik in Geschichte und Gegenwart Bd. 52/53, Kassel o. J.

Soret, Frederic: Zehn Jahre bei Goethe, 1822–1832. Leipzig 1929

Stahr, Adolf: Ein Jahr in Italien (1.–3. Teil). Oldenburg 1864/65

Stern, Moritz: Chronicon Kiliense tragicum-curiosum 1432–1717. Die Chronik des Asmus Bremer Bürgermeisters von Kiel. Kiel 1916

Stoeger, Hedwig: Aus dem Leben Almas v. Goethe. In: Jugendbeilage der Neuen Freien Presse. Wien 14.4.1934

Stolzenberg, Ingeborg: Ottilie v. Goethes Lebensverhältnisse in den ersten Jahren nach Goethes Tod. In: Jb. der Sammlung Kippenberg, Neue Folge, 2. Bd. Düsseldorf 1970

dies.: Ein Stammbuch Ottilie v. Goethes. In: Jb. der Sammlung Kippenberg, Neue Folge, 3. Bd. Düsseldorf 1974

Stromeyer, Georg Friedrich Louis: Erinnerung eines deutschen Arztes, 1. Bd. Hannover 1875

Taxis-Bordogna, Olga v.: Frauen von Weimar. München 1948

Tewes, Friedrich (Hrsg.): Aus Goethes Lebenskreise. J. P. Eckermanns Nachlaß, 1. Bd. Berlin 1905

Thomas, Clara: Love and Work enough – the live of Anna Jameson. University of Toronto Press 1967

Trunz, Erich: Ein Tag aus Goethes Leben. In: Goethe-Jb., 90. Bd. Weimar 1973

ders.: Das Haus am Frauenplan in Goethes Alter. In: Weimarer Goethe-Studien, Schriften der Goethe-Ges., 61. Bd. Weimar 1980
Tümmler, Hans: Das klassische Weimar und das große Zeitgeschehen. Köln 1975
ders.: Goethe als Staatsmann. In: Persönlichkeit und Geschichte. Bd. 91/92, Göttingen 1976
Uhde, Hermann: Erinnerung und Leben der Malerin Louise Seidler. Berlin 1874
Victor, Walter: Goethe in Berlin. Weimar 1978
Vulpius, Wolfgang: Walther Wolfgang v. Goethe und der Nachlaß seines Großvaters. Weimar 1963
Weber-Rosenkrantz, Woldemar v.: Verzeichnis der bei Hemmingstedt gefallenen Ritter und Knappen nach zwei unveröffentlichten Gefallenenlisten. In: Zs. der Ges. f. Schleswig-Holsteinische Geschichte, Bd. 35, Kiel 1905
Weckbecker, Wilhelm: Goethe und Österreich. In: Chronik des Wiener Goethe-Vereins 35. Bd. 1928
Weimars Album zur Vierten Säkularfeier der Buchdruckerkunst am 24. Juni 1840
Weissel, Otto: Drei Österreicherinnen in Goethes Leben. In: Chronik des Wiener Goethe-Vereins 35. Bd. 1928
Winter, Amalie: Das Chaos, eine Zeitschrift in Weimar, 1830, 1831. In: Weimars Album zur vierten Säcularfeier d. Buchdruckerkunst am 24. Juni 1840. Weimar 1840
Winterscheidt, Friedrich: Deutsche Unterhaltungsliteratur der Jahre 1850–1860. Bonn 1969
Wolf, Carl: Gustav Kühne. Seine Entwicklung als Novellist und Romanschriftsteller und sein Verhältnis zum jungen Deutschland. Diss. Göttingen 1925
Wolff, Kurt (Hrsg.): Tagebücher der Adele Schopenhauer. 1. u. 2. Bd. Leipzig 1909
Zeemann, Dorothea: Ottilie. Ein Schicksal um Goethe. Salzburg 1949

Sonstiges:
Gothaisches Genealogisches Taschenbuch der Gräflichen Häuser 85. Jhg. Gotha 1912
Siebmacher, J. (Hrsg.): Großes und allgemeines Wappenbuch. Bd. 3 (Pogwisch). Nürnberg 1877. Bd. 4 (Henckel-Donnersmarck). Nürnberg 1885
Neues allgemeines Deutsches Adels-Lexikon: Bd. 4 (Henckel-Donnersmarck). Leipzig 1863. Bd. 7 (Pogwisch). Leipzig 1867

Zeittafel

1796 Ottilie Wilhelmine Henriette v. Pogwisch in Danzig geboren (31.10.)
1798 Ulrike Henriette Adele Eleonore v. Pogwisch in Dessau geboren (29.10.)
1802 Trennung d. Eltern, Mutter mit beiden Kindern bei Stiefschwester u. Schwager auf Gut Göhren in der Lausitz
1804 Henriette v. Pogwisch nimmt Erzieherinnenstelle bei Prinzessin Friederike v. Preußen an
1805 Henriette v. Pogwisch gibt die Erzieherinnenstelle auf, Rückkehr zur Stiefschwester, diesmal nach Dessau
1806 Henriette v. Pogwisch geht ohne Anstellung an den Hof d. Herzogs von Sachsen-Weimar-Eisenach in Weimar
1807 Naturalisationspatent König Christians VIII. v. Dänemark für Ottilie u. Ulrike v. Pogwisch (22.5.)
Ulrikes Einschreibung auf die Anwartschaft von Platz und Präbende im Adl. Kloster St. Johannis vor Schleswig
1809 Henriette v. Pogwisch zieht mit den Kindern nach Weimar. Beginn der Freundschaft mit Adele Schopenhauer
1811 Henriette v. Pogwisch wird Hofdame bei Luise, Herzogin v. Sachsen-Weimar-Eisenach
Ottilie und Ulrike werden erstmals Goethe in dessen Haus am Frauenplan vorgestellt (22.12.)
1813 Ottilie begegnet bei Schopenhauers erstmals Heinke (16.11.)
1814 Ferdinand Heinke verläßt Weimar endgültig (21.6.)
1815 Sachsen-Weimar-Eisenach wird Großherzogtum
August v. Goethe intensiviert seine Werbung um Ottilie
1816 Christiane v. Goethe stirbt in Weimar (16.6.)
letzter, jedoch scheiternder Versuch Ottilies, sich aus der Bindung an August v. Goethe zu lösen (24.10.)
Verlobung Ottilies mit August v. Goethe (31.12.)
1817 Ehevertrag und Hochzeit (17.6.)
Einzug des Ehepaares in die Mansarde des Goethehauses am Frauenplan
Ulrike seit Januar für voraussichtlich 4 Jahre in Frankreich
1818 Walther Wolfgang v. Goethe geb. (9.4.)
Ulrike v. Pogwisch kehrt vorzeitig zurück und zieht auf Wunsch der Schwester und mit Zustimmung Goethes mit in die Mansardenwohnung
1819 Ottilie u. August reisen nach Berlin u. Dresden

1820 Wolfgang Maximilian v. Goethe geb. (18.9.)
Amtliche Ehescheidung von Ottilies Eltern
1822 Frédéric Soret tritt in den Mitarbeiter- u. Freundeskreis des Goethehauses
1823 Der 74jährige Goethe erkrankt lebensgefährlich an einer Herzbeutelentzündung
Ottilie sieht erstmals Charles Sterling
Johann Peter Eckermann besucht Goethe, wird sein Mitarbeiter und Freund v. August u. Ottilie
Goethe in Marienbad, Karlsbad, Eger u. Umgebung (22.6.–17.9.), seine vermeintlichen Heiratsabsichten mit der 17jähr. Ulrike v. Levetzow stellen die Familie vor Probleme
Goethe erneut erkrankt, Ottilie verschiebt die geplante Berlinreise um ca. 3 Wochen
1824 Charles Sterling reist heimlich Ottilie nach u. erst einige Tage später nach England weiter
Ottilie kehrt nach Weimar zurück
Ottilie zur Kur in Bad Ems und Schlangenbad
1825 Ottilie mit dem an Keuchhusten erkrankten Walther in Jena
1826 Adele Schopenhauer zieht mit ihrer Mutter nach Unkel am Rhein, Beginn ihrer Lebensfreundschaft mit Sibylle Mertens-Schaaffhausen und ihrer engen Beziehung zu Annette v. Droste-Hülshoff
Reitunfall Ottilies mit entstellenden Gesichtsverletzungen
August v. Goethe erkrankt an Nieren- u. Blasenkoliken
Ottilie begegnet erstmals Charles des Voeux
1827 Ottilie zu Erholungsaufenthalten in Tiefurt u. Dessau
Alma Sedina Henriette Cornelia v. Goethe in Weimar geb. (29.10.)
1828 Ottilie begleitet ihre Großmutter, Gräfin Henckel, zur Kur nach Karlsbad
August löst während ihrer Abwesenheit u. ohne ihr Wissen das Wohnverhältnis mit Ulrike, die wieder zu ihrer Mutter zieht
Tod des Großherzogs Karl August (14.6.), Hoftrauer veranlaßt Ottilie und ihre Großmutter zur vorzeitigen Rückkehr
1829 Goethes 80. Geburtstag
Erscheinen der literarischen Wochenzeitung *Chaos* unter Ottilies Herausgeberschaft u. redaktioneller Verantwortung
1830 Großherzogin-Witwe Luise stirbt in Weimar (14.2.)
August v. Goethe reist in Eckermanns Begleitung nach Italien
Ottilie empfängt erstmals Samuel Naylor
August stirbt in Rom (26.10.)
Goethe erfährt vom Tod seines Sohnes (10.11.)
Eckermann kehrt nach Weimar zurück

Blutsturz Goethes, fortan intensive Pflege durch Ottilie
1831 Heiratsantrag Samuel Naylors, den Ottilie ablehnt (Sommer), Naylor heiratet im Nov.
Goethe verbringt seinen Geburtstag mit seinen Enkeln auf dem Kickelhahn
1832 Johann Wolfgang v. Goethe stirbt in Weimar (22.3.)
Goethes Beisetzung (26.3.)
Ottilie trifft sich in Mainz mit Charles Sterling (19.5.)
Ottilie lernt Sibylle Mertens-Schaaffhausen und Anna Jameson kennen
Ottilie reist mit Mutter u. Kindern von Mainz nach Frankfurt/M., dort Zusammentreffen mit Ulrike u. Alma (18.6.)
Familie wieder in Weimar (Aug.)
Charles des Voeux heiratet u. stirbt im gleichen Jahr in England
1833 Ottilie besorgt allein die 2. Auflage der engl. Übersetzung v. Goethes »Tasso« u. fügt Gedichte deutscher Romantiker hinzu
Kuraufenthalt Ottilies mit Walther in Frankfurt/M., Besuch bei Marianne Willemer
Ottilie wartet vergeblich auf Charles Sterling, lernt Captain Story kennen
1834 Ottilie trifft erneut in Frankfurt/M. ein, um Sterling oder Story zu treffen
Sterling erscheint nicht, trotz Verabredung, Zusammensein mit Story
Rückkehr nach Weimar (Juli)
Ottilie fährt nach Wien, um ihre Schwangerschaft zu verbergen. Anna Jameson begleitet sie, Sibylle Mertens-Schaaffhausen hilft finanziell (Sept.)
Ottilie lernt Romeo Seligmann kennen
1835 Ottilie bringt in Wien ein Mädchen zur Welt (15.2.), das auf den namen Anna Sibylla Poiwisch katholisch getauft und in Pflege gegeben wird
Ottilie kehrt nach Weimar zurück (Aug.)
1836 Anna Sibylla Poiwisch stirbt in Wien (4.7.)
Walther erhält Musikunterricht bei Felix Mendelssohn-Bartholdy
Ottilies Vater stirbt in Rauden/Kurland
1837/38 Ottilie wohnt im Wechsel mit Alma u. Ulrike bei Walther in Leipzig, sie lernt dort Gustav Kühne kennen und die lit. Bewegung *Junges Deutschland*
1838 Ottilie u. Familie wieder in Weimar
Walther bei Carl Loewe in Stettin
Walther durch das Los frei vom Militärdienst
1839 Walther in Wien, Unterricht bei Ignaz Seyfried

Walther veranlaßt im Auftrag der Familie die Schließung des Goethehauses für fremde Besucher
Wolfgang v. Goethe macht in Weimar das Abitur (Matura) u. studiert in Bonn, Berlin, Jena, Heidelberg Jura
Walthers Oper *Enzio* in Weimar aufgeführt
1840 Ottilie, Walther u. Alma treffen in Wien ein
1841 Rückreise aller nach Dresden, da Walther krank ist, Walther nach Berlin, Stettin u. Nassenheide weiter; Ottilie, Alma u. Seligmann nach Weimar, letzterer weiter nach Paris
Walther zurück nach Wien
1842 Ottilie verläßt Weimar endgültig, verabschiedet sich öffentlich in der *Weimarer Zeitung*, um nach Wien zu ziehen
1843 Gräfin Henckel v. Donnersmarck (Ottilies Großmutter) stirbt in Weimar (20.2.)
Henriette u. Ulrike v. Pogwisch für einige Zeit zu Besuch in Wien
Almas Konfirmation in Wien (Juni) und ihre Rückkehr nach Weimar, um in die Hofgesellschaft eingeführt zu werden
1844 Ottilie ruft ihre Tochter nach Wien
Alma stirbt in Wien an Typhus (29.9.)
1845 Wolfgang promoviert in Heidelberg und reist nach Neapel
Ottilie reist in Begleitung von Anna Jameson u. Seligmann über Venedig, wo A. J. bleibt, nach Rom u. weiter nach Neapel, um den schwer erkrankten Wolfgang abzuholen (Sept.)
Ankunft in Rom (Okt.), wo sich auch Adele Schopenhauer und Sibylle Mertens-Schaaffhausen aufhalten, Ottilie bleibt über Winter in Rom
1846 Frühjahr in Neapel, Juni u. Juli mit Wolfgang zur Kur in Ischia
in Neapel Bekanntschaft mit Anna Gargallo, Winter in Rom
1847 Ottilie nimmt an einer Papstaudienz teil
im Sommer mit Wolfgang nach Meran zur Kur
Wolfgangs Kur muß abgebrochen werden, auf Seligmanns Anraten bleibt er in Italien, Ottilie kehrt im Nov. nach Wien zurück
1848 Revolutionsausbruch in Wien (März)
1849 Ottilie besucht Adele Schopenhauer in Bonn
Adele Schopenhauer stirbt in Bonn (25.8.) und wird dort am 28.8. beigesetzt (Goethes 100. Geb.)
1850 Ottilie mit Anna Jameson in Bonn u. Berlin
Wolfgang zum Kammerherrn des Großherzogs v. Sachsen-Weimar ernannt
Ottilies Mutter stirbt in Weimar (15.6.)
1852 Ottilies Ankunft in Rom (15.10.)
1853 Walther zum Kammerherrn des Großherzogs v. Sachsen-Weimar ernannt

Wolfgang erhält Festanstellung im preußischen diplomatischen Dienst u. wird Legationssekretär in Rom
Ottilie kehrt nach Wien zurück (21.6.)
1854 Abreise von Wien nach Wilhelmsthal u. Weimar (26.7.)
Ankunft in Leipzig (2.9.)
Ankunft in Berlin (6.9.)
Ottilie besucht Alexander v. Humboldt (8.9.)
Abreise nach Dresden (16.9.)
Ottilie wieder in Wien (Okt.)
1855 Abreise nach Venedig (15.10.)
1856 Wolfgang versetzt an Preuß. Botschaft in Dresden
Ottilie kehrt nach Wien zurück (4.7.)
Ottilie u. Wolfgang kommen in Dresden an (12.7.)
1857 Ferdinand Heinke stirbt in Breslau (17.3.)
Sibylle Mertens-Schaaffhausen stirbt in Rom (22.10.)
1858 Ottilies Ankunft in Venedig (14.11.)
1859 Rückkehr nach Wien (16.5.)
Ottilie wieder in Dresden
Ulrike v. Pogwisch wird als Konventualin in das Adl. Kloster St. Johannis vor Schleswig (Damenstift) aufgenommen
Erhebung der Brüder Wolfgang u. Walther in den erblichen Freiherrnstand durch den Großherzog Karl Alexander (28.8.)
1860 Anna Jameson stirbt in London
Wolfgang verläßt Dresden zu einem 3monatigen Erholungsurlaub u. wird dann als Legationsrat pensioniert, wohnt bei der Mutter in Wien
1862 Ottilie verbringt den Sommer in Eisenach u. Weimar
1864 Ulrike wird vom Konvent zur Priörin des Klosters St. Johannis vor Schleswig gewählt (29.8.)
1866 Ausbruch des Krieges Preußen gegen Österreich
Ottilie verläßt Wien u. geht nach Weimar
1867/68 Ottilie bei Ulrike im Kloster St. Johannis vor Schleswig
1868 Ottilie u. Walther in Dresden
Ottilie zieht mit Rücksicht auf Walthers Gesundheitszustand und wegen finanzieller Rückschläge nach Jena
1870 Umzug mit Walther u. Wolfgang nach Weimar
1872 Ottilie v. Goethe erliegt ihrem Herzleiden (26.10.)
1875 Ulrike v. Pogwisch stirbt in Schleswig (2.8.)
1883 Wolfgang v. Goethe stirbt in Leipzig (20.1.)
1885 Walther v. Goethe stirbt in Leipzig (15.4.)

Die Familie Pogwisch in der Preußischen Linie

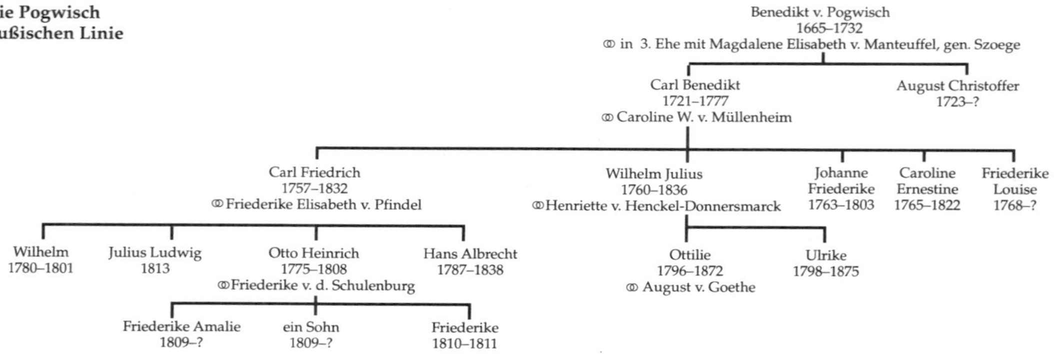

Die Familie Henckel v. Donnersmarck Linie Tarnowitz-Neudeck

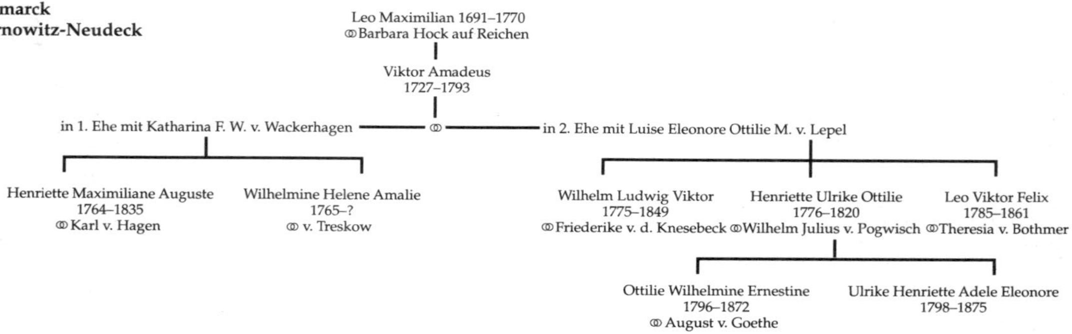

Die Familie Pogwisch in den ersten sieben Generationen

Ausführliche Beschreibung des Wappens s. Anmerkung 21

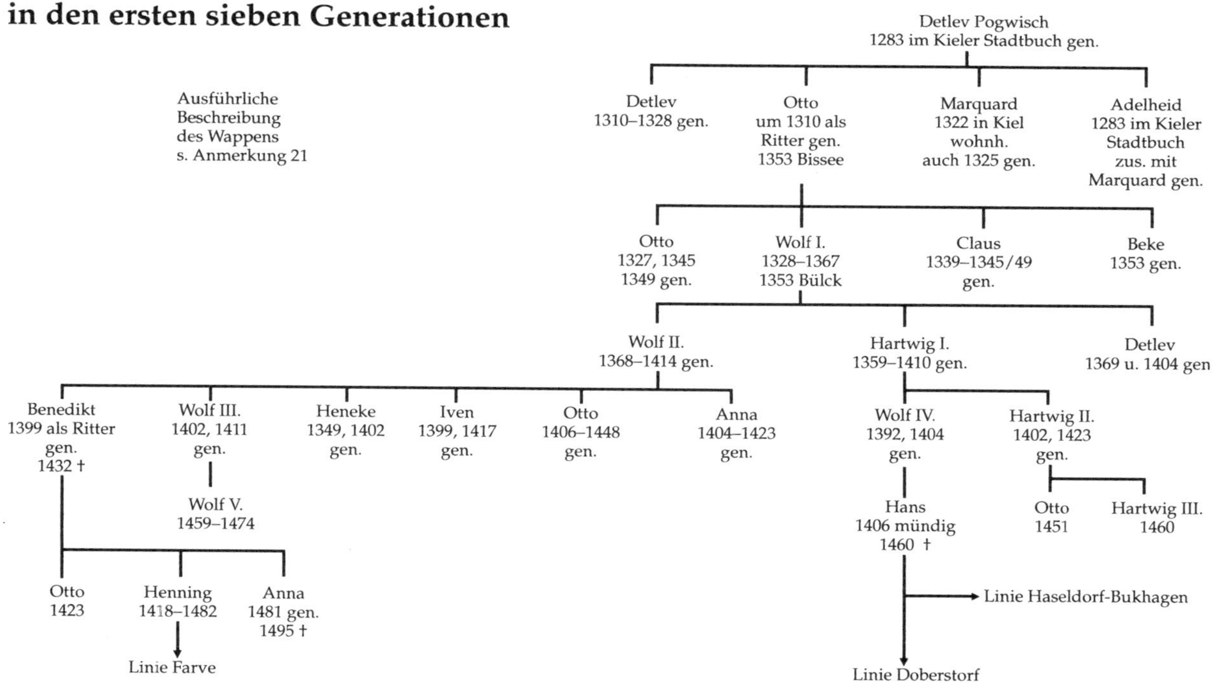

Bildnachweis

Archiv für Kunst und Geschichte, Berlin
Seite 9, 13, 22, 56/57, 60, 63, 68, 71, 75, 100, 104, 127, 136, 138, 145, 155, 158, 198, 205, 207, 237, 247, 262, 269, 274, 294

Goethe-Museum, Düsseldorf
Seite 49

Goethe-National-Museum, Weimar
Seite 89, 223, 302

Goethe-Schiller-Archiv, Weimar
Seite 193, 252, 261, 332, 352

Neuhäuser, Hohwacht
Seite 34

Personenregister

Kursiv gedruckte Seitenzahlen verweisen auf Abbildungen